Groels · Körperschaft- und Gewerbesteuer

Grund- und Aufbautraining Steuerrecht

Aufbauend auf dem Grundlagenwissen für Steuerfachangestellte richten sich die Bücher der Reihe Grund- und Aufbautraining Steuerrecht insbesondere an ausgebildete Steuerfachangestellte, die sich weiterbilden wollen. Die Bücher vermitteln alle für die Weiterqualifizierung benötigten Inhalte in berufsbezogener Darstellung. Sie helfen, Verständnislücken zu schließen und bieten eigene Kontrollmöglichkeiten an, um das erlernte Wissen zu festigen.

Durch ein hohes Maß an Verständlichkeit, Vollständigkeit und Aktualität sind sie ein zuverlässiger Wegbegleiter für die berufliche Weiterbildung.

Bisher sind erschienen:

Körperschaft- und Gewerbesteuer
von Jürgen Groels

Einkommensteuer I
von Jürgen Groels

Einkommensteuer II
von Jürgen Groels

**Allgemeine Steuerlehre,
Abgabenordnung, (FGO)**
von Jürgen Groels

Umsatzsteuer
von Jürgen Groels

**Bewertung, Bedarfsbewertung,
Erbschaft- und Schenkungsteuer**
von Jürgen Groels

Jürgen Groels

Körperschaft- und Gewerbesteuer

Halbeinkünfteverfahren (Systemwechsel),
Gesellschaftsformen und -wechsel,
Tarifermäßigung für Gewerbebetriebe

SPRINGER FACHMEDIEN WIESBADEN GMBH

Bibliografische Information Der Deutschen Bibliothek
Die Deutsche Bibliothek verzeichnet diese Publikation in der Deutschen Nationalbibliografie;
detaillierte bibliografische Daten sind im Internet über <http://dnb.ddb.de> abrufbar.

1. Auflage November 2002

Alle Rechte vorbehalten
© Springer Fachmedien Wiesbaden 2002
Ursprünglich erschienen bei Betriebswirtschaftlicher Verlag Dr. Th. Gabler GmbH, Wiesbaden 2002

www.gabler.de

Umschlaggestaltung: ulrike.weigel@corporatedesigngroup.de

Gedruckt auf säurefreiem und chlorfrei gebleichtem Papier

ISBN 978-3-409-11731-9   ISBN 978-3-663-05630-0 (eBook)
DOI 10.1007/978-3-663-05630-0

Vorwort

Dieser Band Unternehmenssteuerrecht behandelt die Körperschaftsteuer und die Gewerbesteuer nach dem Stand der Unternehmenssteuerreform von 2001 mit allen Änderungsgesetzen.

Das auf Notwendigkeiten vermindert dargestellte Anrechnungsverfahren, das Halbeinkünfteverfahren und die Übergangsvorschriften zum Systemwechsel sind neben der Gesamtdarstellung der Gewerbesteuer Hauptthemen dieses Buches.

Die Bücher dieser Reihe tragen dazu bei, heutige Steuerberatungsunternehmen noch effizienter und für die Zukunft tauglicher zu machen. Die Reihe wendet sich an berufstätige Steuerfachangestellte, die ihr Grundwissen erweitern wollen, um den wachsenden Ansprüchen in der Steuerberatungskanzlei zu entsprechen.

Das vorliegende Buch ist für die Praxis beispielorientiert und detailgerecht. Es bereitet den Steuerfachangestellten auf die Übernahme zunehmender Verantwortung an seinem Arbeitsplatz vor und eröffnet ihm damit neue Entwicklungsmöglichkeiten im Beruf.

Bei den Grundlagen beginnend werden die Themen systematisch ausgebaut. Praxisbezogene Ereignisschilderungen verhelfen zu einem klaren Verständnis auch schwieriger Themen. Der berufserfahrene Autor stellt sicher, dass das Zusammenspiel von Steuerberatung und Finanzbehörde reibungslos funktioniert.

Der realitätsnah dargestellte Stoff soll den Spaß am Lesen erhalten und den Weg zum Erfolg ebnen. Hinweise für die Praxis runden das Gesamtbild ab.

Rechtsänderungen, die zurzeit des Erscheinungstermins der jeweiligen Ausgabe nicht bzw. noch nicht vorliegen, werden kostenlos im Internet unter **www.gabler.de/groels** bereitgestellt. Das Buch ist auf dem Stand vom 15. August 2002.

Vaals (NL), im Sommer 2002   Jürgen Groels

Anhänge:

A

A.	Abschnitt
a.a.O.	am angegebenen Ort
Abs.	Absatz
Abschn.	Abschnitt
abw.	abweichend
abzgl.	abzüglich
a.E.	am Ende
AEAO	Anwendungserlass zur Abgabenordnung
a.F.	alte Fassung
AfA	Absetzung für Abnutzung
AG	Aktiengesellschaft
AG-Anteil	Arbeitgeberanteil
agB	außergewöhnliche Belastung
AK	Anschaffungskosten
AktG	Aktiengesetz
allg.	allgemein
Alt.	Alternative
AN	Arbeitnehmer
AnfG	Anfechtungsgesetz
Anm.	Anmerkung
AO	Abgabenordnung
Art.	Artikel
AtomG	Atomgesetz
AV	Anlagevermögen

B

BA	Betriebsausgaben
BAföG	Bundesausbildungsförderungsgesetz
BdF	siehe BMF
BE	Betriebsausgaben
bes.	besonders
betr.	betreffend
BewG	Bewertungsgesetz
BewRGr	Richtlinien für die Bewertung des Grundvermögens
BewRL	Richtlinien für die Bewertung des land- und forstwirtschaftlichen Vermögens
BFH	Bundesfinanzhof
BFH/NV	Sammlung amtlich nicht veröffentlichter Entscheidungen des BFH (Zeitschriften)
BGB	Bürgerliches Gesetzbuch
BGH	Bundesgerichtshof
BGBl. I/II	Bundesgesetzblatt Teil I/Teil II
BHO	Bundeshaushaltsordnung
BKGG	Bundeskindergeldgesetz
BMF	Bundesminister(ium) der Finanzen
BMG	Bemessungsgrundlage
BpO	Betriebsprüfungsordnung
BR	Bundesrat
BReg.	Bundesregierung
BStBl. I/II/III.	Bundessteuerblatt Teil I/Teil II/(Teil III – bis 1967)
BT	Bundestag
BUR	Berufsunfähigkeitsrente
BV	Betriebsvermögen
BVerfG	Bundesverfassungsgericht
bzw.	beziehungsweise

D

DBA	Doppelbesteuerungsabkommen
dgl.	dergleichen
d.h.	das heißt
DM	Deutsche Mark
DV	Durchführungsverordnung

E

EDV	Elektronische Datenverarbeitung
EG	Europäische Gemeinschaft(en)
EGAO	Einführungsgesetz zur Abgabenordung
EGBGB	Einführungsgesetz zum Bürgerlichen Gesetzbuch
EGKS	Europäische Gemeinschaft für Kohle und Stahl
EGV	Vertrag zur Gründung der Europäischen Wirtschaftsgemeinschaft
EigZulG	Eigenheimzulagengesetz
Einf.	Einführung
entspr.	entsprechend
ErbSt.	Erbschaftsteuer
ErbStDV	Erbschaftsteuer-Durchführungsverordnung
ErbStG	Erbschaftsteuer- und Schenkungsteuergesetz
ErbStH	Erbschaftsteuer-Hinweise
ErbStR	Erbschaftsteuer-Richtlinien
ESt	Einkommensteuer
EStDV	Einkommensteuer-Durchführungsverordnung
EStG	Einkommensteuergesetz
EStH	Einkommensteuer-Hinweise
EStR	Einkommensteuer-Richtlinien
EU	Europäische Union
EUR	Erwerbsunfähigkeitsrente
Euratom	Europäische Atomgemeinschaft
Euro	Europäische Währungseinheit in der Währungsunion
EuroEG	Gesetz zur Einführung des Euro
EUSt	Einfuhrumsatzsteuer
ev.	evangelisch
e.V.	eingetragener Verein
EW	Einheitswert
EW BV	Einheitswert des Betriebsvermögens/des Gewerbebetriebs
EWG	Europäische Wirtschaftsgemeinschaft
EWR	Europäischer Wirtschaftsraum
EZ	Erhebungszeitraum

F

f., ff.	folgend; folgende
FA	Finanzamt
FAG	Finanzausgleichsgesetz
FamFördG	Gesetz zur Familienförderung
FB	Freibetrag
FG	Finanzgericht
FGO	Finanzgerichtsordnung
FinMin	Finanzminister/Finanzministerium
FinVerw.	Finanzverwaltung
FKPG	Gesetz zur Umsetzung des Föderalen Konsolidierungsprogramms
FL	Fertigungslöhne
FördG, Förd-GebG	Fördergebietsgesetz

FortschrR	Fortschreibungs-Richtlinien
FVG	Finanzverwaltungsgesetz

G

G	Gesetz
GBl.	Gesetzblatt
GBO	Grundbuchordnung
GbR	Gesellschaft des bürgerlichen Rechts
gem.	gemäß
GewO	Gewerbeordnung
GewSt	Gewerbesteuer
GewStDV	Gewerbesteuer-Durchführungsverordnung
GewStG	Gewerbesteuergesetz
GewStR	Gewerbesteuer-Richtlinien
GG	Grundgesetz
ggf.	gegebenenfalls
GKG	Gerichtskostengesetz
GmbH	Gesellschaft mit beschränkter Haftung
GmbHG	GmbH-Gesetz
grds.	grundsätzlich
GrESt	Grunderwerbsteuer
GrEStG	Grunderwerbsteuergesetz
GrSt	Grundsteuer
GrStG	Grundsteuergesetz
GrStR	Grundsteuer-Richtlinien
GuV	Gewinn- und Verlustrechnung
GvkostG	Gerichtsvollzieherkostengesetz
GWG	Geringwertige Wirtschaftsgüter

H

H	Hinweis (der Einkommensteuer-, Erbschaftsteuer- bzw. Lohnsteuer-Hinweise)
HB	Höchstbetrag
HGB	Handelsgesetzbuch
HGrG	Haushaltsgrundsätzegesetz
HK	Herstellungskosten

I

i.d.F.	in der Fassung
i.d.R.	in der Regel
i.H.v.	in Höhe von
insb.	insbesondere
insges.	insgesamt
InsO	Insolvenzordnung
InvZul	Investitionszulage
InvZulG	Investitionszulagengesetz
i.S.d. (v.)	im Sinne des (von)
i.Ü.	im Übrigen
i.V.m.	in Verbindung mit
i.Z.m.	im Zusammenhang mit

J

JstErgG	Jahressteuer-Ergänzungsgesetz
JStG	Jahressteuergesetz

K

KapESt	Kapitalertragsteuer
kath.	katholisch
KAV	Kindergeldauszahlungs-Verordnung
KBV	Kleinbetragsverordnung
KFB	Kinderfreibetrag
Kfz	Kraftfahrzeug
KfzSt	Kraftfahrzeugsteuer
KG	Kommanditgesellschaft
KiSt	Kirchensteuer
Kj.	Kalenderjahr
KSt	Körperschaftsteuer
KStDV	Körperschaftsteuer-Durchführungsverordnung
KStG	Körperschaftsteuergesetz
KStR	Körperschaftsteuer-Richtlinien
KSZE	Konferenz für Sicherheit und Zusammenarbeit in Europa (jetzt OSZE)

L

LHO	Landeshaushaltsordnung
LSt.	Lohnsteuer
LStDV	Lohnsteuer-Durchführungsverordnung
LStH	Lohnsteuer-Hinweise
LStJA	Lohnsteuer-Jahresausgleich
LStR	Lohnsteuer-Richtlinien
lt.	laut
LuF	Land- und Forstwirtschaft

M

m.E.	meines Erachtens
Mio.	Million(en)
Mrd.	Milliarde(n)

N

NATO	North Atlantic Treaty Organization (Organisation des Nordatlantikvertrages)
ND	Nutzungsdauer
NE	Neueinlage
n.F.	neue Fassung
Nr.	Nummer
NW, NRW	Nordrhein-Westfalen
NZB	Nichtzulassungsbeschwerde

O

o.	oben
o.a.	oben angegeben
o.Ä.	oder Ähnlich(e)
OFD	Oberfinanzdirektion
o.g.	oben genannt
OHG	Offene Handelsgesellschaft
OSZE	Organisation für Sicherheit und Zusammenarbeit in Europa

P

PartG	Parteiengesetz
PartGes	Partnerschaftsgesellschaft
PartGG	Partnerschaftsgesellschaftsgesetz
PB	Pauschbetrag

PE	Privatentnahme
Pkw	Personenkraftwagen

R

R	Richtlinie (der Einkommensteuer-, Erbschaftsteuer- bzw. Lohnsteuer-Richtlinien)
RAP	Rechnungsabgrenzungsposten
Reg.	Regierung
Rev.	Revision
rk.	römisch-katholisch
RPflG	Rechtspflegergesetz
Rz.	Randziffer(n)

S

s.	siehe
S.	Seite; Satz
SA	Sonderausgaben
SchwbG	Schwerbehindertengesetz
SGB I	Sozialgesetzbuch, Erstes Buch, Allgemeiner Teil
SGB III	Sozialgesetzbuch, Drittes Buch, Arbeitsförderung
SGB IV	Sozialgesetzbuch, Viertes Buch, Gemeinsame Vorschriften für die Sozialversicherung
SGB VI	Sozialgesetzbuch, Sechstes Buch, Gesetzliche Rentenversicherung
SGB VII	Sozialgesetzbuch, Siebtes Buch, Gesetzliche Unfallversicherung
SGB X	Sozialgesetzbuch, Zehntes Buch, Verfahrensrecht
SGB XI	Sozialgesetzbuch, Elftes Buch, Soziale Pflegeversicherung
s.o.	siehe oben
sog.	so genannt
SolZ	Solidaritätszuschlag
SolZG	Solidaritätszuschlagsgesetz
SoZV	Sozialversicherung
StÄndG	Steueränderungsgesetz
StandOG	Standortsicherungsgesetz
StB	Steuerbilanz; Steuerberater
StBereinG	Steuerbereinigungsgesetz
StBerG	Steuerberatungsgesetz
StEntlG	Steuerentlastungsgesetz
StGB	Steuergesetzbuch
StMBG	Missbrauchsbekämpfungs- und Steuerbereinigungsgesetz
Stpfl.	Steuerpflicht(iger)
StWG	Gesetz zur Förderung der Stabilität und des Wachstums der Wirtschaft
s.u.	siehe unten
SZ	Säumniszuschlag

T

TBM	Tatbestandsmerkmal
teilw.	teilweise
Tz.	Textziffer

U

u.	und/unten
u.a.	unter anderem; unten angegeben
u.ä.	und ähnliche(s)
u.E.	unseres Erachtens

u.g.	unten genannt
UN (UNO)	United Nations Organization (Vereinte Nationen)
UntStFG	Unternehmenssteuerfortentwicklungsgesetz
USt	Umsatzsteuer
UStDV	Umsatzsteuer-Durchführungsverordnung
UStG	Umsatzsteuergesetz
USt-IdNr.	Umsatzsteuer-Identifikationsnummer
UStR	Umsatzsteuer-Richtlinen
usw.	und so weiter
u.U.	unter Umständen

V

v.	vom
VA	Verwaltungsakt
vBA	vorweggenommene Betriebsausgaben
VdN	Vorbehalt der Nachprüfung
VerglO	Vergleichsordnung
VermBDV	Vermögensbildungs-Durchführungsverordnung
VermBG	Vermögensbildungsgesetz
vgl.	vergleiche
v.H.	vom Hundert
VO	Verordnung
VollstrA	Vollstreckungsanweisung
VollzA	Vollziehungsanweisung
VSt	Vermögensteuer
VStG	Vermögensteuergesetz
VStR	Vermögensteuer-Richtlinien
v.T.	vom Tausend
vWK	vorweggenommene Werbungskosten
VuV	Vermietung und Verpachtung
VwGO	Verwaltungsgerichtsordnung
VwZG	Verwaltungszustellungsgesetz
VZ	Veranlagungszeitraum

W

WEK	Wareneinkauf
WG	Wirtschaftsgut; Wertpapiergesetz
Wj.	Wirtschaftsjahr
WK	Werbungskosten
WoPDV	Wohnungsbauprämien-Durchführungsverordnung
WoPG	Wohnungsbauprämiengesetz
WVK	Warenverkauf

Z

z.B.	zum Beispiel
ZPO	Zivilprozessordnung
zt.	zum Teil
ZVG	Zwangsversteigerungsgesetz
z.Z.	zurzeit
zzgl.	zuzüglich

1. Körperschaftsteuer

Die Körperschaftssteuer bildet ein Bestandteil des Einkommensteuerrechts im weiteren Sinne; vgl. die enorme Bezugnahme des A 27 KStR auf einkommensteuerliche Vorschriften, die auch für die Körperschaftsteuer gelten.

1.1 Historischer Rückblick

Nach der Gründerzeit des Deutschen Reiches von 1871/73 setzte die steuerliche Erfassung der Kapitalgesellschaften ein. Sie begann in den deutschen Bundesstaaten durch Einbeziehung in die neugeschaffenen Einkommensteuern, die nach Gesellschaftsform und Steuerhöhe bis zum Ersten Weltkrieg zu sehr unterschiedlichen Landesregelungen führte. 1913 wurden die Aktiengesellschaften erstmals einer außerordentlichen Einkommensteuer des Reiches – dem so genannten Wehrbeitrag – unterworfen. Auch bei der Besteuerung der Kriegsgewinne 1916/18 zog das Reich die juristischen Personen mit heran. Als bei der Erzbergerschen Steuerreform 1920 die Einkommensteuer auf das Reich überging, wurde für die juristischen Personen aus Zweckmäßigkeitsgründen ein separates reichseinheitliches Körperschaftsteuergesetz als erste Kodifikation dieser Art geschaffen. Der Steuersatz von damals 10 v.H. wurde mehrmals angehoben und erreichte 1946 65 v.H. Im Jahre 1953 wurde erstmals die Doppelbelastung bei Kapitalgesellschaften durch eine niedrigere Besteuerung der Ausschüttung gemildert (gespaltener Steuersatz); ab 1958 wurde diese Milderung durch die Änderung der Steuersätze noch verstärkt.

Die wichtigste Zäsur in der Geschichte der deutschen Körperschaftsteuer bildet das am 01.01.1977 in Kraft getretene KStG 1977 mit dem Übergang zum Anrechnungsverfahren. Durch diese Methode ist die Doppelbelastung ausgeschütteter Gewinne vollständig beseitigt worden.

Das mit dem KStG von 1977 eingeführte Anrechnungsverfahren (§§ 27 ff. KStG a.F.) wurde durch das Halbeinkünfteverfahren mit teilweise bis zu 15jährigen Übergangsregelungen ersetzt; vgl. StSenkG, BGBl. 2000 I, S. 1433. Ziel dieses neuen Halbeinkünfteverfahrens ist die Besteuerung von Gewinnen, die insgesamt einer Belastung mit Steuern vom Einkommen nur in dem Umfang unterliegen, die sich ergeben würden, wenn diese Gewinne von der Person, bei der sie nach der Ausschüttung endgültig verbleiben, unmittelbar erzielt worden wären.

Der Gesetzgeber hat sich – teilweise nach heftigen Kritiken durch die Fachwelt und nach Einschalten des Vermittlungsausschusses – schließlich einer verbesserten Fassung (nach Zustimmung des Bundesrates am

14. Juli 2000), die am 23. Oktober 2000 als Steuersenkungsgesetz (StSenkG) verabschiedet worden ist, annähern können.

Bis zur Gesetzesverkündung waren etliche Probleme zu lösen. Es herrschte Einigkeit darüber, dass das Anrechnungsverfahren nicht dienlich sei, die Wettbewerbsfähigkeit der deutschen Wirtschaft im Hinblick auf die Europatauglichkeit zu gewährleisten (ausländische Anteilseigner konnten am Anrechnungsverfahren nicht teilnehmen),. Zudem ließ die sich entwickelnde EUGH-Rechtsprechung erahnen, dass die Vorschriften zur Besteuerung ausländischer Anteilseigner an inländischen Kapitalgesellschaften nicht ohne weiteres mit den Regelungen des EG-Vertrags über das Recht auf freien Kapitalverkehr vereinbar sind; vgl. Dautzenberg, StuB 2000, S. 721 und 863 n.w.N.

Die vom BMF eingesetzte Kommission zur Reform der Unternehmensbesteuerung ist in ihrem Bericht, den so genannten Brühler Empfehlungen (vgl. Schriftreihe des BMF, Heft 66, 1999) zu dem Ergebnis gekommen, dass eine wettbewerbsfähige, europataugliche und leistungsgerechte Unternehmensbesteuerung auf der Basis des Körperschaftssteuersystems mit seinem Vollanrechnungsverfahren nicht möglich sei. Der Empfehlung auf Einführung des Halbeinkünfteverfahrens ist die Bundesregierung und die sie tragende Koalition mit dem Entwurf eines Gesetzes zur Senkung der Steuersätze und zur Unternehmensbesteuerung (StSenkG) grundsätzlich gefolgt; vgl. BT-Druck 14/2683.

1.1.1 Charakterisierung und Begriff der Körperschaftsteuer

Die Körperschaftsteuer (KSt) ist eine besondere Art der Einkommensteuer (ESt), die vom Einkommen der in § 1 Abs. 1 KStG genannten juristischen Personen, nicht rechtsfähigen Vereinen, Anstalten, Stiftungen und anderen Zweckvermögen privaten Rechts sowie Betrieben gewerblicher Art von juristischen Personen des öffentlichen Rechts erhoben wird.

1.1.2 Wesen der Körperschaftsteuer

Die Körperschaftsteuer gehört ebenso wie die Einkommensteuer zu den Personensteuern; sie weist jedoch wesentliche Unterschiede auf: Beispielsweise gilt ein anderer Tarif; die persönliche Leistungsfähigkeit des Steuerpflichtigen wird in der dem EStG so eigenen Art grundsätzlich nicht berücksichtigt.

Die Körperschaftsteuer ist eine Gemeinschaftssteuer (Art. 106 Abs. 3 und 4 GG) und wird nach ihrem Aufkommen zwischen Bund und Ländern jeweils zur Hälfte aufgeteilt. Für die Verwaltung der Körperschaftsteuer sind gemäß Art. 108 Abs. 2 und 3 GG die Landesfinanzbehörden zuständig.

1.1.3 Verschiedene Körperschaftsteuersysteme

Bis zum 31.12.1976 galt in Deutschland ein klassisches Körperschaftsteuersystem. Die Kapitalgesellschaft hatte auf den ausgeschütteten Gewinn Körperschaftsteuer zu entrichten und die Gesellschafter nochmals Einkommensteuer auf ihren Anteil am Gewinn. Während einige Länder noch heute nach dem klassischen System Körperschaftsteuer erheben, ist die Doppelbelastung bereits seit dem 01.01.1977 durch das Anrechnungsverfahren beseitigt worden. Durch Art. 6 des Steuerentlastungsgesetzes 1984 sind anschließend insbesondere einige Mängel der Körperschaftsteuerreform bezüglich verdeckter Gewinnausschüttungen und Vorabausschüttungen bereinigt.

Das Anrechnungsverfahren wurde aufgehoben und durch das Halbeinkünfteverfahren ersetzt (Systemwechsel). An die Stelle des Anrechnungsverfahrens tritt grundsätzlich ab dem Veranlagungszeitraum 2001 (Wirtschaftsjahr = Kalenderjahr) eine Definitivbelastung der Körperschaften mit Körperschaftssteuer in Höhe von 25 v.H. (§ 23 Abs. 1 KStG n.F.). Die bisherigen Unterscheidungen bei der Besteuerung zwischen ausgeschütteten und thesaurierten (= wiederangelegten) Gewinnen entfällt. Bei der Thesaurierung entsteht eine Steuerentlastung gegenüber dem früheren Recht. Inklusive der Belastung der Körperschaften mit der Gewerbe- und Körperschaftsteuer beträgt die gemittelte Steuerlast rund 37,5 v.H. Damit liegt die Steuerquote der Bundesrepublik Deutschland im internationalen Vergleich mit anderen Staaten im Mittelfeld.

1.1.4 Steueraufkommen der Körperschaftsteuer

Das steuerliche Aufkommen 2001 betrug minus 426 Millionen Euro (Rückerstattung).

1.1.5 Rechtliche Grundlagen

Für die Körperschaftsteuer gelten folgende Rechtsgrundlagen:

- Körperschaftsteuergesetz (KStG) 1999 in der Fassung der Bekanntmachung vom 22. April 1999 (BGBl. I, S. 817) mit nachfolgenden Änderungen, z.B. JStG 1997
- Körperschaftsteuer-Richtlinien (KStR) 1995 vom 15. Dezember 1995 (BAnz. 1996 Nr. 4 a; BStBl. 1996 I, Sondernummer 1). Die

allgemeine Verwaltungsvorschrift wurde nach Art. 108 Abs. 7 GG erlassen. Die KStR 1995 sind insbesondere durch das StSenkG vom 23.10.2000 (BGBl. I, S. 1433) eingeführte Halbeinkünfteverfahren weitgehend überholt. Die Veröffentlichung neuer KStR ist nach Auskunft der Finanzverwaltung erst für Ende 2002 geplant

• Körperschaftsteuer-Durchführungsverordnung (KStDV) 1994 in der Fassung der Bekanntmachung vom 22.01.1996 (BGBl. I, S. 365)

Neben den genannten Rechtsgrundlagen gelten gemäß § 8 Abs. 1 KStG die Vorschriften des EStG und der EStR. Das EStG ist für die Besteuerung nach dem KStG eine Art Sockelgesetz. Die einkommensteuerrechtlichen Bestimmungen der §§ 4 bis 7 k EStG, die im Allgemeinen als Bilanzsteuerrecht bezeichnet werden, sind für die steuerrechtliche Gewinnermittlung der Körperschaften anzuwenden. Auch die übrigen Vorschriften des EStG sind auf das Körperschaftsteuerrecht übertragbar, wie z.B. § 10 d EStG (Verlustabzug), sofern sie ihrem Wesen nach nicht ausschließlich auf natürliche Personen zugeschnitten sind, z.B. die Sonderausgaben i.S.d. §§ 10 bis 10 c EStG mit Ausnahme des Spendenabzugs nach § 10 b EStG sowie die außergewöhnlichen Belastungen i.S.d. §§ 33 bis 33 c EStG. A 27 KStR enthält eine Auflistung zahlreicher Bestimmungen des EStG, die ebenfalls für das Körperschaftsteuerrecht einschlägig sind. Das KStG, die KStR und die KStDV ergänzen und regeln nur die für die Körperschaften spezifischen Besonderheiten.

Hinweis

Die folgenden Ausführungen beschränken sich grundsätzlich auf die Gesellschaft mit beschränkter Haftung (GmbH). Diese Rechtsform hat in der Praxis für den Bereich der Kapitalgesellschaften die größte Bedeutung (ggf. neben der Aktiengesellschaft).

Merke

Die Körperschaftsteuer ist die Einkommensteuer (besser: Ertragsteuer) der in § 1 Abs. 1 KStG genannten Körperschaften, Personenvereinigungen und Vermögensmassen.

1.2   Allgemeines zur Rechtsform der GmbH

Die GmbH ist die am weitesten verbreitete Kapitalgesellschaft in Deutschland.

1.2.1   Zivilrechtliche Eigenschaften

Gesellschaften mit beschränkter Haftung können nach Maßgabe der Bestimmungen des GmbH-Gesetzes (GmbHG) zu jedem gesetzlich zulässigen Zweck durch eine oder mehrere Personen errichtet werden (§ 1 GmbHG).

Die GmbH hat ein Stammkapital (Stammeinlage) von mindestens 25.000,00 Euro, dieses kann in Geld und Sachwerten bestehen (§ 5 GmbHG).

Der Gesellschaftsvertrag bedarf der notariellen Form (§ 2 Abs. 1 S. 1 GmbHG). Mit Anmeldung zur Eintragung in das Handelsregister beim Gericht ist die Gesellschaft noch keine Kapitalgesellschaft (§ 7 GmbHG); erst mit Eintragung erlangt die Gesellschaft die Rechtsfähigkeit als juristische Person (§ 10 GmbHG). Zum Zustand vor Eintragung vgl. § 11 GmbHG (GmbH in Gründung); zur juristischen Person § 13 GmbHG.

Die GmbH gilt als Handelsgesellschaft i.S.d. Handelsgesetzbuches (§ 13 Abs. 3 GmbHG) und ist Formkaufmann i.S.d. § 6 HGB. Die Geschäfte der GmbH sind durch einen oder mehrere Geschäftsführer zu betreiben (§ 6 Abs. 1 GmbHG).

Für den Jahresabschluss und den Lagebericht der GmbH gilt das Dritte Buch des HGB: Handelsbücher für alle Kaufleute (§§ 238 bis 263 HGB), aber insbesondere der zweite Abschnitt: Ergänzende Vorschriften für Kapitalgesellschaften (§§ 264 bis 289 HGB).

1.2.2 Steuerrechtliche Eigenschaften

Eine GmbH mit Geschäftsleitung oder Sitz im Inland ist unbeschränkt körperschaftsteuerpflichtig (§ 1 Abs. 1 Nr. 1 KStG).

Die GmbH ist nach den §§ 238, 1, 6 HGB zur Führung von Büchern verpflichtet und erzielt kraft Gesetzes (§ 8 Abs. 2 KStG) ausschließlich Einkünfte aus Gewerbebetrieb.

Der Gewinn aus Gewerbebetrieb ist grundsätzlich nach dem Wirtschaftsjahr = Kalenderjahr zu ermitteln (§ 7 Abs. 4 S. 1 KStG), kann aber hiervon abweichend bestimmt werden (§ 7 Abs. 4 S. 2 KStG). Hierüber hat Einvernehmen mit dem Finanzamt zu bestehen (§ 7 Abs. 4 S. 3 KStG).

Die Körperschaftsteuer bemisst sich nach dem zu versteuernden Einkommen der GmbH (§ 7 Abs. 1 KStG). Was als Einkommen gilt und wie das Einkommen zu ermitteln ist, bestimmt sich nach den Vorschriften des EStG und des KStG (§ 8 Abs. 1 KStG und A 27 KStR). Auszugehen ist von dem Ergebnis lt. Handelsbilanz (§ 5 Abs. 1 S. 1 EStG).

1.2.3 Steuerpflicht

Das Körperschaftsteuerrecht unterscheidet zwischen unbeschränkter und beschränkter Steuerpflicht.

1.2.3.1   Unbeschränkte Steuerpflicht

Die unbeschränkte Körperschaftsteuerpflicht setzt voraus, dass eine im §
1 Abs. 1 Nr. 1 bis 6 KStG aufgeführte Körperschaft, Personenvereinigung
oder Vermögensmasse ihre Geschäftsleitung oder ihren Sitz im Inland
hat. Dabei reicht es aus, wenn entweder nur die Geschäftsleitung oder der
Sitz sich im Inland befindet. Was im Einzelnen zum Inland gehört, ist in
Anlehnung an das Einkommensteuerrecht in § 1 Abs. 3 KStG geregelt.

1.2.3.2   Geschäftsleitung

Nach § 10 AO ist die Geschäftsleitung der Mittelpunkt der geschäftlichen
Oberleitung. Am Ort der geschäftlichen Oberleitung werden die für die
Unternehmung wichtigen Entscheidungen getroffen; somit ist dies der
Ort, an dem das leitende Personal tätig wird. Für die weitere Beurteilung
kommt es darauf an, wie die tatsächlichen Verhältnisse des Einzelfalls
sind. Entscheidend ist regelmäßig der Ort, wo der für die Geschäftsführung und Betriebsleitung maßgebliche Wille tatsächlich gebildet wird und
die für das Unternehmen wichtigen Beschlüsse gefasst werden. Das ist im
Allgemeinen der Büroraum der leitenden Person.

1.2.3.3   Sitz

Der Sitz einer Körperschaft, Personenvereinigung oder Vermögensmasse
befindet sich an dem Ort, der durch Gesetz, Gesellschaftsvertrag, Satzung, Stiftungsgeschäft o.Ä. bestimmt ist (§ 11 AO). Der Sitz einer
GmbH ist regelmäßig im Gesellschaftsvertrag festgelegt. Befindet sich
dieser im Inland, so liegt unabhängig vom Ort der Geschäftsleitung unbeschränkte Körperschaftsteuerpflicht vor.

1.2.3.4   Inland

Der Inlandsbegriff ist im KStG und im EStG nicht geregelt. Er umfasst:

* das Gebiet der Bundesrepublik Deutschland
* den der Bundesrepublik Deutschland zustehenden Anteil am Fest-
  landsockel, soweit dort Naturschätze des Meeres(unter)grundes er-
  forscht oder ausgebeutet werden
* Freihäfen, Küstengewässer, Zollausschlüsse, Handels- und Seeschif-
  fe unter deutscher Flagge in inländischen Gewässern und auf hoher
  See

1.2.3.5 Umfang der unbeschränkten Körperschaftsteuerpflicht

Nach § 1 Abs. 2 KStG erstreckt sich die unbeschränkte Steuerpflicht auf sämtliche inländischen und ausländischen Einkünfte. Für bestimmte Einkünfte gelten Sonderregelungen, insbesondere aufgrund von Befreiungsvorschriften und Doppelbesteuerungsabkommen sowie nach Bestimmungen des Außensteuergesetzes (AStG).

Hieraus folgt der Grundsatz, dass sämtliche Einkunftsarten, und zwar in- und ausländische, von der Körperschaftsteuer erfasst werden.

1.2.3.6 Kreis der unbeschränkt körperschaftsteuerpflichtigen Körperschaften, Personenvereinigungen und Vermögensmassen

Die Bestimmung des § 1 Abs. 1 Nr. 1 bis 6 KStG enthält eine abschließende Aufzählung sämtlicher Körperschaften, Personenvereinigungen und Vermögensmassen, die unbeschränkt körperschaftsteuerpflichtig sind, sofern das Tatbestandsmerkmal Geschäftsleitung oder Sitz im Inland erfüllt ist.

Diese sind:

- Nr. 1: Kapitalgesellschaften (Aktiengesellschaften, Kommanditgesellschaften auf Aktien, Gesellschaften mit beschränkter Haftung)
- Nr. 2: Erwerbs- und Wirtschaftsgenossenschaften
- Nr. 3: Versicherungsvereine auf Gegenseitigkeit
- Nr. 4: Sonstige juristische Personen des privaten Rechts
- Nr. 5: nichtrechtsfähige Vereine, Anstalten, Stiftungen und andere Zweckvermögen des privaten Rechts
- Nr. 6: Betriebe gewerblicher Art von juristischen Personen des öffentlichen Rechts

Die abschließende Aufzählung macht deutlich, dass bei juristischen Personen zwischen denjenigen des privaten und des öffentlichen Rechts zu unterscheiden ist. Unbeschränkte Körperschaftsteuerpflicht liegt bei juristischen Personen des öffentlichen Rechts (Bund, Länder und Gemeinden) nur insoweit vor, als sie einen gewerblichen Betrieb unterhalten.

1.2.3.7 Einordnung

Für die Einordnung in die unbeschränkte Körperschaftsteuerpflicht ist ausschließlich die Rechtsform maßgeblich.

Der Begriff „Kapitalgesellschaft" ist in § 1 Abs. 1 Nr. 1 KStG abschließend bestimmt und einer erweiterten Auslegung nicht zugänglich.

1.2.3.8 Ausländische Körperschaften

Auch ausländische Körperschaften können unbeschränkt körperschaftsteuerpflichtig sein, wenn sich deren Geschäftsleitung i.S.d. § 10 AO im
Inland befindet. Allerdings ist ein Typenvergleich erforderlich:

Entspricht die ausländische Körperschaft nach ihrem im Ausland geregel-
ten rechtlichen Aufbau und ihrer wirtschaftlichen Stellung einer in § 1
Abs. 1 KStG aufgeführten deutschen Körperschaft, so wird sie für die
Körperschaftsteuerpflicht und die Eingruppierung in § 1 Abs. 1 Nr. 1
bis 6 KStG wie die entsprechend inländische Körperschaft behandelt.

Beispiel Eine niederländische B.V. (= besloten vennootschap) entspricht nach ihrem rechtlichen Aufbau und ihrer wirtschaftlichen Stellung einer deutschen GmbH. Würde sich die Geschäftsleitung im Inland befinden, dann
unterläge die B.V. der deutschen unbeschränkten Körperschaftsteuerpflicht.

Abwandlung Die B.V. unterhält im Inland nur einen Filialbetrieb; die Geschäftsleitung
i.S.d. § 10 AO befindet sich in den Niederlanden. Die B.V. ist gemäß § 2
Nr. 1 KStG mit ihren inländischen Einkünften beschränkt körperschaftsteuerpflichtig.

1.2.4   Sonderfragen

Im Kapitel Sonderfragen werden Abgrenzungs- und Zweifelsfragen sowie
die Fälle der beschränkten Steuerpflicht behandelt.

1.2.4.1 GmbH & Co. KG

Fraglich ist, ob das rechtliche Gebilde einer GmbH & Co. KG eine Kapitalgesellschaft ist. Ertragsteuerlich handelt es sich bei dieser Gesellschaft
um eine Personengesellschaft, deren Gesellschafter mit ihren Beteiligungseinkünften der Einkommensteuer unterliegen. Sie ist keine Kapitalgesellschaft i.S.d. § 1 Abs. 1 Nr. 1 KStG (mangels Aufzählung), und sie
ist als solche nicht körperschaftsteuerpflichtig.

Das Einkommen der Komplementär-GmbH einer GmbH & Co. KG. unterliegt der Körperschaftsteuer.

1.2.4.2 Einmann-GmbH

Zu prüfen ist, ob eine so genannte Einmann-GmbH überhaupt eine Gesellschaft ist. Nach Auffassung des BFH ist diese Rechtsform bereits seit 1959 auch steuerrechtlich anzuerkennen (BStBl. III, S. 369).

1.2.4.3 Betriebe gewerblicher Art von juristischen Personen des öffentlichen Rechts (§ 4 KStG)

Die Vorschrift des § 1 Abs. 1 Nr. 6 KStG, wonach sich die unbeschränkte Körperschaftsteuerpflicht auf Betriebe gewerblicher Art von juristischen Personen des öffentlichen Rechts erstreckt, hängt davon ab, ob der Betrieb gewerblicher Art die Tatbestandsmerkmale des § 4 KStG erfüllt.

1.2.4.4 Begriff des Betriebs gewerblicher Art

Die Definition ergibt sich aus § 4 Abs. 1 KStG: Hiernach sind Betriebe gewerblicher Art – mit Ausnahme der Hoheitsbetriebe – alle Einrichtungen, die einer nachhaltigen wirtschaftlichen Tätigkeit zur Erzielung von Einnahmen außerhalb der Land- und Forstwirtschaft dienen und die sich innerhalb der Gesamtbetätigung der juristischen Personen wirtschaftlich herausheben. Gewinnerzielungsabsicht und Beteiligung am allgemeinen wirtschaftlichen Verkehr sind nicht erforderlich (§ 4 Abs. 1 S. 2 KStG).

Die Stadt Münster unterhält ein öffentliches Freibad und ein Museum. Das Freibad erzielt einen nachhaltigen Jahresumsatz von 400.000,00 DM und einen Gewinn von 6.000,00 DM. Das Museum erwirtschaftet einen nachhaltigen Jahresumsatz von 30.000,00 DM und einen Gewinn von 10.000,00 DM.

Beispiel 1

Die Pfarrgemeinde St. Anton veranstaltet alljährlich mehrere Flohmärkte zugunsten der Dritten Welt. Der nachhaltige Jahresumsatz beträgt im Durchschnitt 40.000,00 DM; der Gewinn 35.000,00 DM.

Beispiel 2

Frage:

Sind die Stadt Münster und die Pfarrgemeinde St. Anton mit diesen Gewinnen körperschaftsteuerpflichtig?

Die Lösung richtet sich einerseits danach, ob die Einrichtung eine gewisse Selbständigkeit der Tätigkeit erfordert und andererseits, ob die Tätigkeit von einigem Gewicht ist. A 5 Abs. 4 S. 8 KStR führt zur Selbständigkeit aus:

„Übersteigt der Jahresumsatz i.S.v. § 1 Abs. 1 Nr. 1 UStG aus der wirtschaftlichen Tätigkeit den Betrag von 250.000,00 DM, ist dies ein wichtiges Merkmal für die Selbständigkeit der ausgeübten Tätigkeit."

A 5 Abs. 5 S. 3 und 4 KStR führt zur Gewichtigkeit aus:

„Dabei ist in der Tatsache, dass der Jahresumsatz i.S.v. § 1 Abs. 1 Nr. 1 UStG 60.000,00 DM nachhaltig übersteigt, ein wichtiger Anhaltspunkt dafür zu sehen, dass die Tätigkeit wirtschaftlich bedeutend ist. In der Regel kann deshalb bei diesem Jahresumsatz davon ausgegangen werden, dass die Tätigkeit von einigem Gewicht ist."

Nach vorstehenden Grundsätzen erfüllt nur das Freibad der Stadt Münster die Merkmale der gewissen Selbständigkeit und der Gewichtigkeit der Tätigkeit. Demnach handelt es sich um eine unbeschränkt körperschaftsteuerpflichtige Einrichtung i.S.d. § 1 Abs. 1 Nr. 6 KStG i.V.m. § 4 Abs. 1 KStG.

1.2.4.5   Zusammenfassung von Betrieben gewerblicher Art

Fraglich könnte die Behandlung mehrerer Betriebe gewerblicher Art bei einer juristischen Person des öffentlichen Rechts sein. Nach A 5 Abs. 9 S. 1 KStR ist die Zusammenfassung mehrerer gleichartiger Betriebe gewerblicher Art zulässig. Betriebe gewerblicher Art können nur zusammengefasst werden, wenn zwischen diesen Betrieben nach dem Gesamtbild der tatsächlichen Verhältnisse objektiv eine enge wechselseitige technisch-wirtschaftliche Verflechtung von einigem Gewicht besteht (A 5 Abs. 9 S. 2 KStR).

Für die Beurteilung des Beispiels 1 (Stadt Münster) bedeutet dies, dass zur Prüfung der unbeschränkten Steuerpflicht die Betätigungsfelder Freibad und Museum nicht zusammengefasst werden dürfen.

1.2.4.6   Hoheitsbetriebe

Die Vorschrift des § 4 Abs. 5 KStG genießt Vorrang vor den Bestimmungen des § 4 Abs. 1 bis 4 KStG („vorbehaltlich"). Unter Hoheitsbetrieben versteht man Betriebe, die überwiegend der Ausübung der öffentlichen Gewalt dienen (A 5 Abs. 13 KStR).

Forschungsanstalten, Wetterwarten, Schlachthöfe, Anstalten zur Lebensmitteluntersuchung, zur Desinfektion, zur Leichenverbrennung, zur Straßenreinigung und zur Abführung von Abwässern und Abfällen (A 5 Abs. 14 S. 3 KStR).

Hoheitsbetriebe gehören nicht zu den Betrieben gewerblicher Art und unterliegen nicht der Körperschaftsteuer.

1.2.4.7 Ausländische juristische Personen des öffentlichen Rechts

Solche Personen fallen nicht unter § 1 Abs. 1 Nr. 6 KStG. Sie sind keinesfalls unbeschränkt körperschaftsteuerpflichtig, sondern mit ihren inländischen Einkünften beschränkt steuerpflichtig.

Die Stadt Mailand/Italien errichtet anlässlich einer Städtepartnerschaft im Inland Verkaufsstände mit typischen Landesprodukten.

1.2.4.8 Beschränkte Steuerpflicht

Die beschränkte Körperschaftsteuerpflicht ist im § 2 KStG gesetzlich geregelt.

1.2.4.9 Abgrenzung zur unbeschränkten Körperschaftsteuerpflicht

Die Abweichung der beschränkten gegenüber der unbeschränkten Steuerpflicht i.S.d. § 1 KStG besteht in folgenden Kriterien:

- Kreis der Steuerpflichtigen und
- Umfang der steuerpflichtigen Einkünfte

1.2.4.10 Arten der beschränkten Körperschaftsteuerpflicht

Das Körperschaftsteuerrecht hat zwei Arten der beschränkten Steuerpflicht, somit unterscheidet es sich grundlegend von der beschränkten Einkommensteuerpflicht des § 1 Abs. 4 EStG. Rechtsgrundlage ist entweder § 2 Nr. 1 oder § 2 Nr. 2 KStG.

1.2.4.11 Beschränkte Körperschaftsteuerpflicht nach § 2 Nr. 1 KStG

Nach § 2 Nr. 1 KStG sind beschränkt körperschaftsteuerpflichtig:

Körperschaften, Personenvereinigungen und Vermögensmassen, die weder ihre Geschäftsleitung noch ihren Sitz im Inland haben, mit ihren inländischen Einkünften.

Die Bestimmung erfasst somit ausländische Rechtsträger. Die Gebilde sind nach einem Typenvergleich, d.h. nach deutschem Recht einer Körperschaft, Personenvereinigung oder Vermögensmasse gleichzusetzen. Hält der ausländische Rechtsträger dem Typenvergleich nicht stand, kann dieser mit inländischen Einkünften nicht i.S.d. § 2 Nr. 1 KStG beschränkt steuerpflichtig sein. In diesem Fall unterliegen die inländischen Einkünfte nicht der Körperschaftsteuer.

Die Bestimmung des § 2 Nr. 1 KStG enthält keine besondere Aufzählung der hierunter fallenden Gebilde. Ausländische juristische Personen des öffentlichen Rechts können demnach i.S.d. § 2 Nr. 1 KStG beschränkt körperschaftsteuerpflichtig sein. Anders als bei inländischen juristischen Personen des öffentlichen Rechts ist die beschränkte Körperschaftsteuerpflicht weder vom Vorliegen eines Betriebes gewerblicher Art (§ 4 KStG) abhängig noch auf die Einkünfte aus Gewerbebetrieb begrenzt.

Beispiel Eine ausländische juristische Person des öffentlichen Rechts, etwa eine Gemeinde, ist mit ihren inländischen Einkünften aus Land- und Forstwirtschaft sowie aus Vermietung und Verpachtung eines im Inland belegenen Mietwohngrundstücks beschränkt körperschaftsteuerpflichtig i.S.d. § 2 Nr. 1 KStG.

1.2.4.12 Inländische Einkünfte

Beschränkt Körperschaftsteuerpflichtige i.S.d. § 2 Nr. 1 KStG unterliegen nur mit ihren inländischen Einkünften der Körperschaftsteuer. Was inländische Einkünfte sind, geht aus § 49 EStG hervor, einer Bestimmung, die nach A 27 Abs. 1 Nr. 1 KStR auch auf das Körperschaftsteuerrecht Anwendung findet. Auf den ersten Blick erinnert § 49 EStG inhaltlich an § 2 Abs. 1 EStG. Dennoch sind Sonderregelungen über eine Freistellung von der deutschen Besteuerung aufgrund von Doppelbesteuerungsabkommen zwischen der Bundesrepublik Deutschland und zahlreichen anderen Staaten möglich.

1.2.4.13 Isolierende Betrachtungsweise

Das zur beschränkten Körperschaftsteuerpflicht führende inländische Einkommen einer ausländischen Körperschaft, Personenvereinigung oder Vermögensmasse unterliegt der so genannten isolierenden Betrachtungsweise.

Nach § 49 Abs. 2 EStG haben im Ausland gegebene Besteuerungsmerkmale außer Betracht zu bleiben, soweit bei ihrer Berücksichtigung inländische Einkünfte i.S.d. § 49 Abs. 1 EStG nicht angenommen werden könnten; vgl. auch R 223 Abs. 1 EStR.

Beispiel Eine ausländische Kapitalgesellschaft besitzt im Inland ein Mietwohngrundstück, das sie an Privatpersonen vermietet hat.

Nach deutschem Körperschaftsteuerrecht würde eine Kapitalgesellschaft kraft Gesetzes (§ 8 Abs. 2 KStG) ausschließlich Einkünfte aus Gewerbebetrieb erzielen. Nach der isolierenden Betrachtungsweise des § 49 Abs. 2 EStG gehören die aus dem Mietwohngrundstück erzielten Erträge zu den Einkünften aus Vermietung und Verpachtung (§ 49 Abs. 1 Nr. 6 EStG).

Lediglich die Einkünfte aus der Veräußerung des Mietwohngrundstücks sind gewerbliche Einkünfte (§ 49 Abs. 1 Nr. 2 f EStG).

1.2.4.14 Beschränkte Körperschaftsteuerpflicht für steuerabzugsfähige Einkünfte nach § 2 Nr. 2 KStG

Nach § 2 Nr. 2 KStG sind beschränkt körperschaftsteuerpflichtig:

sonstige Körperschaften, Personenvereinigungen und Vermögensmassen, die nicht unbeschränkt steuerpflichtig sind, mit ihren inländischen Einkünften, von denen ein Steuerabzug vorzunehmen ist.

Unter die Vorschrift des § 2 Nr. 2 KStG fallen nicht ausländische Körperschaften usw., da diese bereits nach § 2 Nr. 1 KStG mit ihren inländischen Einkünften der beschränkten Körperschaftsteuerpflicht unterliegen („Sonstige Körperschaften"). Die beschränkte Körperschaftsteuerpflicht des § 2 Nr. 2 KStG ist von Bedeutung für:

inländische juristische Personen des öffentlichen Rechts, die – abgesehen vom Fall des Betriebs gewerblicher Art – nicht unbeschränkt steuerpflichtig sein können.

Der Umfang der beschränkten Körperschaftsteuerpflicht i.S.d. § 2 Nr. 2 KStG erstreckt sich nur auf die einem Steuerabzug unterliegenden Einkünfte; das sind die in § 43 EStG (= Kapitalerträge mit Steuerabzug) bzw. § 50 a EStG (= Steuerabzug bei beschränkt Steuerpflichtigen) aufgeführten Erträge.

Die Stadt V. ist an der Elektrizität- und Wärmeversorgungs-GmbH mit 20 v.H. beteiligt. Die Anteile, die die Stadt V. hält, gehören nicht zum Betriebsvermögen eines Betriebes gewerblicher Art. Für das Jahr 01 hat die GmbH eine Gewinnausschüttung am 26.02.02 zugunsten ihrer Gesellschafter in Höhe von 800.000,00 DM beschlossen und vollzogen. Auf die Stadt V. entfallen demnach 160.000,00 DM.

Die offene Gewinnausschüttung zählt zu den Kapitalerträgen, für die gemäß § 43 Abs. 1 S. 1 Nr. 1 EStG von der ausschüttenden GmbH regelmäßig Kapitalertragsteuer einzubehalten ist. Die Stadt V. ist mit diesem Kapitalertrag i.S.d. § 2 Nr. 2 KStG beschränkt steuerpflichtig. Die Körperschaftsteuer ist mit der einbehaltenen und abgeführten Kapitalertragsteuer abgegolten.

Auf Antrag der Stadt V. wird dieser durch das Bundesamt für Finanzen die Hälfte erstattet (§ 44 c Abs. 2 S. 1 Nr. 2 EStG). Voraussetzung ist, dass der Gläubiger durch eine Bescheinigung des für seine Geschäftsleitung oder seinen Sitz zuständigen Finanzamts nachweist, dass er eine

Körperschaft im Sinne des § 44 c Abs. 2 S. 1 EStG ist (§ 44 c Abs. 2 S. 2 KStG).

1.2.4.15 Veranlagung zur Körperschaftsteuer

Eine Veranlagung zur Körperschaftsteuer kommt für Fälle der beschränkten Körperschaftsteuerpflicht i.S.d. § 2 Nr. 2 KStG nicht in Betracht. Die Körperschaftsteuer gilt mit dem Steuerabzug, z.B. der Kapitalertragsteuer, als abgegolten (§ 50 Abs. 5 S. 1 KStG).

Ein Abzug von Betriebsausgaben bzw. Werbungskosten ist nicht zulässig (§ 8 Abs. 6 KStG).

1.2.5   Wechsel der Steuerpflicht

Bei einem Wechsel der Steuerpflicht, also von der beschränkten zur unbeschränkten Steuerpflicht oder umgekehrt, sind jeweils getrennte Veranlagungen zur Körperschaftsteuer durch das Finanzamt erforderlich (RFH, RStBl. 1937, 1008).

1.2.6   Beginn der Körperschaftsteuerpflicht

Der Beginn der Steuerpflicht ist bedeutsam für den Zeitpunkt, ab wann die Ertragsbesteuerung einer Kapitalgesellschaft einsetzt. Der Beginn der Körperschaftsteuerpflicht ist im KStG nicht geregelt.

Drei Ereignisse kennzeichnen die Gründungsphase einer Kapitalgesellschaft:

- Erstmaliger Zusammentritt der Gründer der Kapitalgesellschaft
- Abschluss des formgültigen Gesellschaftsvertrages mit notarieller Beurkundung
- Anmeldung und Eintragung in das Handelsregister bei Gericht

Die unbeschränkte Körperschaftsteuerpflicht beginnt spätestens mit der Erlangung der Rechtsfähigkeit der juristischen Person. Die Rechtsfähigkeit erlangt eine Kapitalgesellschaft mit ihrer Eintragung in das Handelsregister, vgl. § 41 AktG, § 11 GmbHG.

Siehe zur Verwaltungsmeinung: A 2 Abs. 3 und 4 KStR.

Entfaltet die zu gründende Kapitalgesellschaft schon vor Erlangung der Rechtsfähigkeit als GmbH i.G. (= in Gründung) wirtschaftliche Aktivitäten (Regelfall), so ist zu unterscheiden:

1.2.6.1 Vorgründungsgesellschaft

Die Gesellschaft wird als Vorgründungsgesellschaft bezeichnet in einem Zeitraum zwischen dem erstmaligen Zusammentritt der Gründer und dem Abschluss des Gesellschaftsvertrags durch notarielle Beurkundung. Die Vorgründungsgesellschaft ist i.d.R. eine Gesellschaft des bürgerlichen Rechts (GbR), auf die die zivilrechtlichen Vorschriften der §§ 705 ff. BGB Anwendung finden. Entfaltet die Vorgründungsgesellschaft bereits wirtschaftliche Aktivitäten (= Regelfall), so wird sie nach den Grundsätzen für Personengesellschaften, ggf. als Mitunternehmerschaft (einheitliche und gesonderte Gewinnfeststellung i.S.d. § 180 AO), behandelt.

1.2.6.2 Vorgesellschaft

Die Gesellschaft wird als Vorgesellschaft bezeichnet in einem Zeitraum zwischen dem Abschluss des Gesellschaftsvertrages bis zur Eintragung in das Handelsregister bei Gericht. Die Gesellschaft ist bereits als Gründergesellschaft körperschaftsteuerpflichtig. Voraussetzung ist jedoch die anschließende Handelsregistereintragung. Die schon vor Erlangung der Rechtsfähigkeit durch Eintragung in das Handelsregister ausgelöste Körperschaftsteuerpflicht wird als Nämlichkeit bezeichnet. Die geschäftliche Tätigkeit der Vorgesellschaft muss nach außen gerichtet sein, etwa durch Eröffnung eines Bankkontos auf den Namen der Vorgesellschaft, Anmietung von Geschäftsräumen, Warenein- und -verkauf usw. Nicht hierunter fallen Vorgänge im Innenverhältnis zwischen Gesellschaft und Gesellschafter, z.B. Einforderung und Einzahlung von Stammeinlagen, Bestellung eines Geschäftsführers (§ 6 Abs. 1 GmbHG) oder die Verwaltung bereits eingezahlter Anteile.

Erfolgskontrolle

Die Gesellschafter Mann und Maus beschließen am 23.03.01 die Gründung der Mann & Maus GmbH, einer Unternehmung zum Vertrieb von Artikeln der Freizeitbranche. Schon zum selben Zeitpunkt (23.03.01) wird der Mietvertrag für die Geschäftsräume unterzeichnet. Auch gelingen, ohne größeren Werbeaufwand betrieben zu haben, einige sporadische Verkaufsumsätze. Der Gesellschaftsvertrag wird durch den Notar Dr. Quack am 29.05.01 notariell beurkundet. Am 11.11.01 erfolgt durch das zuständige Gericht die Eintragung der Vorgesellschaft als GmbH in das Handelsregister. Für das Jahr 01 ergab sich folgender Gewinn:

Vom 23.03.01 bis 28.05.01 ./. 5.000,00 DM
Vom 29.05.01 bis 10.11.01 + 20.000,00 DM
Vom 11.11.01 bis 31.12.01 + 8.000,00 DM

Lösungen siehe Anhang

1. Wann beginnt die Körperschaftsteuerpflicht?

2. Welcher Gewinn ist für das Wirtschaftsjahr 01 bei der körperschaftsteuerlichen Einkommensermittlung zugrunde zu legen?

1.2.6.3   Folgen einer gescheiterten Handelsregistereintragung

Eine in Gründung befindliche Kapitalgesellschaft, die nicht in das Handelsregister eingetragen wird, ist auch als Vorgründungsgesellschaft i.d.R.
als GbR zu behandeln. Sie bildet gegebenenfalls mit der Vorgesellschaft
gemeinsam eine einheitliche Mitunternehmerschaft. Diese Handhabung
ist nur konsequent, denn zwischen dem erstmaligen Zusammentritt der
Gründer und der Erlangung der Rechtsfähigkeit durch Eintragung vergeht
häufig eine geraume Zeit. Würde die Steuerpflicht erst mit Erlangung der
Rechtsfähigkeit eintreten, so wäre kein Anlass für eine Besteuerung vorhanden; die Steuereinnahmen aus der fraglichen Periode gingen verloren.

1.2.7   Ende der Körperschaftsteuerpflicht

Im KStG ist kein Anhaltspunkt über das Ende der Körperschaftsteuerpflicht vorhanden. Die unbeschränkte Steuerpflicht endet:

- mit dem rechtskräftigen Abschluss der Liquidation der Kapitalgesellschaft i.S.d. § 11 KStG. Liquidieren bedeutet Verteilung des Liqui-
  dationsvermögens an die Gesellschafter nach Ablauf des handelsrechtlichen Sperrjahres
- im Fall der Umwandlung oder Verschmelzung (= Untergang des
  Rechtsträgers) bereits mit dem steuerlich anerkannten Umwand-
  lungs- und Verschmelzungsstichtag (§ 2 UmwStG)
- mit Ausscheiden der unbeschränkten Steuerpflicht durch Verlegung
  von Geschäftsleitung und Sitz oder eines von beiden in das Ausland.
  § 12 KStG schreibt die Anwendung der Liquidationsbesteuerung
  nach § 11 KStG analog vor

Durch Eröffnung des Konkurs-/Insolvenzverfahrens über das Vermögen
der Kapitalgesellschaft wird die Körperschaftsteuerpflicht nicht berührt.

1.3   Steuerbefreiungen von der Körperschaftsteuer

Aus wirtschafts- und sozialpolitischen Erwägungen sind eine Reihe von
Körperschaften, Personenvereinigungen und Vermögensmassen von der
Körperschaftsteuer befreit.

§ 5 KStG enthält eine abschließende Aufzählung:

Zu den steuerbefreiten Körperschaften gehören insbesondere:

- das Bundeseisenbahnvermögen, die Monopolverwaltungen des Bundes (Abs. 1 Nr. 1), und die Deutsche Bundesbank (Nr. 2)
- Pensions- und Unterstützungskassen (Nr. 3 i.V.m. § 6 KStG)
- Berufsverbände ohne öffentlich-rechtlichen Charakter, soweit kein wirtschaftlicher Geschäftsbetrieb besteht (Nr. 5)
- ausschließlich und unmittelbar steuerbegünstigten Zwecken (§§ 51 ff. AO) dienende Körperschaften, Personenvereinigungen und Vermögensmassen, soweit kein steuerpflichtiger wirtschaftlicher Geschäftsbetrieb besteht (Nr. 9)

Die Befreiungen nach § 5 Abs. 1 KStG gelten nicht:

- für inländische Einkünfte, die dem Steuerabzug i.S.d. § 2 Nr. 2 KStG unterliegen
- soweit nach den Vorschriften des Vierten Teils (des KStG) die Ausschüttungsbelastung i.S.d. § 27 KStG herzustellen ist. Der Vierte Teil mit seinen §§ 27 bis 47 a.F. wurde durch das Gesetz vom 23. Oktober 2000 (BGBL. I, S 1433) aufgehoben. Siehe zur letztmaligen Anwendung § 34 Abs. 10 a KStG
- für beschränkt Steuerpflichtige i.S.d. § 2 Nr. 1 KStG

Bei Beginn oder Erlöschen einer Steuerbefreiung hat die Körperschaft jeweils eine Steuerbilanz nach Maßgabe des § 13 KStG aufzustellen.

1.4 Das körperschaftsteuerliche Einkommen

Nach § 7 Abs. 1 KStG ist Bemessungsgrundlage bei der Körperschaftsteuer das zu versteuernde Einkommen; das ist nach § 7 Abs. 2 KStG das Einkommen abzüglich der Freibeträge nach den §§ 24 und 25 KStG.

1.4.1 Grundlagen der Besteuerung

Die persönliche Körperschaftsteuerpflicht definiert, wer für die Besteuerung in Betracht kommt. Damit ist noch nicht geklärt, was der Körperschaftsteuer als Besteuerungsgegenstand unterliegt.

Wie die Einkommensteuer ist die Körperschaftsteuer eine Steuer vom Einkommen und eine Veranlagungssteuer. Der Veranlagungszeitraum ist das Kalenderjahr; der Ermittlungszeitraum ist grundsätzlich das Kalenderjahr. Letzterer kann kürzer sein, wenn die Steuerpflicht nicht das ganze Jahr bestanden hat (§ 7 Abs. 3 KStG). Hiervon existiert eine Ausnahme in der Liquidationsbesteuerung nach § 11 KStG.

Bei Steuerpflichtigen, die verpflichtet sind, Bücher nach den Vorschriften des Handelsgesetzbuches zu führen (= alle Kapitalgesellschaften) ist der Gewinn nach dem Wirtschaftsjahr zu ermitteln, für das sie regelmäßig Abschlüsse machen. Weicht bei diesen Steuerpflichtigen das Wirtschaftsjahr, für das sie regelmäßig Abschlüsse machen, vom Kalenderjahr ab, so gilt der Gewinn aus Gewerbebetrieb als in dem Kalenderjahr bezogen, in dem das Wirtschaftsjahr endet. Die Umstellung des Wirtschaftsjahres auf einen vom Kalenderjahr abweichenden Zeitraum ist steuerlich nur wirksam, wenn sie im Einvernehmen mit dem Finanzamt vorgenommen wird (§ 7 Abs. 4 KStG).

Für den Veranlagungs- und Ermittlungszeitraum der Körperschaftsteuer gelten die Bestimmungen der §§ 25, 4 a Abs. 1 S. 2 Nr. 2 und Abs. 2 Nr. 2 EStG analog.

1.4.2 Begriff des Einkommens im Körperschaftsteuerrecht

Gemäß § 7 Abs. 1 KStG ist Bemessungsgrundlage bei der Körperschaftsteuer das zu versteuernde Einkommen. Das ist gemäß § 7 Abs. 2 KStG das Einkommen i.S.d. § 8 Abs. 1 KStG, vermindert um die Freibeträge der §§ 24 und 25 KStG (bestimmte Körperschaften und Erwerbs-/Wirtschaftsgenossenschaften sowie Vereine, die Land- und Forstwirtschaft betreiben). Der Einkommensbegriff richtet sich nach den Vorschriften des Einkommensteuergesetzes (§ 8 Abs. 1 KStG).

Das Einkommen der rechtsfähigen und nicht rechtsfähigen Vereine, die nach den Vorschriften des HGB nicht zur Führung von Büchern verpflichtet sind, setzt sich wie bei der Einkommensteuer aus verschiedenen Einkunftsarten zusammen; vgl. hierzu A 24 KStR. Andere Körperschaften, insbesondere die Kapitalgesellschaften, sind handelsrechtlich zur ordnungsgemäßen Buchführung verpflichtet und erzielen ausschließlich Einkünfte aus Gewerbebetrieb kraft Gesetzes (§ 8 Abs. 2 KStG).

Das zu versteuernde Einkommen der Kapitalgesellschaft ist konsequenterweise identisch mit den allein möglichen Einkünften aus Gewerbebetrieb bzw. dem Gesamtbetrag der Einkünfte. Allerdings ist der Abzug von Sonderausgaben und außergewöhnlichen Belastungen ausschließlich den natürlichen Personen zu eigen; bei Kapitalgesellschaften sind solche Abzüge nicht denkbar. A 27 KStR zählt sämtliche bei der Körperschaftsteuer anzuwendenden Vorschriften des Einkommensteuerrechts auf. Hervorhebenswert sind die nicht abzugsfähigen Betriebsausgaben i.S.d. § 4 Abs. 5 EStG und der Verlustabzug i.S.d. § 10 d EStG mit den Einschränkungen des § 8 Abs. 4 KStG.

Andere Gesetze, z.B. das Investitionszulagegesetz (InvZulG), enthalten für die Körperschaftsteuer beachtliche Regelungen. So gehört z.B. die Investitionszulage nicht zu den Einkünften i.S.d. EStG; vgl. § 9 InvZulG 1999.

Die Einkünfte i.S.d. § 2 Abs. 1 EStG bilden die Grundlage der Einkommensermittlung. Zu unterscheiden ist aber, ob die Körperschaft zur Führung von Büchern nach den Vorschriften des HGB verpflichtet ist oder nicht.

Merke

Nachdem festgestellt worden ist, was das Einkommen und das zu versteuernde Einkommen in körperschaftsteuerlichen Sinne ist, ist zu klären, wie das zu versteuernde Einkommen zu ermitteln ist. Die Ermittlung richtet sich primär danach, ob eine Körperschaft zur Führung von Büchern verpflichtet ist.

1.4.3 Körperschaften ohne Buchführungspflicht nach dem HGB

Hierzu gehören im Besonderen die rechtsfähigen und nicht rechtsfähigen Vereine sowie die Stiftungen. Die genannten Gebilde können Bezieher sämtlicher Einkünfte i.S.d. § 2 Abs. 1 EStG sein. Naturgemäß gilt für Körperschaftsteuerpflichtige eine Einschränkung bei der Einkunftsart nichtselbständige Arbeit (§ 2 Abs. 1 S. 1 Nr. 4 i.V.m. § 19 EStG), da diese nicht den Arbeitnehmerbegriff erfüllen kann. Eine Ausnahme könnte darin bestehen, wenn eine Körperschaft einen Anspruch auf Lohn oder Gehalt eines verstorbenen Arbeitnehmers ererbt hat.

Die körperschaftsteuerliche Ermittlung der Einkünfte geschieht grundsätzlich ohne Besonderheiten gegenüber den Einkommensteuerpflichtigen, z.B. sind bei den Einnahmen aus Kapitalvermögen der Sparerfreibetrag und der Werbungskostenpauschbetrag abzugsfähig (A 27 Abs. 2 S. 1 KStR). Die Freibetragsregelungen des § 14, 14 a Abs. 1 bis 3 und 16 Abs. 4, § 17 Abs. 3 und § 18 Abs. 3 EStG sind grundsätzlich anzuwenden (A 27 Abs. 2 S. 3 KStR).

Lösungen
siehe
Anhang

Erfolgskontrolle

Der nicht persönlich steuerbefreite Verein Gänseblümchen e.V. mit Sitz in Wuppertal erzielte im Jahr 01 folgende Erträge bzw. Einnahmen:

Gewinn aus Anzeigenwerbung	4.000,00 DM
Zinsen aus Spareinlagen	400,00 DM
Überschuss aus der Vermietung vereinseigener Wohnungen	3.000,00 DM
Veräußerungsgewinn unbebautes Grundstück (kein privates Veräußerungsgeschäft)	100.000,00 DM
Veräußerungsgewinn aus Aktiengeschäften innerhalb von sechs Wochen nach der Anschaffung	999,00 DM

3. Ermitteln Sie das zu versteuernde Einkommen der Körperschaft „Gänseblümchen e.V." Beachten Sie bitte die Freibetragsregelung des § 24 KStG.

1.4.4 Körperschaften mit Buchführungspflicht nach dem HGB

Hierzu gehören im besonderen die Kapitalgesellschaften und die Genossenschaften. Anders als bei den Körperschaftsteuerpflichtigen ohne Buchführungspflicht zählen sämtliche Einkünfte durch die Bestimmung des § 8 Abs. 2 KStG zu den Einkünften aus Gewerbebetrieb. Entsprechend stellt das Vermögen dieser Körperschaften stets Betriebsvermögen dar. Die Freibetragsregelungen der §§ 14, 14 a Abs. 1 bis 3 und 5, 17 Abs. 3 und 18 Abs. 3 EStG finden aufgrund der ausschließlichen Einkünfte aus Gewerbebetrieb keine Anwendung. Anders verhält es sich bei der sachlichen Steuerbefreiung des § 16 Abs. 4 EStG, wenn die Körperschaft einen Tatbestand i.S.d. § 16 Abs. 1 Nr. 1 bis 3 EStG verwirklicht. Entsprechendes gilt bei Liquidation, Umwandlung bzw. Verschmelzung (BFH 1992 II, 437).

Aus der handelsrechtlichen Buchführungspflicht ergibt sich für jede Kapitalgesellschaft steuerlich die Gewinnermittlung durch besonderen Betriebsvermögensvergleich i.S.d. § 5 Abs. 1 EStG.

1.4.4.1 Besonderheiten beim Betriebsvermögensvergleich

Der Betriebsvermögensvergleich des § 5 Abs. 1 EStG basiert auf der Gewinnermittlungsformel des § 4 Abs. 1 EStG. Für Kapitalgesellschaften kritisch ist der Bereich der Einnahmen und Einlagen, da Körperschaften keine Privatsphäre und somit auch keinen außerbetrieblichen Tätigkeitsbereich haben.

Der Begriff der Entnahmen und Einlagen bei einer Kapitalgesellschaft ist einer modifizierten Betrachtungsweise zu unterziehen. Es gibt aber eine Reihe von Vorgängen, die den Entnahmen und Einlagen der Einzelunternehmungen bzw. Personengesellschaften vergleichbar sind. Zum Beispiel entsprechen den Entnahmen sämtliche nach dem EStG bzw. KStG nichtabziehbaren Aufwendungen, etwa Aufwendungen nach § 4 Abs. 5 EStG, § 10 KStG, insbesondere:

Körperschaftsteuer und die Hälfte der Aufsichtsratvergütungen. Bis zum 31.12.1996 zählte auch die Vermögensteuer dazu.

Den Einlagen entsprechen z.B.:

Kapitalerhöhungen, steuerfreie Zinsen und Erträge aus nichtabziehbaren Aufwendungen.

1.4.4.2   Gewinn und Gewinnermittlung

Ausgangspunkt für die alleinigen Einkünfte aus Gewerbebetrieb einer Kapitalgesellschaft ist der gewerbliche Gewinn i.S.d. § 2 Abs. 2 Nr. 1 EStG.

Der steuerliche Gewinn aus Gewerbebetrieb ergibt sich durch Betriebsvermögensvergleich nach § 4 Abs. 1 EStG. Bei den Kapitalgesellschaften und den anderen buchführungspflichtigen Körperschaften ist gemäß § 5 Abs. 1 EStG das nach den handelsrechtlichen Vorschriften anzuweisende Betriebsvermögen unter Beachtung der Sondervorschriften des EStG (§ 5 Abs. 2 bis 4 b EStG) anzusetzen. Der Betriebsvermögensvergleich erfolgt durch ordnungsgemäße Buchführung (GoB) in Form der Bilanz. Maßgebend ist die Handelsbilanz, gegebenenfalls nach § 60 Abs. 3 EStDV mit Anpassung an die steuerrechtlichen Vorschriften bzw. die besondere, den Vorschriften des Steuerrechts entsprechende Steuerbilanz.

Kapitalgesellschaften stellen zur Erfüllung ihrer Jahresabschlusspflicht i.d.R. eine Handelsbilanz auf. Die Handelsbilanz ist eine Bilanz, deren Posten ungeachtet der steuerlichen, aber der vom Handelsrecht nicht abweichenden Vorschriften zustande gekommen sind. Dieses Ergebnis ist für sich alleine betrachtet untauglich, denn § 8 Abs. 1 KStG verweist für die Ermittlung des körperschaftsteuerlichen Einkommens auf die Bestimmungen des EStG. Es sind jedoch eine Reihe von Besonderheiten und Abweichungen zu beachten. Zur Ermittlung des steuerlichen Gewinns bedarf das Ergebnis des handelsrechtlichen Vermögensvergleichs noch Korrekturen, und zwar außerhalb der Bilanz i.R.d. Einkommensermittlung. Das Ergebnis der Handelsbilanz bedarf außerhalb der Bilanz insbesondere folgender Korrekturen, deren ausschließlicher Zweck darin besteht, das Einkommen zum Zwecke der Ertragsbesteuerung zu ermitteln:

1.4.5 Verdeckte Gewinnausschüttungen

Mangels Privatsphäre von Kapitalgesellschaften sind Entnahmen aus dem Betriebsvermögen nicht möglich. Anteilseigner und Gesellschaft sind zivil- und steuerrechtlich verschiedene Rechtspersonen.

Eine nicht aus betrieblichen, sondern aus gesellschaftsrechtlichen Gründen beruhende Wertabgabe der Gesellschaft an die Anteilseigner ist als so genannte verdeckte Gewinnausschüttung (§ 8 Abs. 3 S. 2 KStG) bei der Ermittlung des steuerlichen Gewinns hinzuzurechnen, soweit sie diesen Gewinn gemindert hat.

1.4.5.1 Begriff der verdeckten Gewinnausschüttung

Eine verdeckte Gewinnausschüttung besteht in einer Vermögensminderung oder verhinderten Vermögensmehrung der Körperschaft, die durch das Gesellschaftsverhältnis veranlasst ist, sich auf die Höhe des Einkommens auswirkt und in keinem Zusammenhang mit einer offenen Ausschüttung steht; vgl. A 31 KStR sowie zum Begriff A 31 Abs. 3 KStR.

Verdeckte Gewinnausschüttungen kommen bei Kapitalgesellschaften und sonstigen Körperschaftsteuersubjekten, nicht jedoch bei Stiftungen, vor.

Begünstigter einer verdeckten Gewinnausschüttung kann der Gesellschafter oder eine nahestehende Person sein. Erhält ein Dritter durch die Kapitalgesellschaft eine Leistung, so liegt eine verdeckte Gewinnausschüttung dann vor, wenn die Kapitalgesellschaft mit der Leistung eine Verpflichtung des Gesellschafters oder einer ihm nahestehenden Person erfüllt. In jedem Fall muss die Veranlassung für die Wertabgabe durch das Gesellschaftsverhältnis begründet sein.

1.4.5.2 Grundfall einer verdeckten Gewinnausschüttung

Die Fides-GmbH zahlt ihrem Geschäftsführer, Herrn Rudolf Fides, für seine Tätigkeit ein jährliches Gehalt (§ 19 EStG) von 150.000,00 DM. Angemessen wäre ein Gehalt von lediglich 80.000,00 DM. Die GmbH würde für die Führung ihrer Geschäfte jedem anderen auch nicht mehr zahlen.

Zunächst ist festzuhalten, dass die Ursache für die Gehaltszahlung an den Geschäftsführer eine durch das Gesellschaftsverhältnis begründete Veranlassung hat, etwa ein Arbeitsvertrag zwischen der GmbH und Herrn Rudolf Fides.

Die GmbH hat die Gehaltszahlungen in Höhe von 150.000,00 DM handelsrechtlich als Aufwand behandelt; somit haben 150.000,00 DM das

Vermögen der GmbH gemindert, was handelsrechtlich nicht zu beanstanden ist. Des Weiteren ist zu bemerken, dass die handelsrechtliche Vermögensminderung unter steuerlichem Blickwinkel einem Fremdvergleich zwischen der GmbH und einem beliebigen fremden Dritten nicht standhält. Der fremde Dritte würde an Stelle der 150.000,00 DM nur 80.000,00 DM als angemessenes Gehalt erhalten. In Höhe der Differenz von 70.000,00 DM liegt eine verdeckte Gewinnausschüttung mit Ursache im Gesellschaftsverhältnis und eingetragener Vermögensminderung bei der GmbH vor.

Zum Zwecke der Einkommensermittlung ist der unangemessene Betrag gemäß § 8 Abs. 3 S. 2 KStG dem Einkommen außerbilanziell wieder hinzuzurechnen.

Eine verdeckte Gewinnausschüttung kann auch in einer verbilligten Warenabgabe oder einer Dienstleistung bestehen. Die Verzinsung von hingegebenen oder erhaltenen Darlehn hat marktüblich zu sein.

Verdeckte Gewinnausschüttungen dürfen das körperschaftsteuerliche Einkommen nicht mindern. Soweit sie den Steuerbilanzgewinn gemindert haben, sind sie bei Ermittlung des Einkommens des Veranlagungszeitraums hinzuzurechnen, dem der um die verdeckte Gewinnausschüttung geminderte Bilanzgewinn zugrunde liegt. Ist die Leistung unangemessen hoch, ist nicht die gesamte Leistung, sondern nur der unangemessene Teil verdeckte Gewinnausschüttung.

1.4.5.3 Einlagen der Anteilseigner

Leistet der Anteilseigner Einlagen, dann erhöht sich das Betriebsvermögen der Kapitalgesellschaft entsprechend, und zwar auch dann, wenn sie in verdeckter Form geleistet werden. Nach § 4 Abs. 1 EStG dürfen diese (verdeckten) Einlagen den Gewinn nicht erhöhen und müssen folglich vom Ergebnis des Vermögensvergleichs wieder abgezogen werden. Siehe zur verdeckten Einlage A 36 a KStR.

1.4.5.4 Definition der verdeckten Einlage

Eine verdeckte Einlage liegt vor, wenn ein Gesellschafter oder eine ihm nahestehende Person der Kapitalgesellschaft einen einlagefähigen Vermögensvorteil zuwendet und diese Zuwendung durch das Gesellschaftsverhältnis veranlasst ist. Zum Begriff der nahestehenden Person vgl. A 31 Abs. 7 KStR. Der Vermögensvorteil kann in einer Vermehrung von Aktiva oder einer Verminderung von Schulden bestehen. Die Veranlassung durch das Gesellschaftsverhältnis ist gegeben, wenn ein Nichtgesellschaf-

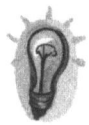

ter bei Anwendung der Sorgfalt eines ordentlichen Kaufmanns den Vermögensvorteil der Gesellschaft nicht eingeräumt hätte.

Es handelt sich demnach um den umgekehrten Fall einer verdeckten Gewinnausschüttung.

Die Verwaltung hat durch Veranlassung höchstrichterlicher Rechtsprechung zur Auswirkung von verdeckten Einlagen auf das Einkommen von Kapitalgesellschaften und Gesellschaften wie folgt Stellung bezogen. Es sind insgesamt zwei Fälle zu unterscheiden:

- **Verzicht auf Nutzung**
  Hier werden Güter von einem Gesellschafter an die Kapitalgesellschaft unentgeltlich oder verbilligt zum Gebrauch oder zur Nutzung überlassen;
- **Übertragung von Gütern**
  Hier werden Güter vom Gesellschafter auf die Kapitalgesellschaft zu einem unangemessen niedrigen Preis übertragen.

Im ersten Fall ist die Überlassung zum Gebrauch oder zur Nutzung nicht Gegenstand einer Einlage (A 36 a Abs. 2 S. 1 KStR).

Beispiel

Der Vorteil einer zinslosen oder zinsverbilligten Darlehnsgewährung an eine Kapitalgesellschaft durch ihren Gesellschafter stellt keine verdeckte Einlage dar (A 36 a Abs. 2 S. 3 KStR). Demzufolge liegen beim Gesellschafter grundsätzlich keine zu versteuernden Einnahmen vor.

Im zweiten Fall der Übertragung auf die Kapitalgesellschaft kann eine verdeckte Einlage begründet sein.

Beispiel

Der Gesellschafter verzichtet gegenüber der Kapitalgesellschaft auf Zinsen, die in einer auf den Zeitpunkt des Verzichts zu erstellenden Bilanz der Kapitalgesellschaft als Verbindlichkeiten eingestellt werden müssten, etwa, weil der Gesellschafter der Gesellschaft ein Darlehn überlassen hat (A 36 a Abs. 2 S. 5 KStR). Entsprechendes gilt, wenn der Gesellschafter der Kapitalgesellschaft unentgeltlich oder zu einem niedrigen Entgelt Wirtschaftsgüter zur Nutzung überlässt oder andere Leistungen erbringt (A 36 a Abs. 2 S. 6 KStR).

Die verdeckte Einlage hat zunächst keinen Einfluss auf den Gewinn der Kapitalgesellschaft, weil als Gegenposten für die Einlage das übertragene Gut mit einem entsprechend höheren Wert anzusetzen ist. Beim Gesellschafter ist die Differenz zwischen dem tatsächlichen Wert und dem erzielten Veräußerungspreis zu versteuern, wenn die Voraussetzungen hierfür gegeben sind.

1.4.6 Nichtabziehbare Aufwendungen

Unter nichtabziehbaren Aufwendungen versteht man Aufwendungen, die aufgrund der steuerrechtlichen Rechtslage, z.B. nach § 4 Abs. 5 EStG, § 10 KStG für nichtabziehbar erklärt werden. Diese müssen folgerichtig dem Ergebnis des Vermögensvergleichs wieder hinzugerechnet werden, sofern sie das handelsrechtliche Ergebnis (zutreffend) gemindert haben.

Beispiele

- Steuern vom Einkommen
- sonstige Personensteuern
- Umsatzsteuer für Umsätze, die Entnahmen oder verdeckte Gewinnausschüttungen sind und die Vorsteuerbeträge auf Aufwendungen, für die bestimmte Abzugsverbote herrschen einschließlich der auf diese Steuern entfallenden Nebenleistungen i.S.d. § 3 Abs. 3 AO
- Geldstrafen und
- die Hälfte der Aufsichtsratvergütungen; vgl. § 10 KStG

1.4.7 Steuerfreie Gewinne

Steuerfreie Gewinne sind Teile des Gewinns, die aufgrund besonderer Vorschriften für steuerfrei erklärt werden. Diese müssen vom Ergebnis des Vermögensvergleichs wieder abgezogen werden.

Beispiele

- Freibetrag nach § 16 Abs. 4 EStG
- Doppelbesteuerungsabkommen (DBA) und
- § 9 Investitionszulagegesetz (InvZulG 1999)

1.4.8 Gewinnermittlungszeitraum bei Kapitalgesellschaften

Die allgemeine Generalklausel des § 238 Abs. 1 S. 1 HGB verpflichtet jeden Kaufmann, Bücher zu führen und in diesen seine Handelsgeschäfte und die Lage seines Vermögens nach den Grundsätzen ordnungsgemäßer Buchführung ersichtlich zu machen. Der Jahresabschluss von Kapitalgesellschaften hat nach § 264 Abs. 2 HGB unter Beachtung der GoB ein den tatsächlichen Verhältnissen entsprechendes Bild der Vermögens-, Finanz- und Ertragslage der Kapitalgesellschaft zu vermitteln. Die für Kapitalgesellschaften geltende Generalklausel – stellt abweichend von § 238 Abs. 1 S. 1 HGB – auf ein Bild der Vermögenslage und zusätzlich auf die Finanz- und Ertragslage ab. Dieses Bild hat den tatsächlichen Verhältnissen zu entsprechen. Kapitalgesellschaften haben ihren aus Bilanz und Gewinn- und Verlustrechnung bestehenden Jahresabschluss grundsätzlich um einen Anhang und einen Lagebericht zu ergänzen.

Kapitalgesellschaften haben – als nach dem HGB buchführungspflichtige Körperschaften – ihren Gewinn nach dem Wirtschaftsjahr zu ermitteln; vgl. § 7 Abs. 4 S. 1 KStG. Zulässig ist ein vom Kalenderjahr abweichendes Wirtschaftsjahr. Wie im Einkommensteuerrecht gilt gemäß § 7 Abs. 4 S. 2 KStG der gewerbliche Gewinn als in dem Kalenderjahr bezogen, in dem das Wirtschaftsjahr endet.

Beispiel

Wirtschaftsjahr 01.07.01 bis 30.06.02, Gewinn: 02.

Die Umstellung des Wirtschaftsjahres auf einen vom Kalenderjahr abweichenden Zeitraum ist nur im Einvernehmen mit dem Finanzamt zulässig (§ 7 Abs. 4 S. 3 KStG). Auch insoweit herrscht Übereinstimmung mit dem Einkommensteuerrecht.

1.4.9 Schema zur Ermittlung des zu versteuernden Einkommens bei Kapitalgesellschaften

Das zu versteuernde Einkommen bildet die Grundlage für die Ermittlung der Körperschaftsteuer bei einer Kapitalgesellschaft. Es lässt sich nach folgendem Schema vereinfacht aufgrund der Handels- bzw. der Steuerbilanz ermitteln:

./. Gewinn/Verlust gemäß Handelsbilanz
./. Gewinnvortrag
+ Verlustvortrag
./. Entnahme aus Rücklagen
+ Zuführung zu Rücklagen
= Jahresüberschuss/Jahresfehlbetrag

+/./. Anpassungskorrekturen an Steuerbilanz
= Gewinn/Verlust gemäß Steuerbilanz
+ verdeckte Gewinnausschüttungen
+ nichtabziehbare Aufwendungen
+ sämtliche Spenden
./. Erstattung nichtabziehbarer Aufwendungen
./. steuerfreie Erträge
./. verdeckte Einlagen

+/./. organschaftliche Gewinnabführung/Verlustübernahme
./. nach § 9 Abs. 1 Nr. 2 KStG abziehbare Spenden
= steuerlicher Gewinn/Verlust
./. ausländische Steuern vom Einkommen
    i.S.d. § 26 Abs. 6 KStG i.V.m. § 34 c Abs. 1 S. 2 und 3,
    Abs. 2 bis 8 und des § 50 Abs. 6 EStG
= Gesamtbetrag der Einkünfte

+/./. zuzurechnendes Einkommen von Organgesellschaften
    (§§ 14, 17, 18 KStG)
./. Verlustabzug nach 10 d EStG...
    mit Einschränkung des § 8 Abs. 4 KStG
= Einkommen/zu versteuerndes Einkommen.

Zu beachten ist die Freibetragsregelung des § 24 KStG für nicht buchführungspflichtige Körperschaften in Höhe von 7.500,00 DM (3.835,00 Euro ab 2002), die z.B. bei Vereinen i.S.d. § 25 KStG Anwendung findet.

Zum Schema der Ermittlung des zu versteuernden Einkommens nicht buchführungspflichtiger Körperschaften siehe A 24 Abs. 1 KStR.

Das Körperschaftsteuerrecht unterscheidet Aufwendungen in abziehbare und nicht abziehbare Aufwendungen.

1.4.10 Abziehbare Aufwendungen

Die Abziehbarkeit von Aufwendungen wird grundsätzlich über § 8 Abs. 1 KStG und dem EStG geregelt. Zwar gelten die einkommensteuerlichen Regelungen über die Abziehbarkeit von Aufwendungen auch für das Körperschaftsteuerrecht, es sind jedoch folgende Besonderheiten zu beachten, die der Erörterung bedürfen. Die spezifischen Abweichungen sind im § 9 KStG beispielhaft geregelt.

1.4.10.1 § 9 Abs. 1 Nr. 1 KStG

Zu den abziehbaren Aufwendungen gehören bei Kommanditgesellschaften auf Aktien (KGaA) der Teil des Gewinns, der an persönlich haftende Gesellschafter auf ihre nicht auf das Grundkapital gemachten Einlagen oder als Vergütung (Tantieme) für die Geschäftsführung verteilt wird.

1.4.10.2 § 9 Abs. 1 Nr. 2 KStG

Die Vorschrift behandelt den Spendenabzug i.S.d. § 10 b EStG, der auch im Körperschaftsteuerrecht möglich ist. Aufgrund der fehlenden Privatsphäre bei einer Kapitalgesellschaft ist ein Sonderausgabenabzug nicht denkbar. Der Abzug erfolgt hier hilfsweise durch Erfassung als Betriebsausgabe i.S.d. § 4 Abs. 4 EStG. Spenden können bis zur Höhe von 5 v.H. des Einkommens oder 2 v.T. der gesamten Umsätze und der im Kalenderjahr aufgewendeten Löhne und Gehälter abgezogen werden. Für wissenschaftliche, mildtätige und als besonders förderungswürdig anerkannte kulturelle Zwecke erhöht sich der v.H.-Satz von 5 um weitere 5 v.H. Für den Fall, dass durch Einzelzuwendungen von mindestens 50.000,00 DM (25.565,00 Euro ab 2002) für wissenschaftliche, mildtätige und als besonders förderungswürdig anerkannte kulturelle Zwecke die genannten Grenzen überschritten werden, kann der im Zuwendungsjahr nicht ausgenutzte Betrag gemäß § 9 Abs. 1 Nr. 2 S. 4 KStG in den folgenden sechs Jahren i.R.d. Höchstsätze abgezogen werden. Parteispenden sind nicht abzugsfähig; § 34 g EStG ist somit bei Körperschaften nicht anwendbar.

Zu den abzugsfähigen Aufwendungen gehören auch Zuwendungen an Stiftungen bis zu 40.000,00 DM (20.450,00 Euro ab 2002) – mit Einschränkungen – vgl. § 10 Abs. 1 Nr. 2 S. 3 KStG; siehe zur erstmaligen Anwendung § 34 Abs. 7 KStG sowie das Gesetz vom 14. Juli 2000 (BGBL. I, S. 1034).

Grundfall des Spendenabzugs bei einer GmbH:

Aus der Gewinn- und Verlustrechnung des Jahres 01 (Wj. = Kj.) der Pixi-GmbH ergeben sich die nachstehenden Werte:

Erträge	6.000.000,00 DM
Aufwendungen	4.000.000,00 DM
Jahresüberschuss	2.000.000,00 DM

Hierin sind enthalten, d.h. es wurde erfolgswirksam gebucht:

Körperschaftsteuer	675.000,00 DM
sonstige Personensteuern	25.000,00 DM
Spenden für kirchliche Zwecke	50.000,00 DM

Die Höhe der abzugsfähigen Spenden und das zu versteuernde Einkommen der Pixi-GmbH sind wie folgt zu ermitteln:

Jahresüberschuss lt. Gu.V 01:	2.000.000,00 DM
+ nicht abziehbare KSt	675.000,00 DM
+ nicht abziehbare Personensteuern	25.000,00 DM
+ Spenden für kirchliche Zwecke	50.000,00 DM
= Einkommen der ersten Stufe:	2.750.000,00 DM

Die Spenden für kirchliche Zwecke sind günstigerweise bis zu 5 v.H. des Einkommens, also mit 5 v.H. von 2.750.000,00 DM = 137.500,00 DM abzugsfähig.

Einkommen vor Abzug der Spenden	2.750.000,00 DM
./. abzugsfähige Spenden, max. 137.500,00 DM	50.000,00 DM
= zu versteuerndes Einkommen (2. Stufe):	2.700.000,00 DM

Der Jahresüberschuss 01 beträgt nur:	100.000,00 DM
+ nicht abziehbare KSt	675.000,00 DM
+ nicht abziehbare Personensteuern	25.000,00 DM
+ Spenden für kirchliche Zwecke	50.000,00 DM
= Einkommen der ersten Stufe:	850.000,00 DM

Hiervon 5 v.H.	42.500,00 DM

Einkommen vor Abzug der Spenden	850.000,00 DM
./. abzugsfähige Spenden, max. 42.500,00 DM	42.500,00 DM
= zu versteuerndes Einkommen (2. Stufe):	807.500,00 DM

Vom Gesamtbetrag der Spenden in Höhe von 50.000,00 DM sind 7.500,00 DM nicht als Betriebsausgabe abzugsfähig. Nach § 9 Abs. 1 Nr. 2 S. 4 KStG kann der nichtabzugsfähige Betrag von 7.500,00 DM im

Rahmen der Höchstsätze in den folgenden sechs Veranlagungszeiträumen abgezogen werden. Voraussetzung hierfür ist eine Einzelzuwendung von mindestens 50.000,00 DM (25.565,00 Euro ab 2002).

Der verbleibende Verlustvortrag ist gemäß § 9 Abs. 1 Nr. 2 S. 5 i.V.m. § 10 d Abs. 4 EStG gesondert festzustellen.

Die Bestimmung des § 9 KStG dient der Einkommensermittlung. Vor diesem Hintergrund sind Spenden gemäß A 37 Abs. 1 KStR vor einem eventuellen Verlustabzug i.S.d. § 10 d EStG (mit Einschränkungen des § 8 Abs. 4 KStG) zu berücksichtigen.

1.4.11 Nichtabziehbare Aufwendungen, die unter ein Abzugsverbot fallen

Bestimmte Aufwendungen sind – über die Vorschriften des EStG hinausgehend – nicht abziehbar. Die maßgebliche Bestimmung ist § 10 KStG.

1.4.11.1 § 10 Nr. 1 KStG

Aufwendungen zur Erfüllung von Satzungspflichten sind grundsätzlich nicht abzugsfähig (Einkommensverwendung). Die Regelung hat fast ausschließlich Bedeutung für Stiftungen und andere Zweckvermögen, nicht für Kapitalgesellschaften. Der Satz 2 stellt klar, dass der Spendenabzug hiervon nicht betroffen ist.

1.4.11.2 § 10 Nr. 2 KStG

Analog zu § 12 Nr. 3 EStG gilt für das Körperschaftsteuerrecht ein allgemeines Abzugsverbot für Personensteuern um Umsätze, die Entnahmen oder verdeckte Gewinnausschüttungen sind und für Vorsteuerbeträge auf Aufwendung, für die bestimmte Abzugsverbote gelten, einschließlich der auf diese Steuern entfallenden Nebenleistungen i.S.d. § 3 Abs. 3 AO.

Steuerliche Nebenleistungen sind insbesondere:

- Säumniszuschläge   (§ 220 AO)
- Verspätungszuschläge   (§ 152 AO)
- Zwangsgelder   (§ 329 AO)
- Hinterziehungszinsen   (§ 235 AO)
- Vollstreckungskosten   (§§ 337 bis 345 AO)

Zu bestimmten Bereichen ist höchstrichterliche Rechtsprechung des BFH ergangen; vgl. hierzu A 43 Abs. 3 und 4 KStR.

1.4.11.3 § 10 Nr. 3 KStG

Nicht abziehbar sind auch die in einem Strafverfahren festgesetzten Geldstrafen, sonstige Rechtsfolgen vermögensrechtlicher Art, bei denen der Strafcharakter überwiegt, und Leistungen zur Erfüllung von Auflagen oder Weisungen, soweit diese nicht lediglich der Wiedergutmachung des durch die Tat verursachten Schadens dienen. Die Vorschrift des § 10 Nr. 3 KStG ist § 12 Nr. 4 EStG angelehnt. Näheres ist A 44 KStR zu entnehmen.

1.4.11.4 § 10 Nr. 4 KStG

Nicht abziehbar sind auch die Hälfte der Vergütungen jeder Art (= weite Auslegung), die an Mitglieder des Aufsichtsrates, Verwaltungsrates, Grubenvorstandes oder andere mit der Überwachung der Geschäftsführung beauftragte Personen gewährt werden.

Aufsichtsratvergütungen sind also nur zur Hälfte abzugsfähig.

Einzelheiten ergeben sich aus A 45 KStR.

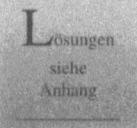

Lösungen siehe Anhang

Erfolgskontrolle

Die Gewinn- und Verlustrechnung Ihrer Mandantin, der Concepta-GmbH, sieht für das Kalenderjahr (= Wirtschaftsjahr) 01 wie folgt aus:

Gu.V 01.01. bis 31.12.01 der Concepta-GmbH

Aufwendungen DM		Erträge DM	
Werbegeschenke über 75,00 DM	1.000,00 DM	Inv.-Zulage	10.000,00 DM
hierauf UStG 16. v.H.	160,00 DM	KSt-Erstattung	5.160,00 DM
so. Personensteuern	10.000,00 DM	so. Erträge	583.000,00 DM
Körperschaftsteuer	48.000,00 DM		
Parteispenden	3.000,00 DM		
so. Aufwendungen	486.000,00 DM		
Gewinn Handelsbilanz	50.000,00 DM	Prüfvermerk sachlich und rechnerisch richtig: Clemens Quast Dipl.-Finw. und Steuerberater	
Summe	598.160,00 DM		598.160,00 DM

4. Herr Quast legt Ihnen vorstehende Gu.V. vor und bittet Sie um Ermittlung des zu versteuernden Einkommens der Mandantin für das Jahr 01.

1.5 Körperschaftsteuertarif und Steuersätze

Über die unbeschränkte und beschränkte Körperschaftsteuerpflicht (= Kreis der Steuerpflichtigen) wurde zunächst geklärt, welche Personen für die Körperschaftsbesteuerung in Frage kommen. Im Anschluss daran wurde das zu versteuernde Einkommen als Bemessungsgrundlage für die Berechnung der Körperschaftsteuer untersucht. Übrig bleibt nun, welcher Steuersatz auf die Bemessungsgrundlage einer unbeschränkt oder beschränkt steuerpflichtigen Körperschaft anzuwenden ist. Diese Frage soll nun erörtert werden.

Die nachfolgend vorgestellten körperschaftsteuerlichen Steuersätze sind in Abweichung zum Einkommensteuerrecht stets proportional. Erhöht sich der Steuersatz der Einkommensteuer bei steigendem zu versteuernden Einkommen progressiv, so bleibt er bei der Körperschaftsteuer stets gleich hoch. Besondere Veranlagungsformen wie bei der Einkommensteuer sind bei den körperschaftsteuerlichen Rechtspersönlichkeiten nicht denkbar.

Zusammenveranlagung §§ 26 Abs. 1, 26 b EStG, besondere Veranlagung § 26 c EStG; vgl. A 27 Abs. 1 KStR.

Beispiele

1.5.1 Steuersatz § 23 KStG

Ab dem Veranlagungszeitraum 2001 lautet der Steuersatz 25 v.H.; siehe § 23 Abs. 1 KStG n.F. Die Bestimmungen des § 23 KStG wurden durch das Gesetz vom 23. Oktober 2000 (BGBl. I, S. 1433) neu gefasst; dabei wurde der bislang gültige Steuersatz von 40 v.H. auf 25 v.H. abgesenkt. Siehe § 34 Abs. 1 a KStG zur Anwendung bei einem abweichenden Wirtschaftsjahr i.S.d. § 4 a Abs. 2 Nr. 2 i.V.m. Abs. 1 S. 2 Nr. 2 S. 2 EStG.

Die Tendenz zur Änderung der Rechtslage reißt nicht ab, wie das Beispiel des Unternehmenssteuerfortentwicklungsgesetzes vom 20.12.2001 (BGBl. I, S. 3858) bewiesen hat.

Durch die Herabsetzung des Steuersatzes wurde das seit 1977 geltende Anrechnungsverfahren abgeschafft und durch ein klassisches Körperschaftsteuersystem mit Definitivbesteuerung ersetzt. Der neue Steuersatz von 25 v.H. gilt für unbeschränkt und beschränkt steuerpflichtige Körperschaften gemeinsam, wodurch sich die Gesetzgebung eine verbesserte Europatauglichkeit erhofft. Die Bundesrepublik Deutschland liegt trotz Beibehaltung der Gewerbesteuer mit einem Gesamtsteuersatz von ca. 37,5 v.H. im internationalen Vergleich mit anderen Industriestaaten an mittlerer Stelle. Diese Aussage geht von einem Hebesatz der Gewerbesteuer von 400 v.H. ohne Solidaritätszuschlag aus. Unter der Annahme eines

Gewinns vor Steuern von 120 ergibt sich eine Steuerbelastung von insgesamt 45 (37,5 v.H.). Durch die Definitivbelastung mit Körperschaftsteuer werden Gewinnausschüttungen nicht (mehr) begünstigt. In der Regel entsteht bei Ausschüttungen an natürliche Personen eine zusätzliche Belastung mit Einkommensteuer. Die Gesetzgebung wünscht sich durch die offenkundige Mehrfachbelastung mit Personensteuern so genannte Einsperreffekte oder Lock-in-Effekte. Diese Entwicklung ist nach dem Wortlaut der Gesetzesbegründung zum Regierungsentwurf des Steuersenkungsgesetzes vom 09. Februar 2000 ausdrücklich gewollt. Die Thesaurierung von Gewinnen bei den Kapitalgesellschaften soll sich positiv auf die Selbstfinanzierungskraft der Unternehmen sowie auf die Bewertung dieser Unternehmen auswirken.

Durch den Übergang in ein klassisches Körperschaftsteuersystem mit Definitivbelastung sind positive Akzente im Bereich der Verlustrückträge (§ 10 d EStG) denkbar. Ein Verlustrücktrag zu Zeiten des Vollanrechnungsverfahrens war grundsätzlich nicht sinnvoll, wenn im Vorjahr das gesamte EK 40/45 ausgeschüttet wurde. Die Gewinnausschüttung nach Berücksichtigung des Verlustrücktrages hatte insoweit aus dem EK 02 zu erfolgen (Verwendungsreihenfolge der §§ 28, 30 KStG a.F.). Die hieraus resultierende notwendige Körperschaftsteuererhöhung zur Herstellung der Ausschüttungsbelastung auf 30 v.H. führte i.d.R. zur Verpuffung der Entlastungswirkung durch den Verlustrücktrag. Die vollständige Ausnutzung des maximal zulässigen Verlustrücktrags ist durch den Systemwechsel grundsätzlich günstiger als der Verlustvortrag in künftige Wirtschaftsjahre. Der unmittelbaren Steuererstattung aufgrund eines Verlustrücktrages stehen – unabhängig davon, ob für das Verlustrücktragsjahr eine Gewinnausschüttung erfolgt oder nicht – keine Nachteile (mehr) gegenüber.

Die Umstellung des Anrechnungsverfahrens auf das Halbeinkünfteverfahren wirft allerdings neue, bislang unbekannte Probleme in folgenden Bereichen auf:

- Doppelbelastung der Gewinnausschüttungen mit Personensteuern (KSt und ESt) bei Ausschüttungen an natürliche Personen, die Anteilseigner der Kapitalgesellschaften sind.
- Verfassungsrechtliche Bedenken hinsichtlich der Besteuerungspraktik unterschiedlicher Rechtsformen. Es entsteht eine deutliche Besserstellung der Kapitalgesellschaften (25 v.H. Steuersatz) gegenüber den mehrheitlich ins Gewicht fallenden Personengesellschaften und Einzelunternehmungen bei schrittweiser Verminderung des Höchststeuersatzes auf 42 v.H. Fraglich ist, ob der Systemwechsel dem Prinzip der Besteuerung nach der Leistungsfähigkeit und dem Gebot der Gleichbehandlung (der unterschiedlichen Einkunftsarten) standhalten wird.

Nach den Regelungen des Halbeinkünfteverfahrens sind auch weiterhin verdeckte Gewinnausschüttungen (A 31 KStR) von den offenen Gewinnausschüttungen zu unterscheiden.

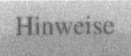

Sondersteuersätze existieren bereits seit Inkrafttreten des Steuerentlastungsgesetzes 1999/2000/2002 – mit Ausnahme des gesenkten Steuersatzes für das Zweite Deutsche Fernsehen (ZDF) – nicht mehr.

1.5.1.1 Historie der Körperschaftsteuersätze

Der Körperschaftsteuersatz wechselte in der jüngeren Vergangenheit häufig. Hierzu sind einige Ausführungen notwendig:

Mit Wirkung ab dem Veranlagungszeitraum 1999 wurde durch das Steuerentlastungsgesetz 1999/2000/2002 der Regelsteuersatz von 45 auf 40 v.H. abgesenkt; vgl. § 54 Abs. 1 KStG 1999. Die steuerliche Tarifbelastung betrug bis zum 31. Dezember 2000 grundsätzlich 40 v.H.; vgl. § 23 Abs. 1 KStG a.F. Es galten aber vorbehaltlich die Bestimmungen des § 23 Abs. 2 KStG a.F. Der § 23 Abs. 1 KStG n.F. ersetzt den § 23 Abs. 1 bis 3 KStG a.F.

1.5.1.2 Steuersatz von 40 v.H. nach § 23 Abs. 1 KStG a.F.

Der Steuersatz von 40 v.H. galt für

- die dem Anrechnungsverfahren unterliegenden Körperschaften
- die dem bisherigen Steuersatz von 42 v.H. unterliegenden übrigen Körperschaften, Vermögensmassen und Personenvereinigungen i.S.d. § 23 Abs. 2 KStG a.F.
- beschränkt steuerpflichtige Körperschaften (z.B. mit inländischen Betriebsstätten i.S.d. § 12 AO) nach § 23 Abs. 3 KStG a.F.

Somit ergibt sich für den Körperschaftsteuersatz nachstehende Historie:

2001 bis fortlaufend	=	**25 v.H.**
1999 und 2000	=	**40 v.H.** Regelsteuersatz nach § 23 Abs. 1 KStG
1999 und 2000	=	**45 v.H.** für Anrechnungskörperschaften nach § 23 Abs. 2 KStG
1994 bis 1998	=	**45 v.H.** Regelsteuersatz
1990 bis 1993	=	**50 v.H.** Regelsteuersatz
1977 bis 1989	=	**56 v.H.** Regelsteuersatz

des zu versteuernden Einkommens.

Nach § 23 Abs. 2 KStG a.F. galt für die im Folgenden genannten Körperschaften ab dem Veranlagungszeitraum 1994 bis einschließlich 1998 ein ermäßigter Steuersatz von 42 v.H. des zu versteuernden Einkommens:

- Versicherungsvereine auf Gegenseitigkeit i.S.d. § 1 Abs. 1 Nr. 3 KStG

- rechtfähige und nichtrechtsfähige Vereine, Anstalten und Zweckvermögen i.S.d. § 1 Abs. 1 Nr. 4 und 5 KStG

- Betriebe gewerblicher Art von juristischen Personen des öffentlichen Rechts i.S.d. § 1 Abs. 1 Nr. 6 KStG

- steuerbefreite private Stiftungen (rechtsfähige und nicht rechtsfähige), die in einem (steuerpflichtigen) wirtschaftlichen Geschäftsbetrieb anfallen und die unter Staatsaufsicht stehenden und in der Rechtsform der Stiftung geführten Sparkassen i.S.d. § 1 Abs. 1 Nr. 5 KStG

Für den Personenkreis der beschränkt Steuerpflichtigen nach § 2 Nr. 1 KStG galt der ermäßigte Steuersatz von 42 v.H. nach § 23 Abs. 3 KStG ebenfalls. Zu den beschränkt Steuerpflichtigen in diesem Sinne gehören Körperschaften, Personenvereinigungen und Vermögensmassen ohne Sitz und Geschäftsleitung im Inland mit ihren inländischen Einkünften nach § 49 EStG i.V.m. § 8 Abs. 1 KStG.

Für den Personenkreis der übrigen beschränkt Steuerpflichtigen nach § 2 Nr. 2 KStG ist die Körperschaftsteuer durch die einbehaltene Kapitalertragsteuer abgegolten; vgl. hierzu § 50 Abs. 1 KStG A.F. Eine Veranlagung zur Körperschaftsteuer wird durch den Abgeltungscharakter der Quellenbesteuerung entbehrlich.

1.5.1.3 Sondersteuersatz von 45 v.H. nach § 23 Abs. 2 KStG a.F.

Nach § 23 Abs. 2 KStG a.F. betrug für unbeschränkt steuerpflichtige Körperschaften und Personenvereinigungen, deren Leistungen bei den Empfängern zu den Einnahmen i.S.d. § 20 Abs. 1 Nr. 1 und 2 EStG gehörten, die Körperschaftsteuer 45 v.H. der Einnahmen i.S.d. § 20 Abs. 1 Nr. 1 oder 2 EStG zuzüglich der darauf anfallenden Einnahmen i.S.d. § 20 Abs. 1 Nr. 3 EStG für die der Teilbetrag des EK 45 als verwendet gilt; vgl. § 54 Abs. 11 S. 1 KStG a.F.

Die Vorschrift des § 23 Abs. 2 KStG neuerer Fassung bestimmt, dass für in das Vollanrechnungsverfahren einbezogene unbeschränkt steuerpflichtige Körperschaften – vor allem Kapitalgesellschaften und Genossenschaften – der Teil des Einkommens, der auf Gewinnausschüttungen (einschließlich der anrechenbaren Körperschaftsteuer) entfällt, die diese von einer anderen Anrechnungskörperschaft erhalten haben, einem erhöhten

Körperschaftsteuersatz von 45 v.H. unterliegt. Dies gilt unter der Voraussetzung, dass die Ausschüttung aus dem Teilbetrag EK 45 finanziert worden ist.

Die Gesetzgebung will mit solchen Bestimmungen verhindern, dass Konzerne die bis zum 31. Dezember 1998 entstandenen Gewinne zum Zwecke der Steuerentlastung auf 40 v.H. innerhalb der u.U. weitverzweigten Konzernstruktur ausschütten.

Der Steuersatz von 45 v.H. ist auf den Einkommensteil anzuwenden, der aus Einnahmen i.S.d. § 20 Abs. 1 Nr. 1 oder 2 EStG stammt. Unter den erhöhten Steuersatz fallen auch Einnahmen aus Kapitalherabsetzung oder Auflösung einer unbeschränkt steuerpflichtigen Körperschaft.

Beachten

Der erhöhte Steuersatz von 45 v.H. findet Anwendung bei der Ausschüttung von Einnahmen i.S.d. § 20 Abs. 1 Nr. 1 oder 2 EStG aus dem Teilbetrag EK 45. Siehe zu den Auswirkungen auf die notwendige Steuerbescheinigung, BMF vom 28. Juli 1999, BStBl. I, S. 727.

Merke

Durch § 23 Abs. 2 S. 3 KStG wird die Körperschaftsteuer zur Vermeidung einer Übermaßbesteuerung – insbesondere in Verlustfällen – auf 45 v.H. des zu versteuernden Einkommens begrenzt. Die Vorschrift des § 23 Abs. 2 S. 1 KStG gilt durch Satz 5 entsprechend für den Anteil am Übernahmegewinn (nach UmwStG), soweit dieser auf Gewinnrücklagen der übertragenden Körperschaft (Teilbetrag i.S.d. § 54 Abs. 11 S. 1 KStG) zuzüglich der darauf lastenden Körperschaftsteuer entfällt. Satz 5 gilt mit Wirkung ab dem Veranlagungszeitraum 1999 (vgl. § 34 Abs. 9 S. 1 KStG) und wurde bereits mit dem Gesetz vom 22. Dezember 1999 (BGBl. I, S. 2601) eingeführt. Die Vorschrift wurde durch die Neufassung des § 23 KStG durch das Gesetz vom 23. Oktober 2000 (BGBl. I, S. 1433) – wie der gesamte Abs. 2 – nicht geändert. Der Absatz 2 gilt somit auch für den Veranlagungszeitraum 2001.

Die Bestimmungen des § 23 Abs. 2 S. 1 bis 3 KStG gelten über Satz 4 nicht für steuerpflichtige wirtschaftliche Geschäftsbetriebe von steuerbefreiten Körperschaften und Personenvereinigungen i.S.d. § 5 Abs. 1 Nr. 9 KStG.

1.5.2 Übergang vom Anrechnungs- auf das Halbeinkünfteverfahren

Der Systemwechsel vom Anrechnungsverfahren zum Halbeinkünfteverfahren zum 01. Januar 2001 wirft zahlreiche Fragen und Probleme auf. So herrscht z.B. Klärungsbedarf, wie das zum Zeitpunkt der Systemumstellung noch vorhandene Anrechnungsguthaben behandelt wird bzw. wie das mit latenter Körperschaftsteuer belastete unbelastete EK 02 und EK 03 zu behandeln ist.

Der Übergang vom Anrechnungs- auf das Halbeinkünfteverfahren ist durch die §§ 36 bis 40 KStG n.F. gesetzlich geregelt. Den Bestimmungen ist eine 15-jährige Übergangsfrist zu entnehmen, innerhalb deren das Körperschaftsteuerminderungsvolumen aus dem Teilbetrag des EK 40 stammt, bei Ausschüttung noch realisiert werden kann, während andererseits die Verwendung des Teilbetrags EK 02 für die Zeitdauer der Übergangsfrist noch zu einer Körperschaftsteuererhöhung führt. Die a.a.O. noch zu thematisierenden Vorschriften enthalten den im Folgenden genannten Regelungsinhalt:

- § 36 KStG n.F. Ermittlung und Feststellung der Endbestände des verwendbaren Eigenkapitals auf den Zeitpunkt des Systemwechsels
- § 37 KStG n.F. Körperschaftsteuerguthaben und Körperschaftsteuerminderung aus dem EK 40
- § 38 KStG n.F. Körperschaftsteuererhöhung aus dem EK 02
- § 39 KStG n.F. Behandlung der Einlagen (EK 04) u. Sonderausweis
- § 40 KStG n.F. Folgen einer Verschmelzung oder Spaltung (Umwandlung) und Liquidation

1.5.3 Fallspezifische Besonderheiten

Anrechnungskörperschaften (§§ 27 ff. KStG a.F.) haben für die Jahre 1999 und 2000 nach § 23 Abs. 2 KStG einen Steuersatz von 45 v.H. für Ausschüttungen, die sie von anderen Anrechnungskörperschaften aus dem EK 45 erhalten, anzuwenden. Entsprechendes gilt für den Einkommensteil, den eine Kapitalgesellschaft als Organträger von ihrer Organgesellschaft übernommen hat – und der bei der Organgesellschaft auf erhaltene Ausschüttungen aus dem EK 45 beruht – und den Gewinnanteil, den die Anrechnungskörperschaft aus der Beteiligung an einer Personengesellschaft erhält, soweit der Gewinn aus einer Ausschüttung von EK 45 an die Personengesellschaft stammt.

Der Steuersatz von 45 v.H. nach § 23 Abs. 2 KStG gilt auch bei Umwandlungen für den Teil am Übernahmegewinn, der auf Gewinnrücklagen der übertragenden Körperschaft zurückgeht, vorausgesetzt, dass diese aus EK 45 bestehen.

Diese Regelung betrifft ausschließlich Umwandlungsfälle von Anrechnungskörperschaften auf Personengesellschaften, an denen eine Kapitalgesellschaft beteiligt ist. In Fällen der Verschmelzung und der Spaltung bleibt die Steuerfreiheit des Übernahmegewinns gewährleistet.

Sinn und Zweck dieser Regelung ist die Vermeidung einer Herabschleusung der Steuerbelastung von 45 v.H. auf 40 v.H. durch Ausschüttungen innerhalb des Bereichs des Anrechnungsverfahrens.

Entsprechendes gilt nach § 34 Abs. 10 a S. 2 ff. KStG 2001 für im Jahr 2001 realisierte Gewinnausschüttungen, die aus dem EK 45 oder dem EK 40 entstammen.

Erhält eine Körperschaft während der Übergangszeit vom Anrechnungsverfahren auf das Halbeinkünfteverfahren Gewinnausschüttungen durch eine andere Körperschaft und hat diese für ihre Ausschüttung Körperschaftsteuerguthaben verwendet, so tritt bei der bereicherten Gesellschaft eine Körperschaftsteuererhöhung von 1/6 der Ausschüttung ein. Dies entspricht einem Steuersatz von 30 v.H. auf die Bruttodividende.

Besonderheiten

Die Körperschaftsteuer erhöht oder vermindert sich bis einschließlich 2000 durch das Anrechnungsverfahren (§§ 27 bis 43 KStG a.F.).

Hinweis

1.5.4 Sonderregelung für das Zweite Deutsche Fernsehen

Für Werbesendungen des Zweiten Deutschen Fernsehens (ZDF) gilt gemäß § 23 Abs. 3 S. 1 KStG ein besonderer Steuersatz von 4 v.H. Die Bemessungsgrundlage (§ 10 Abs. 1 UStG) bemisst sich nach den umsatzsteuerlichen Entgelten aus Werbesendungen. Die Bestimmungen des § 23 Abs. 2 KStG finden gemäß § 23 Abs. 3 S. 2 KStG entsprechende Anwendung.

Der Sondersteuersatz für das ZDF wechselte häufig wie folgt:

1999 und 2000	=	6,4 v.H.
1994 bis 1998	=	6,7 v.H.
1990 bis 1993	=	7,4 v.H.
1977 bis 1989	=	8,0 v.H.

der umsatzsteuerlichen Entgelte aus Werbesendungen.

1.5.5 Ermäßigung der tariflichen Körperschaftsteuer

Unter bestimmten Voraussetzungen lässt das KStG Steuerermäßigungen in Form von Tarifermäßigungen zu. In Betracht kommen Steuersatz- oder Steuerbetragsermäßigungen.

1.5.5.1 Steuersatzermäßigungen

Steuersatzermäßigungen führen zu einer Verringerung des Vomhundertsatzes, mit dem das steuerpflichtige (Teil-)Einkommen zu besteuern ist.

1.5.5.2   Steuerermäßigungen

Im Gegensatz zu den Steuerermäßigungen bleibt bei den Steuerbetrags-ermäßigungen der Vomhundertsatz unverändert, sie wirken sich erst auf der nächstfolgenden Stufe des Besteuerungsverfahrens aus.

1.5.5.3   Endgültige Tarifbelastung

Die endgültige Tarifbelastung ergibt sich nach Berücksichtigung von Steuersatz- und Steuerbetragsermäßigungen. Beispiele für Steuersatz- und Steuerbetragsermäßigungen sind:

- Anrechnung ausländischer Steuern; § 26 Abs. 1 bis 5, KStG. Die Anrechnung verhindert, dass das ausländische Einkommen einer Körperschaft zu Unrecht doppelt besteuert wird
- Ermäßigung der Körperschaftsteuer, soweit diese auf Einkünfte aus außerordentlichen Holznutzungen i.S.d. § 34 b Abs. 1 EStG entfällt; § 34 b EStG i.V.m. A 105 KStR
- Anrechnung der auf den Hinzurechnungsbetrag entfallenden auslän-dischen Steuern; § 12 AStG
- Steuergutschrift „avoir fiscal" nach DBA Frankreich i.V.m. BMF vom 22. Oktober 1970, BStBl. 1970 I, S. 1000

Keine tarifliche Steuerermäßigung ist die Minderung der Körperschaft-steuer nach § 27 Abs. 1 KStG, die sich aus der Verwendung der Teilbe-träge EK 45 und EK 40 ergibt. Hieraus folgt, dass Tarifermäßigungen nicht zu einer Verringerung der Ausschüttungsbelastung i.S.d. § 27 KStG a.F. führen dürfen.

Tarifermäßigungen jeder Art mindern ausschließlich die tarifliche Kör-perschaftsteuer. Für den Fall, dass keine oder nur eine geringe tarifliche Körperschaftsteuer anfällt, kann eine Tarifermäßigung ganz oder teilweise wirkungslos bleiben.

1.5.6   Sondersteuersätze

Sondersteuersätze existieren mit Ausnahme des Sondersteuersatzes für das ZDF (§ 23 Abs. 3 KStG n.F.) bereits seit dem In-Kraft-Treten des Steuerentlastungsgesetzes 1999/2000/2002 nicht mehr.

1.5.7 Ermittlung der Körperschaftsteuer (Anrechnungsverfahren)

Mit Wirkung ab dem Veranlagungszeitraum 2001 wurde das seit 1977 geltende Anrechnungsverfahren durch ein klassisches Körperschaftsteuersystem mit einer Definitivsteuerbelastung von 25 v.H. ersetzt. Mit den §§ 36 bis 40 des Sechsten Teils des neugefassten KStG wurden Sondervorschriften für den Übergang vom Anrechnungs- auf das Halbeinkünfteverfahren geschaffen. Die neuen Vorschriften enthalten eine 15-jährige Übergangsfrist, innerhalb deren das Körperschaftsteuerminderungsvolumen aus dem EK 40 bei Ausschüttung noch realisiert werden kann, während andererseits die Verwendung von EK 02 zu Ausschüttungen während dieser Zeitspanne noch zu einer Körperschaftsteuererhöhung führt.

Nach Auffassung des Verfassers ist es darum unerlässlich, die Anwendung des Anrechnungsverfahrens auch weiterhin zu beherrschen, da die obsoleten Vorschriften der §§ 27 bis 47 KStG a.F. nur augenscheinlich der Vergangenheit angehören. Die Gesetzgebung hat mit der Einführung des Halbeinkünfteverfahrens und der überlangen Übergangsfrist einen enormen Beitrag zur Verkomplizierung des Steuerrechts geleistet. Aufgrund der Tatsache, dass beide Systeme in der Steuer- und Wirtschaftsberatung sowie in der Finanzverwaltung ständig immanent sein müssen, enthält dieses Buch auch Ausführungen zum Anrechnungsverfahren. Ein entsprechender Hinweis findet sich in den Kapitelüberschriften.

Zur Ermittlung der vom Finanzamt veranlagten Körperschaftsteuer veränderte sich die tarifliche Körperschaftsteuer, die als Proportionalsteuersatz von 40 v.H. bzw. 45 v.H. auf die Bemessungsgrundlage (= z.v.E.) nach § 7 Abs. 1 KStG erhoben wurde, noch um die Körperschaftsteuer-Änderungen sowie im Fall der Ausschüttung von Gewinnen durch Herstellung der Ausschüttungsbelastung nach § 27 KStG a.F.; vgl. hierzu § 23 Abs. 5 KStG a.F. (= Klausurzitat!).

Als Hilfe dient folgendes Schema:

	Einkommen bzw. Einkommensteile DM	Körperschaftsteuer DM
Vom zu versteuernden Einkommen unterliegen einer KSt in Höhe von:		
45 v.H. = Sondersteuersatz (§ 23 Abs. 2 KStG 1999)		
für Einnahmen gemäß § 20 Abs. 1 Nr. 1 oder 2 EStG	....	....
40 v.H. = Regelsteuersatz (§ 23 Abs. 1 KStG 1999)		
für das verbleibende zu versteuernde Einkommen	....	+ ....
Summe	....	....
höchstens 45 v.H. vom gesamten zu versteuernden Einkommen		....
25 v.H. = Pauschalisierung der auf ausländische Einkünfte entfallenden		
inländischen KSt (§ 26 Abs. 6 Satz 1 KStG, § 34 c Abs. 5 EStG)	....	....
Tarifermäßigungen		./. ....
Tarifbelastung (im Sinne der §§ 27 Abs. 1, 32 Abs. 2 KStG)		....

1.5.8 Solidaritätszuschlag nach dem SolZG (Anrechnungsverfahren)

Als Ergänzungsabgabe zur Einkommen- und Körperschaftsteuer wird ein Solidaritätszuschlag in Höhe von 5,5 v.H. erhoben (§ 4 SolZG).

Bemessungsgrundlage für den Solidaritätszuschlag ist die festgesetzte Einkommen- bzw. Körperschaftsteuer, vermindert um die anzurechnende Körperschaftsteuer, sofern ein positiver Betrag verbleibt. Auch von Vorauszahlungen zur Einkommen- und Körperschaftsteuer wird bereits ein Solidaritätszuschlag erhoben. Entsprechendes gilt für die zu erhebende Kapitalertragsteuer. Bei Gewinnausschüttungen hat die Kapitalgesellschaft, die den Gewinn ausschüttet, neben der Kapitalertragsteuer auch den hierauf beruhenden Solidaritätszuschlag einzubehalten. Der einbehaltene und abgeführte Solidaritätszuschlag auf die Kapitalertragsteuer ist beim Gesellschafter auf den im Rahmen der Veranlagung festzusetzenden Solidaritätszuschlag anzurechnen. Anzuraten ist der gesonderte Ausweis in der Steuerbescheinigung (§ 45 a EStG), nicht jedoch in einer Summe.

Hinweis

Der Solidaritätszuschlag gehört bei der Kapitalgesellschaft als Ergänzungsabgabe zur Körperschaftsteuer und zählt i.S.d. § 10 Nr. 2 KStG ebenfalls zu den nicht abziehbaren Ausgaben, die den steuerlichen Gewinn nicht mindern dürfen. Er minderte das verwendbare Eigenkapital nach Maßgabe des § 31 Abs. 1 Nr. 4 KStG a.F.

Ab dem Veranlagungszeitraum 2001 bzw. 2002 beträgt der Solidaritätszuschlag 5,5 v.H. auf die Definitivkörperschaftsteuer von 25 v.H.

1.5.9 Herstellung der Ausschüttungsbelastung (Anrechnungsverfahren)

Nach § 7 Abs. 1 KStG bemisst sich die Körperschaftsteuer nach dem zu versteuernden Einkommen. Auf diese Bemessungsgrundlage wurde bis zum 31.12.2000 der Sondersteuersatz (§ 23 Abs. 2 KStG a.F.) für Einnahmen gemäß § 20 Abs. 1 Nr. 1 oder 2 EStG und der Regelsteuersatz (§ 23 Abs. 1 KStG a.F.) für das verbleibende zu versteuernde Einkommen angewandt.

Es bedarf keiner weiteren Ausführungen, wenn die Körperschaft den erzielten Gewinn nicht an ihre Gesellschafter auskehrte, also demnach keine Gewinnausschüttung vornahm. Für den Fall einer Gewinnausschüttung betrug die Ausschüttungsbelastung 30 v.H. Die Vorschrift des § 27 KStG a.F. bestimmt, dass alle Gewinnausschüttungen (offen oder verdeckt) und sonstigen Leistungen einer Anrechnungskörperschaft, der Ausschüttungsbelastung, unterlagen. Dabei handelte es sich nicht um einen besonderen Steuersatz, der auf das Einkommen anzuwenden wäre, sondern um einen eigenständigen Besteuerungstatbestand, der an das Ausschüttungsverhalten der Anrechnungskörperschaft anknüpfte.

1.6 Anrechnungsverfahren

Durch Gewinnausschüttungen wurde eine Prozedur eingeleitet, die als Anrechnungsverfahren bezeichnet wird. Es hat seine Rechtsgrundlage in den Bestimmungen der §§ 27 bis 47 KStG a.F. Zweck des Anrechnungsverfahrens ist die Beseitigung der Doppelbesteuerung ausgeschütteter Gewinne mit Körperschaftsteuer auf der Gesellschaftsebene einerseits und mit Einkommensteuer (§ 20 Abs. 1 Nr. 1 bis 3 EStG a.F.) auf der Gesellschaftsebene andererseits.

Zum Einstieg in die Ausschüttungsbelastung sind vorweg drei grundsätzliche Überlegungen des körperschaftsteuerlichen Anrechnungsverfahrens zu beleuchten:

- Gewinne der Körperschaft wurden auf der Gesellschaftsebene als Einkommensbestandteil grundsätzlich mit einer Tarifbelastung von 40 bzw. 45 v.H. besteuert (§ 23 Abs. 1 und 2 KStG)
- Gewinnausschüttungen verließen die Ebene der Körperschaft mit einer körperschaftsteuerlichen Ausschüttungsbelastung von 30 v.H. des Gewinns vor Körperschaftsteuer
- In Höhe der Ausschüttungsbelastung erhielt der Gesellschafter (= Anteilseigner) eine Steuergutschrift, die er auf seine Einkommen- oder Körperschaftsteuer anrechnen konnte (= Anrechnung); § 36 Abs. 2 S. 2 Nr. 3 EStG a.F.

Beim Anrechnungsverfahren ging es also darum, dass die Körperschaftsteuerbelastung von zunächst 40 bzw. 45 v.H. bei Ausschüttung auf 30 v.H. zurückgeführt und diese verbleibende Körperschaftsteuer beim Gesellschafter (= Anteilseigner) angerechnet wurde. Somit wurde die steuerliche Belastung stufenweise wieder rückgängig gemacht. Dies geschah in der ersten Stufe bei der Kapitalgesellschaft und in der zweiten Stufe beim Anteilseigner.

1.6.1 Anwendungsbereich

In das Anrechnungsverfahren waren auf der Ebene der Gewinn ausschüttenden Körperschaften einbezogen: unbeschränkt steuerpflichtige Kapitalgesellschaften i.S.d. § 27 Abs. 1 KStG a.F.

- andere unbeschränkt steuerpflichtige Körperschaften, deren Leistungen bei den Empfängern zu den Einnahmen aus Kapitalvermögen i.S.d. § 20 Abs. 1 Nr. 1 oder 2 EStG a.F. gehören (§ 43 EStG a.F.). Hierzu zählten insbesondere unbeschränkt steuerpflichtige Erwerbs- und Wirtschaftsgenossenschaften; vgl. hierzu A 96 Abs. 1 KStR. Der sachliche Anwendungsbereich der Vorschriften über das Anrechnungsverfahren ist ab 2001 durch das Steuersenkungsgesetz vom 23.10.2000 (BGBl. I S. 1433) gegenstandslos geworden.

Bei sonstigen unbeschränkt steuerpflichtigen Körperschaften, Personenvereinigungen und Vermögensmassen (§ 1 Abs. 1 Nr. 3 bis 6 KStG) sowie bei den beschränkt steuerpflichtigen Körperschaften waren die Bestimmungen des Anrechnungsverfahrens (§§ 27 bis 42 KStG) nicht anwendbar; vgl. hierzu A 96 Abs. 2 KStR.

1.6.2 Grundlage der Ausschüttungsbelastung

Die Grundlage für die Herstellung der Ausschüttungsbelastung war bis zum 31.12.2000 die steuerliche Belastung des für die Ausschüttung verwendeten verwendbaren Eigenkapitals.

1.6.2.1 Begriff des verwendeten Eigenkapitals

Unter dem verwendeten Eigenkapital versteht man die Größe, mit der Ausschüttungen zu verrechnen sind. Infolgedessen zählt das Grundkapital einer AG bzw. das Stammkapital einer GmbH nicht zum verwendbaren Eigenkapital, da diese nicht verrechnet werden dürfen. Mit dem verwendbaren Eigenkapital ist die Ausschüttungsbelastung herzustellen. Es ist nach der Bestimmung des § 29 KStG a.F. zu ermitteln und nach § 30 KStG a.F. entsprechend seiner Tarifbelastung zu gliedern. Am Schluss eines Wirtschaftsjahres ist es gemäß § 47 KStG a.F. gesondert festzustellen; dabei bedarf es einer Feststellung jeden einzelnen Teilbetrages. In die Feststellung nach § 47 KStG a.F. wird auch der Teil des Nennkapitals, der zum verwendbaren Eigenkapital gehört, einbezogen. Die jährlichen Zugänge zum verwendbaren Eigenkapital sind aus dem Einkommen bei unterschiedlich belasteten Einkommensteilen aus den jeweiligen Einkommensteilen abzuleiten. Im verwendbaren Eigenkapital sind entsprechend einer Indexziffer der steuerlichen Belastungen folgende Teilbeträge auszuweisen:

1.6.2.2 EK 56

aus mit 56 v.H. belasteten in der Zeit von 1977 bis 1989 entstandenen Einkommensteilen oder aus Aufteilung. Dieser Einkommensteil war bis zum Ende des Jahres 1994 in Höhe von 56/44 des Bestandes in das EK 50 und negativ mit 2/9 des Bestandes in das EK 02 umzugliedern. Dieser Einkommensteil gehört heute der Vergangenheit an.

1.6.2.3 EK 50

aus mit 50 v.H. belasteten in der Zeit von 1990 bis 1993 entstandenen Einkommensteilen oder aus Aufteilung. Das EK 50 war zum Ende des Jahres 1998 in Höhe von 11/9 des Bestandes in das EK 45 und negativ mit 2/9 des Bestandes in das EK 02 umzugliedern und gehört heute ebenfalls der Vergangenheit an.

1.6.2.4 EK 45

aus mit 45 v.H. ungemildert belasteten (= Tarifbelastung) entstandenen Einkommensteilen oder aus Ausschüttung. Das EK 45 gilt ab dem Veranlagungszeitraum 1994 und hat noch bis zum Jahr 2003 Bedeutung; vgl. § 54 Abs. 11 KStG 1999.

1.6.2.5 EK 50

aus mit 40 v.H. ungemildert belasteten entstandenen Einkommensteilen oder aus Ausschüttung. Das EK 40 gilt ab dem Veranlagungszeitraum 1999.

1.6.2.6 EK 36

in der Zeit von 1977 bis 1993 aus Aufteilung. Dieser Einkommensteil war bereits zum Ende des Jahres 1994 in Höhe von 11/32 in das EK 45 und negativ von 21/32 in das EK 02 umzugliedern.

1.6.2.7 EK 30

ab 1994 aus Aufteilung oder aus Kapitalerträgen, die der Pauschsteuer von 30 v.H. unterlagen.

1.6.2.8 EK 01

aus nach dem 31.12.1976 erzielten steuerfreien ausländischen Einkommensteilen oder aus Aufteilung.

1.6.2.9   EK 02

aus nach dem 31.12.1976 erzielten anderen steuerfreien Einkünften oder
aus Aufteilung.

1.6.2.10 EK 03

aus vor dem 01.01.1977 gebildeten Rücklagen (Altrücklagen).

1.6.2.11 EK 04

aus nicht im Nennkapital gebundenen Einlagen der Anteilseigner.

1.6.3   Verwendungsreihenfolge

Die Verrechnung einer Gewinnausschüttung mit den zuvor dargestellten
Eigenkapitalanteilen war durch § 28 Abs. 3 KStG a.F. klar definiert:

Gewinnausschüttungen waren hiernach in der Reihenfolge mit den Teilbeträgen des verwendbaren Eigenkapitals, in dem die Tarifbelastung ab-
nimmt zu verrechnen. Nicht belastete Eigenkapitalteile galten in der in §
30 Abs. 2 KStG a.F. dargestellten Reihenfolge als verwendet. Die Verrechnung hatte also „von oben nach unten" stattzufinden, d.h. die Ausschüttung hatte vorrangig mit dem höchsten verwendbaren Verbrauch
stattzufinden. Die Verwendungsreihenfolge lautete daher (unter Weglas-
sung nicht mehr aktueller Einkommensteile): EK45-EK40-EK 30-EK 01-
EK 02-EK 03 und EK 04. Lag zwischen zwei positiven Teilbeträgen ein
negativer, so war dieser zu überspringen.

1.6.4   Körperschaftsteuererhöhung und -minderung

Der Ausschüttungssteuersatz von 30 v.H. bildete stets die Grundlage für
die Herstellung der Ausschüttungsbelastung. Dies bedeutet, dass für höher mit Körperschaftsteuer belastete Einkommensteile (= EK 45: Körperschaftsteuerbelastung = 45 v.H.) eine Körperschaftsteuerminderung von
15 Prozentpunkten auf 30 Prozentpunkte eintrat. Für das EK 40 galt entsprechend einer Tarifbelastung von 40 v.H. eine Körperschaftsteuerminderung von 10 Prozentpunkten auf 30 Prozentpunkte. Für alle niedriger
als 30 v.H. belasteten Einkommensteile ergab sich bei Ausschüttung einer Körperschaftsteuererhöhung entsprechender Art, mit Ausnahme von
solchen, bei den EK 04 und EK 01 verwendet wurde (= keine Herstellung
der Ausschüttungsbelastung). Bei eine Ausschüttung aus dem EK 30 bedurfte es weder einer Erhöhung noch einer Minderung, da die gewünschte
Belastung mit Körperschaftsteuer bereits vorlag.

Siehe A 77 KStR mit Beispielen.

Die Herstellung der Ausschüttungsbelastung verlangte einen Vergleich mit der tariflichen Belastung des jeweils für die Ausschüttung verwendeten Eigenkapitalanteils. Die Anrechnungskörperschaft hatte die Höhe der auf den einzelnen Einkommensteilen ruhenden Tarifbelastung festzuhalten, was regelmäßig durch Gliederungsrechnung, in der die Teilbeträge des verwendbaren Eigenkapitals entsprechend ihrer Tarifbelastung darzustellen sind (§ 47 KStG a.F.), zu geschehen hatte.

Fazit:

Erhielt der Anteilseigner Gewinnausschüttungen durch eine Körperschaft, die dem Anrechnungsverfahren (§ 27 bis 43 KStG a.F.) unterlagen, so waren diese regelmäßig mit dem einheitlichen Ausschüttungsteuersatz auf Ebene der Anrechnungskörperschaft mit Körperschaftsteuer belastet. Beim Anteilseigner konnte die Ausschüttungsbelastung zur Vermeidung einer Zweifachbesteuerung mit Körperschaft- und Einkommensteuer (= verschiedene Ebenen) grundsätzlich als Anrechnungsguthaben auf dessen Einkommensteuer angerechnet werden, ohne dass die ursprüngliche Vorbelastung mit Tarifsteuer berücksichtigt werden musste.

Ausnahmen:

- Gewinnausschüttungen unter Verwendung des EK 04, bei denen keine Ausschüttungsbelastung herzustellen war und kein Anrechnungsguthaben bestand und dass als „Kapitalrückzahlung" beim Anteilseigner nicht zu den steuerpflichtigen Einnahmen aus Kapitalvermögen gehörte
- Gewinnausschüttungen unter Verwendung des EK 01, bei denen keine Ausschüttungsbelastung herzustellen war, kein Anrechnungsverhalten bestand, aber bei Anteilseignern, die nicht Körperschaft sind, steuerpflichtige Einnahmen aus Kapitalvermögen darstellten (§ 20 Abs. 1 Nr. 2 EStG a.F.)

Das verwendbare Eigenkapital ist der Teil des Eigenkapitals, der das Nennkapital übersteigt; § 29 Abs. 2 S. 2 KStG.

Merke

Die folgenden Ausführungen wollen zum besseren Verständnis die Herstellung der Ausschüttungsbelastung näher beschreiben. Die Darstellungen beschränken sich auf die Ebene der Anrechnungskörperschaft (= Problembereich)

1.6.5 Gesamtdarstellung der Ausschüttungsbelastung ab Veranlagungszeitraum 1994 bis 2000

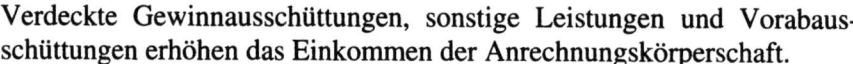

Aufgrund der enorm langen Übergangsfristen der §§ 37 Abs. 2 und 38 Abs. 2 KStG n.F. von 15 Jahren muss das im Folgenden scheinbar überholte Wissen um die Ausschüttungsbelastung verfügbar bleiben.

Die Ausschüttungsbelastung ist stets auf 30 v.H. herzustellen. Sie gilt für folgende Ausschüttungen:

- Ausschüttungen, die auf einem den gesellschaftsrechtlichen Vorschriften entsprechenden Gewinnverteilungsbeschluss für ein abgelaufenes Wirtschaftsjahr beruhen (offene Gewinnausschüttung). Bedeutungslos ist, wann der Gewinnbeteiligungsbeschluss gefasst wurde und für welches Wirtschaftsjahr die Ausschüttung erfolgt ist
- Für andere Gewinnausschüttungen und sonstige Leistungen – insbesondere für verdeckte Gewinnausschüttungen und Vorabausschüttungen – gilt die Ausschüttungsbelastung von 30 v.H. gleichwohl

Verdeckte Gewinnausschüttungen, sonstige Leistungen und Vorabausschüttungen erhöhen das Einkommen der Anrechnungskörperschaft.

Fazit:

Alle Ausschüttungen, die mit dem verwendbaren Eigenkapital in Verwendungsreihenfolge zu verrechnen sind, unterliegen der Ausschüttungsbelastung. Die Ausschüttungsbelastung von stets 30 v.H. ist herzustellen bei Ausschüttungen aus den verwendbaren Eigenkapitalteilen aus den

EK 50 (bis 31.12.1998),
EK 45 (1994 bis 2003)
EK 40 (ab 1994)
EK 02 und
EK 03.

Bei Ausschüttungen aus dem EK 04 und dem EK 01 ist keine Ausschüttungsbelastung herzustellen; bei Ausschüttungen aus dem EK 30 entspricht die Tarifbelastung der Ausschüttungsbelastung. Insoweit kommt es nicht zu ausschüttungsbedingten Körperschaftsteuerminderungen oder -erhöhungen, da die Tarifbelastung dieses verwendbaren Einkommensteils mit der Ausschüttungsbelastung stets identisch ist.

Die Auswirkungen einer Ausschüttung hat auf verschiedene verwendbare Einkommensteile folgende Auswirkungen:

	EK 50	EK 45	EK 40	EK 30
Gewinn vor Körperschaft	100	100	100	100
./. Tarifbelastung	./. 50	./. 45	./. 40	./. 0
Gewinn nach Körperschaft	50	55	60	100
+ Körperschaftsteuerminderung				
beim EK 50 $^{20}/_{50}$	+ 20			
beim EK 45 $^{15}/_{55}$		+ 15		
beim EK 40 $^{10}/_{60}$			+ 10	
beim EK 30 $^{30}/_{100}$				./. 30
./. Körperschaftsteuererhöhung	----------	----------	----------	----------
= Barausschüttung	70	70	70	70

Allen Fällen ist gemein, dass dem Anteilseigner mit seiner Gewinnaus-schüttung ein Anrechnungsguthaben an Körperschaftsteuer in Höhe der Ausschüttungsbelastung von 30 v.H. des Gewinns vor Körperschaftsteuer (= 100) bzw. von 3/7 (30/70) der Barausschüttung (= 70) vermittelt wird, wodurch die Doppelbelastung mit Körperschaft- und Einkommensteuer vermieden wird. Die Bardividende ist jeweils mit 30/70 = 3/7 = 42,86 v.H. belastet.

Bei Gewinnausschüttungen aus den verwendbaren Einkommensteilen EK 01 und EK 04 erfolgt keine Herstellung der Ausschüttungsbelastung und infolgedessen auch keine Anrechnung von Körperschaftsteuer auf die Einkommensteuerschuld des Anteileigners.

Bei Verwendung des EK 01 tritt keine Körperschaftsteuererhöhung ein. Gewinnausschüttungen aus dem EK 03 führen zur Herstellung der Aus-schüttungsbelastung; der steuerliche Nachteil wird zugunsten der nicht zur Anrechnung berechtigten Anteilseigner jedoch vergütet. Somit ist ab dem Veranlagungszeitraum 1994 für Ausschüttungen aus dem verwend-baren Einkommensteil des EK 03 eine Schwäche beseitigt worden. Durch die völlige Beseitigung der doppelten Belastung mit Einkommen- und Körperschaftsteuer wird von einem geschlossenen System gesprochen.

Zur Klarstellung wird aber darauf hingewiesen, dass der Anteilseigner selbst und nicht die ausschüttende Körperschaft vergütungsberechtigt ist.

Der folgende Fall möchte am Beispiel einer unbeschränkt steuerpflichti-gen GmbH die Körperschaftsteuer bei Gewinnausschüttung behandeln und das bisher Erlernte umfassend vertiefen. Die einzelnen Lösungs-schritte sind chronologisch aufgearbeitet (Grundfall).

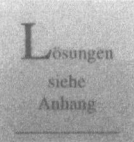

Erfolgskontrolle

Die unbeschränkt steuerpflichtige Pegasus-GmbH hat ihren Sitz und ihre Geschäftsleitung in Stuttgart. Die Kapitalgesellschaft wurde zum 01.01.2000 gegründet. Für ihr erstes Wirtschaftsjahr (01.01. bis 31.12.2000) reicht die Finanzbuchhaltung der Pegasus-GmbH der Steuerberatungskanzlei Clemens Quast die folgend wiedergegebene, nicht zu beanstandende vorläufige Handelsbilanz ein. Die GmbH erteilt gemäß § 3 i.V.m. § 33 StBerG den Auftrag zur Erstellung der endgültigen Bilanz. Im Besonderen wünscht die GmbH Antworten auf folgende Fragen, wobei die Kapitalertragsteuer aus Vereinfachungsgründen außer Acht gelassen werden kann:

5. Wie hoch ist die Körperschaftsteuerschuld für das Wirtschaftsjahr 2000?
6. Welches Bild zeigt die endgültige Bilanz zum 31.12.2000?
7. Welche Bescheide sind vom Finanzamt zu erlassen?
8. Welche Änderungen ergeben sich, wenn für das Jahr 2000 die maximal mögliche Gewinnausschüttung beschlossen und gezahlt wird?

Die Unterlagen der GmbH wiesen aus, dass die Gewerbesteuerschuld im ausgewiesenen Handelsbilanzergebnis bereits berücksichtigt und durch geleistete Vorauszahlungen gedeckt ist.

Aktiva	vorläufige Handelsbilanz 31.12.2000		Passiva
diverse Aktiva	1.000.000	gezeichnetes Kapital	200.000
		Jahresüberschuss	
		vor Körperschaftsteuer	400.000
		diverse Passiva	400.000
Summe	1.000.000	Summe	1.000.000

Den Auftragsunterlagen sind folgende Angaben zu entnehmen:

• Ausgewiesen ist ein Jahresüberschuss vor Berücksichtigung der Körperschaftsteuer in Höhe von 400.000,00 DM.

• Die im Wirtschaftsjahr 2000 gezahlten sonstigen Personensteuern in Höhe von 1.000,00 DM sowie die Körperschaftsteuervorauszahlungen von 180.000,00 DM wurden handelsrechtlich als Steueraufwendungen behandelt und entsprechend gebucht.

• Die Gesellschaftsversammlung der Pegasus-GmbH beschloss im Mai des Jahres 2001 ordnungsgemäß, für das Wirtschaftsjahr 2000 eine Dividende in Höhe von 100.000,00 DM (51.129,00 Euro) auszuschütten. Ein eventuell verbleibender Betrag soll auf neue Rechnung in das Jahr 2001 vorgetragen werden.

1.6.6 Kernbereiche des körperschaftsteuerlichen Anrechnungsverfahrens

Durch das Körperschaftsteuerreformgesetz vom 31. August 1976 (BStBl. 1976 I, S. 445) wurde das bis dahin geltende klassische Körperschaftsteuerrecht durch das Vollanrechnungsverfahren mit seiner Herstellung der Ausschüttungsbelastung ersetzt. Es trat mit Wirkung zum 01. Januar 1977 in Kraft und wurde durch das Steuersenkungsgesetz vom 23. Oktober 2000 (BGBl. 2000 I. S. 1433) außer Kraft gesetzt. An die Stelle des Anrechnungsverfahrens tritt wiederum ein klassisches Körperschaftsteuersystem mit einem einheitlichen Steuersatz von 25 v.H. auf der Ebene der Körperschaft sowie das Halbeinkünfteverfahren auf der Ebene der Anteilseigner. Ziel dieses Verfahrens ist es, dass von Personenvereinigungen und Vermögensmassen erzielte Gewinne insgesamt einer Belastung mit Steuern vom Einkommen nur in dem Umfang unterliegen, der sich ergeben würde, wenn diese Gewinne von der Person, bei der sie (nach Ausschüttung) endgültig verbleiben, unmittelbar erzielt worden wären.

Die Außerkraftsetzung des Anrechnungsverfahrens verlangte nach Vorschriften (§§ 36 bis 40 KStG n.F.), wie das zum Zeitpunkt der Systemumstellung noch vorhandene Anrechnungsguthaben bzw. wie das mit latenter Körperschaftsteuer belastete – an sich unbelastete – EK 02 und EK 03 zu behandeln ist. Die neuen Bestimmungen enthalten u.a. eine 15-jährige Übergangsfrist, innerhalb deren das Körperschaftsteuerminderungsvolumen aus dem EK 40 bei Ausschüttung auch weiterhin noch realisiert werden kann, während andererseits die Verwendung von EK 02 während der Übergangszeit noch zu einer Körperschaftsteuererhöhung führt.

Die im Nachfolgenden näher beschriebene Darstellung des Anrechnungsverfahrens bleibt für die Dauer der Übergangsperiode unerlässliches Fachwissen, da ansonsten die Anwendung des neuen Systems mit Definitivsteuerbelastung nicht vollständig nachvollzogen werden kann.

1.6.6.1 Ziele der Körperschaftsteuerreform von 1977

Das Ziel des Anrechnungsverfahrens war die Besteuerung von ausgeschütteten Gewinnen nach der Leistungsfähigkeit des Anteilseigners einer Anrechnungskörperschaft. Die bis einschließlich 1976 herrschende Doppelbesteuerung der Gewinne bei der Gesellschaft durch Körperschaftsteuer und bei dem Gesellschafter durch Einkommensteuer wurde durch das Anrechnungsverfahren beseitigt.

Das Anrechnungsverfahren basiert auf den folgenden drei Grundgedanken:

- Bei Ausschüttungen einer Körperschaft ist die Ausschüttungsbelastung nach den Vorschriften der §§ 27 bis 47 KStG a.F. herzustellen
- Beim Anteilseigner (= Gesellschafter) war die Ausschüttungsbelastung auf die persönliche Einkommensteuerschuld anzurechnen (§ 36 Abs. 2 S. 2 Nr. 3 EStG a.F.)
- Die Ausschüttungsbelastung wurde bei den Anteilseignern (Gesellschaftern) als Einnahmen aus Kapitalvermögen erfasst (§ 20 Abs. 1 Nr. 3 EStG a.F.)

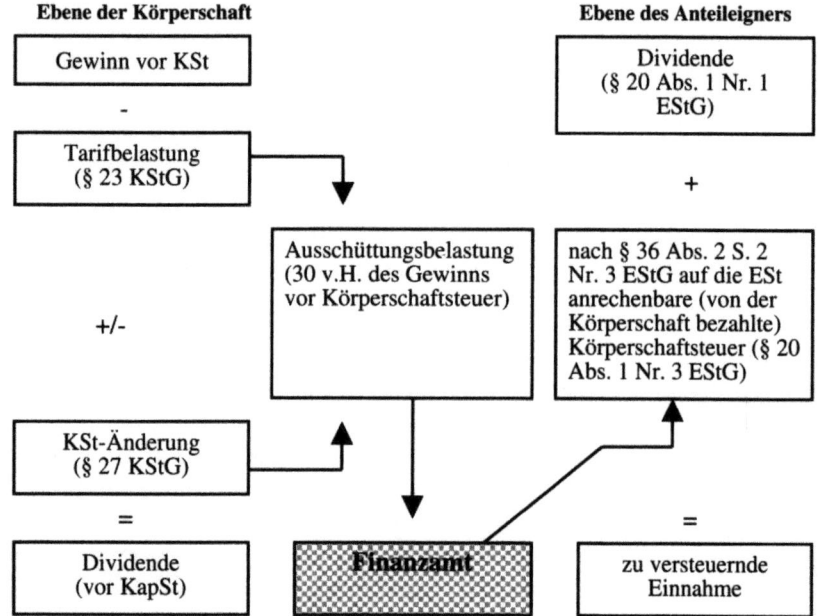

Gesetzestexte jeweils a.F.

Fazit:

Durch die Herstellung der Ausschüttungsbelastung mit Körperschaftsteuer von stets 30 v.H. und Anrechnung dieser auf die persönliche Einkommensteuerschuld des Anteilseigners (Gesellschafters) wird die Körperschaftsteuerbelastung für ausgeschüttete Gewinne beseitigt.

1.6.6.2   Rechtsgrundlagen (jeweils a.F.)

§ 27 Abs. 1 i.V.m. § 23 Abs. 5 KStG
§ 36 Abs. 2 S. 2 Nr. 3 EStG.

Die ertragsteuerliche Erfassung der Gewinnausschüttung (§ 20 Abs. 1 Nr. 1 EStG) erfolgte zuzüglich der Ausschüttungsbelastung (§ 20 Abs. 1 Nr. 3 EStG). Dadurch unterlag dieser Vorgang beim Anteilseigner (Gesellschafter) ausschließlich der Einkommensteuer, und zwar mit seinem individuellen Steuersatz.

Die Zampano-GmbH erzielt im Wirtschaftsjahr 01 einen Gewinn vor Abzug von Körperschaftsteuer (= zu versteuerndes Einkommen) in Höhe von 100, der nach ordnungsgemäßer Beschlussfassung in voller Höhe ausgeschüttet werden soll.

Beispiel

Die Körperschaftsteuer beträgt 45 v.H. der Einnahmen i.S.d. § 20 Abs. 1 Nr. 1 oder 2 EStG zuzüglich der darauf entfallenden Einnahmen i.S.d. § 20 Abs. 1 Nr. 3 EStG (= Körperschaftsteuerguthaben) für die der Teilbetrag i.S.d. § 54 Abs. 11 S. 1 KStG als verwendet gilt, da die Leistungen der GmbH bei den Empfängern zu den Einnahmen i.S.d. § 20 Abs. 1 Nr. 1 oder 2 EStG gehören; vgl. § 23 Abs. 2 S. 1 KStG a.F. → Regelungsinhalt für Gliederungen des vEK zum Schluss des letzten Wirtschaftsjahres, das vor dem 01.01.2004 abgelaufen ist.

Ebene der GmbH:

Herstellung der Ausschüttungsbelastung		KSt-Veranlagung	
Gewinn vor KSt	100,00	Einkommen	100,00
Tarifbelastung (§ 23 Abs. 1 KStG)	- 45,00	Tarifbelastung	45,00
für Ausschüttungen verwendbar	55,00		
Ausschüttungsbelastung: 30 v.H.			
KSt-Minderung:			
45 v.H. - 30 v.H. =			
15 v.H. von 100	+ 15,00	KSt-Minderung	- 15,00
Ausschüttung (= Dividende)	**70,00**	Ausschüttungsbelastung	
25 v.H. KapSt (§ 43 Abs. 1 S.1 Nr. 1		= festzusetzende und an das	30,00
i.V.m. § 43 a Abs. 1 Nr. 1 EStG)		Finanzamt abzuführende KSt	
25 v.H. von 70	17,50		
Auszahlungsbetrag	**52,50**		

Ebene des Anteilseigners:	
Dividende i.S.d. § 20 Abs. 1 Nr. 1 EStG	70,00
(Auszahlungsbetrag 52,50 + einbehaltene KapSt 17,50)	70,00
anrechenbare KSt (§ 20 Abs. 1 Nr. 3 EStG), 3/7 von 70	+ 30,00
Einnahme aus Kapitalvermögen	**100,00**

Endgültige Steuerbelastung:			
Persönlicher ESt-Satz des Anteilseigners:	a) 40 v.H.	b) 53 v.H.	c) 0 v.H.
ESt (bezogen auf Einkünfte von 100)	40,00	53,00	0,00
anrechenbare KSt (§ 36 Abs. 2 S. 2			
Nr. 3 EStG)	- 30,00	- 30,00	- 30,00
anrechenbare KapSt § 36 Abs. 2 S. 2 Nr. 2 EStG	- 17,50	- 17,50	- 17,50
Steuererstattung/-nachzahlung	- 7,50	5,50	- 47,50
endgültige **Steuerbelastung der GmbH** (s.o.)	+ 30,00	+ 30,00	+ 30,00
für den Anteilseigner einbehaltene KapSt	+ 17,50	+ 17,50	+ 17,50
Steuerbelastung auf die Ausschüttung			
insgesamt (GmbH und Anteilseigner zusammen)	**40,00**	**53,00**	**0,00**

Die gesamte Steuerbelastung entspricht damit exakt dem individuellen Steuersatz des Anteilseigners. Eine Doppelbesteuerung der ausgeschütteten Gewinne liegt somit nicht vor.

1.6.7 Anwendungsbereich des Anrechnungsverfahrens

Das Anrechnungsverfahren kam nur in Betracht bei den so genannten Anrechnungskörperschaften. Diese sind unbeschränkt steuerpflichtige Kapitalgesellschaften i.S.d. § 1 Abs. 1 Nr. 1 KStG (§ 27 Abs. 1 S. 1 KStG) sowie andere unbeschränkt steuerpflichtige Körperschaften, soweit deren Leistung bei den Leistungsempfängern zu den Einnahmen i.S.d. § 20 Abs. 1 Nr. 1 oder Nr. 2 EStG gehört (vgl. § 43 KStG).

Am Anrechnungsverfahren teilnehmende Körperschaften	
Unbeschränkt steuerpflichtige Kapitalgesellschaften (§ 27 Abs. 1 KStG)	**Sonstige** unbeschränkt steuerpflichtige **Körperschaften**, bei denen Leistungen beiden Empfängern zu den Einnahmen i.S.d. §20 Abs. 1 Nr. 1 oder Nr. 2 EStG gehören (§ 43 KStG)
<ul><li>AG</li><li>KGaA</li><li>GmbH</li><li>bergrechtliche Gewerkschaften</li></ul> (vgl. § 1 Abs. 1 Nr. 1 KStG)	<ul><li>Erwerbs- und Wirtschaftsgenossenschaften</li><li>Realgemeinden und wirtschaftliche Vereine, wenn sie Mitgliedschaftsrechte gewähren, die einer kapitalmäßigen Beteiligung gleichstehen</li><li>Kapitalgesellschaften ausländischen Rechts mit Geschäftsleitung im Inland, wenn deren Leistungen bei den Empfängern zu den Einnahmen i.S.d. § 20 Abs. 1 Nr. 1 oder Nr. 2 EStG gehören</li></ul>

1.6.7.1 Nicht am Anrechnungsverfahren teilnehmende Körperschaften

Sonstige Körperschaften, Personenvereinigungen und Vermögensmassen, bei denen Auskehrungen bei den Empfängern nicht zu den Einnahmen aus Kapitalvermögen i.S.d. § 20 Abs. 1 Nr. 1 oder 2 EStG gehörten, nahmen nicht am Anrechnungsverfahren teil.

Beispiele   • Sonstige juristische Personen des Privatrechts, z.B. eingetragene Vereine

- nicht rechtsfähige Vereine, Anstalten, Stiftungen sowie andere Zweckvermögen des Privatrechts
- Betriebe gewerblicher Art von juristischen Personen des öffentlichen Rechts
- Versicherungsvereine auf Gegenseitigkeit
- inländische Betriebsstätten von beschränkt Steuerpflichtigen

1.6.7.2 Folgen der Nichtteilnahme am Anrechnungsverfahren

Körperschaften, die am Anrechnungsverfahren nicht teilnahmen, hatten ihr verwendbares Eigenkapital nicht zu gliedern und auch keine Ausschüttungsbelastung herzustellen. Die Konsequenz ist hieraus, dass die Empfänger von Leistungen dieser Körperschaften kein Anrechnungsguthaben erhielten. Eine Anrechnung beim Berechtigten war somit ausgeschlossen.

1.6.7.3 Sachlicher Anwendungsbereich

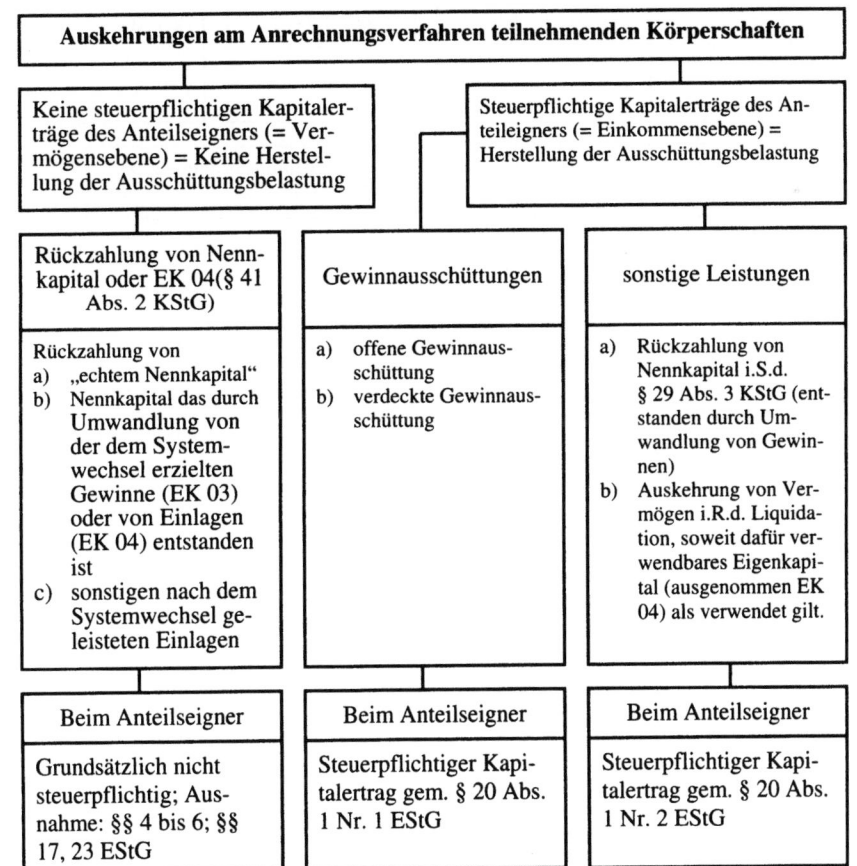

1.6.8   Nicht anrechnungsberechtigte Anteilseigner

Nicht alle Anteilseigner konnten am Anrechnungsverfahren teilnehmen.

Die nachfolgend genannten Gesetzeszitate behandeln jeweils Vorschriften des KStG/EStG in a.F.

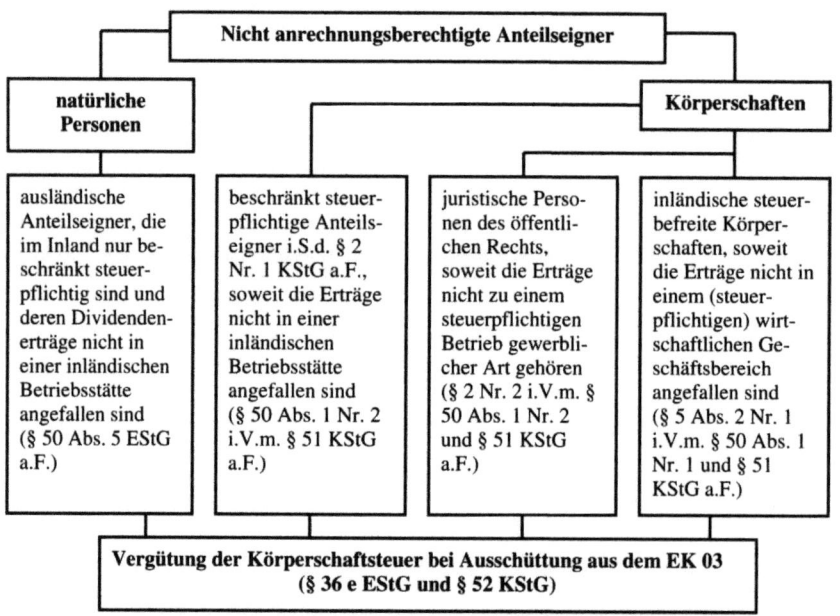

1.6.9   Funktion des § 27 Abs. 1 KStG a.F.

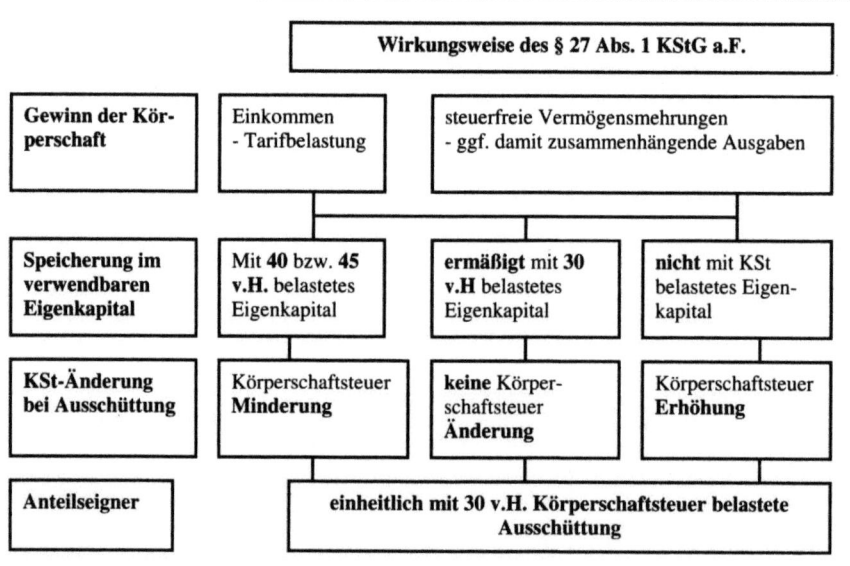

Durch Minderung oder Erhöhung der Körperschaftsteuer wird auf Ausschüttungen der – am Anrechnungsverfahren teilnehmenden – Körperschaften eine einheitliche Ausschüttungsbelastung von 30 v.H. hergestellt; § 27 Abs. 1 KStG a.F.

1.6.10 Die körperschaftsteuerliche Tarifbelastung

Die körperschaftsteuerliche Tarifbelastung entstammt dem Ersten Kapitel des Vierten Teils des KStG und behandelt die Steuerbelastung des ausgeschütteten Gewinns mit Körperschaftsteuer von unbeschränkt steuerpflichtigen Körperschaften und Personenvereinigungen. Die Tarifbelastung ist ein zentraler Begriff des Anrechnungsverfahrens und ist in § 27 Abs. 1 und 2 KStG a.F. gesetzlich geregelt.

1.6.10.1 Begriffsbestimmung

Unter der Tarifbelastung einer Körperschaft versteht man die eintretende Belastung des verwendbaren Eigenkapitals mit inländischer Körperschaftsteuer.

1.6.10.2 Folgen eintretender Tarifbelastung

Der Begriff der „Tarifbelastung" ist aus seinem Sinngehalt und aus seiner Beziehung zu der rechnerischen Größe „Eigenkapital" – in die er gestellt wird – abzuleiten. Die Tarifbelastung ist nicht jahresbezogen, sondern bezieht sich auf die Teilbeträge des verwendbaren Eigenkapitals, also auf die nach Abzug der Körperschaftsteuer verbleibenden Nettobezüge.

Die Tarifbelastung ist also die Belastung, die auf dem für die Gewinnausschüttung als verwendet geltenden Teilbetrag des verwendbaren Eigenkapital lastet. Diese beträgt:

- bei verwendetem EK 40   40 v.H.
- bei verwendetem EK 45   45 v.H.
- bei verwendetem EK 30   30 v.H.
- bei verwendetem EK 01 bis EK 04   0 v.H.

1.6.10.3 Körperschaftsteuerminderung
bei ungemilderter Tarifbelastung

Die nach § 27 Abs. 1 KStG a.F. herzustellende Ausschüttungsbelastung der offenen und verdeckten Gewinnausschüttungen beträgt grundsätzlich 30 v.H. des Gewinns, der sich vor Abzug der Körperschaftsteuer ergibt. Die Ausschüttungsbelastung ist wie folgt herzustellen:

Eintretende Tarifbelastung		45 v.H.		45 v.H.
./. herzustellende Ausschüttungsbelastung		./. 30 v.H.		./. 30 v.H.
= Körperschaftsteuerminderung		15 v.H.		15 v.H.
Hieraus resultiert – bezogen auf den Gewinn vor Körperschaftsteuer – von 100- folgendes Schema				
		KSt-Schuld		**KSt-Schuld**
Gewinn vor Abzug der Körperschaftsteuer	100		100	
Tarifbelastung 40 v.H. von 100 (§ 23 Abs. 1 KStG a.F.)	./. 40	40		
Tarifbelastung 45 v.H. von 100 (§ 23 Abs. 1 KStG a.F.)			./. 45	45
für Ausschüttung verwendbares Eigenkapital	60		55	
KSt-Minderung bei Vollausschüttung				
40 v.H. ./. 30 v.H. = 10 v.H. von 100	+10	./. 10		
45 v.H. ./. 30 v.H. = 15 v.H. von 100			+ 15	./. 15
Dieser Betrag gilt für die Ausschüttung als mitverwendet (§ 28 Abs. 6 S. 1 KStG)				
höchstmögliche Ausschüttung (= Dividende)	70		70	
Ausschüttungsbetrag = festzusetzende KSt		30		30

Bei einem Gewinn von 100 (vor Körperschaftsteuer) ergibt sich mithin grundsätzlich eine höchstmögliche Ausschüttung:

100 ./. 30 = 70		
oder	**EK 40**	**EK 45**
verwendetes Eigenkapital	60	55
+ KSt-Minderung	+ 10	+ 15
= Gewinnausschüttung	70	70

Aus diesem Grundfall lässt sich eine Vielzahl von Rechengrößen ableiten. Die Körperschaftsteuerminderung beträgt bei ungemildert belastetem Eigenkapital z.B.

bezogen auf die Ausschüttung (KSt-Minderung)

- beim EK 40 $= {}^{10}/_{70}$ x Ausschüttung
- beim EK 45 $= {}^{15}/_{70}$ x Ausschüttung

bezogen auf die KSt-Minderung

- beim EK 40 $=$ KSt-Minderung ${}^{10}/_{60}$ x EK 40
- beim EK 45 $=$ KSt-Minderung ${}^{15}/_{55}$ x EK 45

bezogen auf die Tarifbelastung (KSt-Minderung)

- beim EK 40 $= {}^{10}/_{40}$ x Tarifbelastung
- beim EK 45 $= {}^{15}/_{45}$ x Tarifbelastung

Die Vielzahl der Rechengrößen kann tabellarisch wie folgt dargestellt werden. In der Horizontalen ergibt sich der gesuchte Wert, in der Vertikalen ist der gegebene Wert dargestellt:

gesucht → gegeben ↓	Gewinn vor KSt	Tarifbe-lastung (45 v.H.)	EK 45	KSt-Minde-rung	Ausschüt-tungsbe-lastung	Ausschüt-tung
Gewinn vor KSt	X	$^{45}/_{100}$	$^{55}/_{100}$	$^{15}/_{100}$	$^{30}/_{100}$	$^{70}/_{100}$
Tarifbelastung (45 v.H.)	$^{100}/_{45}$	X	$^{55}/_{45}$	$^{15}/_{45}$	$^{30}/_{45}$	$^{70}/_{45}$
EK 45	$^{100}/_{55}$	$^{45}/_{55}$	X	$^{15}/_{55}$	$^{30}/_{55}$	$^{70}/_{55}$
KSt-Minderung	$^{100}/_{15}$	$^{45}/_{15}$	$^{55}/_{15}$	X	$^{30}/_{15}$	$^{70}/_{15}$
Ausschüttungsbelastung	$^{100}/_{30}$	$^{45}/_{30}$	$^{55}/_{30}$	$^{15}/_{30}$	X	$^{70}/_{30}$
Ausschüttung	$^{100}/_{70}$	$^{45}/_{70}$	$^{55}/_{70}$	$^{15}/_{70}$	$^{30}/_{70}$	X

gesucht → gegeben ↓	Gewinn vor KSt	Tarifbe-lastung (40 v.H.)	EK	KSt-Minde-rung	Ausschüt-tungsbe-lastung	Ausschüt-tung
Gewinn vor KSt	X	$^{40}/_{100}$	$^{60}/_{100}$	$^{10}/_{100}$	$^{30}/_{100}$	$^{70}/_{100}$
Tarifbelastung (40 v.H.)	$^{100}/_{40}$	X	$^{60}/_{40}$	$^{10}/_{40}$	$^{30}/_{40}$	$^{70}/_{40}$
EK 40	$^{100}/_{60}$	$^{40}/_{60}$	X	$^{10}/_{60}$	$^{30}/_{60}$	$^{70}/_{60}$
KSt-Minderung	$^{100}/_{10}$	$^{40}/_{10}$	$^{60}/_{10}$	X	$^{30}/_{10}$	$^{70}/_{10}$
Ausschüttungsbelastung	$^{100}/_{30}$	$^{40}/_{30}$	$^{60}/_{30}$	$^{10}/_{30}$	X	$^{70}/_{30}$
Ausschüttung	$^{100}/_{70}$	$^{40}/_{70}$	$^{60}/_{70}$	$^{10}/_{70}$	$^{30}/_{70}$	X

1.6.10.4 Körperschaftsteuererhöhung bei unbelastetem Eigenkapital

Gilt der nicht mit Körperschaftsteuer belastete Teilbetrag EK 02 oder der mit der früheren (bis 1976) Körperschaftsteuer belastete Teilbetrag EK 03 als für die Gewinnausschüttung verwendet, so erhöht sich die Körperschaftsteuer, weil die Ausschüttungsbelastung von 30 v.H. herzustellen ist.

Für die Körperschaftsteuererhöhung gilt folgendes Schema:

		KSt-Schuld
Steuerfreie Vermögensmehrung	100	
Tarifbelastung	0	0
Verwendbares Eigenkapital (EK0)	100	
KSt-Erhöhung bei Vollausschüttung 0 (Tarifbelastung) ./. 30 (Ausschüttungsbelastung)	./. 30	+ 30
höchstmögliche Ausschüttung	70	
Ausschüttungsbelastung = festzusetzende KSt		30

Bei einer steuerfreien Vermögensmehrung von 100 ergibt sich demnach eine höchstmögliche Ausschüttung von

100 ./. 30 = 70	
oder	
verwendetes Eigenkapital	100
+ KSt-Minderung	- 30
= Gewinnausschüttung	70

Aus diesem Grundfall lassen sich wiederum konstante Relationen in Form von Brüchen ableiten.

Die Körperschaftsteuererhöhung beträgt bei unbelastetem Eigenkapital (EK 02 und EK 03) z.B.

- bezogen auf die Gewinnausschüttung
  KSt-Erhöhung = 30/70 x Ausschüttung
- bezogen auf ein vorhandenes unbelastetes Eigenkapital 0 (= EK 02 und EK 03)
  KSt-Erhöhung = 30/100 x EK 02 bzw. EK 03

Folgen:

Aus einem unbelastetem Eigenkapital (EK 02 bzw. EK 03) von 100 können immer 70 ausgeschüttet werden, da 30 für die Körperschaftsteuererhöhung benötigt werden; § 28 Abs. 6 S. 2 KStG a.F.

Zusammenfassung:

Auf das ermittelte zu versteuernde Einkommen ist die Körperschaftsteuer gemäß § 23 KStG a.F. zunächst so zu berechnen, als wäre eine Gewinnausschüttung unterblieben. Hiernach unterliegt eine Gewinnausschüttung als Bestandteil des Einkommens (§ 8 Abs. 3 KStG) zunächst der Tarifbelastung mit Körperschaftsteuer von im Regelfall 40 v.H. (§ 23 Abs. 1 KStG a.F.).

Schüttet eine Anrechnungskörperschaft Gewinn an ihre Anteilseigner aus, so ist die Körperschaftsteuerbelastung dieser ausgeschütteten Gewinne zu vereinheitlichen. Dieses Verfahren wird als Herstellung der Ausschüttungsbelastung bezeichnet. Nach § 27 Abs. 1 KStG a.F. beträgt diese Ausschüttungsbelastung stets 30 v.H. des Gewinns vor Abzug der Körperschaftsteuer.

Damit die Ausschüttungsbelastung hergestellt werden kann, ist zunächst die Vorbelastung des für die Gewinnausschüttung verwendeten Eigenkapitals (die so genannte Tarifbelastung) zu ermitteln und dann mit der Ausschüttungsbelastung zu vergleichen.

Ergibt dieser Vergleich, dass die Tarifbelastung die Ausschüttungsbelastung von 30 v.H. übersteigt, so ist sie um den die Ausschüttungsbelastung übersteigenden Betrag zu mindern. Liegt die Tarifbelastung unterhalb der Ausschüttungsbelastung von 30 v.H., so ist sie zu erhöhen:

EK 50 (bis 31.12.1998)	= Minderung
EK 45	= Minderung
EK 40	= Minderung
EK 30	= Keine Änderung
EK 0	= Erhöhung

Die Herstellung der Ausschüttungsbelastung führt bei der ausschüttenden Kapitalgesellschaft zu einer Minderung oder Erhöhung der Körperschaftsteuer, je nachdem, wie das für die Gewinnausschüttung nach der Verwendungsreihenfolge (§ 28 Abs. 3 i.V.m. § 30 KStG a.F.) verwendete Eigenkapital mit tariflicher Körperschaftsteuer belastet ist. Stimmt die Tarifbelastung mit der Ausschüttungsbelastung überein (= EK 30), ergibt sich keine Änderung der Körperschaftsteuer.

Die nach Minderung oder Erhöhung der Körperschaftsteuer verbleibende Steuerbelastung stellt die festzusetzende Körperschaftsteuer für den Veranlagungszeitraum dar. Übersteigt der Betrag der sich insgesamt ergebenden Körperschaftsteuerminderung nach § 27 KStG a.F. die nach den Tarifvorschriften berechnete Körperschaftsteuer, so ist der übersteigende Betrag vom Finanzamt als Körperschaftsteuer-Erstattung festzusetzen; vgl. A 77 Abs. 5 KStR 1995.

Vereinfachend kann man die festzusetzende (= veranlagte) Körperschaftsteuer nach folgendem Schema darstellen:

-   Körperschaftsteuer nach Steuersatz
./. Tarifermäßigungen
=   tarifliche Körperschaftsteuer
+ ./. KSt-Änderungen nach § 27 KStG a.F.
    (§ 23 Abs. 5 KStG a.F.)
=   festzusetzende (veranlagte) Körperschaftsteuer

Die Rechengrößen:

- Gewinn
- verwendbares Eigenkapital
- KSt-Minderung/KSt-Erhöhung
- Ausschüttungsbelastung und
- Ausschüttung

Hinweise

stehen in einem konstanten Verhältnis zueinander. Ist lediglich eine der sechs Rechengrößen bekannt, so lassen sich jeweils die übrigen fünf Größen durch Anwendung konstanter Brüche ableiten.

1.6.11 Ausnahmen von der KSt-Erhöhung

Als Ausnahmen von der KSt-Erhöhung kommen Ausschüttungen aus dem EK 01 und dem EK 04 in Betracht.

1.6.11.1 Steuerliche Behandlung von Ausschüttungen aus dem EK 01

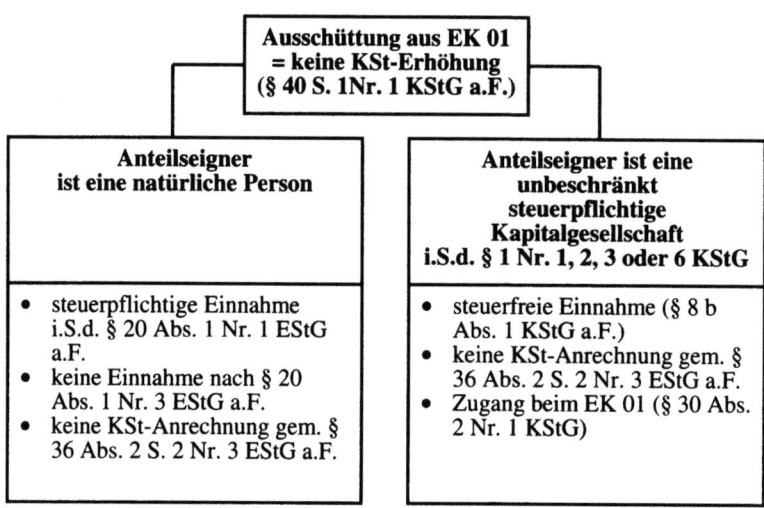

Die unbeschränkt körperschaftsteuerpflichtige Mega-Tec GmbH mit Sitz und Geschäftsleitung in Donaueschingen verwendete für eine Gewinnausschüttung in Höhe von 100.000,00 DM ausschließlich unbelastetes Eigenkapital EK 01. Anteilseigner der Mega-Tec GmbH sind die unbeschränkt steuerpflichtigen Personen Egon Bastel und die Maxima-Pro GmbH zu gleichen Teilen. Die Lösung verzichtet aus Vereinfachungsgründen auf den Solidaritätszuschlag.

Lösung:

	DM
1. Behandlung bei der Mega-Tec GmbH:	
Für die Gewinnausschüttung	
verwendbares unbelastetes Eigenkapital	100.000,00
Keine KSt-Erhöhung (§ 40 S.1 Nr. 1 KStG a.F.)	0,00
höchstmögliche Ausschüttung (= Dividende)	100.000,00
Kapitalertragsteuer 25 v.H.	
(§§ 43 Abs. 1 S. 1 Nr. 1, 43 a Abs. 1 Nr. 1 EStG a.F.	./. 25.000,00
Auszahlungsbetrag	75.000,00
2. Behandlung bei Egon Bastel:	
Dividende i.S.d. § 20 Abs. 1 Nr. 1 EStG a.F.	
(37.500,00 DM + 12.500,00 DM KapSt)	50.000,00
Keine Einnahme nach § 20 Abs. 1 Nr. 3 EStG a.F.	0,00
Einnahmen aus Kapitalvermögen	50.000,00

Die Kapitalertragsteuer in Höhe von 12.500,00 DM ist aufgrund § 36 Abs. 2 S. 2 Nr. 2 EStG a.F. auf die Einkommensteuerschuld des Egon Bastel anrechenbar.

3. Behandlung bei der Maxima-Pro GmbH: <u>DM</u>
    Steuerfreie Einnahme i.S.d. § 8 b Abs. 1 KStG a.F.
    in Höhe von   50.000,00 DM
    Keine Einnahme nach § 20 Abs. 1 Nr. 3 EStG a.F.
    i.V.m. § 20 Abs. 2 EStG

Die Kapitalertragsteuer in Höhe von 12.500,00 DM ist aufgrund § 36 Abs. 2 S. 2 N. 2 EStG a.F. auf die Körperschaftsteuerschuld der Maxima-Pro GmbH anrechenbar.

1.6.11.2   Steuerliche Behandlung von Ausschüttungen aus dem EK 04

Ausschüttung aus EK 04
= keine KSt-Erhöhung
(§ 40 S. 1 Nr. 2 KStG a.F.)

↓

Anteilseigner

- nicht steuerbare Einnahme (§ 20 Abs. 1 Nr. 1 S. 3 EStG a.F.)
- keine KSt-Anrechnung (§ 36 Abs. 2 S. 2 Nr. 3 EStG a.F.)
- Minderung der Anschaffungskosten (ab VZ 1997 ggf. Gewinn nach § 17 EStG; s. § 17 Abs. 4 S. 1 EStG) bzw. Minderung des Buchwerts, wenn sich die Beteiligung im Betriebsvermögen befindet. Übersteigen die Einnahmen den Buchwert, liegen insoweit gewinnerhöhende Betriebseinnahmen vor (BMF-Schreiben vom 09.01.1987; BStBl. 1987 I, S. 171)

1.6.12   Zusammentreffen von Körperschaftsteuerminderung und Körperschaftsteuererhöhung

Problematisch ist der Fall, wenn bei einer Gewinnausschüttung die Körperschaftsteuerminderung und die -erhöhung zusammentreffen. Als Grundsatz gilt hier:

Gelten unterschiedlich mit Körperschaftsteuer belastete oder nicht belastete Eigenkapitalteile als für eine Ausschüttung verwendet, ist die nach § 27 Abs. 1 KStG a.F. eintretende Änderung der Körperschaftsteuer für jeden dieser Eigenkapitalteile getrennt zu berechnen.

Die Otto Wohlfarth GmbH verfügte über folgendes verwendbares Eigenkapital: Beispiel

EK 40 (mit 40 v.H. KSt belastet)   33.000,00 DM
EK 02 (nicht mit KSt belastet)   40.000,00 DM

Die GmbH beabsichtigt, ihr gesamtes verwendbares Eigenkapital auszuschütten, was sich im Verhältnis der Tarifbelastung von 40 v.H. bei Thesaurierungsgewinnen und den persönlichen Einkommensteuersätzen der Anteilseigner als steuerlich vorteilhaft auswirkt. Zu ermitteln ist die höchstmögliche Gewinnausschüttung und die Körperschaftsteueränderung.

Lösung:

		Ausschüttung	KSt-Änderung
Belastetes Eigenkapital (EK 40)	33.000,00 DM		
KSt-Minderung: $^{10}/_{60}$ von			
33.000,00 DM	+ 5.500,00 DM		./. 5.500,00 DM
höchstmögliche Ausschüttung	38.500,00 DM	38.500,00 DM	
unbelastetes Eigenkapital (EK 02)	40.000,00 DM		
KSt-Erhöhung: 30/100 von			
40.000,00 DM	./. 12.000,00 DM		+ 12.000,00 DM
höchstmögliche Ausschüttung	28.000,00 DM	+ 28.000,00 DM	
höchstmögliche Ausschüttung			
insgesamt		66.500,00 DM	
Körperschaftsteueränderung			+ 6.500,00 DM

Probe:

Man kann das gezeigte Verfahren dahingehend verproben, dass die Gewinnausschüttung nach Herstellung der Ausschüttungsbelastung exakt mit 30 v.H. Körperschaftsteuer belastet sein muss.

Belastung des EK 40 in Höhe	von	33.000,00 DM		
vor der Ausschüttung: $^{40}/_{60}$	von	33.000,00 DM	=	22.000,00 DM
Belastung des EK 02 in Höhe	von	40.000,00 DM		
vor der Ausschüttung			=	0,00 DM
KSt-Änderungen: + 12.000,00 DM ./. 5.500,00 DM			=	+ 6.500,00 DM
Insgesamte Belastung mit KSt			=	28.500,00 DM
Ausschüttung (höchstmöglich)			=	+ 66.500,00 DM
Gewinn vor Abzug der KSt			=	95.000,00 DM
Ausschüttungsbelastung				
30 v.H. von 95.000,00 DM			=	28.500,00 DM

1.6.13 Eigenkapital (§ 29 Abs. 1 KStG)

Die Ableitung des Eigenkapitals i.S.d. § 29 Abs. 1 KStG a.F. geschieht aus der Handels- bzw. Steuerbilanz grob nach folgender Formel:

	Eigenkapital laut Handelsbilanz
+ ./.	Korrekturen zur Anpassung an die Steuerbilanz
=	Eigenkapital lt. Steuerbilanz
./.	Körperschaftsteuerminderung (§ 27 KStG a.F.)
+	Körperschaftsteuererhöhung (§ 27 KStG a.F.)
+	Minderung durch andere Gewinnausschüttungen i.S.d. § 27 Abs. 3 S. 2 KStG a.F.
=	Eigenkapital i.S.d. § 29 Abs. 1 KStG a.F.

Das Eigenkapital nach § 29 Abs. 1 KStG a.F. ist gemäß § 29 Abs. 2 KStG a.F. wie folgt aufzuteilen:

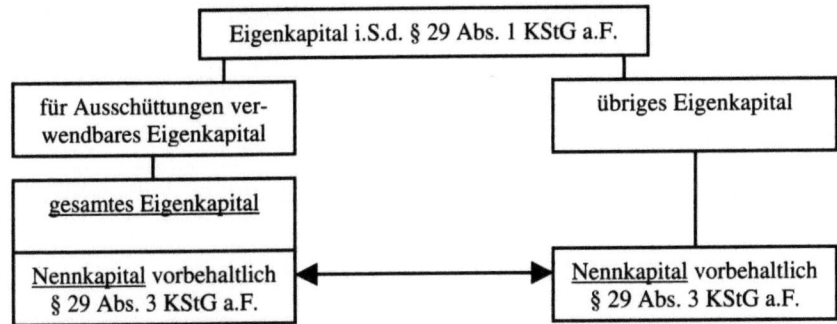

Das verwendbare Eigenkapital ist der Teil des Eigenkapitals, der das Nennkapital übersteigt, vgl. § 29 Abs. 2 S. 2 KStG a.F.

1.6.14   Gliederung des verwendbaren Eigenkapitals

Die Vorschrift des § 30 KStG a.F. schreibt eine Gliederung des verwendbaren Eigenkapitals zum Schluss jeden Wirtschaftsjahres entsprechend seiner Tarifbelastung vor. Die Summe des verwendbaren Eigenkapitals (§ 29 Abs. 2 KStG a.F.) muss entsprechend der Tarifbelastung in bestimmte Teilbeträge (= Eigenkapitalteile) zerlegt werden.

Diese Gliederung des verwendbaren Eigenkapitals stellt eine von der Gewinnermittlung zu unterscheidende Sonderrechnung dar, deren Zweck darin besteht, die Grundlage für die Herstellung der Ausschüttungsbelastung abzugeben. Wegen dieser Bedeutung der Gliederung sind die Teilbeträge des verwendbaren Eigenkapitals zum Schluss jedes Wirtschaftsjahres gesondert gemäß §§ 47 Abs. 1 S. 1, 30 Abs. 1 KStG a.F. festzustellen; vgl. A 82 Abs. 1 KStR 1995.

1.6.14.1 Teilbeträge des verwendbaren Eigenkapitals

§ 30 Abs. 1 KStG a.F. sieht zur Vermeidung unübersichtlicher Gliederungen nur drei Gruppen von Teilbeträgen des verwendbaren Eigenkapitals vor. Diese sind:

einen ungemildert mit Körperschaftsteuer belasteten
Teilbetrag (§ 30 Abs. 1 S. 3 Nr. 1 KStG a.F.)   EK 40/45;

einen ermäßigt mit 30 v.H. Körperschaftsteuer
belasteten Teilbetrag (§ 30 Abs. 1 S. 3 Nr. 2 KStG a.F.)   EK 30;

einen nicht mit Körperschaftsteuer belasteten
Teilbetrag (§ 30 Abs. 1 S. 3 Nr. 3 KStG a.F.)   EK 0

Die Gliederung des verwendbaren Eigenkapitals nach § 30 KStG a.F. lässt sich schaubildlich wie folgt darstellen:

Alle Gesetzeszitate behandeln die durch das Gesetz vom 23. Oktober 2000 (BGBL. I, S. 1433) aufgehobenen Vorschriften des vierten Teils des KStG (§§ 27 bis 47); zur letztmaligen Anwendung siehe § 34 Abs. 10 d KStG.

1.6.14.2 Gliederung des verwendbaren Eigenkapitals; § 30 KStG

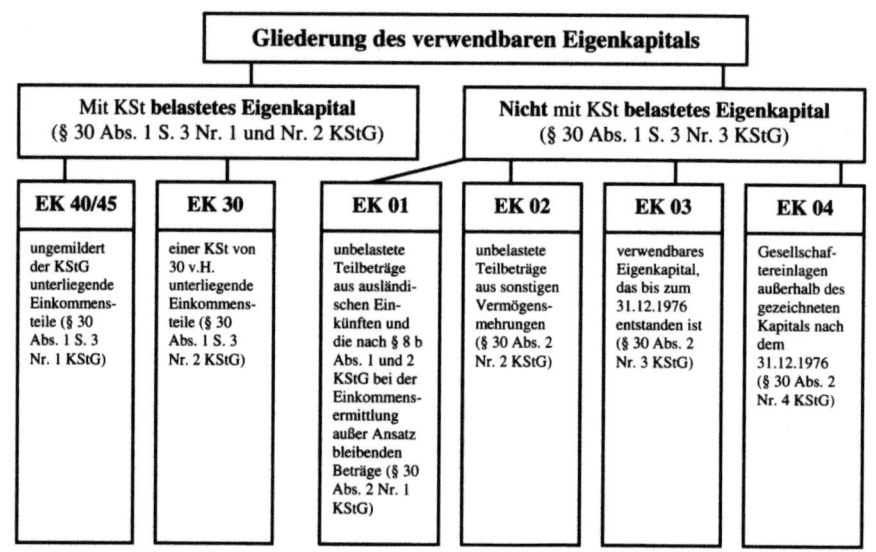

1.6.14.3 Belastetes Eigenkapital (EK 45 und EK 30)

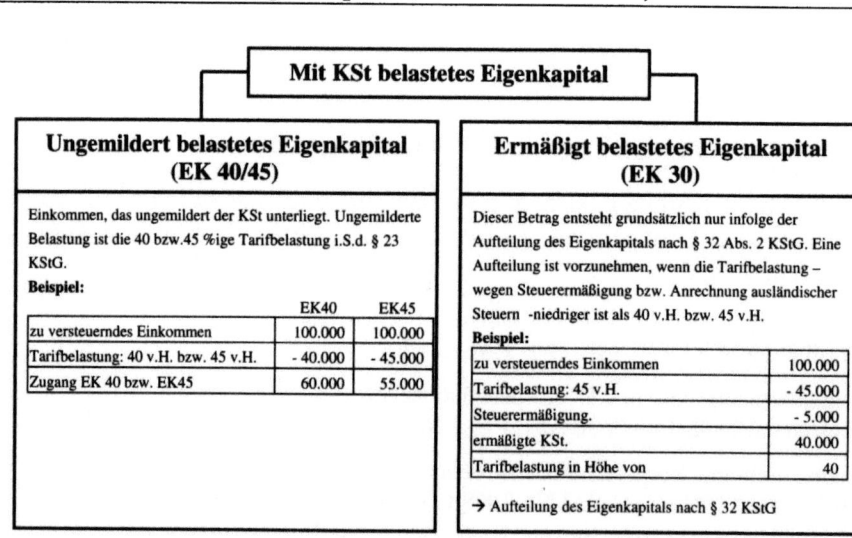

1.6.14.4 Gliederung des EK 0

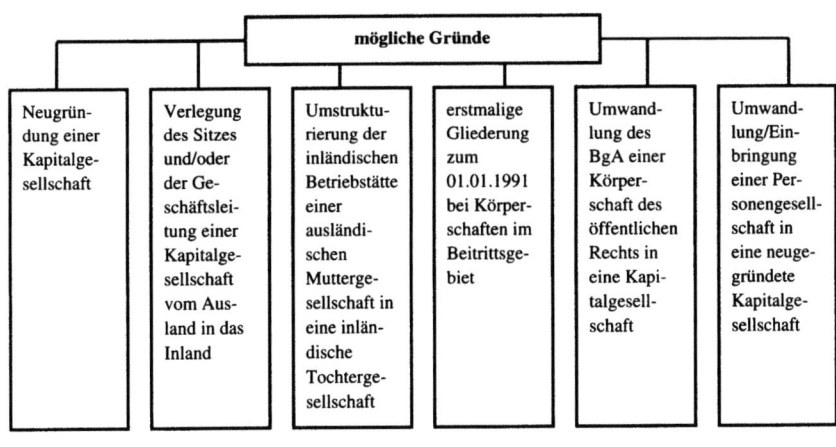

unbelastetes Eigenkapital

EK 01	EK 02	EK 03	EK 04
• ausländische Einkünfte, die auf Grund von Doppelbesteuerungsabkommen nicht der KSt unterliegen • Gewinnanteile, die aus dem EK 01 einer ausschüttenden Körperschaft stammen (§ 8 b Abs.1 KStG a.F.) • Gewinne aus der Veräußerung von Anteilen, der Liquidation und der Kapitalherabsetzung einer ausländischen Gesellschaft (§ 8 b Abs. 2 KStG a.F.)	**Hierunter fallen insbesondere** • steuerfreie Einnahmen nach § 3 EStG • Investitionszulage • Verlustabzug • Freibetrag nach § 16 Abs. 4 EStG (bis VZ1995 Beträge aus der Aufteilung nach § 32 Abs. 2 KStG a.F.) • Fehlerberichtigung bei einer bestehenden Differenz zwischen vEK lt. Bilanz und vEK lt. Gliederung (BFH, BStBl. 1992 II, S. 154)	Darin ist das verwendbare Eigenkapital enthalten, das sich bis zum 31.12.1996 – sog. Altkapital – angesammelt hat. Dadurch wird die vor dem 31.12.1976 entstandene KSt definitiv	Offene und verdeckte Einlagen, die das Nennkapital übersteigen (z.B. Aufgeld bei der Ausgabe von Gesellschaftsanteilen). Formell gehören sie zum verwendbaren Eigenkapital; wirtschaftlich stellen sie „übriges Eigenkapital" i.S.d. § 29 Abs. 2 KStG a.F. dar. Die Rückzahlung an den Anteilseigner bleibt grds. steuerfrei. Gliederung § 40 S. 1 Nr. 2 S. 3 EStG a.F.

1.6.14.5 Gründe für das Entstehen von EK 04

mögliche Gründe

Neugründung einer Kapitalgesellschaft	Verlegung des Sitzes und/oder der Geschäftsleitung einer Kapitalgesellschaft vom Ausland in das Inland	Umstrukturierung der inländischen Betriebstätte einer ausländischen Muttergesellschaft in eine inländische Tochtergesellschaft	erstmalige Gliederung zum 01.01.1991 bei Körperschaften im Beitrittsgebiet	Umwandlung des BgA einer Körperschaft des öffentlichen Rechts in eine Kapitalgesellschaft	Umwandlung/Einbringung einer Personengesellschaft in eine neugegründete Kapitalgesellschaft

1.6.14.6 Übersicht über
die Brüche bei einer Ausschüttungsbelastung von 30 v.H.

	EK 56	EK 50	EK 45	EK 40	EK 36	EK 30	EK 01	EK 02	EK 03	EK 04
Zugänge	100	100	100	100	100	100	100	100	100	100
abzüglich darauf lastende KSt	- 56	- 50	- 45	- 40	- 36	- 30	- 0	- 0	- 0	- 0
verwendbares Eigenkapital	44	50	55	60	64	70	100	100	100	100
Herstellung der Ausschüttungsbelastung										
durch KSt-Minderung	+ 26	+ 20	+ 15	+ 10	+ 6	+ 0				
durch KSt-Erhöhung						- 0		- 30	- 30	
ausschüttbarer Betrag	70	70	70	70	70	70	100	70	70	100
bezogen auf das vEK										
ausschüttbarer Betrag	70/44	70/50	70/55	70/60	70/64	70/70	100/100	70/100	70/100	100/100
KSt-Minderung	26/44	20/50	15/55	10/60	6/64					
KSt-Erhöhung								30/100	30/100	
bezogen auf den ausgeschütteten Betrag										
KSt-Minderung	26/70	20/70	15/70	10/70	6/70					
KSt-Erhöhung								30/70	30/70	
endgültige Steuerbelastung bei der Körperschaft										
Tarifbelastung	56	50	45	40	36	30	0	0	0	0
KSt-Änderung	- 26	-20	- 15	-10	- 6	+/- 0	+/- 0	+ 30	+ 30	+/- 0
Steuerbelastung	30	30	30	30	30	30	0	30	30	0

1.6.14.7 Berücksichtigung der KSt-Änderung

Zeitliche Zuordnung der KSt-Änderungen(§ 27 Abs. 3 KStG a.F.)

§ 27 Abs. 3 Satz 1 KStG a.F.	**§ 27 Abs. 3 Satz 2 KStG a.F.**
Die Ausschüttung beruht auf einem den gesellschaftsrechtlichen Vorschriften entsprechenden Gewinnverteilungsbeschluss für ein **abgelaufenes** Wirtschaftsjahr. Hierzu gehört auch eine nach Ablauf des Geschäftsjahres beschlossene Vorabausschüttung	Andere Ausschüttungen • abgeschlossene verdeckte Gewinnausschüttungen • Vorabausschüttungen, soweit sie nicht unter § 27 Abs. 3 S. 1 KStG fallen • sonstige Leistungen i.S.d. § 41 KStG • Ausschüttungen auf Genussrechte i.S.d. § 8 Abs. 3 S. 2 KStG • Vermögensminderungen, die durch das Gesellschaftsverhältnis veranlasst sind, sich nicht auf das Einkommen auswirken und nicht mit einer Ausschüttung i.S.d. § 27 Abs. 3 S. 1 KStG im Zusammenhang stehen (z.B. Überweisung einer Investitionszulage auf das private Konto des Anteilseigners)
KSt-Erhöhung/Minderung für den Veranlagungszeitraum, in dem das Wirtschaftsjahr endet, **für das** die Ausschüttung erfolgt	KSt-Erhöhung/Minderung für den Veranlagungszeitraum, in dem das Wirtschaftsjahr endet, in **dem** die Ausschüttung erfolgt

Hinweis Alle Zitate im Schaubild verwenden gesetzliche Fundstellen des KStG in der alten Fassung.

1.6.15 Zeitpunkt der Herstellung der Ausschüttungsbelastung

Der Zeitpunkt, in dem die Ausschüttungsbelastung herzustellen war, ist im KStG nicht eindeutig geregelt. Die Ausschüttungsbelastung durfte nach A 77 Abs. 6 KStR erst in dem Zeitpunkt hergestellt werden, in dem die Gewinnausschüttung i.S.d. § 28 KStG a.F. verwirklicht war. Dies ist regelmäßig der Fall, wenn die Gewinnanteile (Dividenden) bei der Kapitalgesellschaft abgeflossen sind.

Die Gesellschafterversammlung der Protecta-GmbH beschließt am 10.03.02 eine Gewinnausschüttung für 01. Die Dividendenzahlung soll aber erst in 03 erfolgen.

Gemäß § 27 Abs. 3 S. 1 KStG a.F. ist die Körperschaftsteueränderung für den Veranlagungszeitraum 01 zu berücksichtigen. Die Ausschüttungsbelastung (KSt-Minderung; KSt-Erhöhung) darf jedoch erst bei Abfluss der Gewinnausschüttung in 03 hergestellt werden; A 77 Abs. 6 S. 1 und 2 KStR. Führt das Finanzamt die Körperschaftsteuerveranlagung 01 in 02 durch, darf die Körperschaftsteueränderung zunächst nicht berücksichtigt werden. Erst nach Abfluss der Gewinnausschüttung in 03 ist die Ausschüttungsbelastung herzustellen. Der Körperschaftsteuerbescheid 01 ist gemäß § 175 Abs. 1 S. 1 Nr. 2 AO zu ändern (rückwirkendes Ereignis).

Beispiel

Lösung

1.6.15.1 Übersicht über die zeitlichen Auswirkungen von Gewinnausschüttungen

Art der Gewinnausschüttung	Herstellung der Ausschüttungsbelastung		Verrechnung gegen vEK zum (§ 28 Abs. 2 KStG a. F.)	Verringerung des vEK im Jahr (§ 29 Abs. 1 KStG a.F.)
	Im Jahr	Für VZ		
Offene Gewinnausschüttung				
1. Beschluss in 01 für 01; Auszahlung in 02	02	01	31.12.01	02
2. Beschluss in 02 für 01; Auszahlung in 03	03	01	31.12.01	03
3. Beschluss in 03 für 01; Auszahlung in 03	03	01	31.12.02	03
andere Gewinnausschüttung **A. vGA** 1. vGA in 01; Abfluss in 01	01	01	31.12.01	02
2. vGA in 01; Abfluss in 02	02	02	31.12.02	03
B. Vorabausschüttung 1. Beschluss in 01 für 01; Auszahlung in 01	01	01	31.12.01	02
2. Beschluss in 01 für 01; Auszahlung in 02	02	02	31.12.02	03
3. Beschluss in 02 für 01; Auszahlung in 02	02	01	31.12.01	02

1.6.15.2 Gewinnausschüttungen im Handelsrecht

Gewinnausschüttungen i.S.d. Handelsrechts	
Ausschüttung nach endgültiger Gewinnfeststellung	**Vorabausschüttung**
Die Gewinnausschüttung erfasst alles, was die Gesellschaft als „Gewinn" ausgewiesen und sodann an die Gesellschafter ausgeschüttet hat. Dazu gehören sowohl der im Geschäftsjahr erwirtschaftete Gewinn als auch Ausschüttungen aus Gewinnvorträgen und der Auflösung von Rücklagen.	„Abschlagszahlungen auf den Bilanzgewinn" Bei Aktiengesellschaften dürfen sie erst nach Ablauf des Geschäftsjahres (jedoch vor Erstellung des Jahresabschlusses) gezahlt werden (§ 59 Abs. 1 AktG). Eine GmbH darf mangels gesetzlicher Regelung bereits während des Geschäftsjahres eine Vorabausschüttung vornehmen.

1.6.15.3 Für die Ausschüttung verwendetes Eigenkapital; § 28 Abs. 2 KStG

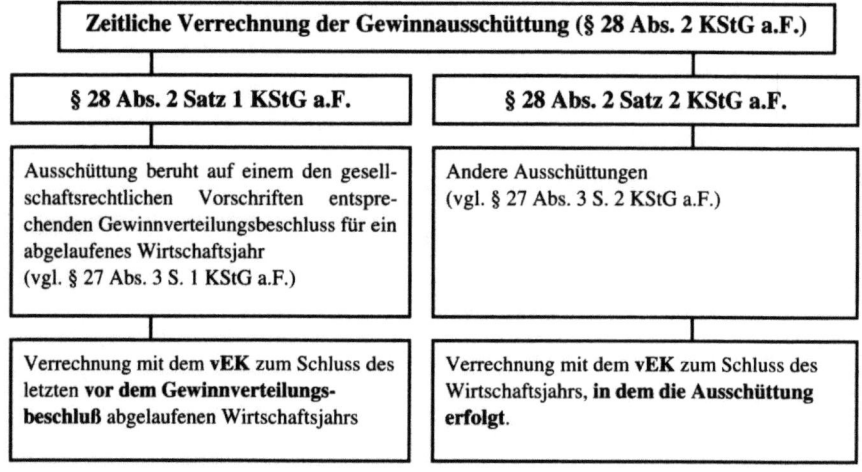

Zeitliche Verrechnung der Gewinnausschüttung (§ 28 Abs. 2 KStG a.F.)	
§ 28 Abs. 2 Satz 1 KStG a.F.	**§ 28 Abs. 2 Satz 2 KStG a.F.**
Ausschüttung beruht auf einem den gesellschaftsrechtlichen Vorschriften entsprechenden Gewinnverteilungsbeschluss für ein abgelaufenes Wirtschaftsjahr (vgl. § 27 Abs. 3 S. 1 KStG a.F.)	Andere Ausschüttungen (vgl. § 27 Abs. 3 S. 2 KStG a.F.)
Verrechnung mit dem **vEK** zum Schluss des letzten **vor dem Gewinnverteilungsbeschluß** abgelaufenen Wirtschaftsjahrs	Verrechnung mit dem **vEK** zum Schluss des Wirtschaftsjahrs, **in dem die Ausschüttung erfolgt.**

Beispiel

Das Wirtschaftsjahr der Obscura-GmbH stimmt mit dem Kalenderjahr überein.

Am 15.08.02 wird den gesellschaftsrechtlichen Vorschriften entsprechend eine Gewinnausschüttung für 01 beschlossen.

⇒ Verrechnung mit den vEK-Beständen zum 31.12.01 und Änderung der KSt für den Veranlagungszeitraum 01.

In 02 nimmt die GmbH eine verdeckte Gewinnausschüttung vor.

⇒ Verrechnung mit den vEK-Beständen zum 31.12.02 und Änderung der KSt für den Veranlagungszeitraum 02.

1.6.15.4 Gliederungszusammenhang; § 30 Abs. 1 KStG

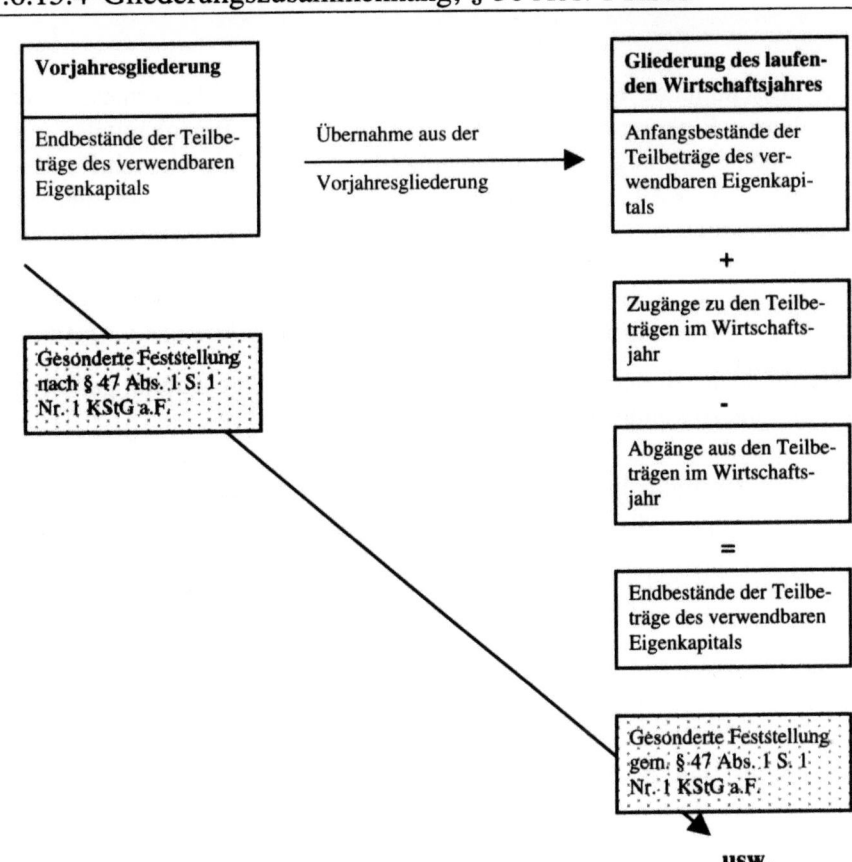

usw.

Erläuterungen:

Nach § 30 Abs. 1 S. 2 KStG a.F. waren die einzelnen Teilbeträge jeweils aus der Gliederung für das vorangegangene Wirtschaftsjahr abzuleiten. Es bestand ein Gliederungszusammenhang, der dem Bilanzzusammenhang ähnlich ist.

Das EK 40 stellt beispielsweise zum 31.12.01 gleichzeitig den Anfangsbestand für die Ermittlung des EK 40 zum 31.12.02 dar.

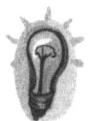

Vereinfachtes Schema:

Endbestand am Schluss des vorangegangenen Wirtschaftsjahres
./. Abgänge
+ Zugänge
= Endbestand am Schluss des Wirtschaftsjahres

1.6.16   Die Verwendungsfiktion
des § 28 Abs. 3 KStG a.F.

Die ausschüttende Kapitalgesellschaft konnte nicht selbst ermessen, aus welchem Einkommensteil des verwendbaren Eigenkapitals eine Gewinnausschüttung vorgenommen werden sollte. Die Vorschrift des § 28 Abs. 3 KStG a.F. legte eine Reihenfolge fest, in der die unterschiedlichen Teilbeträge des verwendbaren Eigenkapitals für eine Ausschüttung als verwendbar galten. Hiernach galten grundsätzlich die Teilbeträge als verwendet, in der die Belastung mit Körperschaftsteuer abnahm. Dieser Prozess wurde als so genannte Verwendungsfiktion bezeichnet. Das am höchsten mit Körperschaftsteuer belastete Eigenkapital galt zuerst als für eine Ausschüttung verwendet.

1.6.16.1   Reihenfolge der
verwendbaren Teilbeträge des Eigenkapitals

Die Reihenfolge der verwendbaren Teilbeträge ergab sich aus § 28 Abs. 2 i.V.m. Abs. 4,5 und 7 sowie § 30 KStG a.F.

1.6.16.2   Mit Körperschaftsteuer
belastete Teilbeträge (§ 28 Abs. 3 S. 1 KStG a.F.)

- EK 56   nur bis Ende 1994
- EK 50   bis Ende 1998
- EK 45   ab 1994 bis zum Jahr 2003; vgl. § 54 Abs. 11 KStG 1999
- EK 40   gültig ab 1999
- EK 36   bis Ende 1994
- EK 30

1.6.16.3 Nicht mit Körperschaftsteuer
belastete Teilbeträge (§ 30 Abs. 1 S. 3 KStG a.F.

- EK 01
- EK 02
- EK 03
- EK 04

1.6.16.4 Ausnahmen von der Verwendungsfiktion

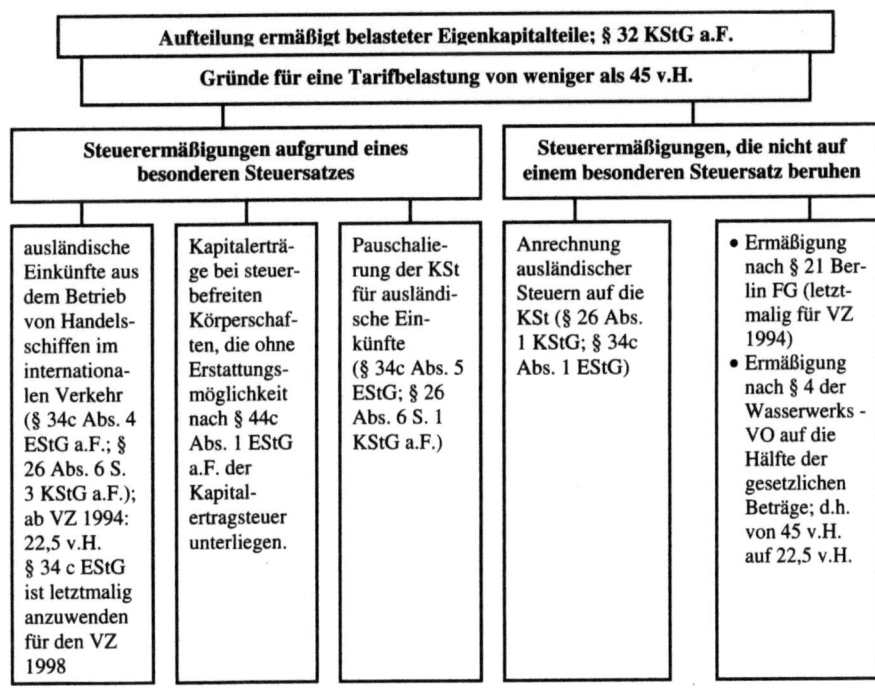

Ausnahmen		
§ 28 Abs. 4 KStG a.F.	**§ 28 Abs. 5 KStG a.F.**	**§ 28 Abs. 7 KStG a.F.**
Reichen die mit KSt belasteten Teilbeträge, die laut erstmaliger Gliederung zunächst zur Finanzierung der Ausschüttung herangezogen wurden, wegen Verringerung des ursprünglichen zu versteuernden Einkommens aufgrund einer Außenprüfung oder eines Verlustrücktrags nicht mehr aus, ist der nicht ausreichende Betrag aus dem EK 02 (**nicht EK 01**) zu finanzieren, auch wenn es dadurch negativ wird.	Ist für eine Ausschüttung EK 01 als verwendet bescheinigt worden, bleibt diese bescheinigte Verwendung unverändert. = Festschreibung des verwendeten EK 01	Wurde einem nicht anrechnungsberechtigten Anteilseigner der aus EK 03 finanzierte KSt-Erhöhungsbetrag gem. § 52 KStG a.F. bzw. § 36 e EStG a.F. vergütet, bleibt für den Fall einer späteren Änderung die der Vergütung zugrunde gelegte Verwendung des EK 03 unverändert

1.6.17 Aufteilung nach § 32 KStG a.F.

Aufteilung ermäßigt belasteter Eigenkapitalteile; § 32 KStG a.F. **Gründe für eine Tarifbelastung von weniger als 45 v.H.**				
Steuerermäßigungen aufgrund eines besonderen Steuersatzes			**Steuerermäßigungen, die nicht auf einem besonderen Steuersatz beruhen**	
ausländische Einkünfte aus dem Betrieb von Handelsschiffen im internationalen Verkehr (§ 34c Abs. 4 EStG a.F.; § 26 Abs. 6 S. 3 KStG a.F.); ab VZ 1994: 22,5 v.H. § 34 c EStG ist letztmalig anzuwenden für den VZ 1998	Kapitalerträge bei steuerbefreiten Körperschaften, die ohne Erstattungsmöglichkeit nach § 44c Abs. 1 EStG a.F. der Kapitalertragsteuer unterliegen.	Pauschalierung der KSt für ausländische Einkünfte (§ 34c Abs. 5 EStG; § 26 Abs. 6 S. 1 KStG a.F.)	Anrechnung ausländischer Steuern auf die KSt (§ 26 Abs. 1 KStG; § 34c Abs. 1 EStG)	• Ermäßigung nach § 21 Berlin FG (letztmalig für VZ 1994) • Ermäßigung nach § 4 der Wasserwerks-VO auf die Hälfte der gesetzlichen Beträge; d.h. von 45 v.H. auf 22,5 v.H.

Siehe § 34 Abs. 10 a KStG zur letztmaligen Anwendung der Vorschriften des Vierten Teils (§§ 27 bis 47 KStG).

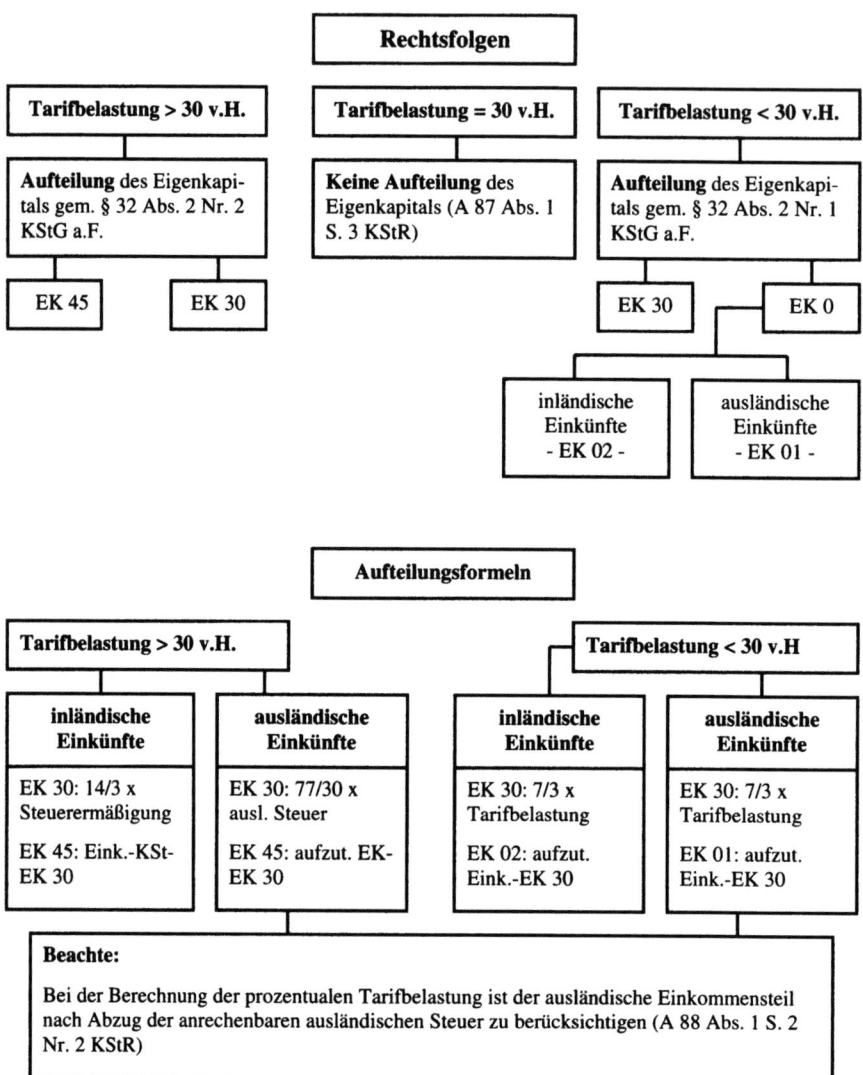

Beispiel mit Aufteilung ermäßigt belasteten Eigenkapitals:

Die World-Wide Trading GmbH erzielte in einem ausländischen Staat, mit dem kein Doppelbesteuerungsabkommen besteht, einen Gewinn in Höhe von 100.000,00 DM, einschließlich anrechenbarer ausländischer Steuer von:

a) 40.000,00 DM
b) 10.000,00 DM

Es ist nur EK 45 vorhanden.

Frage:

Wie hoch sind die Zugänge zum verwendbaren Eigenkapital der WWT-GmbH?

a) Der Einkommensteil ist mit 40.000,00 DM ausländischer Steuer belastet:

Lösung

Berechnung der Körperschaftsteuer:

45 v.H. von 100.000,00 DM	=	45.000,00 DM
anrechenbare ausländische Steuer	=	./. 40.000,00 DM
verbleibende KSt (= Tarifbelastung)		5.000,00 DM

Berechnung des aufzuteilenden Einkommensteils:

ausländischer Einkommensteil	100.000,00 DM
anrechenbare ausländische Steuer	./. 40.000,00 DM
ausländischer Einkommensteil nach	
Abzug der ausländischen Steuer	60.000,00 DM
KSt-Tarifbelastung (wie vor)	./. 5.000,00 DM
= aufzuteilender Einkommensteil	55.000,00 DM

Ermittlung der prozentualen Tarifbelastung:

$$5.000 : 60.000 \times 100 = 8,33 \text{ \% Tarifbelastung.}$$

Aufteilung des Eigenkapitals:

Zunächst ist festzustellen, dass die Tarifbelastung weniger als 30 v.H. beträgt. Es ist daher eine Aufteilung des Zugangs zu den Teilbeträgen des vEK nach § 32 Abs. 2 Nr. 1 KStG a.F. vorzunehmen:

EK 30:	7/3 x Tarifbelastung		
	= 7/3 x 5.000,00 DM	=	11.667,00 DM
EK 01:	55.000,00 DM ./. 11.667,00 DM	=	43.333,00 DM
Summe:			55.000,00 DM

b) Der Einkommensteil ist mit 10.000,00 DM ausländischer Steuer belastet:

Berechnung der Körperschaftsteuer:

45 v.H. von 100.000,00 DM	=	45.000,00 DM
anrechenbare ausländische Steuer		./. 10.000,00 DM
verbleibende KSt (= Tarifbelastung)		35.000,00 DM

Berechnung des aufzuteilenden Einkommensteils:

ausländischer Einkommensteil	100.000,00 DM
anrechenbare ausländische Steuer	./. 10.000,00 DM
ausländischer Einkommensteil nach Abzug	
der ausländischen Steuer	90.000,00 DM
KSt-Tarifbelastung (wie vor)	./. 35.000,00 DM
= aufzuteilender Einkommensteil	55.000,00 DM

Ermittlung der prozentualen Tarifbelastung:

35.000 : 90.000,00 x 100 = 38,88 % Tarifbelastung

Aufteilung des Eigenkapitals:

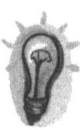

Bei dieser Variante ist festzustellen, dass die Tarifbelastung mehr als 30 v.H. beträgt. Es ist daher eine Aufteilung des Zugangs zu den Teilbeträgen des vEK nach § 32 Abs. 2 Nr. 2 KStG a.F. vorzunehmen:

EK 30:	77/30 x ausländische Steuer		
	= 77/30 x 10.000,00 DM	=	25.667,00 DM
EK 45:	55.000,00 DM ./. 25.667,00 DM	=	29.333,00 DM
Summe:			55.000,00 DM

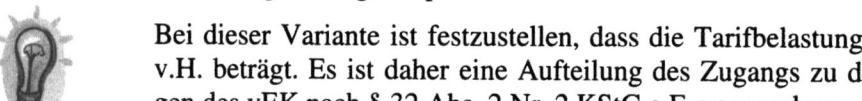

1.6.18 Zuordnung der bei der Einkommensermittlung nicht abziehbaren Ausgaben

Die aus dem Einkommen abgeleiteten Zugänge zu den Teilbeträgen des verwendbaren Eigenkapitals umfassen auch die bei der Einkommensermittlung nicht abziehbaren Ausgaben. Diese Aufwendungen haben den Steuerbilanzgewinn und somit auch das verwendbare Eigenkapital (vgl. § 29 KStG a.F.) bereits gemindert. Das steuerliche Einkommen ist jedoch so zu berechnen, wie es sich ohne diese nichtabziehbaren Ausgaben ergeben hätte, d.h. diese Ausgaben sind zur Ermittlung der Körperschaftsteuerfestsetzung dem Steuerbilanzgewinn wieder hinzuzurechnen (aus diesem erhöhten Einkommen ergibt sich ein entsprechend höherer Zugang zum verwendbaren Eigenkapital).

Der Gliederungszusammenhang verlangt, dass die Gliederung des verwendbaren Eigenkapitals zum Schluss des Wirtschaftsjahres das gleiche verwendbare Eigenkapital ausweisen muss, das sich aus der Steuerbilanz ergibt. Der zu hohe Zugang aus dem Einkommen in die Gliederung ist an den tatsächlichen Zugang lt. Steuerbilanz wieder herzustellen. Dies geschieht durch den nachträglichen Abzug der bei der Einkommensermittlung zugerechneten nicht abziehbaren Ausgaben. Die Vorschrift des § 31 KStG a.F. regelt, bei welchen Teilbeträgen des verwendbaren Eigenkapitals dieser Abzug zu erfolgen hat.

Ein Abzug der nicht abziehbaren Aufwendungen bei den belasteten Teilbeträgen führt zur Vernichtung des Körperschaftsteuerguthabens, das mit dem durch den Abzug wegfallenden verwendbaren Eigenkapital verbunden ist. Im Ergebnis steht dieses KSt-Guthaben nicht mehr für eine Entlastung im Anrechnungsverfahren zur Verfügung (Sinn und Zweck der Nichtabziehbarkeit von Ausgaben).

Gewinn Wj 01	0,00 DM
+ Körperschaftsteuer	4.500,00 DM
+ so. Personensteuern	5.500,00 DM
Einkommen	10.000,00 DM
./. tarifliche KSt 45 %	4.500,00 DM
= Zugang zum EK 45	5.500,00 DM
./. Abzug so. Personensteuern	5.500,00 DM
= verbleibendes EK 45	0,00 DM

Im Fall des Abzugs der nicht abziehbaren Aufwendungen beim EK 0 bliebe die auf die nicht abziehbaren Ausgaben entfallende Körperschaftsteuerbelastung als Guthaben voll erhalten; dieser Abzug beim EK 0 ist nur unter bestimmten Voraussetzungen möglich. Die nicht abziehbaren Ausgaben werden gemäß § 31 KStG a.F. wie folgt eingeteilt:

1.6.18.1 Sonstige nicht abziehbare Ausgaben

Sonstige nicht abziehbare Ausgaben i.S.d. § 31 Abs. 1 Nr. 4 KStG a.F. sind grundsätzlich von dem Einkommensteil abzuziehen, der ungemildert der Körperschaftsteuer unterliegt; gemeint ist also ein Abzug vom ungemildert belasteten Teilbetrag EK 45 (= Rechtslage bis zum 31.12.1998) bzw. vom EK 40 (= Rechtslage ab dem 01.01.1999).

Beispiele zu § 31 Abs. 1 Nr. 4 KStG a.F.:

- Aufwendungen für satzungsgemäße Zwecke (§ 10 Nr. 1 KStG)
- Umsatzsteuer für Umsätze, die Entnahmen oder verdeckte Gewinnausschüttungen sind. Vorsteuerbeträge auf Aufwendungen, für die bestimmte Abzugsverbote i.S.d. § 4 Abs. 5 EStG gelten. Nebenleistungen i.S.d. § 3 Abs. 3 AO, die auf diese Steuern entfallen (§ 10 Nr. 2 KStG)
- Vermögensteuer bis zum 31.12.1996 (§ 10 Nr. 2 KStG a.F.)

Ausnahme

Die durch eine verdeckte Gewinnausschüttung ausgelöste Umsatzsteuer auf den Eigenverbrauch wurde als Teil der verdeckten Gewinnausschüttung und damit nach § 8 Abs. 3 S. 2 KStG erfasst. Für die Anwendung des § 10 Nr. 2 KStG und damit auch die des § 31 Abs. 1 Nr. 4 KStG a.F. schied diese Umsatzsteuer aus; vgl. A 31 Abs. 10 S. 2 KStR.

- Steuerliche Nebenleistungen (§ 3 Abs. 3 AO), z.B. Säumniszuschläge (§ 240 AO), Verspätungszuschläge (§ 152 AO), Zwangsgelder (§ 329 AO), Hinterziehungszinsen (§ 235 AO), Kosten der Vollstreckung (§§ 178, 337 bis 345 AO)

Ausnahme

- Nachforderungszinsen (§ 233 a AO), Stundungszinsen (§ 234 AO) und Aussetzungszinsen (§ 237 AO); vgl. A 43 Abs. 3 S. 3 KStR

  Die Bestimmungen des § 10 Nr. 2 KStG wurden durch das Steuerentlastungsgesetz (StEntlG) 1999/2000/2002 vom 24.03.1999 (BGBL. I S. 402) mit Wirkung ab dem Veranlagungszeitraum 1999 geändert:
  Fortan gilt ein Abzugsverbot für Stundungs-, Aussetzungs- und Nachforderungszinsen. Diese Rechtsänderung folgt der Änderung der Eigenverbrauchsbesteuerung im Umsatzsteuerrecht ab dem 01.04.1999.

- Solidaritätszuschlag nach dem SolZG
- Geldstrafen und ähnliche Rechtsnachteile (§ 10 Nr. 3 KStG)
- 50 v.H. der Aufsichtsratvergütungen (§ 10 Nr. 4 KStG)
- Spenden, die die nach § 9 Abs. 1 Nr. 2 KStG abzugsfähigen Beträge übersteigen. Der Vortrag von Großspenden wurde durch das Steuerentlastungsgesetz 1999/2000/2002 mit Wirkung ab dem Veranlagungszeitraum 1999 auf sechs Jahre begrenzt
- Aufwendungen gemäß § 4 Abs. 5 S. 1 Nr. 1 bis 4 und 7 oder Abs. 7 EStG

1.6.18.2 Wirkung des Abzugs beim belasteten verwendbaren Eigenkapital

Der Abzug von nicht abzugsfähigen Ausgaben beim belasteten verwendbaren Eigenkapital hatte das alleinige Ziel, den überhöhten Gliederungszugang aus dem Einkommen dem Ergebnis der Steuerbilanz gleichwertig anzupassen. Der Abzug sollte bewirken, dass die auf den nicht abziehbaren Ausgaben ruhende Körperschaftsteuer in Höhe der Tarifbelastung definitiv bleibt, d.h. die auf diesen Ausgaben lastende Körperschaftsteuer konnte bei Ausschüttungen

- nicht zu einer Körperschaftsteuerminderung nach § 27 KStG a.F. verwendet werden und

- nicht zu anrechenbarer Körperschaftsteuer beim Anteilseigner werden

Die Creative GmbH mit Sitz und Geschäftsleitung in Mannheim erzielte im Wirtschaftsjahr 01 einen Jahresüberschuss in Höhe von 115.600,00 DM. Darin ist die Körperschaftsteuer mit 80.000,00 DM und der Solidaritätszuschlag (SolZ) mit 4.400,00 DM enthalten. Der Jahresüberschuss soll in 02 an die Anteilseigner ausgeschüttet werden. Der Bestand an EK 40 zum 31.12.00 beträgt 0,00 DM.

Beispiel

1. Stufe:
Ermittlung des zu versteuernden Einkommens, der Tarifbelastung und Gliederung des vEK:

Lösung

Anfangsbestand	0,00 DM
Jahresüberschuss	115.600,00 DM
KSt (§ 10 Nr. 2 KStG)	+ 80.000,00 DM
SolZ	+ 4.400,00 DM
z.v.E.	200.000,00 DM

Tarifbelastung 40 v.H. (§ 23 Abs. 1 KStG)		./. 80.000,00 DM
Zugang EK 40	120.000,00 DM	+ 120.000,00 DM
./. nicht abziehbare Ausgaben (SolZ) gem. § 31 Abs. 1 Nr. 4 KStG a.F.		./. 4.400,00 DM
Endbestand EK 40 (31.12.01)		115.600,00 DM

2. Stufe:
Berechnung der höchstmöglichen Gewinnausschüttung und anrechenbaren Körperschaftsteuer bei den Anteilseignern:

Vorhandenes EK 40 zum 31.12.01	115.600,00 DM
höchstmögliche Gewinnausschüttung (= Dividende: $^{70}/_{60}$ von 115.600,00 DM	134.867,00 DM
anrechenbare KSt: $^{3}/_{7}$ von 134.867,00 DM	+ 57.800,00 DM
zu versteuernde Einnahmen bei den Anteilseignern	192.667,00 DM

3. Stufe:
Berechnung der Körperschaftsteuer auf den SolZ:

Zu versteuernde Einnahmen bei der GmbH	200.000,00 DM
Zu versteuernde Einnahmen bei den Anteilseignern	./. 192.667,00 DM
Unterschiedsbetrag	7.333,00 DM
Solidaritätszuschlag	./. 4.400,00 DM
Körperschaftsteuer auf den SolZ	2.933,00 DM

Die Definitivbelastung mit Körperschaftsteuer auf den Solidaritätszuschlag beträgt $^{66}/_{100}$ oder 66,66 v.H. des SolZ.

Das zu versteuernde Einkommen der Creativa-GmbH in Höhe von 200.000,00 DM teilt sich wie folgt auf:

- Gewinnausschüttung   134.867,00 DM
- anrechenbare Körperschaftsteuer   57.800,00 DM
- Körperschaftsteuer auf den SolZ   2.933,00 DM
- SolZ   4.400,00 DM
- zu versteuerndes Einkommen   200.000,00 DM

Davon entfallen auf die Anteilseigner:

- Gewinnausschüttung   134.867,00 DM
- anrechenbare Körperschaftsteuer   57.800,00 DM
- Kapitalerträge der Anteilseigner   192.667,00 DM

Davon entfällt auf den so genannten Bruttoertragsbedarf für den SolZ:

- Körperschaftsteuer auf den SolZ   2.933,00 DM
- SolZ   4.400,00 DM
- Bruttoertragsbedarf für den SolZ   7.333,00 DM

- Gesamtsumme = z.v.E.   200.000,00 DM

1.6.19 Übersteigende sonstige nicht abziehbare Ausgaben (§ 31 Abs. 2 KStG a.F.)

Problemstellung:

Der ungemildert mit Körperschaftsteuer belastete Einkommensteil EK 40 bzw. 45 reicht für die Kürzung um die nicht abziehbaren Ausgaben nicht aus.

Soweit der ungemildert besteuerte Einkommensteil des EK 40 für die Kürzung um die nicht abziehbaren Ausgaben nicht ausreicht, erfolgt ein Abzug vom ermäßigten Teilbetrag des verwendbaren Eigenkapitals (= EK 30); vgl. § 31 Abs. 2 S. 1 KStG a.F. Übersteigen die nicht abziehbaren Ausgaben sowohl den Bestand an EK 40 bzw. 45 als auch den Bestand an EK 30, so erfolgt ein vorläufiger Abzug des Restbetrages im EK 40 bzw. 45. Der Restbetrag ist dann in den Folgejahren mit den dann entstehenden belasteten Einkommensteilen entsprechend den Bestimmungen des § 31 Abs. 1 und Abs. 2 KStG a.F. zu verrechnen.

Für die Ablauffolge in der Gliederungsrechnung ergibt sich nach der Weisung des § 31 Abs. 2 KStG a.F. folgender Prüfungsablauf:

Prüfungsablauf:

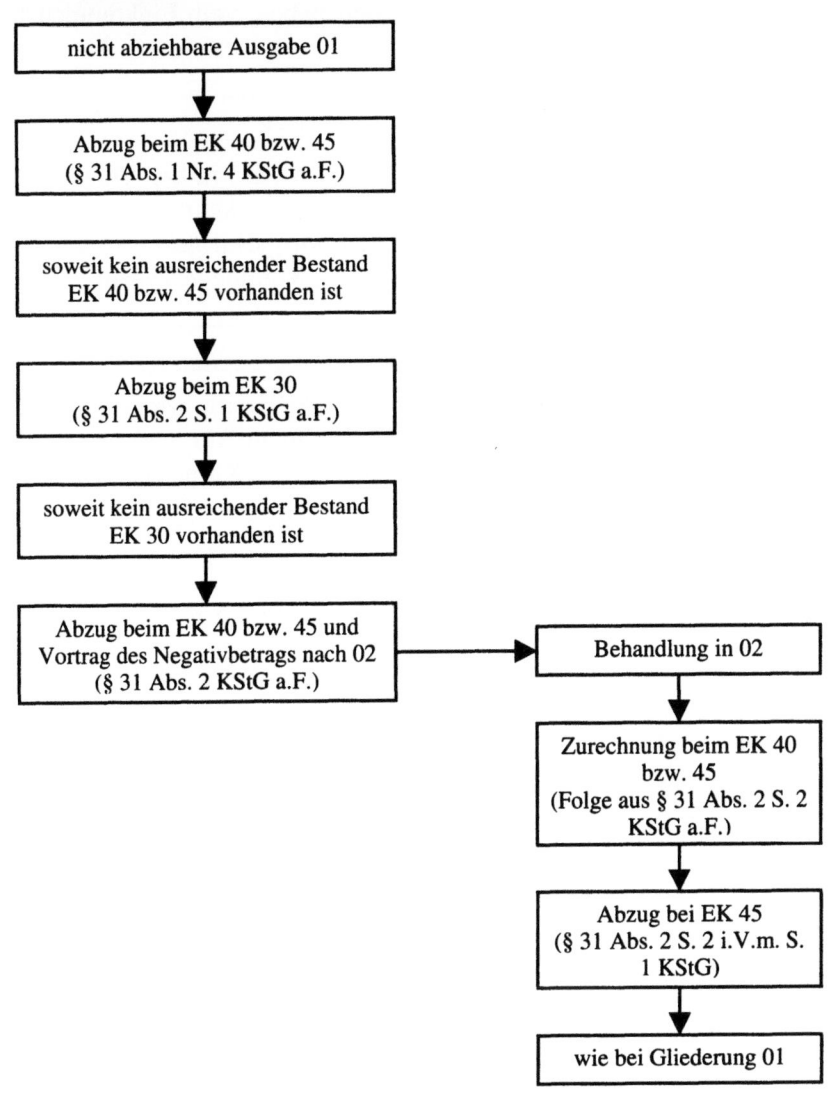

1.6.19.1 Nicht abziehbare Ausgaben bei erstmaliger Gliederung

Die Bestimmung des § 30 Abs. 3 KStG a.F. enthält die Weisung, dass eine Kapitalgesellschaft, die ihr verwendbares Eigenkapital erstmals zu gliedern hat, vorbehaltlich der §§ 38, 38 a KStG a.F., das in der Eröffnungsbilanz auszuweisende Eigenkapital, soweit es das Nennkapital übersteigt, dem Einkommensteil EK04 zuzuordnen hat. Die Bestimmung des § 31 Abs. 3 KStG a.F. ergänzt § 30 Abs. 3 KStG dahingehend, dass nicht abziehbare Aufwendungen für vor dem Stichtag der Eröffnungsbilanz abgelaufene Wirtschaftsjahre, die das Betriebsvermögen in einem späteren abgelaufenen Wirtschaftsjahr gemindert haben, vom Einkommensteil EK 04 abzuziehen sind.

1.6.19.2 Erstattung nicht abziehbarer Ausgaben

Werden nichtabziehbare Ausgaben erstattet, so wird in der Veranlagung des Erstattungsjahres der Bilanzgewinn durch Umkehrschluss zu § 10 KStG um die erstatteten nicht abziehbaren Ausgaben gekürzt. Aus dem Erstattungsvorgang wird somit ein steuerfreier Vermögenszugang.

1.6.19.3 Körperschaftsteuererstattung

Jede die Körperschaftsteuer betreffende Veränderung wird durch Einkommensberichtigung in der Gliederungsrechnung für das betreffende Jahr erfasst; einer besonderen Berücksichtigung des Körperschaftsteuererstattungsbetrags bedarf es daher nicht.

1.6.19.4 Erstattung sonstiger nicht abziehbarer Ausgaben i.S.d. § 31 Abs. 1 Nr. 4 KStG a.F.

Sind Erstattungsbeträge nicht bereits durch Änderung der betreffenden Vorjahresveranlagung und Bilanzen und folglich auch in der Vorjahresgliederung erfasst, so sind sie gemäß A 85 Abs. 4 KStR wie folgt zu behandeln:

A 85 Abs. 4 S. 1 KStR

Die Erstattungsbeträge werden entsprechend dem Grundgedanken des § 31 KStG a.F. dem Teilbetrag des verwendbaren Eigenkapitals hinzugerechnet, der durch diese nicht abziehbare Ausgabe verringert worden war.

Beispiel

Vermögensteuer für den Veranlagungszeitraum 1996 wurde zum 31.12.1996 beim EK 45 in Abzug gebracht. Im Jahr 2000 wird die Vermögensteuer 1996 vom Finanzamt erstattet.

Bei der Gliederung des vEK zum 31.12.2000 ist die Vermögensteuer-Erstattung dem EK 45 hinzuzurechnen.

85 Abs. 4 S. 2 KStR:

Für den Fall, dass die sonstigen nicht abziehbaren Ausgaben im Entstehungsjahr mehrere Teilbeträge (des vEK) verringert haben, und werden diese in einem späteren Jahr nur zum Teil erstattet, ist der Erstattungsbetrag den durch die Ausgaben verringerten Teilbeträgen in der Reihenfolge zuzurechnen, in der ihre Belastung mit Körperschaftsteuer zunimmt.

Das vEK der Eco-Tec GmbH setzt sich zum 31.12.01 aus dem Einkommensteil EK 40 in Höhe von 500,00 DM und dem EK 30 in Höhe von 10.000,00 DM zusammen.

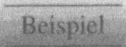

Das zu versteuernde Einkommen 02 beträgt einschließlich verschiedener nicht abziehbarer Aufwendungen in Höhe von 10.000,00 DM 15.000,00 DM. Das so geartete zu versteuernde Einkommen des Jahres 03: lautet 20.000,00 DM.

Die im Jahr 03 enthaltenen nicht abziehbaren Ausgaben i.S.d. § 31 Abs. 1 Nr. 4 KStG a.F. setzen sich wie folgt zusammen:

Diverse nicht abzugsfähige Aufwendungen 03	6.000,00 DM
Erstattung für 02 in 03	- 4.000,00 DM
	2.000,00 DM

Frage:

Wie entwickelt sich das vEK?

(Auf den SolZ wird aus Vereinfachungsgründen nicht eingegangen).

Lösung

VEK		Vorspalte 31.12.01	Summen 11.000	EK 40 500	EK 30 10.000
Einkommen 02		15.000			
KSt-Belastung	./.	6.000			
Zugang EK 40		9.000	+ 9.000	+ 9.000	
Zwischensumme			20.000	9.500	10.000
Nicht abzugsfähige Ausgaben 02		10.000			
davon Abzug EK 40 (§ 31 Abs. 2 S. 1 KStG a.F.)		9.500	./. 9.500	./. 9.500	
Restabzug EK 30 (§ 31 Abs. 2 S. 1 KStG a.F.)	./.	500	./. 500		./. 500
Bestand vEK 31.12.02		——	**10.000**	**0**	**9.500**
Einkommen 03		20.000			
KSt-Belastung 40 %		8.000			
Zugang EK 40		12.000	+12.000	+12.000	
Zwischensummen			22.000	12.000	9.500
Erstattung nicht abzugsfähige Ausgaben 02 in 03		4.000			
davon Zugang EK 30 (A 85 Abs. 4 S. 2 KStR)	./.	500	+ 500		+ 500
Restzugang EK 40 (A 85 Abs. 2 S. 2 KStR)	./.	3.500	+ 3.500	+ 3.500	
diverse nicht abzugsfähige Ausgaben 03					
(§ 31 Abs. 1 Nr. 4 KStG a.F.)			./. 6.000	./. 6.000	
Bestand vEK 31.12.03			**20.000**	**9.500**	**10.000**

1.6.20 Verwendungsreihenfolge des verwendbaren Eigenkapitals

Das Körperschaftsteuerrecht enthält keine ausdrücklichen Weisungen, in welcher Reihenfolge die Zu- und Abgänge den Beständen des verwendbaren Eigenkapitals zuzurechnen sind. Die Gesetzmäßigkeiten ergeben sich im Wesentlichen aus dem Zusammenspiel einzelner Vorschriften.

Schema der wichtigsten Änderungen:

Bestand am Schluss des vorangegangenen Wirtschaftsjahres

Verringerung wegen

- der im laufenden Wirtschaftsjahr vorgenommenen, den handelsrechtlichen Grundsätzen entsprechenden Gewinnausschüttungen für ein abgelaufenes Wirtschaftsjahr
- der im vorangegangenen Wirtschaftsjahr vorgenommenen Gewinnausschüttungen (z.B. Vorabausschüttungen und verdeckte Gewinnausschüttungen des vorangegangenen Wirtschaftsjahrs)
- der im vorangegangenen Wirtschaftsjahr bewirkten sonstigen Leistungen, die beim Empfänger Einnahmen i.S.d. § 20 Abs. 1 Nr. 2 EStG a.F. sind

+ Zugang aus dem steuerpflichtigen Einkommen nach Abzug der darauf entfallenden Körperschaftsteuer

+/- Vermögensmehrungen, die nicht der Körperschaftsteuer unterliegen (nach Abzug der hiermit in unmittelbarem wirtschaftlichen Zusammenhang stehenden Aufwendungen), insbesondere steuerfreie Einnahmen und Einlagen der Anteilseigner, die nicht Nennkapital sind und entsprechende Vermögensminderungen

+/- Veränderungen infolge von Verlusten und Verlustabzugs

+/- Erstattung und Abzug der sonstigen nicht abziehbaren Ausgaben i.S.d. § 31 Abs. 1 Nr. 4 KStG a.F.

= **Bestand zum Schluss des Wirtschaftsjahres**

Wegen weiterer Zu- und Abgänge vgl. A 82 Abs. 2 KStR a.F.

1.6.21 Verluste

Die Behandlung von Verlusten innerhalb des Anrechnungsverfahrens ist im § 33 KStG a.F. gesetzlich geregelt. Siehe zur Gliederung des verwendbaren Eigenkapitals bei Verlusten A 89 KStR.

Verluste, die sich nach den steuerlichen Vorschriften über die Gewinnermittlung ergeben haben, sind bei der Ermittlung des nicht belasteten Teilbetrags im Sinne des § 30 Abs. 2 Nr. 2 KStG a.F. abzuziehen (§ 33 Abs. 1 KStG a.F.).

Der Abzug nach § 33 Abs. 1 KStG a.F. ist durch eine Hinzurechnung auszugleichen, soweit die Verluste in dem vorangegangenen Veranlagungszeitraum oder in späteren Veranlagungszeiträumen bei der Ermittlung des Einkommens abgezogen werden (§ 33 Abs. 2 KStG a.F.).

1.6.22 Gliederung bei Erlass

Die Gliederung bei Erlass innerhalb des Anrechnungsverfahrens ist im § 34 KStG a.F. gesetzlich geregelt. Siehe zur Gliederung des verwendbaren Eigenkapitals bei Erlass oder niedrigerer Festsetzung von Körperschaftsteuer A 90 KStR.

Wird die Körperschaftsteuer nach § 227 AO erlassen, so ist der Betrag, dessen Belastung mit Körperschaftsteuer sich mit dem Erlassbetrag deckt, von dem belasteten Teil des Eigenkapitals abzuziehen und dem nicht belasteten Teilbetrag im Sinne des § 30 Abs. 2 Nr. 2 KStG zusammen mit der erlassenen Körperschaftsteuer hinzuzurechnen. Das Gleiche gilt, wenn die Körperschaftsteuer nach § 163 AO niedriger festgesetzt wird (§ 34 KStG a.F.).

1.6.23 Fehlendes verwendbares Eigenkapital (§ 35 KStG a.F.)

Fraglich ist die Verfahrensweise, wenn bei einer Gewinnausschüttung (offen und verdeckt) kein oder nicht ausreichend nachgewiesenes verwendbares Eigenkapital vorhanden ist.

Die Steuerverwaltung hat mit A 90 a KStR 1995 Stellung zum fehlenden verwendbaren Eigenkapital im Sinne von § 35 KStG a.F. bezogen. Die dort genannte Verwaltungsmeinung ist bereits ab dem Veranlagungszeitraum 1999 durch die Steuersatzsenkung von 45 v.H. auf 40 v.H. teilweise überholt (§ 23 Abs. 1 KStG i.d.F. des Gesetzes vom 24.03.1999 (BGBl. I, S. 402) und ab Veranlagungszeitraum 2001 ohnehin gegenstandslos; vgl. Steuersenkungsgesetz vom 23.10.2000; BGBl. I, S. 1433.

Die nachfolgende Darstellung zum fehlenden verwendbaren Eigenkapital (§ 35 KStG a.F.) kann aufgrund der Versäumnisse der Steuerverwaltung ebenfalls nur eine in Teilen überholte und ab 2001 außer Kraft gesetzte Rechtslage widerspiegeln. Aktuelle Körperschaftsteuerrichtlinien liegen zum Zeitpunkt des Redaktionsschlusses (Sommer 2002) ebenfalls noch nicht vor.

Reicht für eine Gewinnausschüttung das verwendbare Eigenkapital nicht aus, so erhöht sich die Körperschaftsteuer um 3/7 des Unterschiedsbetrages. § 27 Abs. 3 KStG a.F. gilt entsprechend; vgl. § 35 Abs. 1 i.V.m. § 27 Abs. 1 KStG.

Unter jedem „fehlenden verwendbaren Eigenkapital" versteht die Finanzverwaltung (A 90 a KStR) nicht die Summe des verwendbaren Eigenkapitals – wie angenommen werden könnte – sondern die einzelnen Teilbeträge. Die Körperschaftsteuererhöhung und die Ausschüttung selbst sind negativ dem EK 02 zuzuordnen, der nur durch später entstehendes unbelastetes Eigenkapital i.S.d. § 30 Abs. 2 Nr. 2 KStG a.F. (EK 02) ausgeglichen werden kann; vgl. § 35 Abs. 2 KStG a.F.

Beispiel

Das verwendbare Eigenkapital beträgt insgesamt	./. 5.000,00 DM
Es setzt sich wie folgt zusammen:	
EK 40 +	24.000,00 DM
EK 03 ./.	29.000,00 DM

In Höhe von 70.000,00 DM wurde eine Ausschüttung vorgenommen. Die Ausschüttung soll – soweit möglich – mit dem positiven Einkommensteil des EK 40 verrechnet werden. Hinsichtlich des nicht verrechenbaren Teils der Ausschüttung fehlt es an verwendbarem Eigenkapital.

Das Beispiel verdeutlicht auch, dass beim Stammkapital der GmbH trotz der Fehlbeträge keine Änderung eintritt und eintreten darf.

Gliederung des vEK (Beispiel zu § 35 KStG a.F.)

		Summe des vEK	EK 40	EK 02	EK 03
Bestand		./. 5.000,00	24.000,00		./. 29.000,00
Ausschüttung	70.000,00				
Verrechnung mit EK 40	./. 24.000,00	./. 24.000,00	./. 24.000,00		
KSt-Minderung daraus 10/60 von 24.000,00	./. 4.000,00				
Ausschüttung die das vEK übersteigt	42.000,00				
Nach § 35 KSt a.F. vom EK 02 abzuziehen:					
a) Ausschüttung	./. 42.000,00 / 0,00	./. 42.000,00		./. 42.000,00	
b) KSt-Erhöhung (3/7 von 42.000,00)		./. 18.000,00		./. 18.000,00	
Bestand nach Verrechnung der Ausschüttung		./. 89.000,00	0,00	./. 60.000,00	./. 29.000,00

Siehe

- zur Gliederung des Eigenkapitals bei dem Organträger:
  § 36 KStG a.F. (A 91 KStR)
- zur Gliederung des Eigenkapitals der Organgesellschaften:
  § 37 KStG a.F. (A 92 KStR)
- zur Gliederung des Eigenkapitals bei Verschmelzung:
  § 38 KStG a.F.
- zur Gliederung des Eigenkapitals bei Aufspaltung oder Abspaltung:
  § 38 a KStG a.F.
- zur Gliederung des Eigenkapitals in Sonderfällen des Vermögens-
  übergangs: § 38 b KStG a.F.

1.6.24 Feststellung des verwendbaren Eigenkapitals; § 47 KStG a.F.

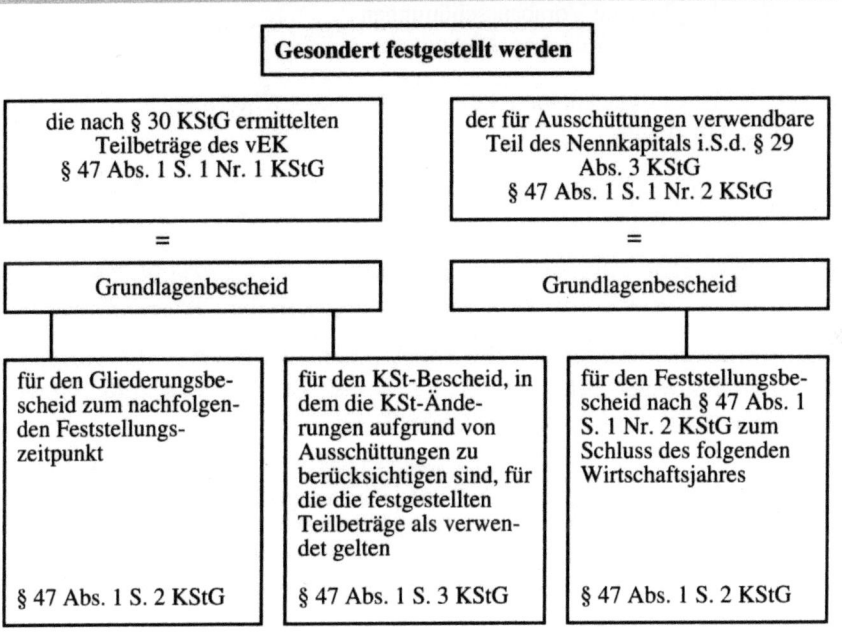

Die gesetzlichen Zitate richten sich nach dem KStG der alten Fassung; Siehe § 34 Abs. 10 a KStG zur letztmaligen Anwendung der Vorschriften des vierten Teils (§§ 27 bis 47) des KStG.

1.6.25 Die Verprobung des verwendbaren Eigenkapitals

Unter einer Verprobung versteht man Kontroll- und Prüfberechnungen, die der Abstimmung mit der Gliederungsrechnung dienen. Solche Vergleichsberechnungen sind auch als Nebenrechnung zur Eigenkontrolle in Klausuren sinnvoll. Ob es dafür Punkte gibt, hängt allerdings von der Aufgabenstellung ab. Das Kapitel handelt auch von Differenzen bei der Abstimmung des verwendbaren Eigenkapitals und bietet Hilfestellung an.

Das Eigenkapital i.S.d. § 29 Abs. 1 KStG a.F. vermindert um das Nennkapital ist das verwendbare Eigenkapital; § 29 Abs. 2 KStG a.F. Das verwendbare Eigenkapital muss grundsätzlich mit dem vEK lt. Gliederungsrechnung übereinstimmen.

1.6.25.1 Prüfungsschema nach § 29 KStG a.F.

```
   Betriebsvermögen lt. Steuerbilanz
./. Körperschaftsteuerminderung (§ 27 KStG a.F.)
 +  Körperschaftsteuererhöhung (§ 27 KStG a.F.)
 +  im Wj. abgeflossene verdeckte Gewinnausschüttungen
 +  im Wj. abgeflossene Vorabausschüttungen
 =  Eigenkapital i.S.d. § 29 Abs. 1 KStG a.F.
./. Nennkapital
 =  verwendbares Eigenkapital i.S.d. § 29 Abs. 2 S. 2 KStG a.F.
 =  vEK lt. Gliederung
```

Erfolgskontrolle

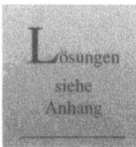

Die SiSo-GmbH zählt seit etwa acht Jahren zu den anfänglichen und zuverlässigsten Mandanten der Steuerberatungskanzlei Clemens Quast.

Die Firmenbuchhaltung der SiSo legt Ihnen folgenden – im Übrigen tadellosen Jahresabschluss zum 31.12.04 vor. Die Bilanz und die Gewinn- und Verlustrechnung haben folgendes Bild:

Aktiva	Bilanz zum 31.12.04	Passiva	
diverse Aktiva	181.522,00 DM	Stammkapital	50.000,00 DM
		Gewinnvortrag	63.703,00 DM
		Jahresüberschuss	67.819,00 DM
Summe:	181.522,00 DM	Summe:	181.522,00 DM

Aufwendungen	Gewinn und Verlust	Erträge	
diverse Aufwendungen	370.854,00 DM	diverse Erlöse	470.854,00 DM
so. nicht abzugsf. Ausgaben	2.908,00 DM		
Körperschaftsteuer 04	29.273,00 DM		
Jahresüberschuss	67.819,00 DM		
Summe:	470.854,00 DM	Summe:	470.854,00 DM

Einen Begleitbrief zur Bilanz und Gu.V entnehmen Sie folgendem Text:

Lieber Schwager Clemens,
anbei unsere Bilanz und GuV auf den 31.12.04. Unsere Buchhalterin, Frau Ute Quäl-Geist, hat wieder einmal „Unmenschliches" geleistet und

den Abschluss so früh wie möglich geschafft. Wir setzen Dich in Kenntnis, dass die Gesellschafterversammlung am 10.03.05 eine Gewinnausschüttung in Höhe von 60.000,00 DM für das Wirtschaftsjahr 04 beschließen wird. Die Dividende wird noch in 05 ausgezahlt. Für das Wirtschaftsjahr 03 wurde – wie Du ja weißt – aus taktischen Überlegungen keine Gewinnausschüttung, sondern eine Einstellung in den Gewinnvortrag beschlossen.

Bitte berechne unserer Gesellschaft das zu versteuernde Einkommen und teile uns die steuerliche Belastung mit. Wie hoch ist denn diese? Ferner benötigen wir – wie jedes Jahr – eine Gliederung des vEK zum 31.12.04. Es wäre nicht schlecht, wenn Du uns das Gliederungsergebnis verproben würdest, damit auch wir es verstehen.

Freundliche Grüße

Siegfried und Sonja (SiSo-GmbH).

Der Handakte entnehmen Sie folgende Angaben:

Hinweis

Das verwendbare Eigenkapital zum 31.12.03 beträgt 63.703,00 DM. Es setzt sich zusammen aus:

EK 40 in Höhe von   30.000,00 DM
EK 45 in Höhe von   23.703,00 DM und
EK 02 in Höhe von   10.000,00 DM

9. Ermitteln Sie das zu versteuernde Einkommen und gliedern Sie das vEK zum 31.12.04. Verproben Sie anschließend das vEK lt. Gliederung mit dem vEK gemäß § 29 KStG.

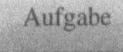

Aufgabe

1.6.25.2 Lösungsansätze bei Verprobungsdifferenzen

Bei den so genannten Verprobungsdifferenzen kommen insgesamt drei Fallgruppen (A, B und C) in Betracht.

1.6.25.3 Differenzen bei der Abstimmung des verwendbaren Eigenkapitals

Nach § 29 KStG a.F. bemisst sich das Eigenkapital nach der Steuerbilanz. Da eine weitergehende gesetzliche Vorschrift, welche eine Verpflichtung zur Aufstellung einer Steuerbilanz zwingend vorschreibt, fehlt, werden die Eigenkapitaländerungen regelmäßig nicht aus der Bilanz, sondern aus dem veranlagten Einkommen ermittelt.

Die bei der Abstimmung des verwendbaren Eigenkapitals mit dem Bilanzkapital auftretenden Differenzen können in drei Fallgruppen unterteilt werden:

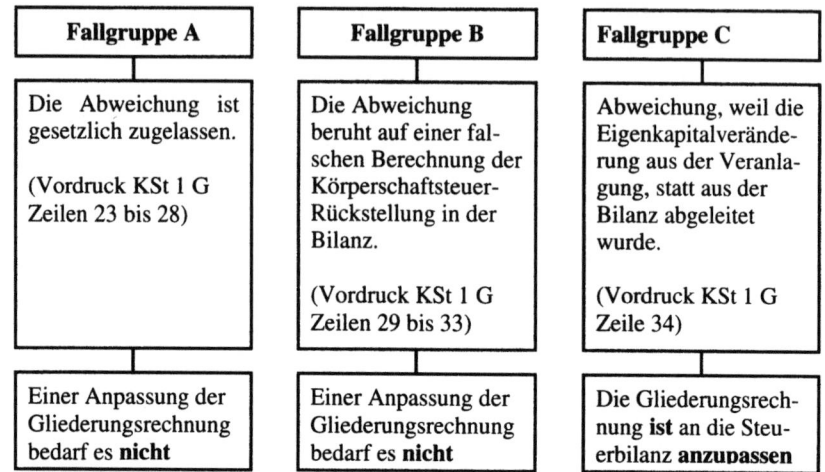

Fallgruppe A	**Fallgruppe B**	**Fallgruppe C**
Die Abweichung ist gesetzlich zugelassen. (Vordruck KSt 1 G Zeilen 23 bis 28)	Die Abweichung beruht auf einer falschen Berechnung der Körperschaftsteuer-Rückstellung in der Bilanz. (Vordruck KSt 1 G Zeilen 29 bis 33)	Abweichung, weil die Eigenkapitalverände-rung aus der Veranlagung, statt aus der Bilanz abgeleitet wurde. (Vordruck KSt 1 G Zeile 34)
Einer Anpassung der Gliederungsrechnung bedarf es **nicht**	Einer Anpassung der Gliederungsrechnung bedarf es **nicht**	Die Gliederungsrech-nung **ist** an die Steu-erbilanz **anzupassen**

1.6.25.4 Zu Fallgruppe A

Die gesetzlichen Gründe, die zu einer zulässigen Abweichung führen, sind in § 29 KStG a.F. festgelegt. Danach ist z.B. die Änderung der Körperschaftsteuer nach § 27 KStG a.F. ein zulässiger Abweichungsgrund; § 29 Abs. 1 S. 1 KStG a.F. Während in der Eigenkapitalgliederung die KSt-Änderung aufgrund einer Ausschüttung (KSt-Erhöhung/-Minderung) noch nicht berücksichtigt ist (die Verrechnung erfolgt erst im nachrichtlichen Teil), wird bei der Berechnung der KSt-Rückstellung in der Bilanz bereits die zutreffende Steuerbelastung passiviert. Somit ergibt sich zwangsläufig eine Differenz in Höhe des KSt-Änderungsbetrages zwischen dem Bilanzkapital und dem vEK.

Eine weitere Ursache für das Entstehen einer Abstimmungsdifferenz kann dadurch entstehen, dass am Stichtag bereits ein Ausschüttungsbeschluss vorliegt, der Zeitpunkt des Abflusses jedoch erst nach dem Stichtag liegt.

In der Bilanz ist in diesem Fall bereits eine Verbindlichkeit gegenüber den Gesellschaftern ausgewiesen (das Kapital wurde gemindert). In der Gliederungsrechnung ist aber noch kein Abgang zu verrechnen.

1.6.25.5 Zu Fallgruppe B (sog. unechte Differenz)

Falls die Körperschaftsteuerrückstellung falsch berechnet wurde, ist die Steuerbilanz grundsätzlich fehlerhaft. Im Regelfall wird jedoch auf die Einreichung einer berichtigten Bilanz verzichtet, da in der Gliederungsrechnung immer die zutreffende Körperschaftsteuer berücksichtigt ist. Da die Gesellschaft aufgrund der Veranlagung die entsprechende Differenz (Körperschaftsteuer lt. Veranlagung zur KSt-Rückstellung lt. Bilanz) in einer zukünftigen Bilanz wieder ausgleicht, ist spätestens in dieser Bilanz die Differenz zwischen dem Bilanzkapital und dem vEK beseitigt. Es kann daher auf eine zutreffende Bilanzierung verzichtet werden. (Die Korrektur erfolgt im Vordruck KSt 1 G über die Zeilen 29 bis 33).

1.6.25.6 Zu Fallgruppe C (echte Verprobungsdifferenzen)

Gründe für sonstige Differenzen, die nicht unter A und B fallen, können z.B. sein:

- Abweichungen aufgrund von Schätzungen
- Abweichungen aufgrund einer fehlerhaften Feststellung nach § 47 KStG und zum Schluss des vorangegangenen Feststellungszeitpunkts
- steuerlich nicht zu berücksichtigende Gewinnminderungen nach § 50 c EStG, § 8 b Abs. 6 KStG a.F.; siehe § 52 Abs. 59 EStG zur weiteren Anwendung des § 50 c EStG
- Zinsen, die nach § 6 b Abs. 7 EStG auf die Auflösung der Rücklage erhoben werden

Auf A 83 Abs. 2 KStR wird wegen weiterer Einzelheiten hingewiesen (ab VZ 2001 gegenstandslos; vgl. Steuersenkungsgesetz vom 23.10.2000; BGBL I, S. 1433)

1.6.26 Vorlage einer Steuerbescheinigung

Die Vorlage einer Steuerbescheinigung war grds. bis zum Veranlagungszeitraum 2001 materiell-rechtliche Voraussetzung für die Anrechnung der Körperschaftsteuer (= Körperschaftsteuerguthaben) auf die Einkommensteuerschuld des Anteilseigners.

Die Vorschrift des § 36 Abs. 2 S. 2 Nr. 3 S. 4 Buchstabe b EStG a.F. schloss die Anrechnung der Körperschaftsteuer aus, wenn der Anteilseigner keine Steuerbescheinigung vorlegte.

Der Anteilseigner musste diese Steuerbescheinigung dem Finanzamt bis zum Zeitpunkt seiner Veranlagung zur Einkommen- oder Körperschaftsteuer vorlegen; vgl. R 213 g Abs. 2 EStR. Hatte er diese Bescheinigung bis zum Zeitpunkt der Veranlagung nicht vorgelegt, waren die Einnahmen aus Kapitalvermögen (einschließlich Kapitalertragsteuer) zu erfassen. Die hierauf entfallende Körperschaftsteuer war in diesem Fall nicht als Einnahme anzusetzen und nicht auf die Einkommensteuer anzurechnen. Bei nachträglicher Vorlage der Steuerbescheinigung galten die verfahrensrechtlichen Berichtigungsvorschriften der Abgabenordnung für Steuerbescheide (§§ 129, 172 bis 177 AO). War eine Änderung der Steuerfestsetzung aufgrund nachträglich erbrachter Steuerbescheinigung möglich, so war die anzurechnende Körperschaftsteuer als Einnahme zu erfassen und die Körperschaft- und Kapitalertragsteuer war auf die Einkommensteuer-schuld anzurechnen.

Durch das Jahressteuergesetz 1996 war bereits ab dem Veranlagungszeit-raum 1996 geregelt worden, dass auch die Anrechnung der Kapitaler-tragsteuer ausgeschlossen ist, wenn die in § 45 a Abs. 2 und 3 EStG a.F. bezeichnete Kapitalertragsteuerbescheinigung nicht vorgelegt worden ist (vgl. § 36 Abs. 2 S. 2 Nr. 2 EStG a.F.).

Steuerbescheinigungen konnten von verschiedenen Ausstellungsberech-tigten gefertigt werden. Es gab insgesamt drei Arten von Steuerbescheini-gungen, diese waren:

- Bescheinigung der ausschüttenden Körperschaft (§ 44 KStG a.F.)
- Bescheinigung eines Kreditinstituts (§ 45 KStG a.F.)
- Bescheinigung eines Notars (§ 46 KStG a.F.)

In der Steuerbescheinigung musste die nach einem festen Verhältnis be-rechnete Körperschaftsteuer, d.h. nur die materiell-rechtlich vorgeschrie-bene Steuerbelastung, bescheinigt werden. Nicht zu bescheinigen war die tatsächliche Erhebung der Körperschaftsteuer. Hinsichtlich der anrechen-baren Kapitalertragsteuer war demgegenüber aber auch ihre Einbehaltung und Abführung an das Finanzamt zu bescheinigen. Siehe zur Origi-nalsteuerbescheinigung auch BMF vom 09.10.1998, BStBl. I, S. 1223 und vom 20.02.2001 BStBl. I, S. 235.

1.6.26.1 Kein Vergütungsantrag

Die Anrechnung von Körperschaftsteuer war gemäß § 36 Abs. 2 Nr. 3 c EStG a.F. ausgeschlossen, wenn diese nach den Bestimmungen der §§ 36 b, 36 c oder 36 d EStG beantragt oder durchgeführt wurde.

1.6.26.2 Ausschluss der Anrechnung nach § 36 a EStG a.F.

Die Anrechnung des Körperschaftsteuerguthabens erfolgte grundsätzlich unabhängig von der Entrichtung der Körperschaftsteuer durch die aus-schüttende Körperschaft (§ 36 Abs. 2 S. 2 Nr. 3 S. 3 EStG a.F.). Der An-teilseigner konnte die Körperschaftsteuer bereits dann schon auf seine Einkommen- oder Körperschaftsteuer anrechnen, wenn die Anrechnungs-körperschaft die auf der Ausschüttung lastende Körperschaftsteuer noch nicht an das Finanzamt gezahlt hatte.

Eine Ausnahme von diesem Grundsatz ergab sich nach § 36 a EStG a.F. zur Vermeidung von Missbräuchen:

Bei Anteilseignern, die zu einem Zeitpunkt innerhalb der letzten drei Jah-re vor der Ausschüttung:

- einen beherrschenden Einfluss auf ausschüttende Körperschaft ausgeübt haben

oder

- zu mehr als 25 v.H. unmittelbar oder mittelbar an der ausschüttenden Körperschaft beteiligt waren,
  ist
- die Anrechnung zu versagen

oder

- rückgängig zu machen

- soweit die anzurechnende Körperschaftsteuer nicht durch die ihr entsprechende gezahlte Körperschaftsteuer gedeckt war

und

- nach Beginn der Vollstreckung wegen dieser rückständigen Körperschaftsteuer anzunehmen war, dass die vollzählige Einziehung keinen Erfolg haben würde.

Wegen weiterer Ausschließungsgründe vgl. § 36 Abs. 2 S. 2 Nr. 3 EStG, siehe zur letztmaligen Anwendung § 52 Abs. 50 b EStG.

Entsprechende Klausuraufgabenstellungen erkennen Sie an dem Text: „Die GmbH hat seit Jahren Steuerrückstände..." Klausurhinweis

1.6.27 Umgliederung von EK 50

Positives EK 50 war im letzten vor dem 01.01.1999 ablaufenden Wirtschaftsjahr wie folgt in EK 45 und EK 02 umzugliedern (§ 54 Abs. 11 a S. 2 und 3 KStG a.F.):

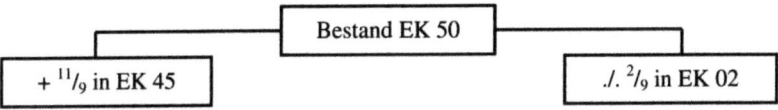

Ein negativer Teilbetrag EK 50 war bereits zum Schluss des nach dem 31. Dezember 1993 endenden Wirtschaftsjahres von dem neu entstandenen Teilbetrag EK 45 abzuziehen (§ 54 Abs. 1 a S. 4 KStG a.F.).

Hinweis auf die Behandlung von EK 45 nach dem Systemwechsel in das Halbeinkünfteverfahren:

Ist EK 45 in der Gliederungsrechnung vorhanden, so ist dieses erst zum Schluss des letzten Wirtschaftsjahres, das vor dem 01.01.2004 – demnach zum Schluss des Veranlagungszeitraums 2003 – endet, umzugliedern.

Durch die Bestimmung des § 23 Abs. 2 KStG kann der Einkommensteil EK 45 auch nach dem Systemwechsel noch entstehen. Das EK 45 steht also nach wie vor für Gewinnausschüttungen an die Anteilseigner zur Verfügung

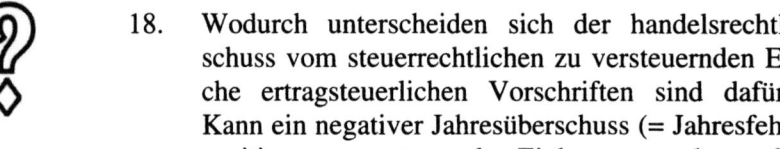

Erfolgskontrolle

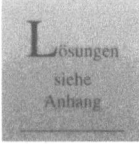

10. Wann wurde das körperschaftsteuerliche Anrechnungsverfahren eingeführt?

11. Welches Ziel verfolgte das Anrechnungsverfahren? Erläutern Sie die allgemeine Wirkungsweise des Anrechnungsverfahrens in Kurzform.

12. Warum wird das Anrechnungsverfahren als geschlossenes System bezeichnet?

13. Erläutern Sie kurz die Wirkungsweise des Anrechnungsverfahrens auf der Ebene der Kapitalgesellschaft.

14. Stellen Sie nun die Wirkungsweise beim Anteilseigner dar.

15. Welcher Personenkreis war zur Anrechnung von Körperschaftsteuer berechtigt? Nennen Sie drei Beispiele von Personen, die nicht zur Anrechnung befugt waren.

16 Erläutern Sie die Begriffe verdeckte Gewinnausschüttung und verdeckte Einlage.

17. Warum ist Ihrer Meinung nach eine verdeckte Gewinnausschüttung mit einer offenen gleichgestellt?

18. Wodurch unterscheiden sich der handelsrechtliche Jahresüberschuss vom steuerrechtlichen zu versteuernden Einkommen? Welche ertragsteuerlichen Vorschriften sind dafür verantwortlich? Kann ein negativer Jahresüberschuss (= Jahresfehlbetrag) zu einem positiven zu versteuernden Einkommen gelangen?

1.6.28   Körperschaftsteuer-Rückstellungen im Anrechnungsverfahren

Die Höhe der Körperschaftsteuerbelastung für das abgelaufene Wirtschaftsjahr war abhängig von der Verwendung des Jahresergebnisses. Je weniger vom Gewinn ausgeschüttet wurde, desto höher fiel im Normalfall die Körperschaftsteuer aus:

Es galt bis zum 31.12.2000 der Thesaurierungssteuersatz von 40 bzw. 45 v.H. nach § 23 Abs. 1 KStG a.F. und der Ausschüttungssteuersatz von 30 v.H. nach § 27 Abs. 1 KStG a.F.

Damit eine möglichst zutreffende Steuerabgrenzung erreicht wird, bestimmt § 278 HGB, dass die Steuern vom Einkommen und vom Ertrag auf der Grundlage des Beschlusses über die Verwendung des Ergebnisses zu berechnen sind. Liegt ein solcher Beschluss im Zeitpunkt der Feststellung des Jahresabschlusses nicht vor, so ist vom Vorschlag über die Verwendung des Ergebnisses auszugehen. Weicht der Beschluss über die Verwendung des Ergebnisses vom Vorschlag ab, so braucht der Jahresabschluss nicht geändert zu werden.

Die Robert Zahn GmbH hat für das Wirtschaftsjahr = Kalenderjahr 02 einen Jahresüberschuss von 700.000,00 DM erzielt. Die Körperschaftsteuerrückstellung ist noch nicht berücksichtigt. Der Vorstand stellt einen Betrag von 100.000,00 DM in andere Gewinnrücklagen ein, die am 01.01.02 einen Anfangsbestand von 0,00 DM auswiesen. Zum Zeitpunkt der Aufstellung des Jahresabschlusses konnte davon ausgegangen werden, dass die GmbH eine Dividende von 320.000,00 DM an die Anteilseigner ausschütten und den Rest vortragen wird. In der Bilanz zum 31.12.01 erscheint kein Gewinn- oder Verlustvortrag, der noch zu verrechnen wäre. Das zu versteuernde Einkommen beträgt für das Wirtschaftsjahr 02 1.000.000,00 DM. Die als Aufwand gebuchte Körperschaftsteuer-Vorauszahlung 330.000,00 DM und die ebenfalls als Aufwand erfasste Vorauszahlung auf den Solidaritätszuschlag beträgt 18.150,00 DM.

Beispiel

Am 31.12.02 ist EK 45 in Höhe von 110.000,00 DM, im Übrigen genügend EK 40 vorhanden.

Die Körperschaftsteuer 02 ist nach § 278 HGB unter Berücksichtigung des Vorschlags über die Verwendung des Ergebnisses 02 wie folgt zu berechnen:

Zu versteuerndes Einkommen		1.000.000,00 DM
40 v.H. Tarifbelastung		400.000,00 DM

KSt-Minderung:
Zunächst gilt noch vorhandenes
EK 45 als verwendet; der
Betrag der KSt-Minderung gilt
ebenfalls als verwendet:

Ausschüttung aus EK 45	110.000,00 DM	
KSt-Minderung $^{15}/_{55}$ von	110.000,00 DM	30.000,00 DM

Das restliche Ausschüttungsvolumen
von 320.000,00 DM   ./. 140.000,00 DM
gilt aus dem EK 40 entnommen. Die
KSt-Minderung beträgt hieraus
$^{10}/_{70}$ von 180.000,00 DM   25.714,00 DM

Tarifbelastung		400.000,00 DM
./. KSt-Minderung EK 45	./.	30.000,00 DM
./. KSt-Minderung EK 40	./.	25.714,00 DM
= festzusetzende Körperschaftsteuer		344.286,00 DM
./. geleistete Körperschaftsteuer-Vorauszahlungen	./.	330.000,00 DM
= Zuführung zur KSt-Rückstellung		14.286,00 DM

SolZ 5,5 v.H. von 344.286,00 DM =		18.936,00 DM
./. geleistete Vorauszahlungen	./.	18.150,00 DM
= Zuführung zur Rückstellung für SolZ		786,00 DM

Vorläufiger Jahresüberschuss		700.000,00 DM
./. Zuführung zur KSt-Rückstellung	./.	14.286,00 DM
./. Zuführung zur SolZ-Rückstellung	./.	786,00 DM
= endgültiger Jahresüberschuss		684.928,00 DM

1.7 Der Systemwechsel: Übergang vom Anrechnungsverfahren auf ein klassisches Körperschaftsteuersystem

Die internationale Wettbewerbsfähigkeit der deutschen Wirtschaft sollte durch die Reformmaßnahme eines Systemwechsels entscheidend verbessert werden. Die Umstellung auf ein klassisches Körperschaftsteuersystem möchte zu einer einfachen, transparenten, europatauglichen und weniger missbrauchsanfälligen Besteuerung der Kapitalgesellschaften und ihrer Anteilseigner führen. Die Selbstfinanzierung – gerade auch der mittelständischen Kapitalgesellschaften – soll im Interesse von Investitionen und Arbeitsplätzen begünstigt sein. Man erhofft sich, durch die systematisch zwingende Steuerbefreiung der Veräußerungsgewinne der Wirtschaft die notwendige Flexibilität für eine Optimierung der Beteiligungsstrukturen verschaffen zu können. Der Verfasser sieht dies – gemeinsam mit vielen anderen Stimmen der Fachwelt – eher nüchterner, was sich an einigen Stellen dieses Buches bereits gezeigt hat und noch zeigen wird.

Mit den Ausführungen des Kapitels 1.6 zum vermeintlich obsolet gewordenen Anrechnungsverfahren sind bereits die Bedeutung und die Auswirkung auf das Halbeinkünfteverfahren umrissen worden. Im Folgenden sind deshalb zahlreiche Einzelheiten und Sachfragen, die sich mit dem Systemwechsel beschäftigen, zu thematisieren.

1.7.1 Zeitpunkt des Systemwechsels

Das Vollanrechnungsverfahren ist letztmalig für den Veranlagungszeitraum 2000 anzuwenden; vgl. hierzu § 34 Abs. 1 KStG 2001. Voraussetzung ist, dass das Wirtschaftsjahr (§ 4 a EStG) des Körperschaftsteuerpflichtigen dem Kalenderjahr entspricht. Ist dem so, dann ist der Zeitpunkt des Systemwechsels der 31.12.2000.

Gewinnausschüttungen unterliegen dennoch dem Anrechnungsverfahren,

Beachten

- wenn sie auf einem der gesellschaftsrechtlichen Vorschriften entsprechenden Gewinnverwendungsbeschluss für ein abgelaufenes Wirtschaftsjahr beruhen und wenn sie im Wirtschaftsjahr (= Kalenderjahr) 2001 abfließen; vgl. § 34 Abs. 10 a Nr. 1 KStG 2001. Demzufolge war es noch möglich, den bis zum 31.12.2000 entstandenen Gewinn im Jahr 2001 nach den Regeln des Anrechnungsverfahrens an den oder die Anteilseigner auszuschütten
- wenn es sich um andere Ausschüttungen handelt. Hierunter fallen insbesondere die verdeckten Gewinnausschüttungen und die Vorab-

ausschüttungen. Voraussetzung ist, dass diese bis zum 31.12.2000 abgeflossen sind

1.7.1.1 Abweichendes Wirtschaftsjahr

Der Systemwechsel bei Körperschaften mit einem abweichenden Wirtschaftsjahr tritt mit dem Ende des Wirtschaftsjahres, das im Veranlagungszeitraum 2001 endet – also mit dem Ende des Wirtschaftsjahres 2000/2001 – ein; vgl. § 34 Abs. 1 a KStG 2001. Das neue System ist demzufolge erstmals für das Wirtschaftsjahr 2001/2002 – und daher für den Veranlagungszeitraum 2002 – anzuwenden.

Für Gewinnausschüttungen hat dies nachfolgende Konsequenzen:

- Beruhen Gewinnausschüttungen auf einem den gesellschaftsrechtlichen Vorschriften entsprechenden Gewinnverwendungsbeschluss für ein abgelaufenes Wirtschaftsjahr, gilt noch das Anrechnungsverfahren, wenn die Ausschüttung(en) im Wirtschaftsjahr 2001/2002 abfließen; vgl. § 34 Abs. 10 a S. 1 Nr. 1 KStG 2001. Es war daher noch möglich, den bis zum Schluss des Wirtschaftsjahres 2000/2001 entstandenen Gewinn im Wirtschaftsjahr 2001/2002 nach den Regeln des Anrechnungsverfahrens und unter Vermittlung des Anrechnungsguthabens an den oder die Anteilseigner auszuschütten.

- Handelt es sich um andere Ausschüttungen, insbesondere um verdeckte Gewinnausschüttungen, so unterliegen diese dem Anrechnungsverfahren, wenn sie bis zum Schluss des Wirtschaftsjahres 2002/2002 abgeflossen sind.

1.7.1.2 Rumpfwirtschaftsjahre

Fraglich ist auch, wie sich der Systemwechsel bei einem Rumpfwirtschaftsjahr verhält. Unter einem Rumpfwirtschaftsjahr versteht man ein Wirtschaftsjahr, dessen Dauer weniger als zwölf Monate umfasst. Es entsteht bei Begründung oder Beendigung der Steuerpflicht, beim Erwerb, bei Eröffnung, Aufgabe oder Veräußerung eines Betriebes im Laufe eines Jahres oder bei Umstellung eines Wirtschaftsjahres auf einen anderen Zeitraum im Einvernehmen mit dem Finanzamt; vgl. § 4 a Abs. 1 EStG.

Die Übergangsregelungen gelten analog für Rumpfwirtschaftsjahre.

Entstand im Jahr 2000 ein Rumpfwirtschaftsjahr dadurch, um vom abweichenden Wirtschaftsjahr auf ein dem Kalenderjahr entsprechendes Jahr überzugehen, so ist der Stichtag für den Systemwechsel der 31.12.2000. Entsprechendes gilt, wenn die Körperschaft im Jahr 2001 von dem Kalenderjahr zu einem abweichenden Wirtschaftsjahr übergegangen war und daher im Jahr 2001 ein Rumpfwirtschaftsjahr entstand. Auch in diesem Fall ist der Zeitpunkt des Systemwechsels der 31.12.2000.

Hat die Körperschaft ein abweichendes Wirtschaftsjahr und schaltete sie im Jahr 2001 ein Rumpfwirtschaftsjahr ein, um zum Kalenderjahr als Wirtschaftsjahr überzugehen, so ist der Zeitpunkt des Systemwechsels der 31.12.2001. Insofern gilt das Anrechnungsverfahren noch für das abweichende Wirtschaftsjahr 2000/2002 und das Rumpfwirtschaftsjahr 2001.

1.7.2   Ermittlung der Endbestände des vEK

Nach § 36 KStG 2001 sind auf den Schluss desjenigen Wirtschaftsjahres, für das letztmalig das Anrechnungsverfahren gilt, die Endbestände des verwendbaren Eigenkapitals zu ermitteln und gesondert festzustellen. Diese Ermittlung hat in den folgenden Stufen zu erfolgen:

1.7.2.1   § 36 Abs. 1 KStG 2001

Ausgangswert für die Ermittlung der Endbestände ist die Feststellung der Teilbeträge des verwendbaren Eigenkapitals nach § 47 KStG a.F. auf den Schluss des letzten Wirtschaftsjahres, für den das Anrechnungsverfahren noch anwendbar ist. Dabei ist die in Bestandskraft erwachsene Feststellung und nicht der „nachrichtliche Teil" maßgebend.

1.7.2.2   § 36 Abs. 2 KStG 2001

Der Ausgangswert nach Ziffer 1.7.2.1 ist um die Auswirkungen derjenigen Gewinnausschüttungen zu korrigieren, die noch nach den Regeln des Anrechnungsverfahrens abzuwickeln sind. Es sind die ausschüttungsbedingten Abgänge zu berücksichtigen; d.h., im Ergebnis wird der „nachrichtliche Teil" aus der Feststellung der Teilbeträge des verwendbaren Eigenkapitals übernommen.

Im Anschluss an diesen Schritt sind die Endbestände um von Anrechnungskörperschaften erhaltene Ausschüttungen zu erhöhen, für die die ausschüttende Körperschaft EK 45 oder EK 40 verwendet hat, und die der empfangenden Körperschaft im ersten Wirtschaftsjahr nach dem Systemwechsel – also dem Wirtschaftsjahr 2001 bzw. dem abweichenden Wirtschaftsjahr 2001/2002 – zugeflossen sind; vgl. § 36 Abs. 2 S. 3 KStG 2001.

Die Vorschrift des § 52 Abs. 50 b EStG ermöglicht der die Gewinnausschüttung im Empfang nehmenden Körperschaft die Anrechnung des Körperschaftsteuerguthabens. Als Besonderheit gilt, dass die Anrechnungskörperschaft diese erhaltenen Gewinnausschüttungen nach § 34

Abs. 10 a S. 2 bis 8 KStG 2001 einer besonderen Steuer in Höhe von 45 bzw. 40 v.H. zu unterwerfen hat. Als Konsequenz hieraus muss vorhandenes EK 45 bzw. EK 40 um diese Beträge erhöht werden.

Es tritt keine Korrektur ein, wenn die erhaltenen Gewinnausschüttungen aus dem EK 30, dem EK 02 und dem EK 03 finanziert worden sind. Für die genannten Ausschüttungen besteht eine Anrechnungsberechtigung mit 3/7. Diese Ausschüttungen sind steuerpflichtig, solange die Vorschrift des § 8 b Abs. 1 KStG 2001 noch nicht galt. Der Steuersatz hierauf lautete 25 v.H., da § 23 KStG 2001 bereits in Kraft getreten war.

1.7.2.3   § 36 Abs. 3 KStG 2001

Als nächster Schritt ist vorhandenes EK 45 in EK 40 umzugliedern. Dies geschieht durch Einstellung eines Positivbetrages von 27/22 in das EK und eines Negativbetrages von 5/22 in das EK 02. Diese Maßnahme (= Umgliederung) hat eine doppelte negative Auswirkung:

Das Steuerminderungspotenzial wird reduziert, weil das Anrechnungsguthaben in Höhe von 3,75 v.H. – bezogen auf das Einkommen vor Körperschaftsteuer – verloren geht. Das (negative) EK 02 wird außerdem erhöht, was zu einem weiteren Verlust von Anrechnungsguthaben führen.

Hinweis

Die steuerliche Beratung sollte Mandanten bewegen, vorhandenes EK 45 vor der Umgliederung vollständig an den oder die Anteilseigner auszuschütten. Anzumerken ist allerdings, dass dies für die dem besonderen Steuersatz von 45 v.H. unterliegenden erhaltenen Ausschüttungen nicht gilt. Negatives EK 45 ist nicht umzugliedern.

1.7.2.4   § 36 Abs. 4 KStG 2001

Im nächsten Schritt hat die Umgliederung des unbelasteten Eigenkapitals zu erfolgen. Die Vorschrift behandelt den Fall, dass die Summe der Einkommensteile EK 01, EK 02 und EK 03 negativ ist. Zunächst ist also die ggf. negative Summe dieser drei Teilbeträge des vEK zu bilden. Die dann negative Summe ist mit den belasteten Teilbeträgen zunächst untereinander zu verrechnen, und danach in der Reihenfolge, in der die Belastung zunimmt. Hierfür gilt zuerst das EK 30, dann das EK 40 als verwendet. Die Verrechnung mit dem EK 30 ist neutral und verursacht keine negativen Effekte. Die Verrechnung mit dem EK 40 bedeutet aber Verlust von Steuerminderungspotenzial. Aufgrund der Tatsache, dass EK 04 in die Berechnungen nach § 36 Abs. 4 KStG 2001 nicht einbezogen werden darf, sind die beschriebenen Folgen durch Einlagen der Anteilseigner nicht zu verhindern.

1.7.2.5   § 36 Abs. 5 KStG 2001

Die Vorschrift behandelt den Fall, dass die Summe der Einkommensteile EK 01, EK 02 und EK 03 positiv ist, einzelne Teilbeträge hiervon aber negativ sind. Zuerst ist das EK 01 mit dem EK 03 zusammenzufassen, wobei die Summe entweder positiv oder negativ sein kann. Ist sie negativ, ist sie mit dem dann positiven Betrag des EK 02 zu verrechnen. Die Kapitalgesellschaften partizipieren hier an einer Verringerung des Steuererhöhungspotenzials des EK 02 (= günstiger Effekt).

Ist die Summe aus EK 01 und EK 03 positiv, so ist diese mit dem dann negativen Betrag des EK 02 zu verrechnen. Auch hier tritt ein günstiger Effekt für die Kapitalgesellschaften ein, da dadurch eine Verrechnung des negativen EK 02 mit belastetem Eigenkapital vermieden wird.

1.7.2.6   § 36 Abs. 6 KStG 2001

Ist einer der belasteten Teilbeträge negativ, so sind diese vorrangig untereinander zu verrechnen.

Sollte die Summe an belastetem EK 40 und EK 30 danach negativ sein, so ist dieser Negativbetrag zuerst mit dem positiven EK 02 zu verrechnen. Diese Maßnahme erweist sich für die Kapitalgesellschaften als vorteilhaft, weil sich das Steuererhöhungspotenzial des EK 02 verringert. Reicht das EK 02 zum Ausgleich des negativen belasteten Eigenkapitals nicht aus, so ist die positive Summe aus dem EK 01 und dem EK 03 zu verringern. Dies ist für die Kapitalgesellschaften ein neutraler Vorgang, weil in der Übergangsregelung weder ein negatives belastetes EK noch die Summe aus dem EK 01 und dem EK 03 eine Bedeutung hat. Eine Verrechnung mit dem Teilbetrag des EK 04 hat auch dann nicht zu erfolgen, wenn die positiven Beträge in EK 01, EK 02 und EK 03 nicht ausreichen, das negative belastete Eigenkapital auszugleichen.

1.7.2.7   § 36 Abs. 7 KStG 2001

Die nach den vorangegangenen Verrechnungen verbleibenden Beträge sind nach § 36 Abs. 7 KStG 2001 gesondert i.S.d. § 179 AO festzustellen. Hierfür kommen nur in Betracht das EK 40, EK 30, EK 02, die Summe aus EK 01 und EK 03 sowie das EK 04. Die genannten Teilbeträge sind gesondert voneinander festzustellen und nicht in einer Summe zusammenzufassen.

Für die Berücksichtigung von Einkommensteilen aus der Gliederungsrechnung während der Übergangszeit haben nur positives EK 40, das EK

Hinweis

02 und ein positives EK 04 Bedeutung. Alle übrigen Teilbeträge sind im Folgenden ohne Bedeutung.

Der Sonderausweis i.S.d. § 47 Abs. 1 S. 1 Nr. 2 KStG a.F. ist nicht fortzuführen.

Die letzte Feststellung nach § 47 KStG a.F. und die Feststellung der Endbestände nach § 36 Abs. 7 KStG 2001 haben auf den selben Stichtag zu erfolgen. Insoweit sind zwei Feststellungen vorzunehmen.

1.7.3 Körperschaftsteuerguthaben und Körperschaftsteuerminderung

Die Bestimmungen des § 37 KStG 2001 enthalten die weitere Behandlung des EK 40, das nach § 36 Abs. 7 KStG 2001 gesondert festzustellen ist.

Aus dem festgestellten Betrag ist ein Körperschaftsteuerguthaben in Höhe von 1/6 des festgestellten Betrages zu ermitteln. Dies entspricht der Körperschaftsteuerminderung des EK 40 vor der Tarifbelastung von 40 v.H. auf die Ausschüttungsbelastung von 30 v.H.

Das Körperschaftsteuerguthaben ist auf den Schluss desjenigen Wirtschaftsjahres, das auf das Wirtschaftsjahr folgt, auf dessen Schluss die Feststellungen nach § 36 Abs. 7 KStG 2001 vorgenommen worden sind, zu ermitteln. Diese Maßnahme erfolgt demnach auf einen um ein Wirtschaftsjahr späteren Stichtag, regelmäßig auf den 31.12.2001 bzw. bei abweichendem Wirtschaftsjahr auf den Schluss des Wirtschaftsjahres 2001/2002. Für den Fall, dass das folgende Wirtschaftsjahr ein Rumpfwirtschaftsjahr ist, erfolgt die Ermittlung des Körperschaftsteuerguthabens auf den Schluss des Rumpfwirtschaftsjahres. Gewinnausschüttungen, die auf einem den handelsrechtlichen Vorschriften entsprechenden Gewinnverteilungsbeschluss beruhen und die nach dem Ermittlungszeitpunkt des Körperschaftsteuerguthabens abfließen, führen zur Realisierung des Körperschaftsteuerguthabens. Hierzu wird die Körperschaftsteuer des Veranlagungszeitraums, in dem das Wirtschaftsjahr endet, in dem die Gewinnausschüttung abfließt, um 1/6 der Gewinnausschüttung gemindert. Zugleich wird auch das Körperschaftsteuerguthaben um diesen Betrag gemindert.

Die Gewinnausschüttung kann nur nach dem Zeitpunkt der Feststellung des Körperschaftsteuerguthabens abfließen. Darum kann für eine im Wirtschaftsjahr 2001 bzw. im abweichenden Wirtschaftsjahr 2001/2002 abfließende Gewinnausschüttung die Körperschaftsteuerminderung noch nicht eintreten.

Ausschließlich offene Gewinnausschüttungen und Vorabausschüttungen führen zur Realisierung des Körperschaftsteuerguthabens während der Übergangsphase. Die verdeckten Gewinnausschüttungen sowie andere Ausschüttungen, z.B. Liquidationsraten, führen nicht zur Realisation des Körperschaftsteuerguthabens.

Durch § 37 Abs. 3 KStG 2001 unterliegen Leistungen, die eine Körperschaft oder Personenvereinigung (§ 1 KStG) steuerfrei (§ 8 Abs. 1 KStG) von einer anderen Anrechnungskörperschaft (= Beteiligung) mit dort eingetretener Körperschaftsteuerminderung, einer Körperschaftsteuererhöhung, wenn diese Leistungen bei den Empfängern zu den Einnahmen i.S.d. § 20 Abs. 1 Nr. 1 oder 2 EStG n.F. gehören. Dies bedeutet, dass die Minderung beim Empfänger eintritt und beim Ausschüttenden wieder rückgängig gemacht wird.

Es ist darum nur konsequent, dass bei der die Gewinnausschüttung erhaltenen Körperschaft das Körperschaftsteuerguthaben um den entsprechenden Betrag erhöht werden muss, damit es im Falle der Weiterausschüttung als Körperschaftsteuerminderung zutreffend zur Verfügung stehen wird. Die ausschüttende Körperschaft hat der empfangenen Körperschaft über die Gewinnausschüttung eine Steuerbescheinigung zu erteilen.

Die Körperschaftsteuerminderung ist ein steuerfreier Vermögenszugang bei der Körperschaft, die den Gewinn ausschüttet, der zur Weiterausschüttung verwendet werden kann und dadurch erneut eine Körperschaftsteuerminderung hervorrufen kann.

Die soeben beschriebene Realisation des Körperschaftsteuerguthabens ist innerhalb eines Zeitraumes von 15 Jahren ab Feststellung dieses Guthabens möglich. Die zur Realisierung zu verwendende Zeitspanne endet mit dem Ende des Wirtschaftsjahres 2016 bzw. mit dem Ende des abweichenden Wirtschaftsjahres 2016/2017. Rumpfwirtschaftsjahre zählen ausnahmsweise als volle Wirtschaftsjahre und verringern die Zeitspanne von 15 Jahren entsprechend.

Es bedarf für den jeweiligen Stand des Körperschaftsteuerguthabens innerhalb der Übergangszeit auf das Ende eines jeden Wirtschaftsjahres jeweils einer eigenen gesonderten Feststellung. Die Feststellung stellt einen Grundlagenbescheid für die Feststellung auf den Schluss des darauf folgenden Wirtschaftsjahres sowie für den Körperschaftsteuerbescheid des folgenden Veranlagungszeitraums, in dem ein Körperschaftsteuerguthaben der beschriebenen Art realisiert wird, dar. Die Feststellung entfällt nicht, wenn das Körperschaftsteuerguthaben 0,00 Euro beträgt. Ausnahmen gelten in den Fällen der Verschmelzung und der Spaltung (1.7.6). Die Feststellung ist letztmalig auf den 31. Dezember 2015 bzw. auf den Schluss des abweichenden Wirtschaftsjahres 2015/2016 vorzunehmen.

1.7.4   Körperschaftsteuererhöhung

Aus dem positiven Einkommensteil EK 02 ist gemäß § 38 Abs. 1 KStG 2001 kein Körperschaftsteuererhöhungsbetrag zu ermitteln. Eine diesbezügliche gesonderte Feststellung entfällt ebenfalls. Die nach § 36 Abs. 7 KStG 2001 erfolgte – schon vorhandene – Feststellung ist für die Dauer der Übergangszeit fortzuführen.

Werden Leistungen unter Verwendung des festgestellten Betrags beschlossen und vorgenommen, erhöht sich die Körperschaftsteuer um 3/7 des Betrages der Ausschüttung. Analog vermindert sich der festgestellte Bestand um den Betrag der Gewinnausschüttung bis zu dessen Verbrauch.

Für die Körperschaftsteuererhöhung kommen nur in Betracht offene und verdeckte Gewinnausschüttungen sowie Vorabausschüttungen, nicht aber sonstige Leistungen, die die Kapitalgesellschaft an ihre Gesellschafter erbringt, z.B. Liquidationsauskehrungen.

Das EK 02 ist für eine Leistungsauskehrung verwendbar, soweit die Summe der im Wirtschaftsjahr erbrachten Leistung den ausschüttbaren Gewinn (§ 27 KStG n.F.) – der um das in der Bilanz auf den Schluss des vorangegangenen Wirtschaftsjahres ausgewiesene Eigenkapital (ohne Nennkapital) gemindert wurde – übersteigt. Der Gesetzgeber nimmt an, dass das nicht in EK 02 und im steuerlichen Einlagekonto gebundene Eigenkapital zuerst ausgeschüttet wird und dann erst das EK 02 mit der Konsequenz der Körperschaftsteuererhöhung und erst zuletzt die Beträge des steuerlichen Einlagekontos.

Diese Regelung bereitet der Praxis erhebliche Schwierigkeiten dadurch, dass auf den Schluss des vorangegangenen Wirtschaftsjahres abzustellen ist. Der Gewinn des laufenden Wirtschaftsjahres wird quasi nicht berücksichtigt. Die Maßnahme führt zur unsachgemäßen Behandlung von Vorabausschüttungen und verdeckten Gewinnausschüttungen, mit der Folge, dass es zur Körperschaftsteuererhöhung kommen kann, obwohl im laufenden Geschäftsjahr genügend Gewinn für eine Ausschüttung zur Verfügung stünde.

Die soeben beschriebenen Rechtsfolgen treten für Leistungsauskehrung ein, die gemäß der Feststellung nach § 36 Abs. 7 KStG 2001 abfließen. Vom Resultat her treten die Auswirkungen ein Jahr früher als die Körperschaftsteuerminderung ein, nämlich schon für Gewinnausschüttungen des Wirtschaftsjahres (= Kalenderjahres) 2001 bzw. 2001/2002 (= abweichendes Wirtschaftsjahr). Für derartige Ausschüttungen gilt noch das Vollanrechnungsverfahren. Insoweit kann für ein und dieselbe Ausschüttung eine doppelte Körperschaftsteuererhöhung eintreten, und zwar wegen Auskehrung des EK 02 im Anrechnungsverfahren und nach § 38 Abs. 2 KStG 2001, den so genannten Übergangsvorschriften.

Die beschriebene Körperschaftsteuererhöhung tritt bis zu ihrem endgültigen Verbrauch durch Ausschüttung des festgestellten EK 02 bis zum Ende der Übergangszeit ein, demnach bis zum Ende des Wirtschaftsjahres 2016 bzw. dem Ende des abweichenden Wirtschaftsjahres 2016/2017. Für diese Körperschaftsteuererhöhung beträgt die Übergangsfrist nicht 15, sondern 16 Jahre.

Erhält die Kapitalgesellschaft Ausschüttungen einer anderen zur Anrechnung befugten Körperschaft (= Anrechnungskörperschaft), für die bei dieser die Körperschaftsteuererhöhung eingetreten ist, so treten anders als bei der Körperschaftsteuerminderung (1.7.3) keine Folgerungen auf der Ebene des Ausschüttungsempfängers ein.

Der Bestand an vorhandenem EK 02 (nach Verringerung um Gewinnausschüttungen) ist zum Schluss eines jeden Wirtschaftsjahres gesondert festzustellen. Dies gilt letztmals für den 31.12.2015 bzw. für den Schluss des abweichenden Wirtschaftsjahres 2015/2016.

Keine Körperschaftsteuererhöhung tritt ein, soweit die ausschüttende Körperschaft von der Körperschaftsteuer befreit ist; vgl. § 38 Abs. 3 KStG 2001 i.V.m. § 5 KStG, und die Ausschüttung an einen steuerbefreiten unbeschränkt steuerpflichtigen Anteilseigner oder an eine juristische Person des öffentlichen Rechts geleistet wird. Die Körperschaftsteuererhöhung ist dennoch vorzunehmen, soweit die Ausschüttung in einen steuerpflichtigen wirtschaftlichen Geschäftsbetrieb oder in einen steuerpflichtigen Betrieb gewerblicher Art erfolgt.

1.7.5 Einlagen der Anteilseigner

Der Einkommensteil des EK 04 erfasst die Einlagen und Sonderausweis der Anteilseigner. Nach § 36 Abs. 7 KStG 2001 ist hierfür eine gesonderte Feststellung erforderlich. Ist der festgestellte Betrag positiv, so dient er nach § 39 KStG 2001 als bindend festgestellter Ausgangspunkt für die Entwicklung des steuerlichen Einlagekontos nach § 27 KStG 2001.

Jede unbeschränkt steuerpflichtige Körperschaft hat gemäß § 27 Abs. 1 KStG 2001 die nicht auf das Nennkapital geleisteten Einlagen in einem besonderen Einlagekonto auszuweisen. Hierin sind alle offenen und verdeckten Anlagen im steuerlichen Sinne, soweit sie nicht Einlagen auf das Nennkapital sind, zu erfassen. Es sind auf Ertragszuschüsse, Ausgabeaufgeld, Zuzahlungen und Nachschüsse der Anteilseigner sowie Rückzahlungen verdeckter Gewinnausschüttungen in das steuerliche Einlagekonto einzustellen.

Das Einlagekonto – es kann innerhalb oder außerhalb der handelsrechtlichen Buchführung geführt werden – ist auf den Schluss jeden Wirtschaftsjahres und erstmals auf den 31.12.2001 aufzustellen. Ausgangspunkt (Anfangsbestand) ist der nach § 39 KStG 2001 positive und nach § 36 Abs. 7 KStG 2001 festgestellte Betrag an EK 40. Der Ausgangswert ist um noch unter dem Anrechnungsverfahren zu verrechnenden Gewinnausschüttungen gemindert. Das Einlagenkonto ist auf das Ende eines jeden folgenden Wirtschaftsjahres festzustellen (§ 36 Abs. 7 KStG 2001). Zugänge bestehend aus offenen und verdeckten Einlagen und Abgänge bestehend aus Auskehrungen an die Anteilseigner sowie Kapitalerhöhungen aus Gesellschaftsmitteln sind zu berücksichtigen.

Siehe zur

- Verwendungsreihenfolge für die Rückzahlung von Beträgen aus dem steuerlichen Einlagekonto: § 27 Abs. 1 S. 3 und 4 KStG 2001

und zur

- Festschreibung der Verwendungsreihenfolge bei späteren Bilanzänderungen: § 27 Abs. 1 S. 5 KStG 2001

sowie zur

- Steuerbescheinigung über die Verwendung des steuerlichen Einlagekontos für den Anteilseigner: § 27 Abs. 3 bis 5 KStG 2001

1.7.5.1   Steuerliches Einlagekonto bei Verschmelzung

Bei einer Verschmelzung zweier Kapitalgesellschaften ist gemäß § 29 Abs. 2 KStG 2001 das steuerliche Einlagekonto der übertragenden Körperschaft mit dem der übernehmenden Körperschaft zusammenzurechnen.

1.7.5.2   Steuerliches Einlagekonto bei Auf- oder Abspaltung

Bei einer Auf- oder Abspaltung zweier Kapitalgesellschaften ist gemäß § 29 Abs. 3 KStG 2001 das steuerliche Einlagekonto der übertragenden Körperschaft im Verhältnis der übergehenden Vermögensteile auf die aufnehmende(n) Körperschaft(en) (= Aufspaltung) oder die aufnehmende und die übertragende Körperschaft (= Abspaltung) aufzuteilen. Maßgebend ist das Umtauschverhältnis im Spaltungs- und Übernahmevertrag bzw. im Spaltungsplan bzw. der gemeine Wert der Vermögensteile.

1.7.6   Verschmelzung und Spaltung

Anweisungen, wie die Vorgänge Verschmelzung und Spaltung zu behandeln sind, enthält auch die Vorschrift des § 40 KStG 2001. Die Bestimmungen thematisieren die Auswirkungen von Verschmelzung und Spaltung auf das Körperschaftsteuerguthaben und den unbelasteten Teilbetrag der übertragenden Körperschaft. Bei einer Verschmelzung auf die andere Körperschaft sind das Körperschaftsteuerguthaben nach § 37 KStG 2001 und der unbelastete Teilbetrag nach § 38 KStG 2001 der übernehmenden Körperschaft zuzurechnen und den entsprechenden Beträgen der übernehmenden Körperschaft hinzuzuaddieren.

Bei der Spaltung einer Körperschaft auf eine andere Körperschaft sind vorhandene Körperschaftsteuerguthaben nach § 37 KStG 2001 und der unbelastete Teilbetrag nach § 38 KStG 2001 der übertragenden Körperschaft auf die übernehmende(n) Körperschaft(en) bzw. bei der Abspaltung auf die übertragende und übernehmende Körperschaft aufzuspalten. Diese Aufteilung hat nach dem Verhältnis der übergehenden bzw. verbleibenden Vermögensteile nach den Festsetzungen im Spaltungs- und Übernahmevertrag bzw. im Spaltungsplan zu erfolgen. Soweit dieses Umtauschverhältnis nicht den wahren Wertverhältnissen entspricht, ist das Verhältnis der gemeinen Werte ausschlaggebend.

Geht das Vermögen auf eine nach § 5 KStG steuerbefreite Körperschaft über, so wird nach § 40 Abs. 3 KStG 2001 eine Vollausschüttung fingiert. Die Körperschaftsteuer mindert sich hier um das Körperschaftsteuerguthaben bzw. sie erhöht sich um 3/7 des unbelasteten Teilbetrages.

Beachten

1.7.7 Gewinnausschüttungen in der Übergangsphase vom Anrechnungs- zum Halbeinkünfteverfahren

Die folgende Fallstudie behandelt Gewinnausschüttungen, die während der Übergangsphase vom alten zum neuen Recht vorgenommen werden.

An der Rubikon GmbH mit Sitz in Koblenz sind folgende Gesellschafter beteiligt:

Gerald Rubikon (Vater)	mit 50 v.H.
Ottmar Rubikon (Sohn)	mit 25 v.H.
Monika Gottwald geb. Rubikon	mit 25 v.H.

Das zu versteuernde Einkommen der in der Maschinenbaubranche tätigen GmbH betrug für das Kalenderjahr 1999 50.000,00 DM. Das Wirtschaftsjahr entspricht dem Kalenderjahr.

Das verwendbare Eigenkapital (vEK) zum 31.12.1998 lautet:

EK 45	55.000,00 DM
EK 01	8.000,00 DM
EK 02	10.000,00 DM
EK 03	./. 2.000,00 DM

Im November 2000 trafen sich die Gesellschafter mit ihrem Steuerberater Clemens Quast in dessen Kanzleiräumen und teilten ihm mit, dass sie eine Gewinnausschüttung für das Wirtschaftsjahr 1999 von 105.000,00 DM beschließen wollten. Sie baten ihn zu ermitteln, wann sie den Beschluss fassen müssen und zu welchem Zeitpunkt die Ausschüttung erfolgen muss, damit die Steuerbelastung sowohl für die GmbH als auch für die Anteilseigner am geringsten ist. Für die Berechnungen ist davon auszugehen, dass die zu versteuernden Einkommen der GmbH in den Jahren 2000 bis 2002 unverändert bleiben und die Ausschüttung bis spätestens zum Ablauf des Jahres 2002 erfolgt sein soll. Die Steuerberatung soll in allen Jahren von folgender Einkommensteuerbelastung der Anteilseigner ausgehen:

Gerald Rubikon	48,5 v.H. Spitzensteuersatz 2001/2002
Ottmar Rubikon	35,0 v.H.
Monika Gottwald	0,0 v.H.

Die Belastung mit Gewerbe- und Kapitalertragsteuer sowie mit dem Solidaritätszuschlag kann aus Vereinfachungsgründen unterbleiben.

Der Steuerberatungskanzlei Clemens Quast wurde ein Mandat mit folgendem Handlungsinhalt erteilt:

Hinsichtlich der Beschlussfassung wird die Steuerberatung zu welchem Ergebnis gelangen? Welcher Gesellschafter dürfte mit dem Beratungsergebnis nicht zufrieden sein?

Der Beschluss über die Gewinnausschüttung muss spätestens im Jahr 2001 gefasst worden sein. Die Ausschüttung muss bis zum Ablauf desselben Jahres erfolgen. Der am höchsten mit Einkommensteuer belastete Gesellschafter Gerald Rubikon dürfte mit dem Beratungsergebnis nicht zufrieden sein. Zunächst ist die Frage zu klären, ob die Gewinnausschüttung noch unter Anwendung des Anrechnungsverfahrens erfolgen soll oder ob eine Ausschüttung im Halbeinkünfteverfahren ggf. günstiger wäre. Zu diesem Zweck muss für beide Verfahren separat die Körperschaftsteuerschuld der GmbH ermittelt, die Gliederung des verwendbaren Eigenkapitals entwickelt, das Körperschaftsteuerguthaben zum 31.12.2001 festgestellt und abschließend die einkommensteuerliche Belastung der Ausschüttung bei den Gesellschaftern berechnet werden.

A n r e c h n u n g s v e r f a h r e n

I. Körperschaftsteuerschuld der GmbH 1999 bis 2002

				1999 DM	2000 DM	2001 DM	2002 DM
Zu versteuerndes Einkommen				50.000	50.000	50.000	50.000
Tariflicher Steuersatz				40%	40 %	25 %	25 %
Tarifbelastung				20.000	20.000	12.500	12.500
KSt-Minderung (15/70 bzw. 10/60)				20.000	———	———	———
Körperschaftsteuerschuld				0	20.000	12.500	12.500

II. Gliederung des verwendbaren Eigenkapitals 1999 bis 2000

	1999	Summen	EK 45	EK 40	EK 01	EK 02	EK 03
Vorträge		71.000	55.000	0	8.000	10.000	./. 2.000
Zugänge Eigenkapital							
Einkommen mit 40 % KSt	50.000						
Körperschaftsteuer 40 %	./. 20.000						
Zugang Eigenkapital	30.000	30.000	———	30.000	———	———	———
Summe vEK 31.12.1999		101.000	55.000	30.000	8.000	10.000	./. 2.000
N a c h r i c h t l i c h							
Summe Ausschüttung	105.000						
Dafür gelten als verwendet							
aus EK 45 (55/70)	./. 55.000	55.000	55.000				
KSt-Minderung (15/55)	./. 15.000						
aus EK 40 (60/70)	./. 30.000	30.000		30.000			
KSt-Minderung (10/60)	./. 5.000						
	0	———	———	———			
Summe Verringerungen		85.000	55.000	30.000			
In 2001 KSt-Minderung	20.000						

	2000	Summen	EK 45	EK 40	EK 01	EK 02	EK 03
Vorträge		101.000	55.000	30.000	8.000	10.000	./. 2.000
Zugänge Eigenkapital							
Einkommen mit 40 % KSt	50.000						
Körperschaftsteuer 40 %	./. 20.000						
Zugang Eigenkapital	30.000	30.000	———	30.000	———	———	———
Schlussfeststellung auf den 31.12.1999		131.000	55.000	60.000	8.000	10.000	./. 2.000
Abgeflossene Ausschüttungen i.S. des § 34 Abs. 10 a Satz 1 KStG		./. 85.000	./. 55.000	./.30.000	———	———	———
Zwischensumme		46.000	0	30.000	8.000	10.000	./. 2.000
Zusammenfassung EK 01 + 03 § 36 Abs. 4 und 5 KStG		———	———	———	./.2.000	———	2.000
Endbestände i.S. des § 36 KStG		46.000	0	30.000	6.000	10.000	0

III. Feststellung des Körperschaftsteuerguthaben i.S. des § 37 Abs. 1 KStG

31.12.2001 1/6 vom EK 40	5.000 DM					

IV. Dividendenbesteuerung der Anteilseigner im Jahre 2001

	Gerald → DM	Ottmar → DM	Monika → DM
Bardividende	36.750	18.375	18.375
Anrechenbare KSt $^3/_7$	15.750	7.875	7.875
Steuerpflichtige Einkünfte	52.500	26.250	26.250
Einkommensteuer	25.463	9.188	0
abzgl. anrechenbarer KSt	./. 15.750	./. 7.875	./. 7.875
Einkommensteuerbelastung	9.713	1.313	./. 7.875

Halbeinkünfteverfahren

I. Körperschaftsteuerschuld der GmbH 1999 bis 2002

	1999 DM	2000 DM	2001 DM	2002 DM
Zu versteuerndes Einkommen	50.000	50.000	50.000	50.000
Tariflicher Steuersatz	40 %	40 %	25 %	25 %
Tarifbelastung	20.000	20.000	12.500	12.500
KSt-Minderung 1/6 von 105.000	——	——	——	./. 17.500
Körperschaftsteuerschuld	20.000	20.000	12.500	./. 5.000

II. Gliederung des verwendbaren Eigenkapitals 1999 bis 2000

	2000	Summen	EK 45	EK 40	EK 01	EK 02	EK 03
Vorträge		101.000	55.000	30.000	8.000	10.000	./. 2.000
Zugänge Eigenkapital							
Einkommen mit 40 % KSt	50.000						
Körperschaftsteuer 40 %	./. 20.000						
Zugang Eigenkapital	30.000	30.000	——	30.000	——	——	——
Schlussfeststellung auf den 31.12.1999		131.000	55.000	60.000	8.000	10.000	./. 2.000
Umgliederung EK 45 § 36 Abs. 3 KStG		——	./. 55.000	67.500	——	12.500	
Zwischensumme		131.000	0	127.500	8.000	./. 2.500	./. 2.000
Zusammenfassung EK 01 + 03		——		——	./. 2.000	——	2.000
Zwischensumme		131.000	0	127.500	6.000	./. 2.500	0
Verrechnung EK 01 und EK 02		——		——	./. 2.500	2.500	
Endbestände i.S. des § 36 KStG		131.000	0	127.000	3.500	0	0

III. Feststellung des Körperschaftsteuerguthaben i.S. des § 37 Abs. 1 KStG

31.12.2001 1/6 vom EK 40	21.250 DM	

IV. Dividendenbesteuerung der Anteilseigner im Jahre 2002

	Gerald → DM	Ottmar → DM	Monika → DM
Bardividende	36.750	18.375	18.375
Steuerpflichtige Einkünfte 50 %	18.375	9.188	9.188
Einkommensteuerbelastung	8.912	3.216	0

Der nachstehende Vergleich der Gesamtsteuerbelastung im Anrechnungs- und Halbeinkünfteverfahren führt zu folgendem Ergebnis:

Steuerbelastung	GmbH 1999 bis 2000	Anteilseigner 2001/2002	Gesamtsteuerbelastung
Anrechnungsverfahren	45.000 DM	3.151 DM	48.151 DM
Halbeinkünfteverfahren	47.500 DM	12.128 DM	59.628 DM

Die Gewinnausschüttung sollte entsprechend den vorangegangenen Berechnungen noch während der Geltungsdauer des Anrechnungsverfahrens erfolgen. Nach § 34 Abs. 10 a KStG n.F. gilt das Anrechnungsverfahren noch für offene Gewinnausschüttungen für abgelaufene Wirtschaftsjahre, die bei der Körperschaft im ersten unter das neue Recht fallenden Wirtschaftsgüter abfließen, d.h., der Abfluss muss spätestens bis zum Ablauf des Wirtschaftsjahres 2001 erfolgt sein.

Betrachtet man die Belastung des Hauptgesellschafters Gerald Rubikon mit Einkommensteuer isoliert, so kommt man zu dem Ergebnis, dass die Gewinnausschüttung bei Geltung es Halbeinkünfteverfahrens günstiger wäre:

$$\text{Anrechnungsverfahren} \quad \rightarrow \quad 9.713,00 \text{ DM}$$
$$\text{Halbeinkünfteverfahren} \quad \rightarrow \quad 8.912,00 \text{ DM}$$

Zusammenfassend bleibt festzuhalten, dass für hochbesteuerte Anteilseigner, welche dem Spitzensteuersatz unterliegen, Gewinnausschüttungen möglichst in das Jahr 2005 verlagert werden sollten, da der Spitzensteuersatz bis dahin schrittweise bis auf 42 v.H. abgesenkt wird (Fassung des StSenkErgG).

Niedrig besteuerte Anteilseigner stehen sich mit dem neuen Körperschaftsteuerrecht deutlich schlechter, da die Vorbelastung auf der Seite der Kapitalgesellschaft durch die Gewinnausschüttung nicht mehr abgebaut werden kann. Eine Schlechterstellung ergibt sich dann, wenn der Grenzsteuersatz des Gesellschafters unter ca. 40 v.H. liegt; vgl. Schiffers in GmbHR 200, S. 905.

Welche Strategie hat die Steuerberatung hinsichtlich einer möglichen Verwendung von EK 01 für Gewinnausschüttungen zu verfolgen?

Separat betrachtet sollte die Ausschüttung von EK 01 im Halbeinkünfteverfahren vorgenommen werden.

Weder im alten noch im neuen Recht führt die Verwendung von EK 01 für Gewinnausschüttungen zu einer Körperschaftsteuererhöhung. Nach alter Rechtslage ist in § 40 Satz 1 Nr. 1 KStG a.F. geregelt, dass die Körperschaftsteuer nach § 27 KStG a.F. nicht erhöht wird, soweit für die Ausschüttung der Teilbetrag i.S.d. § 30 Abs. 2 Nr. 1 KStG a.F. als verwendet gilt. Nach neuem Recht ist gemäß § 38 Abs. 2 KStG lediglich eine Körperschaftsteuererhöhung für Gewinnausschüttungen unter Verwendung von EK 02 vorgesehen. Bei der GmbH hat die Ausschüttung von 8.000,00 DM unter Verwendung von EK 01 keine Folgen. Bei den Anteilseignern hingegen ergeben sich die folgenden Vergleichsberechnungen:

Anrechnungsverfahren	Gerald → DM	Ottmar → DM	Monika → DM
Bardividende	8.000	8.000	8.000
anrechenbare KSt 3/7	0	0	0
Steuerpflichtige Einkünfte	8.000	8.000	8.000
Einkommensteuerbelastung	3.880	2.800	0

Halbeinkünfteverfahren			
Bardividende	8.000	8.000	8.000
Steuerpflichtige Einkünfte 50 v. H.	4.000	4.000	4.000
Einkommensteuerbelastung	1.940	1.400	0

Aufgrund der Tatsache, das Dividendeneinkünfte im Halbeinkünfteverfahren eine hälftige Steuerfreistellung erfahren, sollten EK 01-Bestände unabhängig von der Belastung auf Anteilseignerebene erst unter dem neuen Verfahren geltend gemacht werden. Bei einem Steuersatz von 0 v.H. ergäben sich zwischen dem alten und dem neuen Recht – bezogen auf die Sichtweite der Anteilseigner – keine Unterschiede. Durch die Absenkung des Spitzensteuersatzes bis zum Jahr 2005 auf dann 42 v.H. wäre es ratsam, die Gewinnausschüttung aus dem EK 01 entsprechend zu verzögern.

Welche Folgen ergäben sich, wenn die GmbH zum 31.12.1998 ausschließlich über EK 45 i.H.v. 70.000,00 DM verfügt hätte?

Die Umgliederung des EK 45 in EK 40 und EK 02 führt insgesamt zu einem negativen Bestand an EK 02. Dies hat zur Folge, dass der Altbestand EK 45 im Verhältnis 1:1 in den Bestand an EK 40 umgegliedert wird und das Körperschaftsteuerminderungspotenzial nicht mehr 15/55, sondern 10/60 des Altbestandes beträgt. Bei einer Gewinnausschüttung im Anrechnungsverfahren wird ein größeres Körperschaftsteuerminderungspotenzial gesichert als im Halbeinkünfteverfahren.

Die Gesamtsteuerbelastung der Kapitalgesellschaft und ihrer Anteilseigner wäre – gemessen an der bisher geschilderten Sachlage – nicht verändert. Die Umgliederung des EK 45 hätte aber die nachfolgend näher beschriebenen Auswirkungen:

Anrechnungsverfahren Gliederung des verwendbaren Eigenkapital 2000					
	2000	Summen DM	EK 45 DM	EK 40 DM	EK 02 DM
Vorträge		100.000	70.000	30.000	0
Zugänge Eigenkapital					
Einkommen mit 40 % KSt	50.000				
Körperschaftsteuer 40 %	./. 20.000				
Zugang Eigenkapital	30.000	30.000	———	30.000	———
Schlussfeststellung auf den 31.12.2000		130.000	70.000	60.000	0
Abgeflossene Ausschüttung					
i.S. des § 34 Abs. 10 a S. 1 KStG		./. 85.000	./. 55.000	./. 30.000	0
Zwischensumme		45.000	15.000	30.000	0
Umgliederung EK 45		———	./. 15.000	18.409	./. 3.409
Zwischensumme			0	48.409	./. 3.409
Verrechnung EK 02 und EK 40				./. 3.409	3.409
Endbestände i.S. des § 36 KStG		45.000	0	45.000	0

Feststellung des Körperschaftsguthaben i.S. des § 37 Abs. 1 KStG		
31.12.2001 1/6 vom EK 40	7.500 DM	

Halbeinkünfteverfahren Gliederung des verwendbaren Eigenkapital 2000					
	2000	Summen DM	EK 45 DM	EK 40 DM	EK 02 DM
Schlussfeststellung auf den 31.12.2000		130.000	70.000	60.000	0
Umgliederung EK 45			./. 70.000	85.909	./. 15.909
Zwischensumme			0	145.909	./. 15.909
Verrechnung EK 02 und EK 40		———	———	./. 15.909	15.909
Endbestände i.S. des § 36 KStG		130.000	0	130.000	0

Feststellung des Körperschaftsguthabens i.S. des § 37 Abs. 1 KStG		
KSt-Guthaben zum 31.12.2001	21.667 DM	(1/6 vom EK 40)
KSt-Minderung 2002	17.500 DM	(1/6 von 105.000 DM)
KSt-Guthaben zum 31.12.2002	4.167 DM	

Eine Gewinnausschüttung noch während der Geltungsdauer des Anrechnungsverfahrens wäre vorteilhafter gewesen, da wegen der niedrigeren Gesamtsteuerbelastung auch noch eine zusätzliche Verminderung des für die Folgejahre verbleibenden Körperschaftsteuerminderungspotenzials im Halbeinkünfteverfahren i.H.v. 3.333,00 DM hinzukommt.

Erkennbar hat die Umgliederung des EK 45 bei fehlendem Bestand an unbelastetem EK 02 grundsätzlich die negative Auswirkung, dass sie zu einer Vernichtung des belasteten Eigenkapitals führt, da das Körperschaftsteuerminderungspotenzial nicht mehr 15/55, sondern nur 10/60 des umgegliederten Bestands beträgt.

Die Steuerberatung sollte deshalb durch eine Vergleichsberechnung ermitteln, inwieweit durch eine Gewinnausschüttung nach altem Recht ein möglichst hoher Betrag an Körperschaftsteuerminderungspotenzial gesichert werden kann (Ende der Fallstudie „Rubikon GmbH").

1.8   Das Halbeinkünfteverfahren

Durch das Steuersenkungsgesetz vom 23.10.2000 (BGBl. 2000 I, S. 1433) ist bei der Dividendenbesteuerung und der Besteuerung bestimmter Kapitalgesellschaften ein Systemwechsel vorgenommen worden; vgl. § 20 Abs. 1 Nr. 1 EStG n.F. Das Vollanrechnungsverfahren wurde aufgehoben und durch das Halbeinkünfteverfahren ersetzt. Die bisherige Unterscheidung in der Besteuerungspraxis zwischen ausgeschütteten und thesaurierten Gewinnen entfällt. Es gilt nur noch eine Definitivbesteuerung der Körperschaften mit Körperschaftsteuer in Höhe von 25 v.H. Bei der Thesaurierung entsteht gegenüber der früheren Rechtslage eine spürbare Steuerentlastung. Zuzüglich der Belastung durch Gewerbesteuer mit ca. 37,5 v.H. liegt die Bundesrepublik Deutschland im internationalen Vergleich mit anderen Staaten im Mittelfeld. Der einheitliche Körperschaftsteuersatz gilt für unbeschränkt und beschränkt steuerpflichtige Kapitalgesellschaften. Das Halbeinkünfteverfahren führt zu Änderungen in den folgenden Kernbereichen:

- Die Steuersatzsenkung von bisher 40 v.H. auf jetzt 25 v.H. führt im Thesaurierungsfall zu erheblichen Steuerentlastungen. Die Wiederanlage des erzielten Gewinns in der Kapitalgesellschaft soll die Eigenfinanzierung fördern; siehe aber Tischler in FR 2000, S. 1009, wegen unerwünschter „Lock-in-Effekte".
- Im Fall von Gewinnausschüttungen ergeben sich bis zu einem Grenzsteuersatz von 40 v.H. Mehrbelastungen und ab einem Grenzsteuersatz ab 40 v.H. Entlastungen. Zahlreiche Stimmen der Fachwelt erkennen hierin eine Ungleichbehandlung i.S.v. Art 3 GG.

1.8.1   Geltung des Halbeinkünfteverfahrens

Durch § 34 Abs. 1 KStG n.F. gelten die Bestimmungen des durch das StSenkG geänderten KStG grundsätzlich – allerdings mit wichtigen Ausnahmen – ab dem Veranlagungszeitraum 2001, soweit das Wirtschaftsjahr dem Kalenderjahr entspricht. Bei einem abweichenden Wirtschaftsjahr gelten die neuen Bestimmungen des KStG grundsätzlich ab dem Veranlagungszeitraum 2002.

1.8.2   Einkommensermittlung

Bei der Ermittlung des zu versteuernden Einkommens i.S.v. § 8 KStG ergeben sich keine grundsätzlichen Veränderungen gegenüber der Einkommensermittlung zur Zeit des Anrechnungsverfahrens. Vor allem die Rechtsinstitute der verdeckten Gewinnausschüttung (§ 8 Abs. 3 S. 2

KStG) und der verdeckten Einlage bleiben im System der Einkommensermittlung unangetastet.

Im Hinblick auf die Systemänderung – also vor dem Hintergrund des
Übergangs vom Vollanrechnungsverfahren auf das Halbeinkünftever-
ren – ist die steuerliche Behandlung von Einnahmen aus Beteiligungen –
insbesondere von Dividenden und verdeckten Gewinnausschüttungen-
sowie aus Beteiligungsveräußerungen grundsätzlich neu geregelt worden.

1.8.3 Wegfall des Vollanrechnungsverfahrens

Die Vorschriften des Vierten Teils des KStG (§§ 27 bis 47 KStG a.F.)
entfallen ersatzlos. Eine Gliederung des Eigenkapitals ist im Halbeinkünfteverfahren nicht erforderlich. Die Herstellung der Ausschüttungsbelastung auf den einheitlichen Steuersatz von 30 v.H. ist im neuen Recht nicht
vorgesehen; zur Erhaltung des Steuerminderungs- und –erhöhungspoten-
zials sind Übergangsbestimmungen von 15- bzw. 16-jähriger Anwen-
dungsdauer zu beachten. Die Übergangsregelungen wurden mit dem Kapitel 1.7 thematisiert und sind nur mit den Kenntnissen des Anrechnungsverfahrens zu verstehen.

Beim Solidaritätszuschlag endet mit der Abschaffung des Anrechnungsverfahrens auch das vereinfachte Anrechnungsverfahren nach § 3 Abs. 1
Nr. 1 SolZG. Ansonsten hat sich beim Solidaritätszuschlag nichts verändert. Nach wie vor ist auf die Tarifbelastung der Kapitalgesellschaft ein
Solidaritätszuschlag fällig, der 5,5 v.H. seiner Bemessungsgrundlage beträgt. Unverändert wird auch ein Solidaritätszuschlag von 5,5 v.H. auf
eine 20-prozentige ausschüttungsbedingte Kapitalertragsteuer erhoben.
Letzterer wird – wie auch nach altem Recht – auf der Ebene des Gesellschafters nach § 36 Abs. 2 S. 2 Nr. 2 EStG n.F. auf dessen Solidaritätszuschlag angerechnet.

1.8.4 Kapitalertragsteuer

Die Kapitalertragsteuer auf Dividenden und Gewinnanteile ist – soweit
der Anteileigner die Kapitalertragsteuer trägt – von 25 v.H. auf 20 v.H.
gesenkt worden; vgl. § 43 Abs. 1 S. 1 Nr. 1 i.V.m. § 43 a Abs. 1 Nr. 1
EStG n.F. Die Bemessungsgrundlage ist hier die gezahlte Dividende, ungeachtet dessen, dass diese beim Anteilseigner nach dem Halbeinkünfteverfahren nur zur Hälfte besteuert wird oder bei Körperschaften durch die
Steuerbefreiung nach § 8 b Abs. 1 KStG n.F. sogar gänzlich steuerfrei
gestellt ist.

1.8.5   Steuersatzänderung

Ab dem Veranlagungszeitraum 2001 – bei einem abweichenden Wirtschaftsjahr ab Veranlagungszeitraum 2002 – beträgt die Körperschaftsteuer grundsätzlich 25 v.H. des zu versteuernden Einkommens gemäß § 23 Abs. 1 KStG n.F. Dieser Steuersatz gilt für Kapitalgesellschaften und übriger Körperschaftsteuersubjekte unabhängig von der Art ihrer Steuerpflicht. Der Thesaurierungssteuersatz sank von 45 v.H. (bis 1998) auf 40 v.H. (1999/2000) und auf 25 v.H. ab 2001/2002. Zwischen dem Thesaurierungs- und dem Ausschüttungssteuersatz wird nicht mehr unterschieden.

1.8.6   Die Besteuerung von Gewinnausschüttungen nach dem Halbeinkünfteverfahren (1. Teil)

Die folgenden Ausführungen zum Halbeinkünfteverfahren behandeln Gewinnausschüttungen inländischer Kapitalgesellschaften an ihre Anteilseigner, die natürliche Personen sind. Zum besseren Verständnis der vollkommen veränderten Rechtslage ist ein Rückblick auf das historische Anrechnungsverfahren notwendig.

1.8.6.1   Das steuerliche Sachergebnis im Anrechnungsverfahren

Im Anrechnungsverfahren wurde durch Berücksichtigung eines Körperschaftsteuerguthabens bei der persönlichen Einkommensteuerschuld des Anteilseigners im Ergebnis eine Einmalbesteuerung des ausgeschütteten Gewinns bewirkt. Das Guthaben resultierte aus der Herstellung der Ausschüttungsbelastung bei der Kapitalgesellschaft von 45 bzw. 40 v.H. auf 30 v.H. Auf der Ebene des Gesellschafters kam es zur Besteuerung der Gewinnausschüttung mit dessen individuellem Einkommensteuersatz. Ein Nachteil dieses Vollanrechnungsverfahrens bestand darin, dass dem ausländischen Anteilseigner mangels unbeschränkter Steuerpflicht die Anrechnungsmöglichkeit verwehrt wurde.

Beispiel für die Wirkung des Anrechnungsverfahrens (aus Vereinfachungsgründen ohne Solidaritätszuschlag):

- **Ebene der Kapitalgesellschaft (GmbH)**

Gewinn vor KSt	100
Ausschüttungsbelastung	./. 30
Dividende	70

- **Ebene des Anteilseigners (ESt = 50 v.H.)**

Dividende (§ 20 Abs. 1 Nr. 1 EStG a.F.)	70,00
anrechenbare KSt (§ 20 Abs. 1 Nr. 3 EStG	
i.V.m. § 36 Abs. 2 S. 2 Nr. 3 b EStG a.F.)	+ 30,00
Einnahmen (hier Einkünfte) § 20 EStG	100,00
persönliche ESt (= 50 v.H.)	./. 50,00
anrechenbare KSt (§ 36 Abs. 2 S. 2 Nr. 3 EStG a.F.)	./. 30,00
verbleibende, zu zahlende ESt	20,00

- **Steuerliches Gesamtergebnis**

Körperschaftsteuer (Ebene Gesellschaft)	30,00
Einkommensteuer (Ebene Gesellschafter)	+ 20,00
Gesamtbetrag nach dem persönlichen Steuersatz	
des Anteilseigners	50,00

1.8.6.2 Das steuerliche Ergebnis bei Ausschüttung im Halbeinkünfteverfahren

Durch die Abschaffung der Anrechnung von Körperschaftsteuer beim Anteilseigner kommt es im Halbeinkünfteverfahren durch § 20 Abs. 1 Nr. 1 EStG n.F. zu einer Doppelbesteuerung der ausgeschütteten Gewinne. Unter die Einkommensteuerpflicht fallen insbesondere Dividenden und sonstige Bezüge in Form von verdeckten Gewinnausschüttungen; vgl. § 20 Abs. 1 Nr. 1 S. 2 und Satz 3 EStG zur dort genannten Ausnahmeregelung.

Das vorliegende Ergebnis wird i.S.v. Doppelbesteuerung durch das Halbeinkünfteverfahren abgemildert. Nach § 3 Nr. 40 d EStG n.F. sind u.a. die Hälfte der Einnahmen aus Gewinnanteilen (insbesondere Dividenden) und sonstigen Bezügen i.S.d. § 20 Abs. 1 Nr. 1 EStG n.F. (insbesondere verdeckte Gewinnausschüttungen) steuerfrei. Des Weiteren sind gemäß § 3 Nr. 40 Buchstaben e bis h EStG n.F. die Hälfte der nachfolgend genannten Einnahmen als Folge einer gegenüber dem Anrechnungsverfahren sonst eintretenden vollen Doppelbesteuerung steuerfrei:

- § 20 Abs. 1 Nr. 2 EStG n.F.
- § 20 Abs. 2 S. 1 Nr. 1 EStG n.F.
- § 20 Abs. 2 S. 1 Nr. 2 Buchstabe a EStG n.F.
- § 20 Abs. 2 S. 2 EStG n.F.

Das Halbeinkünfteverfahren i.S.v. § 3 Nr. 40 Buchstaben d bis h EStG n.F. gilt gemäß § 3 Nr. 40 S. 2 EStG n.F. i.V.m. § 20 Abs. 3 EStG auch dann, wenn die Anteile nicht im Privatvermögen, sondern im Betriebsvermögen gehalten werden.

Das Halbeinkünfteverfahren hat gegenüber dem Anrechnungsverfahren dann Vorteile, wenn der persönliche Steuersatz des Anteilseigners über 40

v.H. liegt. Befindet er sich unterhalb von 40 v.H., so verhält sich die Gesamtsteuerlast, die sich aus der Belastung mit Körperschaftsteuer bei der Gesellschaft und mit Einkommensteuer beim Gesellschafter ergibt, höher als zur Zeit des Anrechnungsverfahrens, bei dem ausgeschüttete Gewinne nur einmal mit dem Individualsteuersatz des Anteilseigners besteuert werden.

Folgende Ausführungen bringen die Systemunterschiede klar zum Ausdruck:

Beispiel

Die Megatron-GmbH erzielt einen Gewinn von 100, der vereinfachend dem zu versteuernden Einkommen entsprechen soll. Den Gewinn möchte die GmbH voll an den Anteilseigner ausschütten. Dieser hat einen persönlichen Einkommensteuersatz von

| Alternative 1 | = | 45 v.H. |
| Alternative 2 | = | 35 v.H. |

Bei der Alternative 1 verhielt sich das Anrechnungsverfahren wie folgt:

Einnahmen (§ 20 Abs. 1 Nr. 1 EStG a.F.)	70,00
anrechenbare KStG (§ 20 Abs. 1 Nr. 3 EStG)	+ 30,00
Einnahmen (hier Einkünfte) § 20 EStG	100,00
festgesetzte Einkommensteuer	45,00
anrechenbare Körperschaftsteuer	./. 30,00
verbleibende Einkommensteuer	15,00

Gesamtbelastung:

GmbH	30,00
Anteilseigner	+ 15,00
zusammen (ESt Anteilseigner)	45,00

Nach diesem System betrug die Gesamtsteuerbelastung durch Einmalbesteuerung beim Anteilseigner = 45 v.H. Dies entsprach dem individuellen Steuersatz des Alleingesellschafters der GmbH.

Bei Alternative 1 verhält sich das Halbeinkünfteverfahren wie folgt:

Gewinn (= Z.v.E.) § 8 Abs. 1 KStG	100,00
Körperschaftsteuer 25 v.H. (§ 23 Abs. 1 KStG n.F.	./. 25,00
Dividende	75,00

Behandlung beim Anteilseigner:

Einnahmen (= Einkünfte) § 20 Abs. 1 Nr. 1 EStG n.F.)	75,00
steuerfrei § 3 Nr. 40 d EStG (= 50 v.H.)	./. 37,50
steuerpflichtig	37,50
Einkommensteuersatz (= 45 v.H.)	16,87

Gesamtbelastung:

GmbH	25,00
Anteilseigner	+ 16,87
zusammen	41,87

Nach diesem System ist die Gesamtsteuerbelastung trotz eingetretener Doppelbesteuerung auf der Ebene der GmbH und des Anteilseigners günstiger als beim Anrechnungsverfahren.

Bei der Alternative 2 verhielt sich das Anrechnungsverfahren wie folgt:

Die Megatron-GmbH schüttet eine Dividende von 70 aus, da die Körperschaftsteuer auf Gewinnausschüttungen 30 v.H. beträgt; vgl. § 27 Abs. 1 KStG a.F. Die beim Gesellschafter anrechenbare Körperschaftsteuer beträgt 30, nämlich 30/70 oder 3/7 von 70.

Einnahmen (§ 20 Abs. 1 Nr. 1 EStG a.F.)	70,00
anrechenbare KSt (§ 20 Abs. 1 Nr. 3 EStG)	+ 30,00
Einnahmen (hier Einkünfte) § 20 EStG	100,00
festgesetzte Einkommensteuer	35,00
anrechenbare Körperschaftsteuer	./. 30,00
verbleibende Einkommensteuer	5,00

Gesamtbelastung:

GmbH	30,00
Anteilseigner	+ 5,00
zusammen (ESt Anteilseigner)	35,00

Nach diesem System betrug die Gesamtsteuerbelastung durch Einmalbesteuerung beim Anteilseigner = 35 v.H. Dies entsprach dem individuellen Steuersatz des Alleingesellschafters der GmbH.

Bei der Alternative 2 verhält sich das Halbeinkünfteverfahren wie folgt:

Steuerliche Auswirkungen bei der GmbH:

Gewinn (= Z.v.E.) § 8 Abs. 1 KStG	100,00
Körperschaftsteuer 25 v.H. (§ 23 Abs. 1 KStG n.F.)	./. 25,00
Dividende	75,00

Behandlung beim Anteilseigner:

Einnahmen (= Einkünfte) § 20 Abs. 1 Nr. 1 EStG n.F.	75,00
steuerfrei § 3 Nr. 40 d EStG (= 50 v.H.)	./. 37,50
steuerpflichtig	37,50
Einkommensteuersatz (= 35 v.H.)	13,12

Gesamtbelastung:

GmbH	25,00
Anteilseigner	+ 13,12
zusammen	38,12

Nach diesem System ist die Gesamtsteuerbelastung aufgrund des persönlichen Einkommensteuersatzes des Anteilseigners von unter 40 v.H. ungünstiger als beim Anrechnungsverfahren (= 35).

1.8.7   Die Besteuerung von Gewinnausschüttungen nach dem Halbeinkünfteverfahren (2. Teil)

Die folgenden Ausführungen zum Halbeinkünfteverfahren behandeln Gewinnausschüttungen in- und ausländischer Kapitalgesellschaften an nichtnatürliche Körperschaftsteuersubjekte als Anteilseigner nach Wegfall des Anrechnungsverfahrens.

1.8.7.1   Steuerfreiheit empfangener Ausschüttungen bei Kapitalgesellschaften

Zu den für eine Gewinnausschüttung in Betracht kommenden Auskehrungen zählen insbesondere Dividenden und verdeckte Gewinnausschüttungen.

Nach § 8 b Abs. 1 KStG n.F. haben Bezüge i.S.d. § 20 Abs. 1 Nr. 1 EStG n.F., demnach Dividenden und verdeckte Gewinnausschüttungen sowie Bezüge nach den Nrn. 2, 9 und 10 a, die im Anrechnungsverfahren bei der Empfängerkörperschaft zur Anrechnung des Körperschaftsteuerguthabens der ausschüttenden Gesellschaft geführt haben, bei der Ermittlung des Einkommens außer Ansatz zu bleiben. Die genannten Bezüge bleiben damit steuerfrei.

Dies ist eine systematisch konsequente Folge aus der Abschaffung des Anrechungsverfahrens, da unter seiner Gültigkeitsdauer Gewinne, die eine Kapitalgesellschaft an ihre Mutterkapitalgesellschaft ausschüttete, im Ergebnis auch nur einmal mit dem für die Kapitalgesellschaften geltenden Steuersatz besteuert worden sind. Zum besseren Verständnis der vollkommen veränderten Rechtslage ist auch an dieser Stelle ein Rückblick auf das historische Anrechnungsverfahren notwendig.

Beispiel

Anrechnungsverfahren: → § 8 b Abs. 1 KStG a.F.

Gewinn der A-GmbH (Tochtergesellschaft.) vor KSt	100,00
Gewinnausschüttung an B-GmbH (Muttergesellschaft)	70,00
anrechenbare Körperschaftsteuer	30,00

Behandlung bei der B-GmbH (Muttergesellschaft):

Gewerbliche Einkünfte aus Dividende § 20 Abs. 1 Nr. 1 a.F., Abs. 3 EStG i.V.m. § 8 Abs. 1 KStG	70,00
anrechenbare KSt § 20 Abs. 1 Nr. 3 a.F., Abs. 3 EStG i.V.m. § 8 Abs. 1 KStG	+ 30,00
zu versteuerndes Einkommen	100,00
Tarifbelastung § 23 Abs. 1 KStG a.F. 40 v.H.	40,00
anrechenbare KSt A-GmbH	./. 30,00
Körperschaftsteuerzahllast	10,00

Die Gesamtbelastung beträgt damit 40 (A-GmbH = 30 und B-GmbH = 10). Im Ergebnis wurde der Gewinn von 100 „im Konzern" mit der Tarifbelastung von 40 v.H. nur einmal besteuert.

Halbeinkünfteverfahren: → § 8 b Abs. 1 KStG a.F.

Gewinn (= Z.v.E.) der A-GmbH (Tochtergesellschaft.) vor KSt)	100,00
Körperschaftsteuer § 23 Abs. 1 KStG n.F. 25 v.H.	./. 25,00
Gewinnausschüttung an B-GmbH (Muttergesellschaft)	75,00

Behandlung bei der B-GmbH (Muttergesellschaft):

Gewerbliche Einkünfte aus Dividende	
§ 20 Abs. 1 Nr. 1 a.F. Abs. 3 EStG	
i.V.m. § 8 Abs. 1 KStG	75,00
steuerfrei nach § 8 b Abs. 1 KStG n.F.	./. 75,00
zu versteuerndes Einkommen	0,00

Die Gesamtbelastung beträgt damit 25 (A-GmbH = 25 und B-GmbH = 0). Im Ergebnis wurde der Gewinn von 100 „im Konzern" mit der Tarifbelastung von 25 nur einmal besteuert.

Das vorangegangene Beispiel zeigt, dass es – zur Vermeidung einer Verschlechterung gegenüber dem Anrechnungsverfahren mit seiner Einmalbelastung – eine schlüssige Folge ist, Gewinnausschüttungen einer Kapitalgesellschaft zugunsten einer anderen Körperschaft steuerfrei zu belassen. Die Steuerbefreiung gilt für alle Gewinnausschüttungen, die von in- und ausländischen Kapitalgesellschaften stammen, und zwar unabhängig davon, ob die Voraussetzungen eines Schachtelprivilegs (Mindestbeteiligung) oder einer Aktivitätsklausel nach einem Doppelbesteuerungsabkommen vorliegen. Siehe zur Beteiligung an ausländischen Gesellschaften auch A 41 KStR sowie A 62 KStR zum internationalen Schachtelprivileg.

1.8.7.2 Wegfall der §§ 8 b Abs. 5 und 26 Abs. 2 bis 5 KStG a.F.

Dividenden ausländischer Kapitalgesellschaften unterliegen uneingeschränkt der Steuerbefreiung nach § 8 b Abs. 1 KStG n.F. Die Bestimmungen des § 8 b Abs. 5 KStG a.F. sind abgeschafft worden. Auch die frühere Rechtslage gewährte unabhängig von der Höhe des Schachtelprivilegs nach Doppelbesteuerungsabkommen eine Steuerbefreiung auf Dividenden ausländischer Herkunft, sofern die Beteiligung an der ausländischen Kapitalgesellschaft mindestens 10 v.H. betrug.

Die Änderung zur neuen Rechtslage schränkt die Wirkungen des internationalen Schachtelprivilegs (A 62 KStR 1995) weiter ein, obwohl die Doppelbesteuerungsabkommen nach § 2 AO vorrangig anzuwendendes Recht bleiben. Auch bewirkt die grundsätzliche Steuerfreistellung ausländischer Dividenden durch § 8 b Abs. 1 KStG n.F. bei Nichterfüllung der

Aktivitätsvoraussetzungen eines DBA eine weiterreichende Steuerfreistellung als das Doppelbesteuerungsabkommen selbst.

Aufgrund der völligen Steuerfreiheit ausländischer Dividenden hat die Regelung des § 26 Abs. 1 KStG hinsichtlich der Anrechnung ausländischer Steuern auf die deutsche Körperschaftsteuer sowie die Freistellung ausländischer Einkünfte nach den DBA nur noch Bedeutung bei der Besteuerung von Gewinnen aus ausländischen Betriebsstätten.

Beachten

Durch die Freistellung ausländischer Dividenden sind die Regelungen des § 26 Abs. 2 bis 5 KStG a.F. zur direkten Anrechnung ersatzlos gestrichen worden.

Teile des § 8 b KStG n.F. erfuhren durch das Gesetz vom 20.12.2001 (BGBl. I, S. 3858) erneute Änderungen: Abs. 1, Abs. 2, Abs. 3, Abs. 4 S. 2, Abs. 5 und Abs. 6; siehe zur erstmaligen Anwendung § 34 Abs. 2 a n.F. i.V.m. Abs. 1 und 1 a a.F. sowie § 34 Abs. 4 KStG n.F.

1.8.7.3 Betriebsausgaben im Zusammenhang mit steuerfreien Dividenden/Bezügen

Wenn Dividenden ausländischen Ursprungs von der deutschen Körperschaftsteuer freigestellt sind, stellt sich die Frage, ob in diesem Zusammenhang stehende Aufwendungen den Gewinn zulässig mindern dürfen. Nach A 27 Abs. 1 Nr. 1 KStR 1995 ist die einkommensteuerrechtliche Vorschrift des § 3 c EStG (Anteilige Abzüge) auch für die Körperschaftsteuer von Bedeutung. Im Prinzip geht es darum, die zweifache Begünstigung durch die Steuerfreiheit einerseits und den steuermindernden Betriebsausgabenabzug beim übrigen steuerpflichtigen Einkommen andererseits zu vermeiden.

Zu behandeln sind Betriebsausgaben, die im Zusammenhang mit ausländischen, aber auch mit inländischen Dividenden oder Bezügen stehen.

1.8.7.4 Betriebsausgaben im Zusammenhang mit ausländischen Dividenden/Bezügen

Der § 8 b Abs. 5 KStG n.F. gilt für Bezüge aus Anteilen – einschließlich der verdeckten Gewinnausschüttungen – an einer ausländischen Kapitalgesellschaft. Bei den im Sinne des Absatzes 1 steuerfreien Erträgen gelten pauschal 5 v.H. der Einnahmen, die damit in einem unmittelbaren wirtschaftlichen Zusammenhang stehen, als Betriebsausgaben, die außerhalb der Bilanz der Korrektur bedürfen. Auf die Aufwendungen in tatsächlicher Höhe kommt es nicht an; vom Ergebnis her werden 95 v.H. der Dividende nicht angesetzt.

Die Komet-GmbH ist mittels einer 100-prozentigen Eigenkapitalfinanzierung zu 10 v.H. an der Komet Nederland B.V. beteiligt. Im Jahr 01 erhält die GmbH von der B.V. eine Dividende von 200.000,00 Euro.

Die Dividende bleibt durch § 8 b Abs. 1 KStG n.F. im Wege der außerbilanziellen Korrektur steuerfrei. Es gelten aber 10.000,00 Euro (= 5 v.H. der Dividende) als Betriebsausgaben, die im unmittelbaren wirtschaftlichen Zusammenhang mit der Dividende stehen (Fiktion) und die unabhängig von Aufwendungen in tatsächlicher Höhe dem Ergebnis der Einkommensermittlung wieder hinzuzurechnen sind; siehe § 3 c Abs. 1 EStG n.F. i.V.m. BMF vom 20.01.1997; BStBl. I, S. 99.

Eine Anrechnung ausländischer Quellensteuer entfällt, da aufgrund der Steuerfreiheit keine inländische Körperschaftsteuer erhoben wird.

1.8.7.5 Betriebsausgaben im Zusammenhang mit inländischen Dividenden

Eine § 8 b Abs. 5 KStG n.F. vergleichbare Vorschrift für Gewinnausschüttungen auf Anteile an einer inländischen Gesellschaft existiert nicht. Im Zusammenhang mit der Steuerfreiheit für Ausschüttungen nach § 8 b Abs. 1 KStG n.F. gilt für den Betriebsausgabenabzug § 3 c Abs. 1 EStG n.F. i.V.m. § 8 Abs. 1 KStG, soweit Betriebsausgaben in unmittelbarem wirtschaftlichem Zusammenhang mit den Anteilen stehen.

Insoweit findet die BFH-Rechtsprechung zur Anwendung des § 3 c EStG a.F. bei steuerfreien Schachteldividenden Anwendung, wonach das Abzugsverbot nur bis zur Höhe der im Veranlagungszeitraum zufließenden steuerfreien Einnahmen besteht (BFH, BStBl. 1997 II, S. 57, 60, 63). In dem zu dieser Rechtsprechung ergangenen BMF-Schreiben vom 20.01.1997; BStBl. 1997 I, S. 99, ist zu der in der Praxis oftmals schwierigen Frage des Nachweises hinsichtlich des unmittelbaren wirtschaftlichen Zusammenhanges von Betriebsausgaben mit steuerfreien Ausschüttungen, vor allem Dividenden, Stellung bezogen worden.

Die unbeschränkt steuerpflichtige A-GmbH ist mit 50 v.H. an der inländischen B-GmbH beteiligt. Die Anteile wurden für 100.000,00 DM erworben und unstreitig mit einem Darlehn in gleichlautender Höhe fremdfinanziert. Hierfür fallen jährlich Zinsen i.H.v. 10.000,00 DM an.

Die A-GmbH erhält von der B-GmbH folgende Dividenden:

2002   7.669,38 Euro, nachrichtlich   15.000,00 DM
2003   3.067,75 Euro, nachrichtlich   6.000,00 DM
2004   0,00 Euro, nachrichtlich   0,00 DM

Von den jährlichem Zinsaufwendungen der A-GmbH, ab 2002 sind das 5.112,92 Euro, sind folgende Beträge gemäß § 3 c Abs. 1 EStG n.F. nicht abziehbar:

2002   5.112,92 Euro, nachrichtlich   10.000,00 DM
2003   3.067,75 Euro, nachrichtlich   6.000,00 DM
        (2.045,17 Euro, nachrichtlich   4.000,00 DM
        bleiben als Betriebsausgaben abziehbar)
2004   0,00 Euro, nachrichtlich   0,00 DM
        (5.112,92 Euro, nachrichtlich   10.000,00 DM
        bleiben als Betriebsausgaben abziehbar)

Aus dem Beispiel folgt, dass die mit steuerfreien inländischen Beteiligungen zusammenhängenden Betriebsausgaben bei Zufluss von Ausschüttungen, insbesondere Dividenden, schlechter behandelt werden als Betriebsausgaben, die im Zusammenhang mit ausländischen Beteiligungen stehen und die im Falle des Dividendenbezugs nur mit 5 v.H. Pauschalregelung nicht als Betriebsausgaben abzugsfähig sind.

Richtig ist aber auch, das Betriebsausgaben, die mit steuerfreien inländischen Beteiligungen zusammenhängen, insoweit steuerlich besser behandelt werden, als bei fehlenden Betriebsausgaben oder bei Nichtnachweisbarkeit des Zusammenhangs von Betriebsausgaben mit der steuerfreien Beteiligung. Anders als bei den Auslandsbeteiligungen tritt keine fünfprozentige Steuerpflicht ein.

1.8.7.6   Geltung des § 8 b Abs. 1 KStG n.F.
         auch bei Beteiligung über eine Mitunternehmerschaft

Die zu § 8 b Abs. 1 KStG n.F. beschriebenen Grundsätze gelten auch dann, wenn die Körperschaft die Anteile nicht unmittelbar hält, sondern an einer Mitunternehmerschaft beteiligt ist, die wiederum die Anteile hält; vgl. hierzu § 8 b Abs. 6 S. 1 KStG n.F. Im Rahmen eines Gewinnanteils an einer Mitunternehmerschaft kommen in Betracht:

- § 13 Abs. 7 EStG
- § 15 Abs. 1 S. 1 Nr. 2 und 3 EStG
- § 18 Abs. 4 EStG

Die A-GmbH ist mit 50 v.H. an der B-OHG beteiligt, die wiederum an der C-GmbH beteiligt ist. Die C-GmbH schüttet im Jahr 2002 100.000,00 Euro an die B-OHG aus. Von diesem Ertrag werden der A-GmbH im Rahmen der gesonderten und einheitlichen Feststellung 50.000,00 Euro zugewiesen.

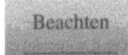

Der der A-GmbH zugewiesene Gewinnanteil von 50.000,00 Euro ist körperschaftsteuerfrei; § 8 b Abs. 1 i.V.m. Abs. 6 S. 1 KStG n.F.

1.8.7.7   Erstmalige Anwendung des § 8 b Abs. 1 KStG n.F.

Zu beurteilen ist die Abhängigkeit der für die Beteiligungsgesellschaft herrschenden Rechtslage.

Die erstmalige Anwendung des § 8 b Abs. 1 KStG n.F. auf empfangene Ausschüttungen i.S.d. § 20 Abs. 1 Nrn. 1 und 2 EStG hängt von der Frage ab, ob bei der ausschüttenden Gesellschaft das alte oder das neue Recht zur Anwendung kommen muss; vgl. § 34 Abs. 6 d S. 1 Nr. 1 KStG i.d.F. des Gesetzes vom 23.10.2000.

Offene, d.h. handelsrechtlich wirksame Gewinnausschüttungen für abgelaufene Wirtschaftsjahre, die bei der ausschüttenden Körperschaft im ersten unter das neue Recht fallenden Wirtschaftsjahr abfließen (Wj. = Kj. in 2001; Wj. nicht Kj. im Wj. 2001/2002) sowie andere Ausschüttungen, die im letzten unter das alte Recht fallende Wirtschaftsjahr abfließen, fallen noch unter die Regelung des Anrechnungsverfahrens.

Soweit eine Ausschüttung unter das alte Recht fällt, wird die Besteuerung beim Anteilseigner spiegelbildlich nach den Grundsätzen des Anrechnungsverfahrens vorgenommen. § 8 b Abs. 1 KStG n.F. findet in diesen Fällen keine Anwendung.

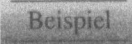

Die X-GmbH ist mit 50 v.H. an der Y-GmbH beteiligt. Beide Kapitalgesellschaften verwenden das Kalenderjahr als Wirtschaftsjahr. Die Y-GmbH beschließt im Jahr 2001 eine Dividende von 100.000,00 DM, wovon 50.000,00 DM noch im selben Jahr an die X-GmbH zur Auszahlung gelangen.

Bei der Y-GmbH ist für die Gewinnausschüttung noch das Anrechnungsverfahren maßgebend; die Vorschrift des § 8 b Abs. 1 KStG n.F. ist nicht anzuwenden. Würde die Dividende im Jahr 2002 ausgezahlt (= Abfluss bei der Y-GmbH), so wäre bei der X-GmbH nicht mehr das Anrechnungsverfahren, sondern bereits § 8 b Abs. 1 KStG n.F. einschlägig.

1.8.7.8   Steuersatz

Zu beurteilen ist die Frage, ob bei einer Körperschaft, die im Veranlagungszeitraum 2001 (Wj. = Kj.) bzw. 2002 (Wj. nicht Kj.) eine Gewinnausschüttung erhält, der Steuersatz von 45 oder 40 v.H. angewandt werden muss.

Fließt einer Kapitalgesellschaft unter der Geltung des StSenkG eine Gewinnausschüttung zu, die noch nach den Grundsätzen des Anrechnungsverfahrens zu besteuern ist, so gilt der Steuersatz von 25 v.H. gemäß § 23
Abs. 1 KStG n.F. noch nicht, soweit die Ausschüttung aus dem EK 45
oder EK 40 der ausschüttenden Gesellschaft stammt. In Anlehnung an
§ 23 Abs. 2 KStG a.F. unterliegen die empfangenen Ausschüttungen der
Tarifbelastung von 45 oder 40 v.H. des zu versteuernden Einkommens,
soweit dafür bei der ausschüttenden Gesellschaft gemäß der Steuerbescheinigung EK 45 oder EK 40 als verwendet gilt; vgl. § 34 Abs. 10 a S.
2 ff. KStG n.F.

Beispiel

Die Y-GmbH ist mit 100 v.H. an der Z-GmbH beteiligt. Bei beiden Kapi-
talgesellschaften entspricht das Wirtschaftsjahr dem Kalenderjahr. Die Z-
GmbH beschließt im Jahr 2001 eine Gewinnausschüttung von 70.000,00
DM, die im Dezember 2001 an die Y-GmbH zur Auszahlung gelangen.

Nach § 34 Abs. 10 a S. 1 Nr. 1 KStG n.F. ist bei der Z-GmbH noch das
Anrechungsverfahren maßgebend. Die Ausschüttungsbelastung nach dem
Vierten Teil des KStG a.F. ist herzustellen (Verrechnung mit den Bestän-
den des 31.12.2001).

Soweit die Gewinnausschüttung bei der Z-GmbH nach der vorliegenden
Steuerbescheinigung mit dem EK 45 oder EK 40 verrechnet wird, unterliegt die Dividende von 70.000,00 DM zuzüglich der anrechenbaren Körperschaftsteuer von 30.000,00 DM gemäß § 20 Abs. 1 Nr. 3 EStG a.F.
nicht dem an sich ab dem Veranlagungszeitraum 2001 geltenden Steuersatz von 25 v.H., sondern einem Steuersatz von 45 bzw. 40 v.H. Das zum
31.12.2001   nach   §   37   Abs.   1   KStG   n.F.   festzustellende
Körperschaftsteuerguthaben erhöht sich.

1.8.8   Anteilsveräußerung und Gewinne aus Zuschreibungen

Unter der Anteilsveräußerung versteht man die Erzielung von Veräußerungsgewinnen und -verlusten aus Anteilen an in- und ausländischen Kapitalgesellschaften.

Zuschreibungen sind erforderlich, wenn in der Vergangenheit handelsrechtlich Maßnahmen ergriffen worden sind, die in einer Folgebilanz rückgängig gemacht werden müssen. In Frage kommende Maßnahmen sind:

- außerordentliche Abschreibungen auf den niedrigeren beizulegenden Wert, deren Gründe entfallen sind
- erhöhte Absetzungen, Sonderabschreibungen und die Bewertungsfreiheit für geringwertige Anlagegüter
- die Übertragung von Veräußerungsgewinnen und Reinvestitionsrücklagen gemäß § 6 b EStG

Für die genannten Maßnahmen, die unter dem Sammelbegriff der Wertaufholung zusammengefasst werden können, besteht handelsrechtlich ein Beibehaltungswahlrecht für den bisherigen Wertansatz; vgl. §§ 253 Abs. 5, 254 S. 2 HGB. Der Kaufmann genießt also ein Wahlrecht, ob er eine Wertaufholung durch Zuschreibung vornimmt oder sie unterlässt.

Für die hier interessanten Kapitalgesellschaften besteht über § 280 Abs. 1 und 2 HGB ein Zuschreibungsgebot, das allerdings nicht gilt, wenn es nach dem Maßgeblichkeitsgrundsatz in der Steuerbilanz nachvollzogen werden muss. Die einkommensteuerrechtliche Bestimmung des § 5 Abs. 1 S. 2 EStG ordnet an, dass steuerrechtliche Wahlrechte bei der Gewinnermittlung in Übereinstimmung mit der Handelsbilanz auszuüben sind. Hieraus folgt fast zwangsläufig, dass Kapitalgesellschaften ebenfalls ein uneingeschränktes Beibehaltungs- bzw. Zuschreibungswahlrecht genießen. Der Grund hierfür ist darin zu sehen, dass jede Wertaufholung in der Handelsbilanz eine entsprechende Maßnahme in der Steuerbilanz zur Folge hat.

Folgt man dem Maßgeblichkeitsgrundsatz, dann ist jede Wertaufholung in der Handelsbilanz auch in der Steuerbilanz nachzuvollziehen. Dabei dürfen die historischen Anschaffungs- oder Herstellungskosten bei abnutzbaren Wirtschaftsgütern des Anlagevermögens nach Abzug der laufenden Absetzungen für Abnutzungen nicht überschritten werden.

Durch das Steuerentlastungsgesetz 1999/2000/2002 vom 24. März 1999 (BStBl. 1999 I, S. 304) sind die Voraussetzungen für eine Teilwertabschreibung eingeschränkt worden. Eine Beibehaltung auf den niedrigeren Teilwert ist hiernach nur noch zulässig, wenn auch an späteren Bilanzstichtagen eine dauernde Wertminderung gegeben ist.

Beachten

Der Steuerpflichtige trägt die Feststellungslast. Kann er den Nachweis nicht erbringen, ist zwingend eine Zuschreibung zu den fortgeschriebenen Anschaffungs- oder Herstellungskosten vorzunehmen.

Entsprechendes gilt nach einer Absetzung für eine außergewöhnliche Abnutzung. Ist der Grund für diese Maßnahme zu einem späteren Zeitpunkt entfallen, hat der zur Bilanzierung Verpflichtete zwingend eine entsprechende Zuschreibung durchzuführen.

1.8.8.1   Steuerbefreiung (mit Rückblende)

§ 8 b Abs. 2 KStG n.F. (Fassung beachten!) regelt die Steuerbefreiung von Anteilsveräußerungen, nach Auflösung/Herabsetzung des Nennkapitals und des Ansatzes nach Teilwertabschreibung. Durch das Gesetz vom 20.12.2001 (BGBL. I, S. 3858) wurde der Anwendungsbereich auf Organschaftsfälle und Gewinne i.S.d. § 21 Abs. 1 UmwStG ausgedehnt. Ebenso steuerfrei bleiben Zuschreibungen, die gemäß § 6 Abs. 1 S. 1 Nr. 2 S. 3 EStG vorgeschrieben sind.

Die Steuerfreiheit gilt gleichermaßen für Veräußerungs- und Zuschreibungsgewinne aus in- und ausländischen Beteiligungen.

§ 86 Abs. 2 S. 1 KStG i.d.F. des Gesetzes vom 20.12.2000 (BGBL. I. S. 1850) ist anzuwenden bei der Gewinnermittlung für nach dem 15.08.2001 endende Wirtschaftsjahre (§ 34 Abs. 4 S. 5 KStG n.F.).

Für die Anteilsveräußerung durch ein körperschaftsteuerliches Subjekt galten bis zum Veranlagungszeitraum 2001 grundsätzlich die gleichen Regeln wie für die Einkommensteuer. Besonderheiten waren zu beachten bei der Veräußerung von Anteilen aus ausländischen Gesellschaften.

Waren Gewinnausschüttungen wegen eines internationalen Schachtelprivilegs oder aufgrund § 26 Abs. 2 und 3 KStG a.F. begünstigt, so waren auch die Gewinne aus der Anteilsveräußerung von ausländischen Gesellschaften nach § 8 b Abs. 2 KStG a.F. ab dem Veranlagungszeitraum 1994 steuerbefreit. Voraussetzung war, dass der Veräußernde eine Kapitalgesellschaft, Erwerbs- und Wirtschaftsgenossenschaft, VVaG oder ein Betrieb gewerblicher Art war. Ab dem Veranlagungszeitraum 1999 sind alle Verluste, die durch Anteilsveräußerungen, Auflösungen oder Kapitalherabsetzungen einer Auslandskapitalgesellschaft entstanden sind, steuerlich nicht absetzbar.

Zur Zeit des Anrechnungsverfahrens wurde versucht, durch Anteilsveräußerung Steuervorteile zu erzielen. Eine beliebte Fallkonstruktion bestand darin, wenn es gelänge, durch Veräußerung steuerpflichtige Dividendeneinnahmen in steuerfreie Veräußerungsgewinne umwandeln zu wollen, wobei es für den Erwerber offen blieb, die auf die Dividenden entfallende Steuer durch eine ausschüttungsbedingte Teilwertabschreibung neutralisieren zu können. Der gemeine Wert einer Kapitalgesellschaft wird geringer, wenn ihr der erzielte Gewinn (= Vermögensmehrung) durch Ausschüttung an die Anteilseigner entzogen wird.

Eine andere Methode bestand darin, mangels einer wesentlichen Beteiligung nichtabziehbare Verluste dadurch abziehbar zu machen, indem die Beteiligung vor der Veräußerung auf eine wesentliche Beteiligung aufgestockt werden würde. Der BFH sah in der als Anteilsrotation bezeichneten Vorgehensweise – bis auf einige Sonderfälle – grundsätzlich keinen Gestaltungsmissbrauch i.S.v. § 42 AO, siehe hierzu:

- BFH 1993 II, S. 426
- BFH 1995 II, S. 65
- BFH 1998 II, S. 90
- BFH 1999 II, S. 729

Versuche der beschriebenen Art wurden im Wesentlichen durch folgende Vorschriften abgewendet:

- Durch § 50 c Abs. 11 EStG (= Wertminderung von Anteilen durch Gewinnausschüttungen) wurde beim Erwerb von Anteilen an einer Anrechnungskörperschaft von einem Anrechnungsberechtigten, der den Veräußerungsgewinn nicht zu versteuern hatte, beim Erwerber eine ausschüttungsbedingte Teilwertabschreibung oder der Ansatz von ausschüttungsbedingten Veräußerungs- oder Entnahmeverlusten unmöglich gemacht. Die Vorschrift des § 50 c EStG wurde durch das Gesetz vom 23. Oktober 2000 (BGBl. I, S. 1433) aufgehoben, siehe § 52 Abs. 59 EStG zur weiteren Anwendung.

- Durch Präzisierung des § 17 Abs. 2 EStG ist die Geltendmachung eines Veräußerungsverlustes – auf dem die Wirksamkeit der Anteilsrotation beruht – eingeschränkt worden. Nach der verschärften Fassung des § 17 Abs. 2 EStG können Veräußerungsverluste, die aus der Veräußerung einer (wesentlichen = a.F.) Beteiligung herrühren, nur noch geltend gemacht werden, wenn die (wesentliche) Beteiligung im Rahmen der Gründung der Kapitalgesellschaft entgeltlich erworben worden ist oder die Anteile vor mehr als fünf Jahren entgeltlich erworben worden sind und der Anteilseigner während dieses Zeitraums ununterbrochen wesentlich beteiligt war.

- Durch Wegfall des ermäßigten Steuersatzes i.S.v. § 34 EStG, so dass voll steuerpflichtige Dividendeneinkünfte nicht mehr durch ermäßigt zu besteuernde Veräußerungsgewinne ersetzt werden können.

1.8.8.2   Steuerbefreiung (neue Rechtslage)

Durch die Regelung des § 8 b Abs. 2 KStG n.F. wird vermieden, dass Anteilsveräußerungen steuerlich anders als empfangene Gewinnausschüttungen einer Kapitalgesellschaft behandelt werden. Bei Anteilsveräußerungen erhöht sich der Kaufpreis um die thesaurierten, nicht ausgeschütteten Gewinne, also um die Rücklagen, so dass es nicht konsequent wäre, eine Gewinnausschüttung bei der empfangenen Kapitalgesellschaft nach § 8 b Abs. 1 KStG n.F. steuerfrei zu stellen, den durch den nicht ausgeschütteten Gewinn erhöhten Veräußerungspreis jedoch ganz oder teilweise steuerpflichtig zu belassen. Gleichlautendes gilt für Zuschreibungen nach § 6 Abs. 1 S. 1 Nr. 2 S. 3 EStG, da über die Zuschreibung ein Gewinn realisiert wird, der andernfalls über die steuerfreie Anteilsveräußerung realisiert werden könnte.

Die vollkommene Steuerfreistellung von Gewinnen aus der Anteilsveräußerung von Kapitalgesellschaften hat aber auch zur Folge, dass – nicht mit 25 v.H. besteuerte – stille Reserven einer Kapitalgesellschaft über die Anteilsveräußerung ohne steuerliche Einmalbesteuerung realisiert werden können.

Beispiel 1

Die A-GmbH ist die 100-prozentige Anteilseignerin der B-GmbH. Der Buchwert der Beteiligung an der B-GmbH beträgt 50.000,00 DM. Die B-GmbH verfügt über ein Stammkapital von 50.000,00 DM und über Gewinnrücklagen i.H.v. 75.000,00 DM, die mit 25.000,00 DM besteuert worden sind. Es sind keine stillen Reserven in der B-GmbH vorhanden. Die A-GmbH veräußert die Beteiligung für 125.000,00 DM. Der Veräußerungsgewinn berechnet sich wie folgt (aus Vereinfachungsgründen ohne Kosten):

Veräußerungserlös	125.000,00 DM
./. Buchwert der Beteiligung	50.000,00 DM
= Veräußerungsgewinn	75.000,00 DM

Der erzielte Veräußerungsgewinn ist gemäß § 8 b Abs. 2 KStG n.F. steuerfrei. Dies verhält sich systemgerecht, da die stille Reserve in den Anteilen an der B-GmbH (= Veräußerungsgewinn der A-GmbH) der versteuerten Gewinnrücklage bei der B-GmbH entspricht. Der Veräußerungsgewinn hätte durch eine Gewinnausschüttung aus der Rücklage nach § 8 b Abs. 1 KStG n.F. steuerfrei realisiert werden können, und zwar ohne den Anteilsverkauf. Es hätte insgesamt nur eine Einmalbesteuerung mit 25 v.H. auf der Ebene der B-GmbH stattgefunden.

Beispiel 2

Die A-GmbH ist die 100-prozentige Anteilseignerin der B-GmbH. Der Buchwert der Beteiligung an der B-GmbH beträgt 50.000,00 DM. Die B-GmbH hat ein Stammkapital von 50.000,00 DM und keine besteuerten

Gewinnrücklagen. Die stillen Reserven betragen 100.000,00 DM. Die A-GmbH veräußert die Beteiligung für 150.000,00 DM, so dass ein Veräußerungsgewinn von 100,000,00 DM entsteht. Der erzielte Veräußerungsgewinn ist gemäß § 8 b Abs. 2 KStG n.F. steuerfrei. Dies gilt sogar dann, wenn – wie im vorliegenden Fall – die stillen Reserven von 100.000,00 DM bisher bei der B-GmbH unbesteuert geblieben sind und auch bei der Anteilsveräußerung nicht besteuert werden.

Eine steuerfreie Gewinnausschüttung der stillen Reserven der B-GmbH an die A-GmbH wäre zunächst nicht machbar, da die Ausschüttung erst nach Aufdeckung der stillen Reserven von 100.000,00 DM bei der B-GmbH und deren Besteuerung mit 25 v.H. Körperschaftsteuer (= 25.000,00 DM) möglich gewesen wäre. Andererseits käme es ohne Steuerbefreiung nach § 8 b Abs. 2 KStG n.F. zu einer Doppelbesteuerung, soweit der Veräußerungsgewinn auf die stillen Reserven innerhalb der B-GmbH entfällt, weil diese unverändert bei ihrer Aufdeckung der Besteuerung unterliegen.

1.8.8.3   Ausnahmen von der Steuerfreiheit

In Betracht kommen drei Themenbereiche:

1. Es fand in der Vergangenheit eine Teilwertabschreibung auf die zu veräußernden Anteile statt;

2. die Behaltensfrist von mindestens einem Jahr für die zu veräußernden Anteile wurde nicht beachtet;

3. die zu veräußernden Anteile bestehen aus einbringungsgeborenen Anteilen und die Sperrfrist von sieben Jahren wurde nicht beachtet.

1.8.8.4   Frühere Teilwertabschreibungen auf die Anteile

Die Steuerbefreiung nach § 8 b Abs. 2 S. 2 KStG n.F. gilt nicht, wenn sich in früheren Jahren eine Gewinnminderung durch Ansatz des niedrigeren Teilwerts, demnach eine Teilwertabschreibung auf die nunmehr zu veräußernden Anteile, ergeben hat und sich keine Wertberichtigung i.S.v. § 6 Abs. 1 S. 1 Nr. 2 S. 3 EStG als Ausgleich für die Teilwertabschreibung herausstellt. Entsprechendes gilt für Zuschreibungen.

Die A-GmbH ist die 100-prozentige Anteilseignerin der B-GmbH, die über ein Stammkapital von 50.000,00 DM verfügt. Die A-GmbH nahm in 1999 eine Teilwertabschreibung von 40.000,00 DM (nachrichtlich 20.452,00 Euro) zulässig vor. Der Buchwert der Beteiligung belief sich dadurch nur noch auf 10.000,00 DM. Am 31.12.2002 veräußerte die

Beispiel 1

A-GmbH die Anteile an der B-GmbH – ohne vorherige Zuschreibung – für 35.790,00 Euro (nachrichtlich 70.000,00 DM).

Der Veräußerungsgewinn beträgt 60.000,00 DM (nachrichtlich 30.678,00 Euro), der sich aus dem Veräußerungserlös abzüglich dem Buchwert ergibt. Durch die Tatsache der in 1999 zulässig erfolgten Teilwertabschreibung trat eine Gewinn- und Einkommensminderung i.H.v. 40.000,00 DM ein. Demzufolge sind 40.000,00 DM (= 20.452,00 Euro) des Veräußerungsgewinnes von 60.000,00 DM (= 30.678,00 Euro) steuerpflichtig und 20.000,00 DM (= 10.226,00 Euro) steuerfrei; vgl. § 8 b Abs. 2 KStG n.F.

Beispiel 2

Die X-GmbH ist die 100-prozentige Anteilseignerin der Y-GmbH. Die X-GmbH hat in 1999 eine zulässige Teilwertabschreibung auf ihre Beteiligung von 100.000,00 DM vorgenommen, wonach sich der Buchwert entsprechend auf 10.000,00 DM minderte. Die X-GmbH nahm im Jahr 1999 auch eine gewinn- und einkommenserhöhende Zuschreibung auf ihre Beteiligung von 50.000,00 DM nach § 6 Abs. 1 S. 1 Nr. 2 S. 3 EStG vor, wonach sich der Buchwert entsprechend auf 60.000,00 DM erhöhte. Im Jahr 2002 veräußerte die X-GmbH ihre Beteiligung für 102.258,00 Euro (nachrichtlich 200.000,00 DM).

Der Veräußerungsgewinn beträgt 140.000,00 DM (nachrichtlich 71.581,00 Euro), der sich aus dem Veräußerungserlös abzüglich dem Buchwert ergibt. Da die Teilwertabschreibung aus 1999 i.H.v. 100.000,00 DM bereits im selben Jahr durch eine steuerpflichtige Zuschreibung von 50.000,00 DM rückgängig gemacht worden ist, verbleibt eine noch erfolgswirksam gebliebene Teilwertabschreibung von 50.000,00 DM. Mithin sind 50.000,00 DM (= 25.565,00 Euro) des Veräußerungsgewinnes von 140.000,00 DM (= 71.581,00 Euro) steuerpflichtig. 90.000,00 DM (= 46.016,00 Euro) bleiben steuerfrei; vgl. § 8 b Abs. 2 KStG n.F.

1.8.8.5   Steuerfreiheit bei nur einjähriger Behaltensfrist

§ 8 b Abs. 2 KStG a.F. forderte über die Verweisung der Schachtelprivilegien (DBA) bzw. über den Verweis auf § 26 Abs. 2 oder Abs. 3 KStG a.F. mittelbar eine Mindestbehaltezeit der Beteiligung von 12 Monaten. § 8 b Abs. 2 KStG n.F. fordert nunmehr, dass die zu veräußernden Anteile im Zeitpunkt der Veräußerung seit mindestens einem Jahr ununterbrochen zum Betriebsvermögen der veräußernden Körperschaft gehört haben müssen.

1.8.8.6 Einbringungsgeborene Anteile mit siebenjähriger Sperrfrist und Missbrauchsgestaltungen

Zur Verhinderung von missbräuchlichen Gestaltungen im Zusammenhang mit der Möglichkeit der steuerfreien Veräußerungen von Beteiligungen an Kapitalgesellschaften schreibt § 8 b Abs. 4 S. 1 Nr. 1 KStG n.F. vor, dass die Steuerbefreiung nach § 8 b Abs. 2 KStG n.F. nicht gilt, wenn die zu veräußernden Anteile einbringungsgeboren i.S.d. § 21 UmwStG sind. Als Ausnahme hiervon regelt § 8 b Abs. 4 S. 2 Nr. 1 KStG n.F. einschränkend, dass der Ausschluss der Steuerfreiheit nicht gilt, wenn die einbringungsgeborenen Anteile später als sieben Jahre nach dem Erwerb veräußert werden.

Die A-GmbH hat am 01.01.2002 ihren Betrieb (Buchwert 100.000,00 DM, Teilwert 500.000,00 DM) nach § 20 UmwStG gegen neue Gesellschaftsanteile wahlweise zu Buchwerten in die B-GmbH eingebracht (= tauschähnlicher Vorgang). Die B-GmbH hat ein Stammkapital von 100.000,00 DM. Die Anschaffungskosten der dafür erhaltenen einbringungsgeborenen Anteile betragen 100.000,00 DM; vgl. § 20 Abs. 4 S. 1 UmwStG. Am 01.01.2005 veräußert die A-GmbH die einbringungsgeborenen Anteile an der B-GmbH für 700.000,00 DM (= 357.904,00 Euro).
Der Veräußerungsgewinn von 600.000,00 DM (= 306.775,00 Euro) ist nicht nach § 8 b Abs. 2 KStG n.F. steuerbefreit, da dies durch den Absatz 4 S. 1 Nr. 1 und S. 2 Nr. 1 KStG n.F. ausgeschlossen wird. Das gilt auch für die Wertsteigerung von 200.000,00 DM (= 102.258,00 Euro), die die A-GmbH inzwischen erfahren hat (Veräußerungserlös abzüglich Teilwert vom Januar 2002).

Hätte die Anteilsveräußerung der einbringungsgeborenen Anteile beispielsweise im Jahr 2009 stattgefunden, demnach außerhalb der Siebenjahresfrist, so wäre der Veräußerungsgewinn steuerbefreit.

Nach § 8 b Abs. 4 S. 1 Nr. 2 i.V.m. S. 2 Nr. 1 KStG n.F. gilt die Steuerbefreiung bei Anteilsveräußerungen innerhalb von sieben Jahren nach dem Anteilserwerb auch dann nicht, wenn die veräußerten Anteile zwar nicht einbringungsgeboren sind, die Anteile aber unmittelbar oder mittelbar über eine Mitunternehmerschaft von einem Einbringenden, bei dem ein Veräußerungsgewinn aus den Anteilen nicht steuerfrei nach § 8 b Abs. 2 KStG n.F. gewesen wäre, zu einem Wert unter dem Teilwert erworben worden sind.

Anita Scharenberg bringt zum 01.01.2001 ihr Einzelunternehmen nach § 20 UmwStG gegen Gewährung neuer Anteilsrechte in die Scharenberg GmbH ein. Das Einzelunternehmen hat einen Buchwert von 100.000,00

DM und einen Teilwert von 500.000,00 DM. Die GmbH verfügt über ein Stammkapital in Höhe von 100.000,00 DM. Die Anschaffungskosten der einbringungsgeboren Anteile betragen gemäß § 20 Abs. 4 S. 1 UmwStG 100.000,00 DM (nachrichtlich entspricht dies 51.129,00 Euro).

Zum 01.01.2004 bringt Anita Scharenberg andere einbringungsgeborenen Anteile an der B-GmbH zu Anschaffungskosten gegen Gewährung neuer Anteilsrechte nach § 20 Abs. 1 S. 2 UmwStG in die Atlanta-GmbH ein, die ein Stammkapital von 100.000,00 DM (nachrichtlich 50.000,00 Euro) besitzt. Die Atlanta-GmbH wird anschließend mit 100 v.H. an der Anita Scharenberg GmbH beteiligt. Die Atlanta-GmbH veräußert ihre Beteiligung am 01.01.2006 für 700.000,00 DM (= 357.904,00 Euro).

Obwohl die Anteile an der Anita Scharenberg GmbH bei der Atlanta-GmbH nicht als einbringungsgeboren zu betrachten sind, ist der Veräußerungsgewinn von 600.000,00 DM (= 306.775,00 Euro), den die Atlanta-GmbH durch Gegenüberstellung des Veräußerungserlöses von 700.000,00 DM mit dem Buchwert von 100.000,00 DM erzielt, nicht nach § 8 b Abs. 2 KStG n.F. steuerbefreit; vgl. § 8 b Abs. 4 S. 1 Nr. 2 i.V.m. S. 2 Nr. 1 KStG n.F.

Hätte die Atlanta-GmbH die Beteiligung beispielsweise erst im Jahr 2011 – also nach Ablauf der Siebenjahresfrist für Einbringungen der Anteile durch die Einzelunternehmen veräußert – wäre der Veräußerungsgewinn nach § 8 b Abs. 2 KStG n.F. steuerfrei.

Der Einzelunternehmer Manfred Lehmann hält in seinem Betriebsvermögen eine 100-prozentige Beteiligung an der Lehmann-GmbH. Die Beteiligung hat einen Buchwert von 50.000,00 DM und einen Teilwert von 100.000,00 DM, bei deren Veräußerung bei Manfred Lehmann nach den Bestimmungen des Halbeinkünfteverfahrens (§ 3 Nr. 40 b i.V.m. § 3 c Abs. 2 EStG n.F.) ein steuerpflichtiger Gewinn von 25.000,00 DM (= 12.782,00 Euro) entstünde.

Lehmann bringt die 100-prozentige Beteiligung an seiner GmbH im Jahr 2002 nach § 24 UmwStG wahlweise zum Buchwert in eine OHG ein. An dieser OHG sind je 50 v.H. er selbst und die Omega-GmbH beteiligt. Alleiniger Anteilsinhaber der Omega-GmbH ist wiederum Manfred Lehmann.

Die OHG verkauft die zum Buchwert eingebrachten Anteile an der Lehmann-GmbH im Jahr 2005 für 100.000,00 DM (= 51.129,00 Euro) an einen Dritten, wodurch ein Veräußerungsgewinn von 50.000,00 DM (= 25.565,00 Euro) entsteht (Veräußerungserlös 100.000,00 DM abzüglich Buchwert 50.000,00 DM). Der Veräußerungsgewinn entfällt zur Hälfte – also mit 25.000,00 DM (= 12.782,00 Euro) – auf die Omega-GmbH.

An sich wäre der auf die Omega-GmbH entfallende Gewinnanteil von 25.000,00 DM (= 12.782,00 Euro) nach § 8 b Abs. 2 i.V.m. Abs. 6 S. 1 KStG n.F. steuerfrei. Zur Vermeidung von Umgehungsgestaltungen schränkt § 8 b Abs. 4 S. 1 Nr. 2 KStG n.F. die vorgenannte Steuerbefreiung ein.

Der Ausschluss von der Steuerbefreiung nach § 8 b Abs. 4 KStG n.F. gilt wiederum nicht, wenn die Körperschaft zwar einbringungsgeborene Anteile innerhalb der Siebenjahresfrist veräußert, diese einbringungsgeborenen Anteile aber auf einem Einbringungsvorgang nach § 20 Abs. 1 S. 2 UmwStG beruhen; vgl. § 8 b Abs. 4 S. 2 Nr. 2, 1. Alternative KStG n.F.

Die zitierte umwandlungssteuerrechtliche Vorschrift stellt die Grundsätze des § 20 Abs. 1 S. 1 UmwStG auch für die Fälle sicher, bei denen es um die Einbringung von Anteilen an einer Kapitalgesellschaft geht, wenn die Übernehmerin wegen ihrer Beteiligung (einschließlich der übernommenen Anteile) nachweislich unmittelbar die Stimmenmehrheitsrechte an der Gesellschaft hält, deren Anteile eingebracht werden.

Die A-GmbH hält 70 v.H. der Anteile an der B-GmbH. Der Buchwert lautet 100.000,00 DM und der Teilwert beträgt 300.000,00 DM. Zum 01.01.2002 bringt die A-GmbH die Beteiligung zum Buchwert gegen neue Anteile nach § 20 Abs. 1 S. 2 UmwStG in die C-GmbH ein. Diese Kapitalgesellschaft hat ein Stammkapital von 100.000,00 DM (= 50.000,00 Euro). Die A-GmbH veräußert die einbringungsgeborenen Anteile an der C-GmbH, die einen Buchwert von 100.000,00 DM (= 51.129,00 Euro) haben, am 01.01.2003 für 300.000,00 DM (= 153.388,00 Euro).

Der Veräußerungsgewinn von 200.000,00 DM (= 102.258,00 Euro) ist nach § 8 b Abs. 2 KStG n.F. steuerfrei, da auch eine steuerpflichtige Veräußerung der B-GmbH zum 01.01.2002 nach § 8 b Abs. 2 KStG n.F. steuerbefreit gewesen wäre.

§ 8 b Abs. 4 S. 2 Nr. 2 letzter Halbsatz KStG n.F. ist erstmals anzuwenden auf nach dem 15.08.2001 erfolgte Veräußerungen (§ 34 Abs. 4 S. 7 KStG n.F.).

1.8.9 Fallstudie zur Veräußerung einbringungs- geborener Anteile i.R.d. Halbeinkünfteverfahrens

Hermann Brinkmann brachte gemäß § 20 UmwStG sein Einzelunternehmen zum 01.01.2000 zu Buchwerten gegen Gewährung von Gesellschaftsrechten in die Brinkmann-GmbH ein. Die Schlussbilanz des Einzelunternehmens hat folgendes Aussehen:

Aktiva	Schlussbilanz zum 31.12.1999		Passiva
diverse Aktiva	1.100.000 DM	Kapital	500.000 DM
		diverse Passiva	600.000 DM
	1.100.000 DM		1.100.000 DM

Bilanzerläuterungen:

In den Aktiva sind stille Reserven von 500.000,00 DM enthalten.

Unternehmenskauf:

Zum 01.01.2003 veräußert Hermann Brinkmann seine 100-prozentige Beteiligung an der Brinkmann GmbH für

a) 1.000.000,00 DM (nachrichtlich 511.292,00 Euro)
b) 400.000,00 DM (nachrichtlich 204.517,00 Euro)

Problemstellung:

Wie hoch ist der Veräußerungsgewinn zu a) und b)?

Lösung

Es ergeben sich folgende steuerliche Ergebnisse:

zu a) 750.000,00 DM (nachrichtlich 383.469 Euro)
zu b) 150.000,00 DM (nachrichtlich   76.694 Euro)

Es ist ohne Bedeutung, ob dem Steuerpflichtigen Vermögensmehrungen in Form von Gewinnausschüttungen – oder aber wie im vorliegenden Fall – über die Anteilsveräußerung zufließen. Das Halbeinkünfteverfahren erfasst beide Vorgänge, wobei die Grenze für eine (wesentliche) Beteiligung nach § 17 EStG durch das Steuersenkungsgesetz auf 1 v.H. abgesenkt worden ist. Neben den von einer Kapitalgesellschaft vorgenommenen offenen und verdeckten Gewinnausschüttungen werden folgende Einnahmen und Vermögensmehrungen über das Halbeinkünfteverfahren der Besteuerung zugeführt:

Hinweis

Die Fallstudie lässt leider offen, ob die 100-prozentige Beteiligung an der Kapitalgesellschaft zum Betriebs- oder Privatvermögen des Hermann Brinkmann gehört. Es wird daher zu beiden Fallvarianten Stellung genommen:

Die Anteile befinden sich im Betriebsvermögen:

Die Erlöse aus der Veräußerung oder auch Entnahme von Anteilen an einer Kapitalgesellschaft oder aus der Auflösung oder der Herabsetzung des Nennkapitals sind grundsätzlich nur zur Hälfte anzusetzen; vgl. § 3 Nr. 40 S. 1 Buchstabe a) EStG. Diese Vorschrift wurde durch das Gesetz vom 20.12.2000 (BGBl. I, S. 1850) eingeführt; siehe zur erstmaligen Anwendung § 52 Abs. 4 a EStG.

Bei Betriebsveräußerung bzw. -aufgabe unterliegt der anteilige Veräußerungs- bzw. Aufgabegewinn gleichfalls dem Halbeinkünfteverfahren; siehe hierzu § 3 Nr. 40 S. 1 Buchstabe b) EStG.

Die Anteile befinden sich im Privatvermögen:

Bei (wesentlichen) Beteiligungen von mindestens einem Prozent sowie bei privaten Veräußerungsgeschäften i.S.d. § 22 Nr. 2 i.V.m. § 23 EStG werden Veräußerungserlöse nur zu 50 v.H. besteuert; vgl. § 3 Nr. 40 S. 1 Buchstaben c) und j) EStG. Auskehrungen anlässlich einer Kapitalherabsetzung oder einer Liquidation werden ebenfalls vom Halbeinkünfteverfahren erfasst; vgl. § 3 Nr. 40 S. 1 Buchstabe e) EStG. Nach dem Willen des Gesetzgebers soll auf die Anteilsveräußerung nach § 17 EStG n.F. keine Tarifermäßigung nach § 34 Abs. 1 EStG möglich sein; siehe § 34 Abs. 2 Nr. 1 EStG n.F. mit Ausnahme der Vorgänge nach § 3 Nr. 40 S. 1 Buchstabe b) EStG i.V.m. § 3 c Abs. 2 EStG.

Aufgrund des nur hälftigen Ansatzes der Einnahmen im Halbeinkünfteverfahren können systemgerecht die in diesem Zusammenhang stehenden Anwendungen grundsätzlich nur zur Hälfte abgezogen werden; vgl. § 3 c Abs. 2 EStG. Entsprechendes gilt bei den Veräußerungsgewinnen mit der Folge, dass dem hälftigen Veräußerungspreis nur die hälftigen Anschaffungskosten gegenübergestellt werden.

Bezieht eine Kapitalgesellschaft Dividenden, so bleiben diese nach dem Steuersenkungsgesetz unabhängig davon außer Ansatz, ob es sich um inländische oder ausländische Kapitalerträge handelt; siehe § 8 b KStG n.F. Bezieht eine inländische Kapitalgesellschaft von einer ausländischen steuerfreie Dividenden, so kommt für den nichtabzugsfähigen Betriebsausgabenbereich eine Pauschalregelung von 5 v.H. zum Zuge. Rühren Gewinne aus einer Anteilsveräußerung von in- und ausländischen Kapitalgesellschaften her, so bleiben diese unbesteuert, wenn der Veräußerer unbeschränkt oder beschränkt steuerpflichtig ist; vgl. § 8 b Abs. 2 KStG n.F. Entsprechendes gilt für Bezüge aus Kapitalherabsetzung oder Liquidation. Wegen der Ausnahmen bzw. Rückausnahmen siehe § 8 b Abs. 4 KStG n.F.

Die Vorschrift des § 3 Nr. 40 EStG n.F. erfasst auch die Veräußerung von einbringungsgeborenen Anteilen. Auf deren Zugehörigkeit zu einem Betriebs- oder Privatvermögen kommt es nicht an. Die Bestimmung des § 3 Nr. 40 S. 3 EStG ist einschlägig. Der hälftige Ansatz des Veräußerungs- oder Entnahmeerlöses nach § 3 Nr. 40 S. 1 Buchstaben a) und b) gilt hiernach nicht für einbringungsbezogene Anteile i.S.d. § 21 UmwStG. Die als Missbrauchsregelung zu qualifizierende Vorschrift gilt auch für im Privatvermögen befindliche einbringungsgeborene Anteile. Werden diese Anteile nach Ablauf von sieben Jahren nach der Einbringung i.S.d. § 20 UmwStG veräußert oder entnommen, so ist die vorgenannte Missbrauchsregelung verwirkt; vgl. § 3 Nr. 40 S. 4 Buchstabe a) EStG.

Nach § 3 Nr. 40 S. 3 und 4 EStG n.F. ist – bezogen auf die Variante a) und b) des Sachverhaltes – jeweils der volle Veräußerungspreis anzusetzen. Diesen ist die Hälfte der ursprünglichen Anschaffungskosten der Beteiligung gegenüberzustellen; vgl. § 3 c Abs. 2 S. 2 EStG n.F. sowie § 20 Abs. 4 S. 1 UmwStG. Nach allem ergeben sich für Hermann Brinkmann folgende Veräußerungsgewinne:

Variante a): Veräußerungserlös 1.000.000,00 DM bzw. 511.292,00 Euro:

Veräußerungserlös	1.000.000,00 DM → 511.292,00 €
./. Hälfte der AK	250.000,00 DM → 127.823,00 €
Veräußerungsgewinn	750.000,00 DM → 383.469,00 €

Variante b): Veräußerungserlös 400.000,00 DM bzw. 204.517,00 Euro:

Veräußerungserlös	400.000,00 DM → 204.517,00 €
./. Hälfte der AK	250.000,00 DM → 127.823,00 €
Veräußerungsgewinn	150.000,00 DM → 76.694,00 €

In der Realität ist ein Verlust von 100.000,00 DM (unter Buchwert) eingetreten. Hermann Brinkmann hat nach dem Halbeinkünfteverfahren einen „Gewinn" zu versteuern, den er nicht erzielt hat.

Das Dilemma ist im Ansatz des vollen Veräußerungserlöses bei nur hälftiger Berücksichtigung der ursprünglichen Anschaffungskosten zu sehen (die steuerliche Beratung ist hier besonders gefordert). Letztendlich wird ein sinnwidriges Ergebnis erzielt; vgl. hierzu kritisch; Brandenberg (NWB, Heft Nr. 36/2000 „Meinungen – Stellungnahmen").

Eine sinnvolle Lösung kann nur darin liegen, bei vollem Ansatz des Veräußerungspreises auch die gesamten historischen Anschaffungskosten zu berücksichtigen oder alternativ hierzu bei hälftiger Berücksichtigung der Anschaffungskosten nur den halben Veräußerungserlös anzusetzen.

1.8.10 Gewinne aus verdeckten Einlagen und Gewinnausschüttungen

Siehe zur verdeckten Einlage A 36 a KStR und zur verdeckten Gewinnausschüttung A 31 KStR 1995 sowie Abs. 3 zur Begriffsbestimmung der vGA.

1.8.10.1 Verdeckte Einlage

Durch § 8 b Abs. 2 S. 3 KStG n.F. ist auch die verdeckte Einlage der Beteiligung an einer Kapitalgesellschaft in eine andere eine Veräußerung i.S.d. § 8 b Abs. 2 KStG n.F. mit der Folge, dass der Einlagegewinn steuerfrei bleibt.

Die A-GmbH legt ihre Beteiligung an der B-GmbH, die über einen Buchwert von 100.000,00 DM und einen Teilwert von 300.000,00 DM verfügt, in die C-GmbH ein.

Beispiel

Nach § 6 Abs. 6 S. 2 EStG i.V.m. § 8 Abs. 1 KStG ist die Einlage mit dem Teilwert mit der Folge vorzunehmen, dass bei der A-GmbH ein Gewinn i.H.v. 200.000,00 DM entsteht.

Buchung:

Beteiligung C-GmbH	300.000,00 DM
an Buchwert Beteiligung B-GmbH	100.000,00 DM
und sonstige betriebliche Erlöse	200.000,00 DM

Der Gewinn von 200.000,00 DM ist steuerfrei und außerbilanziell vom Gesamtgewinn abzusetzen; vgl. § 8 b Abs. 2 S. 3 KStG n.F.

Die einkommensteuerrechtliche Vorschrift des § 6 Abs. 6 S. 2 EStG stellt sicher, dass sich bei einer Übertragung im Wege der verdeckten Einlage die Anschaffungskosten einer Beteiligung an einer Kapitalgesellschaft um den Teilwert des eingelegten Wirtschaftsgutes erhöhen.

Hinweis

1.8.10.2 Verdeckte Gewinnausschüttung

Im Umkehrschluss ist dem § 8 b Abs. 2 S. 3 KStG n.F. zur Steuerbefreiung der Gewinne aus verdeckten Einlagen zu entnehmen, dass Gewinne aus verdeckten Gewinnausschüttungen, die auch aus Beteiligungsveräußerungen stammen, nicht der Steuerbefreiung nach § 8 b Abs. 2 KStG n.F. unterliegen. Dieses Ergebnis ist in der Fachwelt umstritten, da es zu einer doppelten Besteuerung leitet. Es entspricht dem aktuellen Gesetzeswortlaut und der bisherigen Verwaltungsauffassung zu § 8 b Abs. 2 KStG a.F.; siehe auch A 41 Abs. 5 KStR 1995; vgl. BFH vom 06. Juli

2000, IStR S. 681 mit Zweifeln an der Rechtmäßigkeit der Verwaltungs-auffassung.

Die A-GmbH veräußert ihre Beteiligung an der B-GmbH, die einen Buchwert von 100.000,00 DM und einen Teilwert von 400.000,00 DM hat, für 200.000,00 DM an ihren Gesellschafter A und erklärt einen Ver-äußerungsgewinn von 100.000,00 DM.

Der „erklärte" Veräußerungsgewinn von 100.000,00 DM ist nach § 8 b Abs. 2 S. 1 KStG n.F. steuerbefreit.

Außerhalb der Bilanz ist aufgrund von § 8 Abs. 3 S. 2 KStG eine verdeckte Gewinnausschüttung i.H.v. 200.000,00 DM hinzuzurechnen. Die Erhöhung des zu versteuernden Einkommens um die verdeckte Gewinnausschüttung ist nicht von § 8 b Abs. 2 KStG n.F. erfasst und demzufolge auch nicht steuerbefreit.

Hätte die A-GmbH die Beteiligung zum verkehrsüblichen Preis von 400.000,00 DM an ihren Gesellschafter A veräußert, so wäre der in der Bilanz entstandene Veräußerungsgewinn von 300.000,00 DM vollständig nach § 8 b Abs. 2 KStG n.F. steuerfrei.

1.8.11 Verluste aus Beteiligungen

Das folgende Kapitel behandelt vormalige Teilwertabschreibungen und Veräußerungsverluste sowie Betriebsausgaben, die im Zusammenhang mit dem in § a Abs. 2 KStG n.F. genannten Anteil stehen und die bei der Gewinnermittlung nicht berücksichtigt werden dürfen.

1.8.11.1 Teilwertabschreibungen und Veräußerungsverluste

Nach § 8 b Abs. 3 KStG n.F. sind Gewinnminderungen, die durch den Ansatz des niedrigeren Teilwertes der Beteiligung mittels Teilwertab-schreibung oder durch Anteilsveräußerung entstehen, bei der Gewinn- und Einkommensermittlung nicht zu berücksichtigen. Knüpft man die Steuerbefreiung von Beteiligungsveräußerungen an, so dürfen Beteili-gungsverluste, die sich über Teilwertabschreibungen oder Veräußerungen auswirken, nicht berücksichtigt werden. Die sich infolge des Maßgeblich-keitsgrundsatzes (§ 5 Abs. 1 S. 1 EStG) in der Steuerbilanz ebenfalls er-gebende Gewinnminderung ist außerhalb der Bilanz wieder hinzuzurech-nen.

Die genannten Grundsätze gelten ebenso für Teilwertabschreibungen in-nerhalb der einjährigen Behaltensfrist des § 8 b Abs. 2 S. 1 KStG n.F., obwohl Veräußerungen innerhalb dieser Frist uneingeschränkt besteuert werden.

Die A-GmbH hat am 01.07.2002 Anteile an der B-GmbH für 100.000,00 Euro erworben. Zum 31.12.2002 nimmt die A-GmbH zulässig eine Teilwertabschreibung auf die Anteile an der B-GmbH i.H.v. 60.000,00 Euro vor mit der Folge, dass sich der Buchwert auf 40.000,00 Euro mindert. Am 01.05.2003 veräußert die A-GmbH die im Wert wieder gestiegenen Anteile an der B-GmbH für 90.000,00 Euro.

Beispiel

Die Teilwertabschreibung von 60.000,00 Euro aus dem Jahr 2002 darf das zu versteuernde Einkommen nach § 8 b Abs. 3 KStG n.F. nicht mindern und ist infolgedessen außerhalb der Bilanz wieder hinzuzurechnen.

Der Veräußerungsgewinn in 2003 von 50.000,00 Euro, der sich aus dem Veräußerungserlös von 90.000,00 Euro abzüglich dem Buchwert von 40.000,00 Euro ergibt, wird innerhalb der einjährigen Behaltensfrist erzielt und ist nicht steuerbefreit; vgl. § 8 b Abs. 2 S. 2 KStG n.F. Dieses Ergebnis folgt dem Gesetzeswortlaut. Es ist strittig und zurzeit ungeklärt, ob die nach § 8 b Abs. 3 KStG n.F. nicht berücksichtigte Teilwertabschreibung bei der Ermittlung des Veräußerungsgewinns anzusetzen ist oder nicht (Stand: Juli 2002).

1.8.11.2 Betriebsausgaben im Zusammenhang mit steuerfreien Gewinnen aus der Veräußerung von Anteilen an in- und ausländischen Kapitalgesellschaften

Wegen des § 8 b Abs. 5 KStG n.F. gelten bei Bezügen auf Anteile an einer ausländischen Kapitalgesellschaft, die bei der Ermittlung des Einkommens außer Ansatz bleiben, 5 v. H. der Einnahmen als Betriebsausgaben. die mit den Einnahmen in unmittelbarem wirtschaftlichen Zusammenhang stehen. Mit dieser Regelung gelten fiktiv 5 v.H. der steuerbefreiten Bruttoeinnahmen als nicht abziehbare Ausgaben, die außerbilanziell wieder zu korrigieren sind. Unbedeutend sind die tatsächlichen Aufwendungen, die mit den Einnahmen in unmittelbarem wirtschaftlichen Zusammenhang stehen. Im Prinzip werden also 95 v. H. der Bezüge steuerlich nicht berücksichtigt. Die folgenden zwei Beispiele grenzen den Problemkreis weiter ein:

Die A-GmbH veräußert im Jahr 2002 ihre Beteiligung an der B-GmbH mit einem Gewinn von 100.000,00 Euro. Der A-GmbH werden Anwalts-, Notar- und Gerichtskosten von insgesamt 10.000,00 Euro in Rechnung gestellt.

Beispiel 1

Die Veräußerungskosten stehen in einem unmittelbaren wirtschaftlichen Zusammenhang mit dem steuerfreien Veräußerungsgewinn. Nach § 3 c Abs. 1 EStG n.F. i.V.m. § 8 Abs. 1 KStG sind diese Aufwendungen steuerlich nicht abziehbar.

Beispiel 2

Die C-GmbH veräußert im Jahr 2002 ihre Beteiligung an der D-BV (= niederländische Kapitalgesellschaft) mit 100.000,00 Euro Gewinn steuerfrei an einen Dritten. Der C-GmbH werden Anwalts-, Notar- und Gerichtskosten von insgesamt 10.000,00 Euro in Rechnung gestellt.

Die Vorschrift des § 8 b Abs. 5 KStG n.F. findet nur Anwendung auf Betriebsausgaben, die im Zusammenhang mit ausländischen Bezügen – vor allem Dividenden – stehen. Auf die Betriebsausgaben, die in einem unmittelbaren wirtschaftlichen Zusammenhang mit dem steuerbefreiten Veräußerungsgewinn stehen, ist § 3 c Abs. 1 EStG n.F. i.V.m. § 8 Abs. 1 KStG uneingeschränkt mit der Folge anwendbar, dass die Veräußerungskosten steuerlich nicht abziehbar sind.

1.8.12 Beteiligung über eine Mitunternehmerschaft; Anwendung des § 8 b Abs. 2 bis 5 KStG n.F.

Die zuvor beschriebenen Grundsätze gelten auch für die Fälle, wenn Körperschaften Anteile nicht unmittelbar halten, sondern an einer Mitunternehmerschaft beteiligt sind, die wiederum die Anteile hält; vgl. hierzu § 8 b Abs. 6 S. 1 KStG n.F.

Beispiel

Die A-GmbH ist mit 50 v.H. an der X-OHG beteiligt, die wiederum an der B-GmbH beteiligt ist. Die X-OHG verkauft im Jahr 2002 die Beteiligung an der B-GmbH mit einem Gewinn von 100.000,00 Euro, wovon im Rahmen der gesonderten und einheitlichen Feststellung der A-GmbH 50.000,00 Euro Gewinnanteil zugewiesen werden.

Der Gewinnanteil der A-GmbH ist gemäß § 8 b Abs. 2 i.V.m. Abs. 6 S. 1 KStG n.F. steuerfrei.

1.8.13 Erstmalige Anwendung des § 8 b Abs. 2 und Abs. 3 KStG n.F.

Die erstmalige Anwendung des § 8 b Abs. 2 und 3 KStG n.F. ist an die steuerliche Gleichbehandlung mit der Beteiligungsgesellschaft verbunden, an der die veräußerten Anteile bestehen. Die neue Rechtslage gilt erst für Gewinne und Gewinnminderungen, die nach Ablauf des letzten Wirtschaftsjahres anfallen, wonach bei der Beteiligungsgesellschaft, deren Anteile veräußert werden, noch das frühere Körperschaftsteuerrecht anzuwenden ist; vgl. § 34 Abs. 6 d S. 1 Nr. 2 KStG n.F. In allen Fällen ist noch das bisherige Recht, insbesondere auch § 8 b KStG n.F., anzuwenden.

Beispiel

Die A-GmbH ist mit 50 v.H. an der B-GmbH beteiligt. Die Beteiligung hat einen Buchwert von 100.000,00 DM und einen Teilwert von

200.000,00 DM. Beide Gesellschaften verwenden das Kalenderjahr als Wirtschaftsjahr. Die A-GmbH veräußerte im Jahr 2001 die Anteile an der B-GmbH für 200.000,00 DM.

Der Veräußerungsgewinn von 100.000,00 DM ist nicht nach § 8 b Abs. 2 KStG n.F. steuerfrei, weil noch das vormalige Recht Anwendung finden muss. Bei der B-GmbH gilt nämlich für Gewinnausschüttungen das Anrechnungsverfahren. Eine Dividende der B-GmbH an die A-GmbH unterliegt im Jahr 2001 noch dem Anrechnungsverfahren. Analog hierzu ist auch der Veräußerungsgewinn nach dem alten Recht zu behandeln.

Würde die Anteilsveräußerung im Jahr 2002 stattfinden, wäre bei Ausschüttung der B-GmbH an die A-GmbH nicht mehr das Anrechnungsverfahren (§§ 27 bis 47 KStG a.F.), sondern das Halbeinkünfteverfahren anzuwenden. Dies hätte zur Folge, dass für in 2002 erzielte Veräußerungsgewinne ebenfalls bereits neues Recht anzuwenden wäre. Der Veräußerungsgewinn von 100.000,00 DM oder dann 51.129,00 Euro wäre dann nach § 8 b Abs. 2 KStG n.F. steuerfrei.

Hinweis

Gedanklich gilt für Kapitalgesellschaften auch nach dem Systemwechsel auf das Halbeinkünfteverfahren ein für Gewinnausschüttungen verwendbares Eigenkapital in der Handels- und Steuerbilanz. Eine Aufgliederung des verwendbaren Eigenkapitals in Teilbeträge, wie es § 29 KStG i.V.m. der Gliederungsvorschrift des § 30 KStG a.F. forderte, ist dem Halbeinkünfteverfahren genauso fremd wie die steuerliche Vorbelastung des verwendbaren Eigenkapitals. Das Einkommen (§ 8 Abs. 1 KStG) einer Kapitalgesellschaft wird nur noch definitiv mit 25 v.H. Körperschaftsteuer besteuert. Die Dividende wird beim Anteilseigner – soweit es sich um eine natürliche Person handelt – ohne Anrechnungsmöglichkeit dem Halbeinkünfteverfahren unterworfen oder bei einer Kapitalgesellschaft als Empfänger von Dividenden ohne Anrechnungsmöglichkeit grundsätzlich steuerfrei gestellt.

Die Steuerpflicht einer Dividende auf Seiten des Anteilseigners kann aber auch unter der Rechtslage des Halbeinkünfteverfahrens nicht für den Teil von Dividenden gelten, der aus früheren Einlagen des Gesellschafters finanziert wird. Mithin muss klar unterschieden werden, welcher Teil des Eigenkapitals der Kapitalgesellschaft – des verwendbaren Eigenkapitals der Kapitalgesellschaft – aus Einlagen stammt.

Hierzu bestimmt § 27 Abs. 1 S. 1 KStG n.F., dass Körperschaften die nicht in das Nennkapital geleisteten Einlagen am Schluss jeden Wirtschaftsjahres auf einem besonderen Einlagekonto auszuweisen haben. Das Einlagekonto ist, ausgehend vom Bestand am Ende des vorangegangenen Jahres, um die jeweiligen Zu- und Abgänge des Wirtschaftsjahres fortzuschreiben; vgl. § 27 Abs. 1 S. 2 KStG n.F.

Nach § 27 Abs. 1 S. 3 KStG n.F. ist entscheidend, dass Leistungen der Kapitalgesellschaft – insbesondere Dividenden und verdeckte Gewinnausschüttungen – das Einlagekonto nur mindern, soweit die Summe der im Wirtschaftsjahr erbrachten Leistungen den auf den Schluss des vorangegangenen Wirtschaftsjahres ermittelten ausschüttbaren Gewinn übersteigt. Als ausschüttbarer Gewinn gilt das um das gezeichnete Kapital geminderte in, der Steuerbilanz ausgewiesene Eigenkapital abzüglich des Bestands des steuerlichen Einlagenkontos; § 27 Abs. 1 S. 5 KStG n.F.

Das Eigenkapital der Montana-GmbH in der Steuerbilanz zum 31.12.2002 beträgt 100.000,00 Euro; hierin enthalten ist das Stammkapital von 50.000,00 Euro. Das Einlagenkonto zum 31.12.2002 lautet 0,00 Euro. Im Jahr 2002 leistet der Gesellschafter Peter Bräutigam eine (verdeckte) Einlage von 40.000,00 Euro (= Einlagenkonto 40.000,00 Euro), wodurch sich das Eigenkapital von 100.000,00 auf 140.000,00 Euro erhöht.

Die Montana-GmbH nimmt im Jahr 2003 für das am 31.12.2002 abgelaufene Wirtschaftsjahr 2002 eine Gewinnausschüttung von 30.000,00 Euro vor.

Die GmbH hat in 2003 ein zu versteuerndes Einkommen von 100.000,00 Euro. Hierauf lastet die Körperschaftsteuer mit 25 v.H., also mit 25.000,00 Euro. Sonstige nicht abzugsfähige Betriebsausgaben sind nicht angefallen.

Für das Jahr 2004 nimmt die GmbH wiederum eine Gewinnausschüttung vor. Diese beträgt 120.000,00 Euro.

Es sind nachfolgende Berechnungen durchzuführen, damit den Erfordernissen des § 27 KStG n.F. Genüge getan wird:

Eigenkapital ohne gezeichnetes Kapital 31.12.2002		50.000,00 €
Gewinnausschüttung 2003	./.	30.000,00 €
(verdeckte) Einlage 2003	+	40.000,00 €
Gewinnzugang 2003 nach Steuern	+	75.000,00 €
		135.000,00 €

Unterschiedsbetrag:

Eigenkapital ohne gezeichnetes Kapital 31.12.2003		135.000,00 €
Einlagenkonto 31.12.2003	./.	40.000,00 €
„verwendbares" Eigenkapital 31.12.2003 ohne Einlagenkonto		95.000,00 €
Gewinnzugang 2004	./.	120.000,00 €
Minderung des Einlagenkonto		25.000,00 €

Entwicklung des Einlagenkontos:

Einlagenkonto 31.12.2002		0,00 €
Einlagenkonto 31.12.2003		40.000,00 €
Verminderung durch Gewinnausschüttung in 2004	./.	25.000,00 €
Endbestand des Einlagenkontos 31.12.2004		15.000,00 €

Beispiel

Nach § 27 Abs. 2 S. 1 KStG n.F. ist der unter Berücksichtigung der Zu- und Abgänge des Wirtschaftsjahres ermittelte Bestand des Einlagenkontos jeweils gesondert festzustellen. Der Bescheid über die gesonderte Feststellung ist Grundlagenbescheid für den Bescheid über die gesonderte Feststellung zum folgenden Feststellungszeitpunkt; vgl. hierzu § 27 Abs. 2 S. 2 KStG n.F.

Gemäß § 20 Abs. 1 Nr. 1 S. 3 EStG n.F. gehören Einnahmen, die lt. Steuerbescheinigung aus dem Einlagenkonto der ausschüttenden Kapitalgesellschaft gespeist werden, nicht zu den steuerpflichtigen Einnahmen; siehe auch § 27 Abs. 3 KStG n.F. Dies entspricht der Behandlung, wie unter der Herrschaft des Anrechnungsverfahrens Ausschüttungen aus dem EK 04 behandelt werden; siehe § 20 Abs. 1 Nr. 3 EStG a.F.

Beachten

Gewinnausschüttungen aus dem Einlagenkonto i.S.d. § 27 KStG n.F. sind – wie schon bisher Ausschüttungen aus dem EK 04 – steuerpflichtig, wenn der Anteilseigner (wesentlich) Beteiligter i.S.d. § 17 Abs. 4 S. 1 EStG n.F. ist und soweit die Ausschüttung aus dem Einlagenkonto die Anschaffungskosten der Beteiligung übersteigt.

Beispiel

Die Clausen-GmbH leistet im Jahr 2003 an ihren zu 100 Prozent beteiligten Gesellschafter Walter Clausen eine Dividende von 300.000,00 Euro. Die Anschaffungskosten der Anteile haben vor Jahren nur 10.000,00 Euro (nachrichtlich 19.558,00 DM) gekostet. Laut Steuerbescheinigung stammen 200.000,00 Euro der Dividende aus dem Einlagenkonto. Walter Clausen hält seine GmbH-Anteile in seinem Privatvermögen.

Für den Gesellschafter ergibt sich folgende Besteuerung:

Steuerpflichtige Einnahmen aus Dividende § 20 Abs. 1 Nr. 1 i.V.m. § 3 Nr. 40 d EStG n.F 50 v.H. von 100.000,00 € nicht aus dem Einlagenkonto stammend	50.000,00 €
Besteuerung nach § 17 Abs. 4 EStG Anschaffungskosten Beteiligung	10.000,00 €
Ausschüttung aus dem Einlagenkonto	./. 200.000,00 €
Gewinn § 17 Abs. 4 S. 1 EStG	190.000,00 €
Steuerpflichtiger Teil der Dividende aus dem Einlagenkonto stammend 50 v.H. von 200.000,00 €	100.000,00 €
Abzugsfähige AK gem. § 3 Nr. 40 c i.V.m. § 3 c Abs. 2 EStG n.F. 50 v.H. 10.000,00 €	./. 5.000,00 €
Steuerpflichtiger Gewinn gemäß § 17 Abs. 4 S. 1 EStG	**95.000,00 €**

Beachten

Gewinnausschüttungen aus dem Einlagenkonto mindern bei Beteiligungen, die im Betriebsvermögen gehalten werden, den Buchwert der Beteiligung. Der den Buchwert der Beteiligung übersteigende Betrag ist Gewinn, der – bei natürlichen Personen – zur Hälfte steuerpflichtig bzw. – bei Kapitalgesellschaften – nach § 8 b Abs. 1 KStG n.F. steuerfrei ist.

Damit ergibt sich kein Unterschied gegenüber der früheren Rechtslage im Zusammenhang mit Gewinnausschüttungen aus dem Einkommensteil EK 04 (Anrechnungsverfahren).

1.9 Übergang vom Anrechnungs- auf das Halbeinkünfteverfahren

Nachdem der Systemwechsel vom Anrechnungsverfahren auf das klassische Körperschaftsteuersystem an der dafür geeigneten Stelle bereits umrissen worden ist, widmet sich dieses Kapitel Schritt für Schritt den Einzelheiten dieser wichtigen Steuerrechtsänderung und stellt die Thematik an Hand von vielen Beispielen dar.

Bei Kapitalgesellschaften, die vor dem Systemwechsel existent waren und die als so genannte Anrechnungskörperschaften zu bezeichnen waren, stellt sich die Frage, ob und wann die Gliederung des verwendbaren Eigenkapitals und die letztmalige Verrechnung von Gewinnausschüttungen im Vollanrechnungsverfahren stattzufinden hat.

Problemstellung:

Das Anrechnungsverfahren ist dem Halbeinkünfteverfahren gewichen. Mit Einführung eines einheitlichen Körperschaftsteuersatzes auf thesaurierte und ausgeschüttete Gewinne erübrigt sich eine Gliederung des verwendbaren Eigenkapitals, denn die Tatsache der Ausschüttung verändert den Steuersatz nicht mehr.

Der Wegfall der Gliederungsrechnung i.S.d. §§ 29 KStG a.F. und die Einführung des Eigenkontos nach § 27 KStG n.F. geschieht vor dem Hintergrund, dass in den gegliederten Einkommensteilen EK 45 und EK 40 Steuerminderungsvolumen und im EK 02 Steuererhöhungsvolumen enthalten ist, das sich durch einen radikalen Systemwechsel nicht mehr auswirken würde. Die damit verbundenen Härten für die Steuerzahler und den Fiskus versucht der Gesetzgeber mit den Übergangsbestimmungen des § 34 Abs. 10 a KStG aufzufangen.

1.9.1 Letztmalige Anwendung des Anrechnungsverfahrens → kein abweichendes Wirtschaftsjahr

Nach den Übergangsregelungen des § 34 Abs. 10 a KStG ist das Anrechnungsverfahren letztmalig anzuwenden:

- für Gewinnausschüttungen, die auf einem den gesellschaftsrechtlichen Vorschriften entsprechenden Gewinnverteilungsbeschluss für ein abgelaufenes Wirtschaftsjahr beruhen, und die in dem ersten

Wirtschaftsjahr erfolgen, das in dem Veranlagungszeitraum endet, für den das neue KStG erstmals anzuwenden ist.

Haben Kapitalgesellschaften, die zu den Anrechnungskörperschaften zählen, ein Wirtschaftsjahr, das dem Kalenderjahr entspricht, so findet die Verrechnung von Ausschüttungen letztmalig mit dem zum 31.12.2000 nach § 47 Abs. 1 KStG a.F. festgestellten verwendbarem Eigenkapital statt. Maßgeblich ist danach, wann eine Ausschüttung erfolgt ist, nicht aber, wann sie beschlossen worden ist. Wann eine Ausschüttung als durchgeführt gilt, ist in A 77 Abs. 6 ff. KStR 1995 geregelt. Danach ist eine Ausschüttung u.a. dann erfolgt, wenn bei der Kapitalgesellschaft die entsprechenden Mittel abgeflossen sind oder der Anteilseigner aufgerechnet hat oder die Ausschüttung auf einem seiner uneingeschränkten Verfügung unterliegenden Verrechnungskonten verbucht ist. In Jahreszahlen ausgedrückt bedeutet dies, dass die letztmalige Verrechnung mit dem verwendbaren Eigenkapital zum 31.12.2000 nur dann stattfindet, wenn eine offene Gewinnausschüttung nicht nur im Jahr 2001 handelsrechtlich wirksam für ein Vorjahr beschlossen wird, sondern der entsprechende Betrag muss auch im Jahr 2001 abgeflossen sein; vgl. A 77 Abs. 6 ff. KStR 1995.

Die Gesellschafterversammlung der Lotec-GmbH hat am 15.05.2001 handelsrechtlich einwandfrei eine Gewinnausschüttung von 100.000,00 DM für das Jahr 2000 beschlossen. Davon wurden 60.000,00 DM – nach Einbehalt und Anmeldung der Kapitalertragsteuer zum 10.06.2001 – an die Gesellschafter ausgezahlt. Die übrigen 40.000,00 DM wurden als „echte" Ausschüttungsverbindlichkeiten, die nicht das Verrechnungskonto betreffen, in der Handelsbilanz zum 31.12.2001 ausgewiesen und erst am 15.02.2002 (unter Einbehalt und Anmeldung der Kapitalertragsteuer) zum 10.03.2002 an die Gesellschafter ausbezahlt (= 20.452,00 Euro). Eine Verrechnung mit dem verwendbaren Eigenkapital zum 31.12.2001 hat nur für den Teil der Ausschüttung i.H.v. 60.000,00 DM zu erfolgen (Anrechnungsverfahren). Für den übrigen Teil der Ausschüttung von 40.000,00 DM bzw. 20.452,00 Euro darf wegen des Abflusses in 2002 keine Verrechnung mit dem vEK stattfinden, denn für sie gilt bereits die Rechtslage des Halbeinkünfteverfahrens.

Das Anrechnungsverfahren ist auch letztmalig anzuwenden:

- für andere Ausschüttungen, das sind verdeckte Gewinnausschüttungen, Vorabausschüttungen und sonstige Leistungen i.S.d. § 41 Abs. 1 KStG a.F. (insbes. Liquidationszahlungen), die in dem letzten vor dem 01.01.2001 beginnenden Wirtschaftsjahr erfolgen, das dem vorgenannten Wirtschaftsjahr vorangeht. In Jahreszahlen ausgedrückt bedeutet dies, dass die genannten Leistungen der Körperschaft an ihre Anteilseigner nach § 28 Abs. 2 S. 2 KStG n.F. nur dann letztmalig mit dem verwendbaren Eigenkapital zum 31.12.2000 abgeflossen sind; vgl. A 77 Abs. 6 ff. KStR 1995.

Beispiel

Die Gesellschafterversammlung der Hitec-GmbH, deren beherrschender Gesellschafter-Geschäftsführer Adam Ohnesorg ist, beschließt am 31.12.2000 rückwirkend für 2000 eine Tantieme. In der Bilanz zum 31.12.2000 wird eine Tantiemerückstellung i.H.v. 100.000,00 DM gebildet. Die Tantieme wird am 01.05.2001 an Ohnesorg ausbezahlt.

Unter Hinweis auf das Rückwirkungsverbot beim beherrschenden Gesellschafter (A 31 Abs. 5 KStR 1995) liegt für das Jahr 2000 zwar eine dem Einkommen hinzuzurechnende verdeckte Gewinnausschüttung vor, aber – mangels Abfluss – noch keine zur Herstellung der Ausschüttungsbelastung verpflichtende „andere" Ausschüttung i.S.d. §§ 27 Abs. 3 S. 2, 28 Abs. 2 S. 2 KStG a.F., so dass eine Verrechnung der Ausschüttung mit dem verwendbaren Eigenkapital zum 31.12.2000 nicht mehr stattzufinden hat. Da zum 31.12.2001 folgerichtig auch keine Gliederung des verwendbaren Eigenkapitals mehr aufzustellen ist, gilt bei Abfluss der Tantieme – das ist i.d.R. die Auszahlung – bereits das Halbeinkünfteverfahren, so dass die Herstellung der Ausschüttungsbelastung zu unterbleiben hat.

1.9.2 Letztmalige Anwendung des Anrechnungsverfahrens → abweichendes Wirtschaftsjahr

Das Anrechnungsverfahren mit der Folge der Verrechnung von Gewinnausschüttungen gilt letztmalig bei vom Kalenderjahr abweichendem Wirtschaftsjahr:

• für offene Gewinnausschüttungen für vorangegangene Jahre, die in dem ersten Wirtschaftsjahr erfolgen (= abfließen), das in dem Veranlagungszeitraum endet, für das erstmalig das neue KStG anzuwenden ist.

Beispiel

Die Robo-GmbH verwendet ein Wirtschaftsjahr vom 01.06.2001 bis zum 31.05.2002. Am 01.04.2002 beschließt die GmbH eine Gewinnausschüttung für das Vorjahr und zahlt diese sofort an die Gesellschafter aus.

Die Ausschüttung ist innerhalb des Wirtschaftsjahres 2001/2002 erfolgt. Das Halbeinkünfteverfahren findet bei Kapitalgesellschaften mit einem abweichenden Wirtschaftsjahr grundsätzlich ab dem Veranlagungszeitraum 2002 Anwendung. Für das Beispiel ist letztmalig das Anrechnungsverfahren anzuwenden mit der Folge der Verrechnung der Gewinnausschüttung mit dem vEK zum 31.05.2001.

Hätte die GmbH die Gewinnausschüttung nach dem 31.05.2002 beschlossen oder ausgezahlt (= Abfluss), so wäre das Halbeinkünfteverfahren zur Anwendung gelangt. Als Folge wäre eine Verrechnung mit dem vEK zum 31.05.2001 unmöglich gewesen.

Das Anrechnungsverfahren mit der Folge der Verrechnung von Gewinnausschüttungen gilt letztmalig bei vom Kalenderjahr abweichendem Wirtschaftsjahr auch:

- für andere Ausschüttungen und sonstige Leistungen (als offene ...), die in einem Wirtschaftsjahr erfolgen (= abfließen), das in dem Veranlagungszeitraum endet, für das letztmalig das alte KStG anzuwenden ist.

Die Klöni-GmbH verwendet ein Wirtschaftsjahr vom 01.06.2000 bis zum 31.05.2001 und anschließend vom 01.06.2001 bis zum 31.05.2002. Bei dieser GmbH ist am 01.04.2001 eine verdeckte Gewinnausschüttung abgeflossen. Daneben haben die Gesellschafter der GmbH am 01.12.2002 eine Vorabausschüttung für das Wirtschaftsjahr 2001/2002 beschlossen und ausgezahlt.

Für ein im Veranlagungszeitraum 2001 endendes abweichendes Wirtschaftsjahr gilt noch das Anrechnungsverfahren. Alle „anderen Ausschüttungen" sind mit dem verwendbaren Eigenkapital zum Schluss dieses – in 2001 endenden – Wirtschaftsjahres zu verrechnen.

Die verdeckte Gewinnausschüttung ist in dem bis zum 31.05.2001 laufenden Wirtschaftsjahr abgeflossen; es ist demzufolge noch eine Verrechnung mit dem verwendbaren Eigenkapital zum 31.05.2001 vorzunehmen.

Die Vorabausschüttung ist im Wirtschaftsjahr 2001/2002 erfolgt. Dieses Wirtschaftsjahr hat sein Ende im Veranlagungszeitraum 2002; es ist das Halbeinkünfteverfahren anzuwenden mit der Folge, dass eine Verrechnung mit dem verwendbaren Eigenkapital nicht mehr in Betracht kommen kann.

Das neue Körperschaftsteuerrecht findet für mit dem Kalenderjahr übereinstimmende Wirtschaftsjahre ab dem Veranlagungszeitraum 2001 und bei abweichenden Wirtschaftsjahren grundsätzlich ab dem Veranlagungszeitraum 2002 Anwendung.

1.9.3 Letztmalige Geltung des Anrechnungsverfahrens beim Anteilseigner

Durch § 52 Abs. 36 EStG n.F. findet das Anrechnungsverfahren bei allen Anteilseignern letztmalig noch für bezogene Gewinnausschüttungen Anwendung, in denen nach § 34 Abs. 10 a KStG n.F. letztmalig eine Verrechnung mit dem verwendbaren Eigenkapital stattfindet und mithin noch ein Anrechnungsguthaben nach dem alten System der Vollanrechnung entsteht. Zu den hier gemeinten Gewinnausschüttungen gehören insbesondere offene Gewinnausschüttungen für vorangegangene Wirtschaftsjahre sowie verdeckte Gewinnausschüttungen und Vorabausschüttungen.

Insoweit konsequent sind die Vorschriften des Halbeinkünfteverfahrens nach § 3 Nr. 40 d EStG n.F. hinsichtlich offener und verdeckter Gewinnausschüttungen erstmalig anzuwenden, wenn die Vorschriften des Anrechnungsverfahrens nicht mehr anwendbar sind; vgl. § 52 Abs. 4 a Nr. 1 EStG n.F.

Beispiel 1

Die Gesellschafter der A & B-GmbH (Wj. = Kj.) beschließen im Jahr 2001 für 2000 eine Gewinnausschüttung von 70.000,00 DM zugunsten von A und B (50:50). Die Ausschüttung gelangt am 15.12.201 zur Auszahlung.

Bei der A & B-GmbH ist für die Gewinnausschüttung letztmalig das Anrechnungsverfahren anzuwenden. Sie ist gemäß § 28 Abs. 2 S. 1 KStG a.F. mit dem verwendbaren Eigenkapital zum 31.12.2000 zu verrechnen. Für die Gesellschafter A und B ist spiegelbildlich auch das Anrechnungsverfahren einschlägig. Nach § 36 Abs. 2 S. 2 Nr. 3 EStG a.F. können die Gesellschafter bei Vorliegen einer Steuerbescheinigung das aus der Herstellung der Ausschüttungsbelastung freiwerdende Körperschaftsteuerguthaben auf ihre persönliche Einkommensteuerschuld anrechnen. A und B haben die Dividende (§ 20 Abs. 1 Nr. 1 S. 1 EStG a.F.) und die anrechenbare Körperschaftsteuer (§ 20 Abs. 1 Nr. 3 EStG a.F.) als Einnahme anzusetzen.

Hätte die Kapitalgesellschaft die Gewinnausschüttung zwar im Jahre 2001 für 2000 beschlossen und wäre die Auszahlung (= Abfluss) erst z.B. zum 15.01.2002 vorgenommen worden, so hätte eine Verrechnung der Ausschüttung mit dem verwendbaren Eigenkapital zum 31.12.2000 nicht (mehr) stattfinden dürfen. Für diesen Fall wäre bereits nach §§ 20 Abs. 1 Nr. 1 und 3 Nr. 40 d EStG n.F. das Halbeinkünfteverfahren anzuwenden. Entsprechendes gälte dann auch für die Besteuerung der Anteilseigner A und B.

Der alleinige Gesellschafter der C-GmbH ist C (Wj. = Kj.). C beschließt im Jahr 2001 für 2000 eine Gewinnausschüttung von 70.000,00 DM, die am 15.01.2002 (= Abfluss) zur Auszahlung gelangen.

Beispiel 2

Bei der C-GmbH ist das Anrechnungsverfahren nicht (mehr) anzuwenden. Eine Verrechnung der Gewinnausschüttung nach § 28 Abs. 2 S. 1 KStG a.F. mit dem verwendbaren Eigenkapital zum 31.12.2000 erfolgt nicht (mehr).

C ist beherrschender Gesellschafter der C-GmbH. Die Dividende von 70.000,00 DM gilt bereits in 2001 als zugeflossen, allerdings mit der Folge, dass der Vierte Teil des KStG a.F. nicht (mehr) gilt; siehe § 34 Abs. 10 a S. 1 Nr. 1 KStG und § 52 Abs. 4 a Nr. 1 EStG n.F. Das Halbeinkünfteverfahren findet hier Anwendung.

Die D-GmbH sagt ihrem Alleingesellschafter D am 31.12.2000 rückwirkend eine Tantieme von 100.000,00 DM zu. Diese gelangt (= Abfluss) am 15.04.2001 zur Auszahlung.

Beispiel 3

Beim beherrschenden Gesellschafter ist ein Rückwirkungsverbot zu beachten. In Höhe der vollen Dividende von 100.000,00 DM liegt eine verdeckte Gewinnausschüttung vor (A 31 Abs. 5 KStR 1995), die das zu versteuernde Einkommen des Jahres 2000 nach § 8 Abs. 3 S. 2 KStG erhöht.

Eine andere Ausschüttung i.S.v. §§ 27 Abs. 3 S. 2 und 28 Abs. 2 S. 2 KStG a.F. liegt im Jahr 2000 mangels Abfluss nicht vor. Nach dieser (alten) Rechtslage wäre auf die am 15.04.2001 abgeflossene andere Ausschüttung mit dem verwendbaren Eigenkapital zum 31.12.2002 zu verrechnen gewesen. Eine Herstellung der Ausschüttungsbelastung ist nach § 34 Abs. 10 a S. 1 Nr. 2 KStG n.F. nicht (mehr) vorzunehmen. Es gilt für die verdeckte Gewinnausschüttung auf Seiten der GmbH das Halbeinkünfteverfahren. Entsprechendes gilt nach § 20 Abs. 1 Nr. 1 S. 2 EStG n.F. für den Alleingesellschafter der GmbH.

Ebenso sind die übrigen – an das Halbeinkünfteverfahren angepassten – Vorschriften des EStG n.F. erstmals für Erträge anzuwenden, auf die das Anrechnungsverfahren nach den früheren Bestimmungen nicht mehr gilt. In Betracht kommen hauptsächlich §§ 20 Abs. 1 und 2, 2 a, 36 Abs. 2 S. 2 Nr. 2, 43 ff. EStG; vgl. hierzu § 52 Abs. 36, 37 b, 50 b, 53, 57 a, 57 b, 58, 59 a, 59 b EStG n.F.

1.9.4 Behandlung der letztmalig festzustellenden Teilbeträge des verwendbaren Eigenkapitals

Auf den Schluss des letzten Wirtschaftsjahres, das in dem Veranlagungszeitraum endet, für den das KStG in alter Fassung noch gilt, werden die Endbestände des verwendbaren Eigenkapitals ausgehend von den gemäß § 47 Abs. 1 S. 1 Nr. 1 KStG a.F. festgestellten Teilbeträgen nach § 36 Abs. 2 bis 7 KStG n.F. endgültig ermittelt; vgl. § 36 Abs. 1 KStG n.F.

Der Systemwechsel vom Anrechnungs- auf das Halbeinkünfteverfahren erfordert nach § 36 KStG n.F. nacheinander folgende Schritte, die hiermit vorgestellt werden. Das Wirtschaftsjahr entspricht dem Kalenderjahr.

1. Schritt: Ermittlung des verwendbaren Eigenkapitals

Körperschaftsteuersubjekte, die vor dem Systemwechsel existent waren, haben das verwendbare Eigenkapital zum 31.12.2000 nach den allgemeinen Grundsätzen des bisherigen Körperschaftsteuerrechts zu ermitteln und nach § 47 Abs. 1 S. 1 Nr. 1 KStG a.F. gesondert festzustellen.

2. Schritt: Verringerung des zum 31.12.2000 letztmalig festgestellten verwendbaren Eigenkapitals um die noch zu verrechnenden (= abgeflossenen) Ausschüttungen

Die nach bestimmten Übergangsbestimmungen, nämlich nach § 34 Abs. 10 a S. 1 Nr. 1 und 2 KStG n.F., letztmalig mit dem verwendbaren Eigenkapital zum 31.12.2000 zu verrechnenden offenen Gewinnausschüttungen für ein vorangegangenes Jahr sowie die anderen Ausschüttungen und sonstigen Leistungen sind zunächst von den zum 31.12.2000 festgestellten Beträgen des verwendbaren Eigenkapitals abzuziehen; siehe § 36 Abs. 2 S. 1 und 2 KStG n.F.

3. Schritt: Umgliederung des EK 45

Nach § 36 Abs. 3 KStG n.F. ist das in der letzten Gliederungsrechnung – also zum 31.12.2000 – ausgewiesene und auch nach anschließender Verrechnung von Ausschüttungen noch verbleibende EK 45 umzugliedern, und zwar wie folgt:

Zugang zum EK 40   + 27/22 des Bestandes des EK 45
Abzug bei EK 02   ./. 5/22 des Bestandes des EK 45

4. Schritt: Umgliederung negativer Teilbeträge des EK 01 bis EK 03 (negative Summe)

In Anlehnung an die bisherige – insbesondere bei der Liquidation anzuwendende – Regelung des § 41 Abs. 4 KStG a.F. sind nach der letztmaligen Verrechnung der Gewinnausschüttungen mit dem 31.12.2000 (§ 36

Abs. 2 KStG n.F.) und der anschließenden Umgliederung des EK 45 (§ 36 Abs. 3 KStG n.F.) verbleibende negative Teilbeträge im Sinne des § 30 Abs. 2 Nrn. 1 bis 3 KStG a.F. (EK 01 bis EK 03) zunächst mit anderen positiven Teilbeträgen des EK 01 bis EK 03 zu verrechnen, soweit einer oder mehrere dieser Einkommensteile negativ und andere positiv sind.

Eine nach dieser Verrechnung verbleibende negative Summe der Einkommensteile EK 01 bis EK 03 darf nicht mit dem positiven EK 04 verrechnet werden. Ein verlustbedingtes EK 02 negativer Art dürfte ein in der Praxis häufig vorkommender Fall sein. Es ist nach § 36 Abs. 4 KStG n.F. eine negative Summe des EK 01 bis EK 03 – anders als nach § 41 Abs. 4 KStG n.F. – zunächst untereinander und danach mit den mit Körperschaftsteuer belasteten Teilbeträgen in der Reihenfolge zu verrechnen, indem ihre Belastung zunimmt (EK 30 und dann EK 40); siehe § 36 Abs. 4 KStG n.F. Mit dieser Vorschrift soll die Möglichkeit des „Leg-ein-hol-zurück-Verfahrens" genommen werden, durch das insbesondere die Verrechnung eines negativen EK 02 mit einem durch Einlagen positiven EK 04 möglich wäre mit der Folge, dass die ansonsten notwendige Verrechnung mit einem positiven EK 30 oder EK 40 vermieden würde.

Noch 4. Schritt: **Umgliederung negativer Teilbeträge des EK 01 bis EK 03 (positive Summe)**

- Zunächst sind EK 01 und EK 03 miteinander zu verrechnen und zusammenzufassen; vgl. § 36 Abs. 5 S. 1 KStG n.F.

- ein sich nach dieser Zusammenfassung von EK 01 und EK 03 ergebender Betrag ist mit einem positiven EK 02 zu verrechnen; vgl. § 36 Abs. 5 S. 2 KStG n.F.

- ein negatives EK 02 ist zunächst mit der positiven Summe der zusammengefassten Beträge des EK 01 und EK 03 zu verrechnen; vgl. § 36 Abs. 5 S. 3 KStG n.F.

§ 36 Abs. 4 und 5 KStG n.F. wurde durch das Gesetz vom 20.12.2001 (BGBl. I, S. 3858) erneut geändert; siehe zur erstmaligen Anwendung § 34 Abs. 2 a n.F. i.V.m. Abs. 1 und 1 a a.F. (= Vorrangigkeit der Untereinanderverrechnung vor der Verrechnung in der Reihenfolge mit zunehmender Belastung (Abs. 4) sowie Begriffsänderung: aus „positiv" wurde „nicht negativ" (Abs. 5)).

Hinweis

Nach Verrechnung von Gewinnausschüttungen mit dem 31.12.2000 verbliebene Beträge im verwendbaren Eigenkapital:

EK 45		55.000
EK 40		40.000
EK 01		20.000
EK 02	./.	40.000
EK 03	./.	5.000
EK 04		30.000
Summe		100.000

1. Umgliederung EK 45 in EK 40 und EK 02:

Zugang EK 40		67.500 (27/22 des EK 45)
Bestand EK 40 nach Zugang		107.500
Abzug bei EK 02	./.	12.500 (5/22 des EK 45)
Bestand EK 02 nach Abgang	./.	52.500

2. Zusammenfassung von EK 01 und EK 03:

EK 01		20.000
EK 03	./.	5.000
		15.000

3. Verrechnung der positiven Summe des EK 01 und mit dem negativen EK 02:

Summe EK 01/EK 03		15.000
Abzug EK 02	./.	52.500
Summe EK 01 bis EK 03		37.500

4. Verrechnung der negativen Summe des EK 01 bis EK 03 mit dem belasteten Eigenkapital:

EK 40		107.500
EK 01 bis EK 03	./.	37.500
verbleibendes EK 40		70.000

5. Schritt: Negative Summe von EK 40 und EK 30

Ist die Summe aus EK 40 und EK 30 negativ, so ist dieser Betrag zunächst mit einem verbleibenden positiven EK 02 zu verrechnen. Ein darüber hinausgehender Negativbetrag ist mit einem verbleibenden positiven Gesamtbetrag aus dem EK 01 und dem EK 03 zu verrechnen; siehe § 36 Abs. 6 KStG n.F.

Auch die Vorschrift des § 36 Abs. 6 KStG n.F. unterlag durch das Gesetz vom 20.12.2001 (BGBl. I, S. 3858) erneuten Änderungen. Siehe zur erstmaligen Anwendung § 34 Abs. 2 a n.F. i.V.m. Abs. 1 und 1 d a.F.

Nach Verrechnung von Ausschüttungen mit dem verwendbaren Eigenkapital zum 31.12.2000 verbliebene Beträge:

Beispiel

EK 45		13.750
EK 40	./.	40.000
EK 30		10.000
EK 01		20.000
EK 02		13.125
EK 03	./.	5.000
EK 04		30.000
Summe		41.875

1. Umgliederung EK 45 in EK 40 und EK 02:

Zugang EK 40		16.875 (27/22 des EK 45)
Bestand EK 40 nach Zugang	./.	23.125
Abzug bei EK 02	./.	3.125 (5/22 des EK 45)
Bestand EK 02 nach Abgang		10.000

2. Zusammenfassung von EK 01 und EK 03:

EK 01		20.000
EK 03	./.	5.000
		15.000

3. Verrechnung der negativen Summe der belasteten Beträge mit dem EK 02 und anschließend mit der Summe des EK 01 und des EK 03:

EK 40 nach Umgliederung	./.	23.125
EK 30		10.000
Bestand belastetes Eigenkapital	./.	13.125
Verrechnung mit dem positiven EK 02	+	10.000
	./.	3.125
Verrechnung mit dem positiven EK 01/EK 03	+	15.000
Verbleibendes EK 01/EK 03		11.875

Abschließende Bestände:

EK 45	0
EK 40	0
EK 30	0
EK 02	0
EL 01/EK 03	11.875
EK 04	30.000
Summe	41.875

6. Schritt: Ausweis und gesonderte Feststellung der verbleibenden Endbeträge i.S.d. § 36 Abs. 7 KStG n.F.

Hinweis

- Die nach den Schritten 1 bis 5 verbleibenden Endbestände der Einkommensteile sind getrennt auszuweisen und gesondert festzustellen;

- die ggf. verbliebene Summe aus dem EK 01 und dem EK 03 ist in
einer Summe auszuweisen.

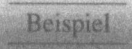

Das Wirtschaftsjahr entspricht dem Kalenderjahr. Das Beispiel behandelt die letztmaligen gesonderten Feststellungen hinsichtlich des verwendbaren Eigenkapitals:

Die Pecunia-GmbH weist zum 31.12.1999 die nachfolgenden Eigenkapitalbestände aus.

EK 45		55.000
EK 40		40.000
EK 01		10.000
EK 02	./.	40.000
EK 03		10.000
EK 04		30.000
Summe		105.000

Das zu versteuernde Einkommen der Pecunia-GmbH für das Jahr 2000 beträgt 100.000,00 DM. Die sonstigen nicht abziehbaren Betriebsausgaben belaufen sich auf 5.000,00 DM.

Die GmbH beschließt am 01.05.2001 eine Gewinnausschüttung für 2000 in Höhe von 35.000,00 DM. Diese gelangt zugunsten der Gesellschafter am 05.07.2001 zur Auszahlung.

		EK 45	EK 40	EK 01	EK 02	EK 03	EK 04
31.12.1999		55.000	40.000	10.000	- 40.000	10.000	30.000
zvE 2000	100.000						
Tarifbelastung. (40%)	- 40.000						
Zugang EK 40	60.000		60.000				
nicht abziehbare BA	5.000		- 5.000				
31.12.2000		55.000	95.000	10.000	- 40.000	10.000	30.000
Ausschüttung für 2000							
	35.000						
KSt Mind. (15/70)	- 7.500						
aus EK 45 (55/70)	27.500	- 27.500					
Bestand	0	27.500	95.000	10.000	- 40.000	10.000	30.000

		EK 45	EK 40	EK 01	EK 02	EK 03	EK 04
Übertrag	0	27.500	95.000	10.000	- 40.000	10.000	30.000
1. Umgliederung EK 45		- 27.500					
EK 45 – 27.500			33.750				
Zugang EK 40 (+27/22)					- 6.250		
Abzug EK 02 (- 5/22)							
Bestand	0	0	128.750	10.000	- 46.250	10.000	30.000
2. Zusammenfassung							
EK 01 und EK 03	20.000						
Bestand	20.000	0	128.750	0	- 46.250	0	30.000
3. Verrechnung pos. Summe EK 01	20.000						
und EK 03 mit EK 02	- 20.000				+ 20.000		
Bestand	0	0	128.750	0	- 26.250	0	30.000
4. Verrechnung negative					+ 26.250		
EK 02 mit positive EK 40			26.250				
Endbestände	0	0	102.500	0	0	0	30.000

Damit lautet die festzusetzende Körperschaftsteuer für den Veranlagungszeitraum 2000:

Tarifbelastung 2000		40.000,00 DM
Körperschaftsteuerminderung	./.	7.500,00 DM
		32.500,00 DM

Bezüglich des verwendbaren Eigenkapitals sind die folgenden gesonderten Feststellungen erforderlich:

- Feststellung der Bestände zum 31.12.2000 nach § 47 Abs. 1 S. 1 Nr.
  1 KStG a.F.

EK 45		55.000
EK 40		95.000
EK 01		10.000
EK 02	./.	40.000
EK 03		10.000
EK 04		30.000

- Feststellung der endgültigen Bestände nach Ausschüttungen und
  Umgliederungen nach § 36 Abs. 7 KStG n.F.

EK 45	0
EK 40	102.500
EK 01	0
EK 02	0
EK 03	0
EK 04	30.000

4. Übergang vom EK 04 zum Einlagenkonto:

Durch § 39 KStG n.F. wird das letztmalig gesondert festgestellte EK 04
(§ 36 Abs. 7 KStG n.F) dem zu führenden und jährlich gesondert festzu-
stellenden Einlagenkonto gutgeschrieben, bei dessen Verwendung im
Rahmen von Ausschüttungen auf Seiten des Anteilseigners dieselben
Wirkungen wie bei Ausschüttungen aus dem EK 04 eintreten.

Das letztmalig festgestellte EK 04 wird nach § 39 KStG n.F. als Anfangsbestand des steuerlichen Einlagekontos i.S.d. § 27 KStG n.F. erfasst.

Hinweis

Durch das Gesetz vom 20.12.2001 (BGBl. I, S. 3858) wurde die Überschrift des § 39 KStG n.F. geändert. Aus „Einlagen der Anteilseigner"
wurde „Einlagen der Anteilseigner und Sonderausweis". Besondere Aufmerksamkeit ist dem neu geschaffenen Absatz 2 zu widmen. Hiernach ist
der nach § 47 Abs. 1 S. 1 Nr. 2 KStG a.F. zuletzt festgestellte Betrag als
Anfangsbestand in die Feststellung nach § 28 Abs. 1 S. 3 KStG n.F. einzubeziehen.

Siehe zur erstmaligen Anwendung des geänderten § 39 KStG n.F. den
§ 34 Abs. 2 a n.F. i.V.m. Abs. 1 und 1 a a.F.

1.10 KSt-Guthaben und KSt-Minderung sowie KSt-Erhöhung i.R.d. Übergangsregelung

Dieses Kapitel behandelt u.a. das KSt-Guthaben und die KSt-Minderung, die dem Anrechnungsverfahren entstammen und die im Halbeinkünfteverfahren mangels Anrechenbarkeit durch Systemwechsel untergehen würden, gäbe es spezielle Übergangsregelungen nicht.

1.10.1 KSt-Guthaben (KSt-Minderung)

Auf den Schluss des Wirtschaftsjahres, das dem Wirtschaftsjahr folgt, zu dessen Ende nach § 36 Abs. 7 KStG n.F. die Feststellung der nach Anwendung von § 36 Abs. 1 bis 6 KStG n.F. verbleibenden Einkommensteile des vEK erfolgt, wird das im verbliebenen und gesondert festgestellten EK 40 enthaltene Steuerguthaben ermittelt.

Unter Verweisung auf die Herstellung der Ausschüttungsbelastung auf 30 v.H. (§ 27 Abs. 1 KStG a.F.) ist im EK 40 ein Steuerguthaben von 10/60 (= 1/6) enthalten. Zu den Zeiten des Anrechnungsverfahrens wurde also ein Guthaben frei, weil das mit 40 v.H. tarifbelastete EK 40 auf 30 v.H. herabgesetzt werden konnte. Dieses Steuerguthaben entspricht damit 1/6 des mit 40 v.H. belasteten Teilbetrages; vgl. § 37 Abs. 2 S. 1 KStG n.F.

Die Körperschaftsteuer des Veranlagungszeitraums, in dem das Wirtschaftsjahr endet, in dem die Gewinnausschüttung erfolgt (= abfließt), mindert sich bis zum Verbrauch des Körperschaftsteuerguthabens; vgl. § 37 Abs. 2 S. 2 KStG n.F.

Das nach der offenen und handelsrechtlich wirksamen Ausschüttung verbleibende Körperschaftsteuerguthaben ist auf den Schluss des jeweiligen Wirtschaftsjahres fortzuschreiben und gesondert festzustellen. Der Bescheid über die gesonderte Feststellung war Grundlagenbescheid für den Bescheid über die gesonderte Feststellung zum Folgezeitpunkt; vg. § 37 Abs. 2 S. 3 und 4 KStG n.F.

Hinweis Durch das Gesetz vom 20.12.2001 (BGBl. I, S. 3858) wurde § 37 Abs. 2 S. 4 und Abs. 3 KStG n.F. geändert. Die Neufassung des Satzes 4 im Absatz 2 verweist lediglich auf die Gesetzmäßigkeiten des § 27 Abs. 2 KStG n.F. zum Einlagenkonto. Damit wird eine sinngemäße verfahrensrechtliche Betrachtung, nämlich Steuererklärungspflicht mit eigenhändiger Unterschrift, auch für das Körperschaftsteuerguthaben und die Körperschaftsteuerminderung klargestellt. Vom Sinn her betrachtet, bringt die Gesetzeszitatänderung überhaupt nichts Neues. Siehe aber zur erstmaligen Anwendung § 34 Abs. 2 a n.F. i.V.m. Abs. 1 und 1 a a.F. KStG.

Die Wilhelm Fürst und Sohn GmbH verwendet ein Wirtschaftsjahr, das dem Kalenderjahr entspricht. Das nach § 36 Abs. 7 KStG n.F. gesondert festgestellte EK 40 der GmbH beträgt zum 31.12.2000 – nach Verrechnung von offenen Gewinnausschüttungen für vorangegangene Jahre und anderer Leistungen sowie nach Umgliederung des EK 45 – 60.000,00 DM. In der steuerlichen Schlussbilanz zum 31.12.2001 weist die GmbH ein Eigenkapital von 200.000,00 DM aus; hierin ist ein Stammkapital von 50.000,00 DM (25.000,00 Euro) enthalten. Das Einlagenkonto (§ 27 KStG n.F.) hat zum 31.12.2001 einen Bestand von 30.000,00 DM.

Im Jahr 2002 wird bei der GmbH eine Gewinnausschüttung von 30.000,00 DM (nachrichtlich 15.339,00 Euro) für das Jahr 2001 beschlossen und ausgezahlt. Das zu versteuernde Einkommen für 2002 beträgt 200.000,00 DM (nachrichtlich 102.258,00 Euro).

Im Jahr 2003 wird eine Ausschüttung von 60.000,00 DM (nachrichtlich 30.678,00 Euro) für das Jahr 2002 beschlossen und ausgezahlt. Das zu versteuernde Einkommen für 2003 beträgt 100.000,00 DM (nachrichtlich 51.129,00 Euro).

Ermittlung des Körperschaftsteuerguthabens:

Das Körperschaftsteuerguthaben beträgt 1/6 von 60.000,00 DM = 10.000,00 DM. Diese Größe von 10.000,00 DM ist gemäß § 37 Abs. 1 KStG n.F. zum 31.12.2001 zu ermitteln und gesondert festzustellen. Diese gesonderte Feststellung erfolgt genau ein Jahr nach der gesonderten Feststellung des verbliebenen EK 40 zum 31.12.2000 nach § 36 Abs. 7 KStG n.F.

Behandlung für das Jahr 2002:

Durch die in diesem Jahr erfolgte (= gezahlte) Gewinnausschüttung wird ein Steuerguthaben von 5.000,00 DM (= 2.556,00 Euro) realisiert, nämlich 1/6 von 30.000,00 DM (= 1/6 von 15.339,00 Euro).

Berechnung:

	DM	Euro
Tarifbelastung 2002 (25 v.H. von 200.000,00 DM)	50.000	25.565
Minderung durch Steuerguthaben	./. 5.000	./. 2.556
festzusetzende Körperschaftsteuer 2002	45.000	23.009

Gesonderte Feststellung des verbleibenden Körperschaftsteuerguthabens zum 31.12.2002:

Das verbleibende Körperschaftsteuerguthaben ist wie folgt festzustellen:

	DM	Euro
Auf den 31.12.2001 festgestelltes Guthaben	10.000	5.113
für 2002 verbrauchtes Guthaben	./. 5.000	./. 2.556
verbleibendes KSt-Guthaben 2002	5.000	2.557

Behandlung für das Jahr 2003:

Das zum 31.12.2002 verbliebene Körperschaftsteuerguthaben von 5.000,00 DM (2.556,00 Euro) bedeutet, dass noch 30.000,00 DM (15.339,00 Euro) unter der Berücksichtigung des Steuerguthabens zur Ausschüttung gelangen können, nämlich 5.000 x 6 = 30.000.

Die in 2003 vorgenommene Ausschüttung von 60.000,00 DM (30.678,00 Euro) führt mit insgesamt 30.000,00 DM (15.339,00 Euro) zu einer Realisierung des übrigen Steuerguthabens (1/6 von 30.000,00 DM = 5.000,00 DM bzw. 1/6 von 15.339,00 Euro = 2.556,00 Euro). Dieses restliche Steuerguthaben von 5.000,00 DM (2.556,00 Euro) mindert die tarifliche Körperschaftsteuer des Jahres 2003.

Berechnung:

	DM	Euro
Tarifbelastung 2003 (25 v.H. von 100.000,00 DM)	25.000	12.782
Minderung durch Steuerguthaben	./. 5.000	./. 2.556
festzusetzende Körperschaftsteuer 2003	20.000	10.226

Das verbleibende – in 2003 restlos aufgezehrte – Steuerguthaben ist zum 31.12.2003 mit 0,00 DM bzw. Euro gesondert festzustellen.

1.10.2   KSt-Guthaben bei Ausschüttung an eine andere Kapitalgesellschaft

Im Gegensatz zu § 23 Abs. 2 KStG a.F. enthält § 37 Abs. 3 S. 1 KStG n.F. Gestaltungsverhinderungsversuche. Die neue Vorschrift handelt von Ausschüttungen, die zwischen verbundenen Unternehmen fließen. Zu prüfen ist, wie das aus dem Anrechnungsverfahren stammende Körperschaftsteuerguthaben zu behandeln ist, wenn bei der die Ausschüttung empfangenden Unternehmung wegen § 8 b Abs. 1 KStG n.F. keine Besteuerung stattfindet und wenn bei der ausschüttenden Gesellschaft eine Minderung in Folge des Steuerguthabens eintritt und sich das Guthaben diesbezüglich noch erhöht, und zwar unabhängig davon, ob die Muttergesellschaft ein positives oder negatives zu versteuerndes Einkommen hat.

Hinweis

Auch § 37 Abs. 3 KStG wurde durch das Gesetz vom 20.12.2001 (BGBl. I, S. 3858) geändert; siehe zur erstmaligen Anwendung § 34 Abs. 2 a n.F. i.V.m. Abs. 1 und 1 a a.F. Diese Änderungen haben grundsätzlich nur klarstellenden Charakter. So wurde z.B. der Katalog der von der Vorschrift betroffenen Rechtsformen um bestimmte Personenvereinigungen ergänzt. Die Neufassung weist darauf hin, dass die Körperschaften oder Personenvereinigungen der unbeschränkten Steuerpflicht unterliegen müssen. Satz 2 bezieht Stellung zu Organschaftsfällen und Satz 3 zu Fällen des § 4 UmwStG (= Auswirkungen auf den Gewinn der übernehmenden Personengesellschaft). Der für die Steuerbescheinigung zuständige Satz 4 (früher Satz 3) spricht nicht mehr aufzählend von der Höhe der Leistungen. Der Hinweis auf die entsprechende Anwendung „wie beim Einlagenkonto nach § 27 KStG" hat sich im Zitat geändert. Der neue Satz 6 stellt noch einmal deutlich klar, dass die Vorschriften der Sätze 1 bis 4 nicht für steuerbefreite Körperschaften und Personenvereinigungen (§ 5 Abs. 1 Nr. 9 KStG) gelten, soweit die Einnahmen in einem wirtschaftlichen Geschäftsbetrieb anfallen, für den die Steuerbefreiung ausgeschlossen ist. Nach allem handelt es sich nach Auffassung des Verfassers lediglich um eine handwerkliche Nachbesserung einer schon zuvor eindeutigen Rechtslage.

Die ausschüttende Körperschaft hat der Empfängerin in einer Steuerbescheinigung nach amtlich vorgeschriebenem Muster insbesondere die Höhe des in Anspruch genommenen Körperschaftsteuerminderungsbetrages zu bescheinigen; vgl. § 37 Abs. 3 S. 4 KStG n.F. i.d.F. des Gesetzes vom 20.12.2001.

Die X-GmbH ist die 50-prozentige Anteilseignerin der Y-GmbH. Beide Kapitalgesellschaften sind unbeschränkt steuerpflichtig und verwenden das Kalenderjahr als Wirtschaftsjahr.

Das verbleibende Körperschaftsteuerguthaben der Y-GmbH ist zum 31.12.2004 mit 15.000,00 Euro gesondert festgestellt worden, das der X-GmbH mit 20.000,00 Euro.

Im Jahr 2005 wird bei der Y-GmbH eine Dividende von insgesamt 60.000,00 Euro ordentlich beschlossen. Hiervon erhält die X-GmbH nach ihrer Beteiligungsquote 30.000,00 Euro.

Die X-GmbH ihrerseits leistet im selben Jahr eine Dividende von 90.000,00 Euro an ihre Gesellschafter. Das zu versteuernde Einkommen der X-GmbH beträgt im Jahr 2002 = 300.000,00 Euro.

Das verbleibende Körperschaftsteuerguthaben der Y-GmbH zum 31.12.2004 lautet 15.000,00 Euro. Damit unterliegt bei ihr ein Ausschüttungspotenzial von 90.000,00 Euro – nämlich 6 x 15.000,00 Euro – bei Realisierung einem Körperschaftsteuerguthaben. Durch die Gewinnausschüttung von 60.000,00 Euro wird mithin bei der Y-GmbH ein Körperschaftsteuerguthaben von insgesamt 10.000,00 Euro (1/6 von 60.000,00 Euro) realisiert. Hiervon entfällt auf die X-GmbH die Hälfte (1/2 von 10.000,00 Euro = 5.000,00 Euro). Die Höhe dieses Körperschaftsteuerminderungsbetrages ist von der Y-GmbH der X-GmbH in Form einer Steuerbescheinigung zu gewähren.

Bei der X-GmbH können zunächst 120.000,00 Euro unter Beanspruchung des Körperschaftsteuerguthabens zur Ausschüttung gelangen, nachdem das Körperschaftsteuerguthaben zum 31.12.2004 mit 20.000,00 Euro gesondert festgestellt worden ist (6 x 20.000,00 Euro = 120.000,00 Euro). Die X-GmbH hat im Jahr 2005 eine Dividende von 90.000,00 Euro ausgeschüttet; es wird demnach ein Körperschaftsteuerguthaben von 15.000,00 Euro realisiert (1/6 von 90.000,00 Euro). Das so ermittelte Körperschaftsteuerguthaben mindert die tarifliche Körperschaftsteuer des Jahres 2005. Zugleich wird das Körperschaftsteuerguthaben der X-GmbH von 20.000,00 Euro um 15.000,00 Euro auf 5.000,00 Euro zunächst vermindert.

Durch § 37 Abs. 3 S. 1 KStG n.F. erhöht aber das durch die Ausschüttung an die X-GmbH realisierte Körperschaftsteuerguthaben der Y-GmbH die tarifliche Körperschaftsteuer der X-GmbH und deren Körperschaftsteuerguthaben.

Berechnungen bei der X-GmbH:

Tarifliche KSt 2005	
(25 v.H. von 300.000,00 Euro)	75.000,00 Euro
Minderung um KSt-Guthaben	./. 15.000,00 Euro
Erhöhung um KSt-Guthaben	
der Y-GmbH	+ 5.000,00 Euro
festzusetzende Körperschaftsteuer der X-GmbH für 2005	65.000,00 Euro

Berechnung des verbleibenden KSt-Guthabens der X-GmbH:

Verbleibendes KSt-Guthaben	
zum 31.12.2004	20.000,00 Euro
Verbrauch durch Ausschüttung	./. 15.000,00 Euro
Erhöhung um Steuerguthaben	
der Y-GmbH	+ 5.000,00 Euro
Verbleibendes KSt-Guthaben der X-GmbH zum 31.12.2005	10.000,00 Euro

1.10.3 Übergangsfrist hinsichtlich Körperschaftsteuerguthaben

Die zuvor beschriebene Körperschaftsteuergutschrift erfolgt bis zum Verbrauch des Körperschaftsteuerguthabens. Nach der erstmaligen Ermittlung dieses Guthabens ist es noch weitere 14 Jahre zum Schluss eines jeden folgenden Wirtschaftsjahres – demnach bis spätestens zum 31.12.2015 (Wj. = Kj.) – gesondert festzustellen. Bei einem vom Kalenderjahr abweichenden Wirtschaftsjahr erfolgt eine Verschiebung um bis zu einem Jahr in die Zukunft.

Für ein dann noch nicht verbrauchtes Guthaben erfolgt nach § 37 Abs. 2 S. 2 KStG n.F. keine weitere Körperschaftsteuerminderung mehr.

Der Gesetzgeber geht bei dieser recht langdauernden Übergangsregelung davon aus, dass die Steuerpflichtigen die Guthaben auch bei Fortgeltung des Anrechnungsverfahrens in absehbarer Zeit nicht ausgeschüttet hätten.

1.10.4 Körperschaftsteuererhöhung (§ 38 KStG n.F.)

Gewinnausschüttungen, die zu den Zeiten des Anrechnungsverfahrens aus den Einkommensteilen EK 02 und EK 03 vorgenommen worden sind, führten stets zu einer Körperschaftsteuererhöhung von 3/7, damit die Ausschüttungsbelastung von 30 v.H. erreicht wurde (§ 27 KStG a.F.). Ausschüttungen aus dem EK 01 und dem EK 04 führten auch unter Geltung des Anrechnungsverfahrens nicht zur Körperschaftsteuererhöhung (§ 40 S. 1 Nr. 1 und 2 KStG a.F.).

Beim EK 03 findet durch den Systemwechsel keine Körperschaftsteuererhöhung statt. Die Nachbelastung muss aber konsequent auch im Halbeinkünfteverfahren zur Vermeidung von Steuerausfällen bei Ausschüttungen aus dem gemäß § 36 Abs. 7 KStG n.F. gesondert festgestellten EK 02 erfolgen, sobald für Leistungen der Kapitalgesellschaft auf diesen Betrag zurückgegriffen werden muss. Anders als das Körperschaftsteuerguthaben, das nur bei handelsrechtlich wirksam beschlossenen Gewinnausschüttungen realisiert werden kann; vgl. § 37 Abs. 2 S. 1 KStG n.F., kann die Körperschaftsteuererhöhung durch alle Formen der Gewinnausschüttung ausgelöst werden, also vor allem auch durch abgeflossene verdeckte Gewinnausschüttungen.

Aus dieser Veranlassung ist ein positiver Endbetrag des EK 02 (§ 30 Abs. 2 Nr. 2 KStG a.F.) für die folgenden Wirtschaftsjahre fortzuschreiben und jeweils gesondert festzustellen. Der Bescheid war bis zur Änderung durch das Gesetz vom 20.12.2001 (BGBl. I, S. 3858) Grundlagenbescheid für den Bescheid über die gesonderte Feststellung zum folgenden Feststellungszeitpunkt. Siehe zum erstmaligen Anwendungszeitpunkt der geänderten Rechtslage des § 38 Abs. 1 S. 1 und 3 KStG n.F. § 34 Abs. 2 a n.F. i.V.m. Abs. 1 und 1 a a.F.

Der neue § 38 Abs. 1 S. 3 KStG n.F. tritt an die Stelle des „alten" Satzes 4; dabei verwendet der Gesetzgeber nunmehr an Stelle der Ausschüttungen den Begriff der „Leistungen". Dieser wesentlich umfassendere Begriff für Vorteile, die die Gesellschaft ihren Gesellschaftern einräumt, gilt ebenfalls für den neuen Satz 4, der den „alten" Satz 5 ersetzt. Der Gesetzgeber weicht mit dem neuen Satz 5 auch begrifflich vom „Unterschiedsbetrag" ab und verwendet fortan eine geänderte Formel:

Ausschüttbarer Gewinn
./. positiver Endbetrag nach § 38 Abs. 1 S. 1 KStG n.F.
  für Leistungen verwendeter Betrag

Satz 5 stellt klar, dass die Bestände zum Schluss des vorangegangenen Wirtschaftsjahres maßgeblich sind.

Fallen Gewinnausschüttungen bei der ausschüttenden Körperschaft nicht mehr unter das Anrechnungsverfahren, so führen diese nur dann zur Verwendung des zuvor festgestellten „Alt-EK 02", wenn für die Ausschüttung – abgesehen vom Bestand des Einlagenkontos – keine anderweitigen Rücklagen mehr zur Verfügung stehen.

Bei der Verwendung von „Alt-EK 02" erhöht sich die tarifliche Körperschaftsteuer des Jahres der Ausschüttung um 3/7 des Betrages einer Gewinnausschüttung, für die das EK 02 als verwendet gilt; vgl. § 38 Abs. 2 S. 1 KStG n.F. Die Körperschaftsteuererhöhung mindert (verbraucht) wiederum das EK 02; vgl. § 38 Abs. 2 S. 2 KStG n.F.

Durch·das Gesetz vom 20.12.2001 (BGBl. I, S. 3858) wurde auch § 38 Abs. 2 KStG n.F. geändert. Die Änderungen haben überwiegend klarstellenden Charakter, so wird hervorgehoben, dass mit der Körperschaftsteuer die des Veranlagungszeitraums, in dem das Wirtschaftsjahr endet, gemeint ist. Der Begriff der Gewinnausschüttung ist auch hier dem umfassenderen Begriff der Leistungen gewichen. Der Satz 2 spricht nunmehr von der Minderung des Endbetrags i.S.d. § 38 Abs. 1 KStG n.F. durch die Körperschaftsteuererhöhung bis zu dessen Verbrauch.

Die Hans Steiner-GmbH besitzt ein Stammkapital von 25.000,00 Euro (nachrichtlich 50.000,00 DM) und verwendet kein abweichendes Wirtschaftsjahr. Das EK 02 ist zum 31.12.2000 nach Verrechnung von Ausschüttungen usw. nach § 36 Abs. 2 bis 6 KStG n.F. mit 35.790,00 Euro (= 70.000,00 DM) gesondert festgestellt worden. Zum 31.12.2004 ist das EK 02 noch unverändert mit diesem Bestand vorhanden und entsprechend gesondert festgestellt worden. Das ebenso gesondert festgestellte Einlagenkonto zum 31.12.2004 beträgt – ebenso wie zum 31.12.2005 – 10.226,00 Euro (= 20.000,00 DM).

Das Eigenkapital in der Steuerbilanz zum 31.12.2004 lautet 81.807,00 Euro (160.000,00 DM).

Die GmbH hat im Jahr 2005 eine Gewinnausschüttung von 33.234,00 Euro (= 65.000,00 DM) beschlossen und ausgezahlt. Das zu versteuernde Einkommen 2005 beträgt 102.258,00 Euro (= 200.000,00 DM).

Die GmbH hat folgende Steuerberechnungen vorzunehmen:

Im Folgenden wird die Rechtslage vor den Änderungen durch das Unternehmenssteuerfortentwicklungsgesetz vom 20.12.2001 (BGBl. I, S. 3858) dargestellt:

	DM	Euro
Eigenkapital in der Steuerbilanz zum 31.12.2004	160.000	81.807
abzüglich Stammkapital	./. 50.000	./. 25.000
Verbleibendes vEK	110.000	56.807

Summe des Einlagenkontos und EK 02 zum 31.12.2004:

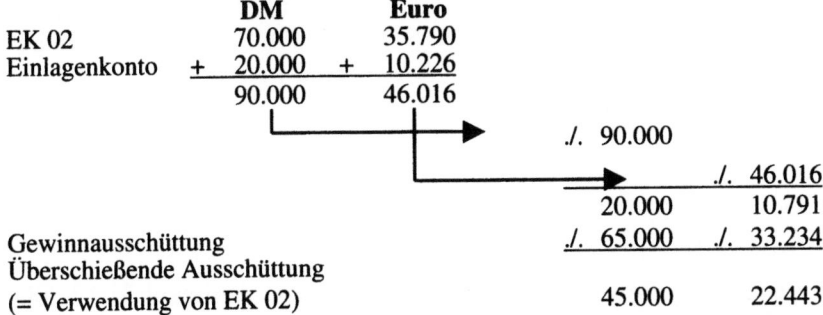

	DM	Euro
EK 02	70.000	35.790
Einlagenkonto +	20.000 +	10.226
	90.000	46.016
	./. 90.000	
		./. 46.016
	20.000	10.791
Gewinnausschüttung	./. 65.000	./. 33.234
Überschießende Ausschüttung		
(= Verwendung von EK 02)	45.000	22.443

Mithin sind bei der Hans Steiner-GmbH von dem zum 31.12.2004 gesondert festgestellten EK 02 von 35.790,00 Euro (= 70.000,00 DM) 22.443,00 Euro (= 45.000,00 DM) im Jahr 2005 für die Ausschüttung verwendet worden. Differenzen zum amtlichen Wechselkurs ergeben sich durch Glättung des Stammkapitals von ursprünglich 50.000,00 DM auf genau 25.000,00 Euro (Kurs 1:2).

Die Körperschaftsteuer des Jahres 2005 erhöht sich um 3/7 des verwendeten EK 02 von 22.443,00 Euro (= 45.000,00 DM) auf 9.618,00 Euro (= 19.286,00 DM). Kursdifferenzen wie bekannt.

Steuerberechnung für das Jahr 2005:

	DM	Euro
Tarifliche Körperschaftsteuer 2005		
(25 v.H. von 102.258,00 Euro = 200.000,00 DM)	50.000	25.565
zuzüglich KSt-Erhöhung	+ 19.286	+ 9.618
festzusetzende Körperschaftsteuer 2005	69.286	35.183

Verbleibendes – zum 31.12.2005 – gesondert festzustellendes EK 02:

	DM	Euro
Bestand zum 31.12.2004	70.000	35.790
Verbrauch durch oGA in 2005	./. 45.000	./. 22.443
Körperschaftsteuererhöhung	./. 19.286	./. 9.618
Bestand zum 31.12.2005	5.714	3.729

Zu beachten ist, dass höchstens 70 v.H. des EK 02 für die Ausschüttung verwendet werden können, weil 30 v.H. für die Körperschaftsteuererhöhung genutzt werden müssen; vgl. § 38 Abs. 2 S. 2 KStG n.F.

Rechtslage nach Änderungen durch das Unternehmenssteuerfortentwicklungsgesetz vom 20.12.2001 (BGBl. I, S. 3858); noch Beispiel Hans Steiner-GmbH:

Der positiv festgestellte Betrag des EK 02 (§ 36 Abs. 7 KStG n.F. i.V.m. § 30 Abs. 2 Nr. 2 KStG a.F.) gilt als für Leistungen verwendet, soweit die Summe der Leistungen, die die Gesellschaft im Wirtschaftsjahr erbracht hat, den um den Bestand des § 38 Abs. 1 S. 1 KStG n.F. verminderten ausschüttbaren Gewinn (§ 27 KStG n.F.) übersteigt; vgl. § 38 Abs. 1 S. 4 KStG n.F. Maßgeblich sind die Bestände zum Schluss des vorangegangenen Wirtschaftsjahres (§ 38 Abs. 1 S. 5 KStG n.F.). Siehe zur erstmaligen Anwendung § 34 Abs. 2 a n.F. i.V.m. Abs. 1 und 1 a a.F.

Beispiel 2

Abwandlung des Vorbeispiels Hans Steiner-GmbH (Kurschifferenzen wie bekannt):

Die Gewinnausschüttung im Jahr 2005 beträgt 40.903,00 Euro (= 80.000,00 DM).

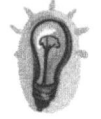

In diesem Fall gelten von dem bei der GmbH von dem zum 31.12.2004 mit 35.790,00 Euro (= 70.000,00 DM) gesondert festgestellten EK 02 25.053,00 Euro (= 49.000,00 DM) – das sind 70 v.H. – als im Jahr 2005 für die Ausschüttung als verwendet. Der Grund hierfür liegt darin, dass 10.737,00 Euro (= 21.000,00 DM) – das sind 30 v.H. – vom EK 02 für die Steuerzahlung benötigt werden.

Die GmbH hat folgende Berechnungen vorzunehmen:

	DM		Euro
Eigenkapital in der Steuerbilanz zum 31.12.2004	160.000		81.807
abzüglich Stammkapital	./. 50.000	./.	25.000
Verbleibendes vEK	110.000		56.807

Summe des Einlagenkontos und EK 02 zum 31.12.2004:

	DM		Euro
EK 02	70.000		35.790
Einlagenkonto	+ 20.000	+	10.226
	90.000		46.016

./. 90.000

./. 46.016

	DM		Euro
Unterschiedsbetrag	20.000		10.791
Ausschüttung in 2005	./. 80.000	./.	40.903
Überschießende Ausschüttung (= Verwendung von EK 02)	60.000		30.112
höchstens verwendbares EK 02 (70 v.H. von 70.000 DM/35.790 Euro)	./. 49.000	./.	25.053
	11.000		5.059

Mithin erhöht sich die Körperschaftsteuer des Jahres 2005 um 3/7 des verwendeten EK 02 von 25.053 Euro (= 49.000,00 DM), demnach um 10.737,00 Euro (= 21.000,00 DM).

Steuerberechnung für das Jahr 2005:

	DM	Euro
Tarifliche Körperschaftsteuer 2005		
(25 v.H. von 200.000,00 DM/102.258 Euro)	50.000	25.565
zuzüglich Körperschaftsteuererhöhung	+ 21.000	+ 10.737
festzusetzende Körperschaftsteuer 2005	71.000	36.302

Verbleibendes – zum 31.12.2005 – gesondert festzustellendes EK 02:

	DM	Euro
Bestand zum 31.12.2004	70.000	35.790
Verbrauch durch oGA in	./. 49.000	./. 25.053
Körperschaftsteuererhöhung	./. 21.000	./. 10.737
Bestand zum 31.12.2005	0	0

Verbleibendes – zum 31.12.2005 – gesondert festzustellendes EK 04:

	DM	Euro
Bestand zum 31.12.2004	20.000	10.226
Verbrauch durch oGA in 2005	./. 11.000	./. 5.624
Bestand zum 31.12.2005	9.000	4.602

Rechtslage nach Änderungen durch das Unternehmenssteuerfortentwicklungsgesetz vom 20.12.2001 (BGBl. I, S. 3858); noch Abwandlung Beispiel Hans Steiner-GmbH:

Der positiv festgestellte Betrag des EK 02 (§ 36 Abs. 7 KStG n.F. i.V.m. § 30 Abs. 2 Nr. 2 KStG a.F.) gilt als für Leistungen verwendet, soweit die Summe der Leistungen, die die Gesellschaft im Wirtschaftsjahr erbracht hat, den um den Bestand des § 38 Abs. 1 S. 1 KStG n.F. verminderten ausschüttbaren Gewinn (§ 27 KStG n.F.) übersteigt; vgl. § 38 Abs. 1 S. 4 KStG n.F. Maßgeblich sind die Bestände zum Schluss des vorangegangenen Wirtschaftsjahres (§ 38 Abs. 1 S. 5 KStG n.F.). Siehe zur erstmaligen Anwendung § 34 Abs. 2 a n.F. i.V.m. Abs. 1 und 1 a a.F.

1.10.5 Zusammentreffen von KSt-Minderung (§ 37 KStG n.F.) und KSt-Erhöhung (§ 38 KStG n.F.)

Innerhalb eines Veranlagungszeitraumes können Körperschaftsteuerminderungs- und -erhöhungstatbestände zusammentreffen. In diesen Fällen mindert sich die Tarifbelastung des betroffenen Veranlagungszeitraums um die – durch das Körperschaftsteuerguthaben ausgelöste – Körperschaftsteuerminderung und erhöht sich um 3/7 des verwendeten EK 02.

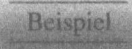

Die Justus-GmbH hat ein Stammkapital von 25.000,00 Euro (= 50.000,00 DM). Zum 31.12.2004 liegen nachfolgende gesonderte Feststellungen vor:

	DM	Euro
Körperschaftsteuerguthaben	10.000	5.113
Alt-EK 02	60.000	30.678
Einlagenkonto	10.000	5.113

Das zu versteuernde Einkommen der Justus-GmbH beträgt für das Jahr 2005 = 153.388,00 Euro (= 300.000,00 DM). Im selben Jahr leistet die GmbH an ihre Gesellschafter eine Gewinnausschüttung von 58.799,00 Euro (= 115.000,00 DM).

Das Eigenkapital zum 31.12.2004 lt. Steuerbilanz beträgt 102.258,00 Euro (= 200.000,00 DM).

1. Das Körperschaftsteuerguthaben von 10.000,00 DM (= 5.113,00 Euro) entspricht einem Ausschüttungspotenzial von 60.000,00 DM (= 30.678,00 Euro). Dies ist durch eine Gewinnausschüttung von 115.000,00 DM (= 58.799,00 Euro) vollständig genutzt und verbraucht worden. Es ergibt sich hierdurch für das Jahr 2005 eine Körperschaftsteuerminderung von 10.000,00 DM (= 5.113,00 Euro), nämlich 1/6 von 60.000,00 DM (= 30.678,00 Euro).

2. Durch die im Jahr 2005 vorgenommene Gewinnausschüttung ist das zum 31.12.2004 festgestellte EK 02 mit 35.000,00 DM (= 17.895,00 Euro) mitverwendet worden.

Die GmbH nimmt folgende Berechnungen vor:

	DM	Euro	DM	Euro
Bestand Eigenkapital zum 31.12.2004	200.000	102.258		
abzüglich Stammkapital	./. 50.000	./. 25.000		
verbleibendes „verwendbares Eigenkapital" zum 31.12.2004	150.000	77.258	150.000	77.258
Summe Einlagenkonto und EK 02 zum 31.12.2004				
EK 02	60.000	30.678		
Einlagenkonto	+ 10.000	+ 5.113		
	70.000	35.791	./. 70.000	./. 35.791
Unterschiedsbetrag			80.000	41.467
Ausschüttung 2005			./. 115.000	./. 58.799
Überschießende Ausschüttung (= verwendetes EK 02)			35.000	17.332

Steuerberechnung für das Jahr 2005:

	DM	Euro
Tarifliche Körperschaftsteuer 2005		
(25 v.H. von 300.000,00 DM/153.388,00 Euro)	75.000	38.347
abzüglich KSt-Minderung	./. 10.000	./. 5.113
zuzüglich KSt-Erhöhung	+ 15.000	+ 7.669
festzusetzende Körperschaftsteuer 2005	80.000	40.903

Verbleibendes – zum 31.12.2005 – gesondert festzustellendes EK 02:

	DM	Euro
Bestand zum 31.12.2004	60.000	30.678
Verbrauch durch Ausschüttung in 2005	./. 35.000	./. 17.895
Körperschaftsteuererhöhung	./. 15.000	./. 7.669
Bestand zum 31.12.2005	10.000	5.114

Verbleibendes – zum 31.12.2005 – gesondert festzustellendes EK 04:

	DM	Euro
	10.000	5.113

1.10.6 Ausnahme von der Körperschaftsteuererhöhung

Durch § 38 Abs. 3 KStG wird die im Zusammenhang mit dem gesondert festgestellten verbleibenden EK 02 stehende Körperschaftsteuer nicht erhöht, soweit eine steuerbefreite Kapitalgesellschaft Ausschüttungen an einen unbeschränkt steuerpflichtigen ebenfalls von der Körperschaftsteuer befreiten Anteilseigner oder an eine juristische Person des öffentlichen Rechts leistet. Die Regelung des § 38 Abs. 3 KStG n.F. entspricht § 40 S. 1 Nr. 3 KStG a.F.

Die Ausnahme gilt nicht, soweit die Gewinnausschüttung auf Anteile entfällt, die in einem wirtschaftlichen Geschäftsbetrieb, für den die Körperschaftsteuerbefreiung ausgeschlossen ist, oder in einem nicht steuerbefreiten Betrieb gewerblicher Art gehalten werden; vgl. § 38 Abs. 3 S. 3 KStG n.F. Diese Regelung entspricht § 40 S. 2 KStG a.F.

1.10.7 Übergangszeitraum

Der Übergangszeitraum, in dem es zu Körperschaftsteuererhöhungen kommen kann, beträgt 15 Jahre; vgl. § 38 Abs. 2 S. 2 KStG n.F. Ist der Übergangszeitraum abgelaufen, wird – wie sofort nach dem Systemwechsel für Gewinnausschüttungen beim EK 03 – keine Körperschaftsteuererhöhung mehr vorgenommen.

Die Vorschriften zum Körperschaftsteuerguthaben, zur -minderung und zur -erhöhung (§ 38 KStG n.F.), wurden durch das Gesetz vom 20.12.2001 (BGBl. I., S. 3858) geändert; siehe zur erstmaligen Anwendung § 34 Abs. 2 a n.F. i.V.m. Abs. 1 und 1 a a.F.

Hinweis

Von der Änderung betroffen sind für den § 37 KStG n.F. der Absatz 2 Satz 4 und der Abs. 3; die Fußnote zum § 38 KStG n.F. enthält keine speziellen Änderungshinweise.

1.11   Organschaft

Bei der Organschaft haben sich durch die Übergangsvorschriften die Eingliederungsvoraussetzungen und die Steuerbelastung auf Ausgleichszahlungen geändert.

1.11.1   Änderung der Eingliederungsvoraussetzungen

Bei der Organschaft im körperschaftsteuerlichen Sinne sind die bisherigen Tatbestandsvoraussetzungen der wirtschaftlichen und organisatorischen Eingliederung fortgefallen. Nach § 14 Nr. 1 KStG bzw. Abs. 1 Nr. 1 in der geänderten Fassung genügt bereits, dass dem Organträger die Mehrheit der Stimmrechte aus den Anteilen an der Organschaft zusteht (finanzielle Eingliederung). Die körperschaftsteuerliche Organschaft setzt auch weiterhin den Abschluss und die Durchführung eines Gewinnabführungsvertrages voraus.

Hinweis

§ 14 Abs. 1 und 2 KStG n.F. wurden durch das Gesetz vom 20.12.2001 (BGBl. I, S. 3858) mit Wirkung ab dem Veranlagungszeitraum 2001 (§ 34 Abs. 6 Nr. 2 KStG n.F.) eingeführt. Siehe aber § 34 Abs. 6 Nr. 1 KStG n.F. zur Fassung von § 14 KStG n.F. für den Veranlagungszeitraum 2000 und davor. Zur Fassung von § 14 Abs. 2 KStG n.F. mit Wirkung ab dem Veranlagungszeitraum 2003 siehe § 34 Abs. 6 Nr. 4 KStG n.F. Nach Ansicht des Verfassers haben die Rechtsänderungen zur Organschaft ein unerträgliches Maß erreicht.

Völlig anders als im Körperschaftsteuerrecht sind bei der gewerbesteuerlichen und umsatzsteuerlichen Organschaft auch weiterhin die Voraussetzungen der wirtschaftlichen und organisatorischen Eingliederung erforderlich. Insoweit verweist § 2 Abs. 2 S. 2 GewStG in der Fassung für den Erhebungszeitraum 2001 hinsichtlich der Eingliederungsvoraussetzungen auf § 14 Nr. 1 bis 3 des KStG in der Fassung der Bekanntmachung vom 22.04.1999 (BGBl. I, S. 817). Zu beachten sind die Änderungen ab dem Erhebungszeitraum 2002, ebenfalls verursacht durch das Gesetz vom 20.12.2001; siehe hierzu: Satz 2 gilt ab 2002, Satz 3 auch für Erhebungszeiträume vor 2002 (§ 36 Abs. 2 S. 2 GewStG n.F.).

Mithin kann insbesondere in Fällen der Betriebsaufspaltung und der vermögensverwaltenden Holding bei Abschluss eines Gewinnabführungsvertrages eine körperschaftsteuerrechtliche Organschaft bestehen, wegen fehlender wirtschaftlicher Eingliederung nicht aber eine gewerbesteuerliche Organschaft.

Markus Ritter ist der alleinige Anteilseigner der Ritter-GmbH. Er überlässt seiner GmbH ein funktional notwendiges Grundstück. Ritter schließt zum 01.01.2001 einen Gewinnabführungsvertrag mit der Ritter-GmbH ab.

Beispiel

Ab 2001 besteht eine körperschaftsteuerrechtliche Organschaft. Da die Kapitalgesellschaft aber in das reine Besitzunternehmen des Markus Ritter nicht wirtschaftlich im Sinne des § 14 Nr. 2 S. 1 KStG a.F. eingegliedert ist, liegt eine Organschaft im gewerbesteuerlichen Sinne nicht vor. Eine umsatzsteuerrechtliche Organschaft ist hingegen nach den allgemeinen Grundsätzen der Organschaft bei Betriebsaufspaltung anzunehmen.

Bei der finanziellen Eingliederung wird die Zusammenrechnung von unmittelbaren und mittelbaren Beteiligungen zur Begründung einer körperschaftsteuerrechtlichen Organschaft zugelassen. Dies weicht von der Organschaft im gewerbesteuerlichen Sinne, bei der die Regelungen des § 14 Nr. 1 S. 2 KStG a.F. auch weiterhin gelten, deutlich ab. Zu beachten ist aber unbedingt, dass für die Erhebungszeiträume 2001, 2002 und 2003 eine jeweils andere Fassung des GewStG gilt.

Die Muster 1-GmbH ist mit jeweils 100 v.H. an der Muster 2-GmbH und der Muster 3-GmbH beteiligt. Die Muster 2-GmbH und die Muster 3-GmbH sind zu jeweils 50 v.H. an der CompuTec-GmbH beteiligt.

Beispiel

Bei Abschluss eines Gewinnabführungsvertrages zwischen der Muster 1-GmbH und der CompuTec-GmbH ist eine körperschaftsteuerrechtliche Organschaft zustande gekommen, da die zusammengerechneten Beteiligungsstränge eine Mehrheit von 100 Prozent ergaben. Gewerbesteuerrechtlich kommt eine Organschaft zwischen der Muster 1-GmbH und der CompuTec-GmbH schon deshalb nicht in Betracht, weil durch § 2 Abs. 2 S. 2 GewStG n.F. die frühere Fassung des § 14 Nr. 1 S. 2 KStG a.F. weiterhin Gültigkeit hat, wonach ein Beteiligungsstrang die Mehrheit der Stimmrechte ergeben muss. Zu beachten sind die Fassungen der Erhebungszeiträume 2001, 2001 und ggf. 2003!

1.11.2 Steuerbelastung auf Ausgleichszahlungen

Bei Ausgleichszahlungen an Minderheitsgesellschafter, die bei diesen als Einnahmen aus Kapitalvermögen zu qualifizieren sind – und die der Besteuerung durch das Halbeinkünfteverfahren nach § 3 Nr. 40 d EStG n.F. unterliegen – muss eine körperschaftsteuerliche Vorbelastung des Einkommens, das der Ausgleichszahlung zugrunde liegt, von 25 v.H. sichergestellt sein.

§ 16 KStG n.F. bestimmt hierzu, dass die Organgesellschaft – auch bei Ausgleichszahlung durch den Organträger – ihr Einkommen in Höhe von 4/3 der geleisteten Ausgleichszahlung selbst zu versteuern hat.

Hinweis

§ 16 S. 2 KStG n.F. wurde durch das Gesetz vom 20.12.2001 (BGBl. I, S. 3858) geändert; siehe zur erstmaligen Anwendung ab Veranlagungszeitraum 2001 bzw. bei vom Kalenderjahr abweichendem Wirtschaftsjahr ab Veranlagungszeitraum 2002 § 34 Abs. 1 und 1 a a.F. bzw. Abs. 2 a n.F. i.V.m. Abs. 1 und 1 a a.F.

1.11.3 Überarbeitung der Regelungen zur körperschaftsteuerlichen Organschaft

Der Gesetzgeber hat in § 14 Abs. 1 KStG bestimmt, dass Organträger einer körperschaftsteuerlichen Organschaft nur ein einziges gewerbliches Unternehmen sein kann. Er hat damit – entgegen der Rechtsprechung des BFH zur Mehrmütterorganschaft (vgl. BFH-Urteil vom 09.06.1999 – I R 43/97, BStBl. II 2000, 695; BFH-Urteil vom 09.06.1999 – I R 37/98, BFH/NV 2000, 347) – die Begründung einer Organschaft zu mehreren Organträgern verneint. Eine weitere Änderung ist durch das UntStFG hinsichtlich der Organträgereigenschaft eingeführt worden: Der Organträger muss nicht – wie bisher – Sitz und Geschäftsleitung im Inland haben; nach § 14 Abs. 1 Nr. 2 Satz 1 KStG n.F. reicht es auch, wenn der Organträger seine Geschäftsleitung im Inland hat. Der Gesetzgeber trägt damit der zunehmenden internationalen Verflechtung der Wirtschaft Rechnung. Probleme können allerdings im zivilrechtlichen Bereich entstehen, wenn es um den Abschluss eines Gewinnabführungsvertrages mit einer Gesellschaft geht, die ihren Sitz im Ausland hat (Hinweis auf die so genannte Sitztheorie des BGH, nach der die inländische Rechtsfähigkeit einer Gesellschaft nur so lange besteht, wie sie ihren Verwaltungssitz im Staat ihrer Gründung hat; die Sitztheorie wird derzeit vor dem EuGH überprüft).

Nach § 14 Abs. 1 Nr. 5 KStG n.F. wird das negative Einkommen des Organträgers bei der inländischen Besteuerung nicht berücksichtigt, soweit es in einem ausländischen Staat im Rahmen einer der deutschen Besteuerung des Organträgers entsprechenden Besteuerung bereits berücksichtigt wird. Durch diese Regelung soll bei einem doppelt ansässigen Organträger die zweimalige Berücksichtigung von Verlusten im In- und Ausland verhindert werden.

Die Änderungen sind ab dem Veranlagungszeitraum 2001 anzuwenden. Für Veranlagungszeiträume bis 2000 ist § 14 KStG in der bisherigen Fassung in leicht modifizierter Form nach § 34 Abs. 6 KStG anzuwenden. Auch für die Vergangenheit wird durch die Gesetzesänderung sichergestellt, dass Organträger nur ein einziges gewerbliches Unternehmen sein kann.

Die Mehrmütterorganschaft ist durch das UntStFG nun ausdrücklich im Gesetz (§ 14 Abs. 2 KStG) geregelt worden. Es wird gesetzlich klargestellt, dass der zum Zwecke der einheitlichen Willensbildung gegenüber der Organgesellschaft gebildete Zusammenschluss mehrerer gewerblicher Unternehmen in der Rechtsform der Personengesellschaft als Organträger anzusehen ist. Daneben müssen die folgenden allgemeinen Voraussetzungen der Organschaft (§ 14 Abs. 1 KStG) vorliegen:

- Jeder Gesellschafter der Personengesellschaft muss an der Organgesellschaft vom Beginn deren Wirtschaftjahr an ununterbrochen beteiligt sein
- Den Gesellschaftern der Personengesellschaft muss die Mehrheit der Stimmrechte an der Organgesellschaft zustehen
- Die Personengesellschaft muss seit Beginn des Wirtschaftsjahres der Organgesellschaft ununterbrochen bestehen
- Ein Gewinnabführungsvertrag muss zwischen der Personengesellschaft und der Organgesellschaft abgeschlossen sein
- Es muss durch die Personengesellschaft gewährleistet sein, dass der koordinierte Wille der Gesellschafter in der Geschäftsführung der Organgesellschaft tatsächlich durchgeführt wird

Sind die vorgenannten Voraussetzungen erfüllt, wird das Einkommen der Organgesellschaft nicht unmittelbar bei den Muttergesellschaften erfasst, wie dies aufgrund der BFH-Urteile vom 09.06.1999 (a.a.O.) ermöglicht werden sollte. Das Organeinkommen wird vielmehr – wie dies bisher der Verwaltungsauffassung entsprach – der Personengesellschaft zugerechnet und im Rahmen der einheitlichen und gesonderten Feststellung den Muttergesellschaften zugeteilt. Die Auswirkungen dieser Regelung ergeben sich bei der gewerbesteuerlichen Organschaft. Die Neuregelungen zur Mehrmütterorganschaft gelten auch für den Veranlagungszeitraum 2000 und frühere Veranlagungszeiträume, allerdings mit der zusätzlichen Voraussetzung, dass die Organgesellschaft wirtschaftlich und organisatorisch in jedes der gewerblichen Unternehmen der Gesellschafter der Personengesellschaft (Muttergesellschaften) eingegliedert sein muss. Für 2001 und 2002 gelten diese zusätzlichen Voraussetzungen nicht mehr. Ab Veranlagungszeitraum 2003 hat der Gesetzgeber jedoch eine Mindestbeteiligungsquote eingeführt. Danach muss jeder Gesellschafter der Personengesellschaft an der Organgesellschaft zu mindestens 25 v.H. beteiligt sein.

Durch das UntStFG ist auch die Technik der Einkommensermittlung der Organgesellschaft grundlegend geändert worden. Grundsätzlich wird das Einkommen auf der Ebene der Organgesellschaft ermittelt und dem Organträger zugerechnet. Eine bedeutsame Änderung ergibt sich jedoch durch die Neuregelung des § 15 Nr. 2 KStG. Der Gesetzgeber schreibt hier ausdrücklich vor, dass nach der so genannten Bruttomethode vorzugehen ist, nach der das dem Organträger zuzurechnende Einkommen ohne Berücksichtigung des § 8 b Abs. 1 bis 6 KStG und der § 3 c und § 3 Nr. 40 EStG, also brutto, zu ermitteln ist. Die genannten Vorschriften sind vielmehr erst auf der Stufe des Organträgers anzuwenden. Die Bruttomethode stellt eine einheitliche Gewinnermittlung bei der Organgesellschaft und eine Berücksichtigung der Verhältnisse des Organträgers bei diesem sicher. Dies führt zu einem vereinfachten Besteuerungsverfahren bei Organträgern in der Rechtsform der Personengesellschaften, an denen sowohl Kapitalgesellschaften als auch natürliche Personen beteiligt sind.

Im Bereich der körperschaftsteuerlichen Organschaft ist noch auf die neue Fassung des § 27 Abs. 6 KStG hinzuweisen, die sich mit der steuerlichen Behandlung von Minder- und Mehrabführungen befasst, die ihre Ursache in organschaftlicher Zeit haben. Minderabführungen erhöhen und Mehrabführungen mindern das steuerliche Einlagekonto (§ 27 KStG) der Organgesellschaft. Eine Minderabführung liegt insbesondere vor, wenn Beträge aus dem Jahresüberschuss in die Rücklagen eingestellt werden (§ 14 Abs. 1 Nr. 4 KStG). Die Auflösung dieser Rücklage führt zu einer Mehrabführung. Für andere Minderabführungen und Mehrabführungen (in organschaftlicher Zeit) gilt dies entsprechend. Durch das StVBG wurden schließlich die Lebens- und Krankenversicherungsunternehmen als Organgesellschaften von der körperschaftsteuerlichen und gewerbesteuerlichen Organschaft ausgeschlossen.

1.12   Gesellschafterfremdfinanzierung

Die Missbrauchsvorschrift des § 8 a KStG bleibt auch nach dem Systemwechsel vom Anrechnungs- in das Halbeinkünfteverfahren bestehen.

In § 8 a Abs. 1 S. 2 KStG n.F. ist in Anpassung an das neue Recht bestimmt, dass § 8 a KStG zur Anwendung kommt, wenn eine unbeschränkt steuerpflichtige Kapitalgesellschaft Vergütungen für Fremdkapital an einen mit mehr als 25 v.H. beteiligten Anteilseigner i.S.d. § 8 a Abs. 3 KStG oder an eine nahestehende Person i.S.d. AStG leistet, bei dem die Vergütung im Inland nicht im Rahmen einer Veranlagung erfasst wird.

Die Höchstgrenzen für die im Rahmen des § 8 a KStG zulässige Finanzierung mit Gesellschafter-Fremdkapital werden gegenüber der früheren Rechtslage wie folgt herabgesetzt:

Beispiel

- Bei nicht in einem Bruchteil des Kapitals bemessener Vergütung sind diese Vergütungen grundsätzlich nicht abziehbar und werden deshalb bei der Körperschaftsteuer als verdeckte Gewinnausschüttungen hinzugerechnet; vgl. § 8 a Abs. 1 S. 1 Nr. 1 KStG n.F. Gemeint sind vor allem gewinn- und umsatzabhängige Vergütungen wie partiarische Darlehn und stille Beteiligungen.

Ein Steuerausländer ist mit 50 v.H. an einer unbeschränkt steuerpflichtigen GmbH beteiligt. Die GmbH hat zum 31.12.2000 ein Eigenkapital i.S.d. § 8 a Abs. 2 KStG n.F. von 100.000,00 DM. Der Anteilseigner hat der GmbH im Jahr 2000 ein partiarisches Darlehn gegeben. Für diese Kapitalhingabe erhielt er im Jahr 2001 Zinsen in einer Gesamthöhe von 10.000,00 DM.

Bei der GmbH sind die gezahlten Zinsaufwendungen im Jahr 2001 einkommenserhöhend als verdeckte Gewinnausschüttung zu behandeln.

- Bei in einem Bruchteil des Kapitals bemessener Vergütung ist die Höchstgrenze – der so genannte save-haven – das 1,5fache des anteiligen Eigenkapitals des Anteilseigners; vgl. § 8 a Abs. 1 S. 1 Nr. 2 KStG n.F. (nach früherer Rechtslage galt das 3fache). Eine Ausnahme gilt, wenn die Kapitalgesellschaft das Fremdkapital bei sonst gleichen Umständen auch von einem fremden Dritten hätte erhalten können oder es sich um Mittelaufnahmen zur Finanzierung banküblicher Geschäfte gehandelt hätte. Siehe § 8 a Abs. 1 S. 2 KStG n.F. zur Erfassung der Verfügung i.R. einer Veranlagung und Satz 3 zur nahestehenden Person i.S.d. AStG.

- Bei Holdingsgesellschaften ist die unschädliche Höchstgrenze gemäß § 8 a Abs. 4 S. 1 KStG n.F. das 3fache des anteiligen Eigenkapitals des Anteilseigners. Bisher galt als unschädliche Höchstgrenze das 9fache.

Durch das Unternehmenssteuerfortentwicklungsgesetz vom 20.12.2001 (BGBl. I, S. 3858) ist die Vorschrift des § 8 a KStG n.F. über die Gesellschafter-Fremdfinanzierung wie folgt von Änderungen betroffen:

Hinweis

§ 8 a Abs. 1 S. 3 KStG n.F.
erstmals anzuwenden ab Veranlagungszeitraum 2001 bzw. bei vom Kalenderjahr abweichenden Wirtschaftsjahr ab Veranlagungszeitraum 2002; siehe § 34 Abs. 1 und 1 a a.F. bzw. Abs. 2 a n.F. i.V.m. Abs. 1 und 1 a a.F.

Die nachgenannten Bereiche des § 8 a KStG n.F. sind bereits durch das Steuersenkungsgesetz vom 23.10.2000 (BGBl. I, S. 1433) geändert worden:

- § 8 a Abs. 1 KStG n.F.
- § 8 a Abs. 4 KStG n.F.
- § 8 a Abs. 5 Nr. 1 KStG n.F.

1.13 Verdeckte Gewinnausschüttungen

Verdeckte Gewinnausschüttungen (vGA) bilden ein Kernstück des Körperschaftsteuerrechts. Die Ausführungen hierzu sind vor allem für die Praxis geschrieben worden, weil das Thema durch Außenprüfungen der Finanzverwaltung ein hohes Maß an Aufmerksamkeit genießt und nach Handlungskompetenz verlangt. Das Kapitel kann aber auch einer Wissenserweiterung auf rein theoretischer Basis hilfreich sein. Auch im Halbeinkünfteverfahren sind verdeckte Gewinnausschüttungen wie bisher von den offenen Gewinnausschüttungen zu unterscheiden. Allerdings entfällt nach dem Systemwechsel das Herstellen der Ausschüttungsbelastung. Verdeckte Gewinnausschüttungen mindern das Einkommen der Gesellschaft nicht. Sie unterliegen mit Ausnahme der Fälle nach § 8 a KStG der Körperschaft- und der Gewerbesteuer sowie dem Solidaritätszuschlag.

1.13.1 Allgemeine Grundsätze

Nach § 8 Abs. 3 S. 2 KStG dürfen verdeckte Gewinnausschüttungen das Einkommen nicht mindern. Der Begriff der verdeckten Gewinnausschüttung ist allerdings weder im KStG noch im EStG – dort wird er in § 20 Abs. 1 Nr. 1 S. 2 EStG verwendet – definiert. Es handelt sich vielmehr um einen unbestimmten Rechtsbegriff, der von der Rechtsprechung in einer Vielzahl von Urteilen entwickelt wurde. Der BFH definiert den Begriff der verdeckten Gewinnausschüttung in ständiger Rechtsprechung wie folgt:

„Eine verdeckte Gewinnausschüttung ist eine Vermögensminderung oder verhinderte Vermögensmehrung, die durch das Gesellschaftsverhältnis veranlasst ist, sich auf die Höhe des Einkommens auswirkt und in keinem Zusammenhang mit einer offenen Gewinnausschüttung steht (A 31 Abs. 3 KStR m.w.N.)."

Eine verdeckte Gewinnausschüttung hat unterschiedliche Wirkungsweisen, d.h. sie löst auf der Ebene der Kapitalgesellschaft und auf der Ebene des Anteilseigners unterschiedliche steuerliche Auswirkungen aus. Hierbei ist besonders wichtig, dass die Zeitpunkte, zu denen die jeweiligen Wirkungsweisen eintreten, nicht zwingend deckungsgleich sind, sondern vielmehr sogar häufig voneinander abweichen. Im Einzelnen hat eine verdeckte Gewinnausschüttung folgende vier Wirkungsweisen. Drei Wirkungsweisen finden auf der Ebene der Kapitalgesellschaft statt:

1. Hinzurechnung zum Einkommen

Es ist immer darauf abzustellen, ob eine Minderung des Einkommens eingetreten ist. Diese kann beispielsweise durch eine Aufwandsbuchung oder in Fällen der verhinderten Vermögensmehrung durch eine unterbliebene Ertragsbuchung eintreten.

2. Herstellung der Ausschüttungsbelastung im Anrechnungsverfahren

Gemäß § 27 Abs. 1 KStG a.F. ist bei Gewinnausschüttungen die Ausschüttungsbelastung herzustellen. Die Vorschriften des Vierten Teils des KStG (Anrechnungsverfahren) unterscheiden bei Gewinnausschüttungen nur zwischen den gesellschaftsrechtlichen Vorschriften entsprechenden Gewinnausschüttungen für ein abgelaufenes Wirtschaftsjahr und anderen Gewinnausschüttungen. Die ausdrücklich nicht erwähnte verdeckte Gewinnausschüttung ist eine so genannte andere Ausschüttung. Das hat zur Folge, dass nach § 27 Abs. 3 S. 2 KStG a.F. die Ausschüttungsbelastung für den Veranlagungszeitraum herzustellen ist, in dem die Ausschüttung erfolgt ist, d.h. die Mittel bei der Kapitalgesellschaft abgeflossen sind. Die Verrechnung erfolgt mit dem verwendbaren Eigenkapital des Abflussjahres (§ 28 Abs. 2 S. 2 KStG a.F.).

3. Abführung von Kapitalertragsteuer

Verdeckte Gewinnausschüttungen sind nach § 43 Abs. 1 S. 1 Nr. 1 EStG kapitalertragsteuerpflichtig. Maßgebend sind die Abführpflicht und der Zufluss der Ausschüttung beim Anteilseigner. Beim anrechnungsberechtigten Anteilseigner kann jedoch – was in der Praxis auch durchgängig so gemacht wird – auf die Einbehaltung von Kapitalertragsteuer verzichtet werden; vgl. BFH, BStBl. 1982 II, S. 139. Die vierte Wirkungsweise findet auf der Ebene des Anteilseigners statt.

4. Anteilseigner

Der Anteilseigner hat bei Zufluss im Sinne des § 11 Abs. 1 EStG gemäß § 20 Abs. 1 Nr. 1 S. 2 EStG Einnahmen aus Kapitalvermögen zu versteuern. Sofern die Anteile zu einem Betriebsvermögen gehören, erfolgt die Erfassung aufgrund des Subsidiaritätsprinzips (§ 20 Abs. 3 EStG) bei den betrieblichen Einkünften nach den dort geltenden Grundsätzen (§ 4 Abs. 1 und Abs. 3, § 5 EStG).

Das Verständnis der o.a. Wirkungsweisen sei an folgenden Beispielfällen erläutert:

Die A-GmbH sagte ihrem Gesellschafter die Zahlung einer als verdeckte Gewinnausschüttung zu qualifizierenden Umsatztantieme zu. Zum 31.12.2000 bildete sie daher eine Rückstellung i.H.v. 130.000,00 DM.

Beispiel 1

Der Betrag wurde nach Erstellung des Jahresabschlusses am 30.03.2001 an den Anteilseigner ausbezahlt.

Die Einkommenszurechnung nach § 8 Abs. 3 S. 2 KStG ist in 2000 vorzunehmen, da der Gewinn des Wirtschaftsjahres 2000, der der Einkommensermittlung zugrunde zu legen ist, durch die Passivierung der Tantiemerückstellung gemindert worden ist.

Die Herstellung der Ausschüttungsbelastung erfolgt erst mit Abfluss der Ausschüttung im Veranlagungszeitraum 2001 (§ 27 Abs. 3 S. 2 KStG a.F.).

Die Versteuerung der verdeckten Gewinnausschüttung beim Anteilseigner nach § 20 Abs. 1 Nr. 1 S. 2 EStG erfolgt bei Zufluss am 30.03.2001.

Abwandlung

Die Auszahlung erfolgte erst am 02.01.2002, obwohl die A-GmbH seit der Aufstellung des Jahresabschlusses jederzeit in der Lage gewesen wäre, die Tantieme auszuzahlen.

Die Herstellung der Ausschüttungsbelastung erfolgt erst im Veranlagungszeitraum 2002, da die Mittel erst am 02.01.2002 abgeflossen sind (§ 27 Abs. 3 S. 2 KStG a.F.).

Die Versteuerung der verdeckten Gewinnausschüttung beim Anteilseigner erfolgt jedoch gleichwohl im Veranlagungszeitraum 2001. Da der Anteilseigner nämlich als Alleingesellschafter den Zeitpunkt der Auszahlung selber bestimmen konnte, wird bei ihm der Zufluss im Sinne von § 11 Abs. 1 S. 1 EStG bereits mit Beschluss des Jahresabschlusses am 30.03.2001 und nicht erst bei tatsächlichem Zufluss am 02.01.2002 angenommen (H 154 EStH).

Beispiel 2

Die B-GmbH veräußerte mit Wirkung vom 01.07.2001 ein unbebautes Grundstück an ihren Anteilseigner zu einem Kaufpreis von 200.000,00 DM. Angemessen wäre ein Kaufpreis von 400.000,00 DM gewesen.

Dem Einkommen 2001 ist gemäß § 8 Abs. 3 S. 2 KStG ein Betrag von 200.000,00 DM hinzuzurechnen, da durch den zu geringen Kaufpreis der Jahresüberschuss und folglich auch das Einkommen entsprechend gemindert wurde. Die Ausschüttungsbelastung ist ebenfalls in 2001 herzustellen. Bei verhinderten Vermögensminderungen wird ein Abfluss immer zu dem Zeitpunkt fingiert, zu dem bei angemessener Gestaltung zur Gewinnrealisierung gekommen wäre.

Die Versteuerung der verdeckten Gewinnausschüttung beim Anteilseigner nach § 20 Abs. 1 Nr. 1 S. 2 EStG erfolgt bei Zufluss am 01.07.2001 (Erhalt des Grundstücks).

Die C-GmbH hat auf dem Antrag zur Auszahlung einer Investitionszulage die private Kontonummer ihres Anteilseigners angegeben. Am 24.04.2001 wurde daher eine Investitionszulage von 12.000,00 DM ohne Verbuchung bei der C-GmbH auf dem Konto des Anteilseigners gutgeschrieben.

Beispiel 3

Da die Investitionszulage nach § 9 InvZulG das Einkommen nicht erhöht, führt die Abtretung der Zulage an den Anteilseigner zu keiner Einkommensermittlung. Eine Einkommenszurechnung nach § 8 Abs. 3 S. 2 KStG ist daher nicht vorzunehmen.

Da der Abfluss der Mittel an den Anteilseigner eine andere Gewinnausschüttung im Sinne von § 27 Abs. 3 S. 2 KStG a.F. darstellt, ist im Veranlagungszeitraum 2001 die Ausschüttungsbelastung herzustellen.

Der Anteilseigner erzielt ebenfalls im Veranlagungszeitraum 2001 Einnahmen aus Kapitalvermögen.

Steuerliche Behandlung von vGA, die beim Anteilseigner bereits aus anderen Gründen der Besteuerung unterlegen oder zu einer Minderung von BA oder WK geführt haben

Anteile an der KapGes im **PV**		Anteile an der KapGes im gewillkürten oder notwendigen **BV**	
vGA ist bereits unter einer anderen Einkunftsart erfasst (z.B. § 19 EStG)	vGA hat bereits unter einer anderen Einkunftsart zu einer Minderung der WK geführt (z.B. § 21 EStG) entspr. gilt für SA oder § 33 EStG	vGA ist bereits als BE erfasst	vGA hat bereits die BA gemindert
Umqualifizierung der Einkünfte nach § 20 EStG	Erfassung der vGA als Einkünfte nach § 20 Abs. 1 Nr. 1 EStG		Erfassung der vGA als BE
Erfassung des Anrechnungsguthabens nach § 20 Abs. 1 Nr. 3 EStG a.F. (bei Vorlage der Steuerbescheinigung)	Erfassung des Anrechnungsguthabens nach § 20 Abs. 1 Nr. 3 EStG a.F. (bei Vorlage der Steuerbescheinigung)	Erfassung des Anrechnungsguthabens nach § 20 Abs. 1 Nr. 3 EStG a.F. (bei Vorlage der Steuerbescheinigung)	Erfassung des Anrechnungsguthabens nach § 20 Abs. 1 Nr. 3 EStG a.F. (bei Vorlage der Steuerbescheinigung)
Anrechnung von KSt und KapSt (bei Vorlage der Steuerbescheinigung)	Anrechnung von KSt und KapSt (bei Vorlage der Steuerbescheinigung)	Anrechnung von KSt und KapSt (bei Vorlage der Steuerbescheinigung)	Anrechnung von KSt und KapSt (bei Vorlage der Steuerbescheinigung)
Berücksichtigung von Steuerabzugsbeträgen, die auf die umqualifizierten Einkünfte einbehalten wurden	Zusätzliche Berücksichtigung von WK i.H. der Einnahmen nach § 20 Abs. 1 Nr. 1 EStG **(Fiktionstheorie)**	Berücksichtigung von Steuerabzugsbeträgen, die auf die umqualifizierten Einkünfte einbehalten wurden	zusätzliche Berücksichtigung von WK i.H. der Einnahmen nach § 20 Abs. 1 Nr. 1 EStG **(Fiktionstheorie)**

Geber einer verdeckten Gewinnausschüttung

Kapitalgesellschaften; § 1 Abs. 1 Nr. 1 KStG
gegenüber ihren Anteilseignern

Genossenschaften; § 1 Abs. 1 Nr. 2 KStG
gegenüber ihren Genossen

Versicherungsvereine auf Gegenseitigkeit; § 1 Abs. 1 Nr. 3 KStG
gegenüber ihren Mitgliedern
(Empfänger haben keine Einkünfte nach § 20 Abs. 1 Nr. 1 EStG).
(Beachte aber ab dem VZ 2001: § 20 Abs. 1 Nr. 9 EStG)

Vereine; § 1 Abs. 1 Nr. 4 und 5 KStG
gegenüber ihren Mitgliedern
(Empfänger haben keine Einkünfte nach § 20 Abs. 1 Nr. 1 EStG)

Betriebe gewerblicher Art; § 1 Abs. 1 Nr. 6 KStG
gegenüber der Trägerkörperschaft
(Empfänger haben keine Einkünfte nach § 20 Abs. 1 Nr. 1 EStG)
(Beachte aber ab dem VZ 2001: § 20 Abs. 1 Nr. 10 EStG)

beschränkt steuerpflichtige Körperschaften, Personenvereinigungen und Vermögensmassen i.S.d. § 2 Nr. 1 KStG
gegenüber den „hinter" diesen Steuersubjekten stehenden Rechtsträgern

Vermögensminderung/verhinderte Vermögensmehrung

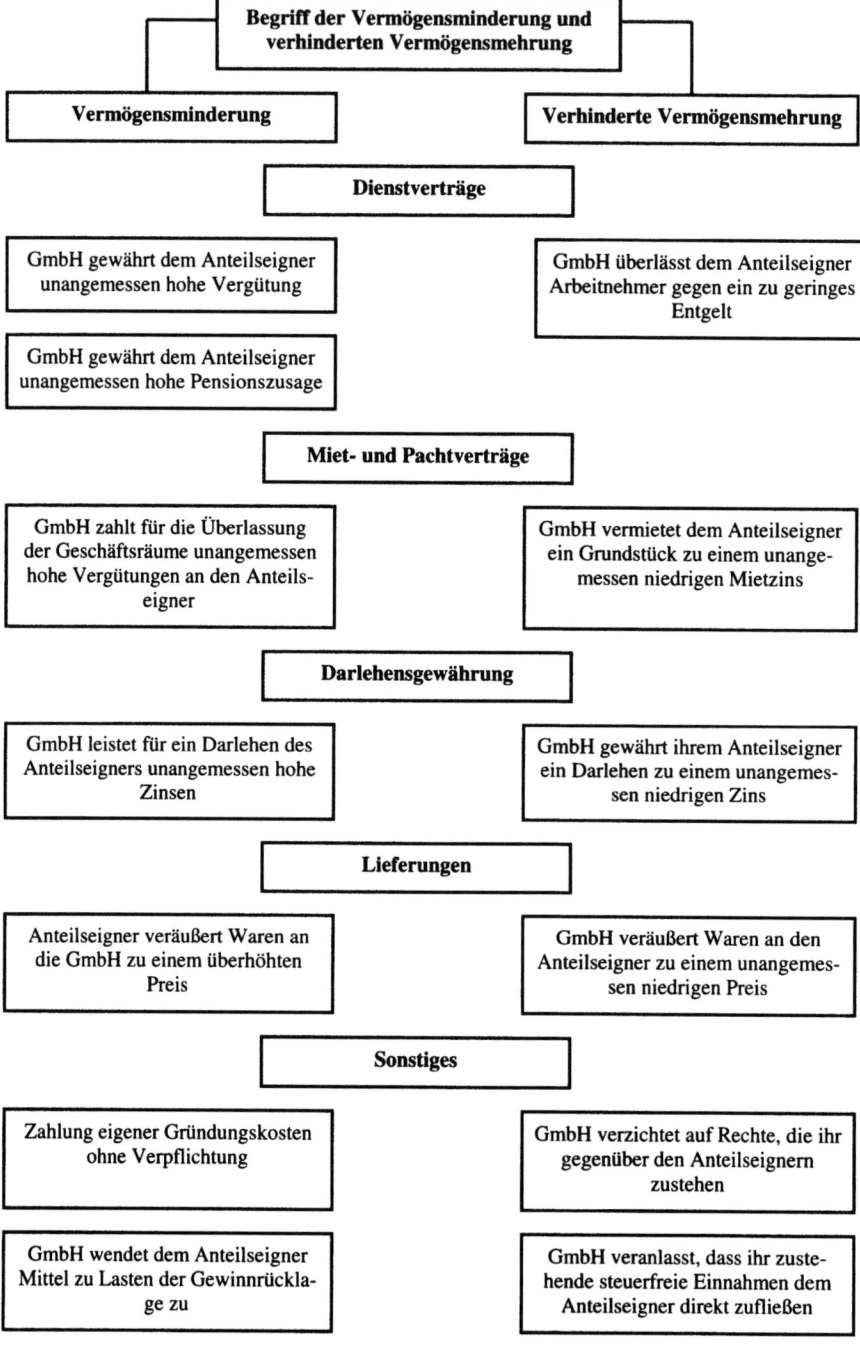

Begriff der Vermögensminderung und
verhinderten Vermögensmehrung

Vermögensminderung

Verhinderte Vermögensmehrung

Dienstverträge

GmbH gewährt dem Anteilseigner
unangemessen hohe Vergütung

GmbH überlässt dem Anteilseigner
Arbeitnehmer gegen ein zu geringes
Entgelt

GmbH gewährt dem Anteilseigner
unangemessen hohe Pensionszusage

Miet- und Pachtverträge

GmbH zahlt für die Überlassung
der Geschäftsräume unangemessen
hohe Vergütungen an den Anteilseigner

GmbH vermietet dem Anteilseigner
ein Grundstück zu einem unangemessen niedrigen Mietzins

Darlehensgewährung

GmbH leistet für ein Darlehen des
Anteilseigners unangemessen hohe
Zinsen

GmbH gewährt ihrem Anteilseigner
ein Darlehen zu einem unangemessen niedrigen Zins

Lieferungen

Anteilseigner veräußert Waren an
die GmbH zu einem überhöhten
Preis

GmbH veräußert Waren an den
Anteilseigner zu einem unangemessen niedrigen Preis

Sonstiges

Zahlung eigener Gründungskosten
ohne Verpflichtung

GmbH verzichtet auf Rechte, die ihr
gegenüber den Anteilseignern
zustehen

GmbH wendet dem Anteilseigner
Mittel zu Lasten der Gewinnrücklage zu

GmbH veranlasst, dass ihr zustehende steuerfreie Einnahmen dem
Anteilseigner direkt zufließen

Gesellschaftsrechtliche Veranlassung

Veranlassung durch das Gesellschaftsverhältnis

Geschäfte, die ein Geschäftsführer auch mit Dritten abschließen kann	Geschäfte, die nur zwischen Gesellschaft und dem Anteilseigner abgeschlossen werden können
Die gesellschaftsrechtliche Veranlassung ist immer dann gegeben, wenn die Gesellschaft bei Anwendung der nach den § 93 Abs. 1 AktG und § 43 Abs. 1 GmbHG gebotenen Sorgfalt eines ordentlichen und gewissenhaften Geschäftsleiters, diesen Vorteil einer Person, die nicht Gesellschafter ist, nicht gewährt hätte.	Die Denkfigur eines ordentlichen und gewissenhaften Geschäftsleiters scheitert bei Geschäften, die ihrer Natur nach nicht mit Dritten, sondern nur mit den Gesellschaftern abgeschlossen werden können. Eine vGA liegt dann vor, wenn die Gestaltung darauf abstellt, den Gewinn der Kapitalgesellschaft nicht über die angemessene Verzinsung des eingezahlten gezeichneten Kapitals und eine Vergütung für das Risiko des nicht eingezahlten Kapitals hinaus zu steigern.
Beispiele: • Arbeitsvertrag mit dem Anteilseigner • Mietvertrag mit dem Anteilseigner • Darlehensvertrag mit dem Anteilseigner • Kaufvertrag mit dem Anteilseigner	Beispiele: • Vereinbarung zur Erstausstattung der Kapitalgesellschaft
In Höhe des Vorteils, der bei einem Drittvergleich nicht gewährt worden wäre, liegt eine Vermögensminderung oder verhinderte Vermögensmehrung vor.	Der Kapitalgesellschaft muss ein angemessener Gewinn verbleiben, soweit dies nicht der Fall ist, liegt eine Vermögensminderung oder verhinderte Vermögensmehrung vor.

Für die gesellschaftsrechtliche Veranlassung ist unerheblich, ob die vGA
• mit Wissen und Wollen der Gesellschaft erfolgt oder
• auf einer Rechtshandlung der Organe der GmbH beruht
Auch rein tatsächliche Handlungen können eine vGA begründen.
(z.B. Veruntreuung durch Gesellschafter)

Bei der Entscheidung der Frage, ob eine Vereinbarung gesellschaftsrechtlich veranlasst ist, ist mit Ausnahme der Fälle der so genannten Erstausstattung immer auf das fiktive Verhalten eines ordentlichen und gewissenhaften Geschäftsleiters abzustellen (= Fremdvergleich). Es ist demnach zu untersuchen, ob ein ordentlicher und gewissenhafter Geschäftsleiter mit einer Person, die nicht Gesellschafter ist, unter sonst gleichen Umständen eine entsprechende Vereinbarung getroffen hätte. Letztlich mündet dies – formelle Besonderheiten bei beherrschenden Gesellschaftern unberücksichtigt gelassen – in eine allgemeine Angemessenheitsprüfung. Denn nur dann, wenn die dem Gesellschafter gezahlte Vergütung als angemessen angesehen werden kann, ist auch fiktiv zu unterstellen, dass ein ordentlicher und gewissenhafter Geschäftsleiter einem fremden Dritten die gleiche Vergütung zugebilligt hätte.

Mit Urteil vom 17.05.1995, BStBl. 1996 II, S. 204, hat der BFH den Fremdvergleichsmaßstab dahingehend modifiziert, dass in Einzelfällen eine Veranlassung durch das Gesellschaftsverhältnis auch dann gegeben sein kann, wenn ein fremder Dritter eine entsprechende Vereinbarung nicht mit der Kapitalgesellschaft geschlossen hätte. Im Urteilsfall musste die GmbH dem Gesellschafter-Geschäftsführer kein laufendes Gehalt, sondern lediglich bei Eintritt des Versorgungsfalls eine Pension zahlen. Würde man hier nur auf das Verhalten eines fiktiven ordentlichen Geschäftsführers abstellen, ließe sich gegen eine solche Vereinbarung grundsätzlich nichts einwenden, weil es für die Kapitalgesellschaft von Vorteil ist, dem Geschäftsführer kein laufendes Gehalt zahlen zu müssen. Da jedoch ein normaler Arbeitnehmer niemals eine solche Vereinbarung akzeptieren würde, kam der BFH letztlich zu dem Ergebnis, dass die Vereinbarung einer so genannten Nur-Pension gesellschaftsrechtlich veranlasst ist.

Vereinbarungen, die so krass den gewöhnlichen Gepflogenheiten widersprechen, dass sie als unüblich zu bezeichnen sind, sind gesellschaftsrechtlich veranlasst, so dass sämtliche aufgrund der betreffenden Vereinbarung geleisteten Zahlungen als verdeckte Gewinnausschüttung zu beurteilen sind. Unüblichkeit in diesem Sinne ist – von Ausnahmefällen abgesehen – stets bei Vereinbarung einer Umsatztantieme anzusehen.

Unüblichkeit wäre ferner gegeben, wenn der Anstellungsvertrag des Gesellschafter-Geschäftsführers folgende Regelung enthielte:

„Die Vereinbarung und Auszahlung eines Gehalts erfolgt erst, wenn die Firma dazu wirtschaftlich in der Lage ist."

Minderung des Einkommens

Eine Minderung des Einkommens kann sich durch auf das Einkommen auswirkende Vermögensminderungen oder verhinderte Vermögensmehrung vollziehen.

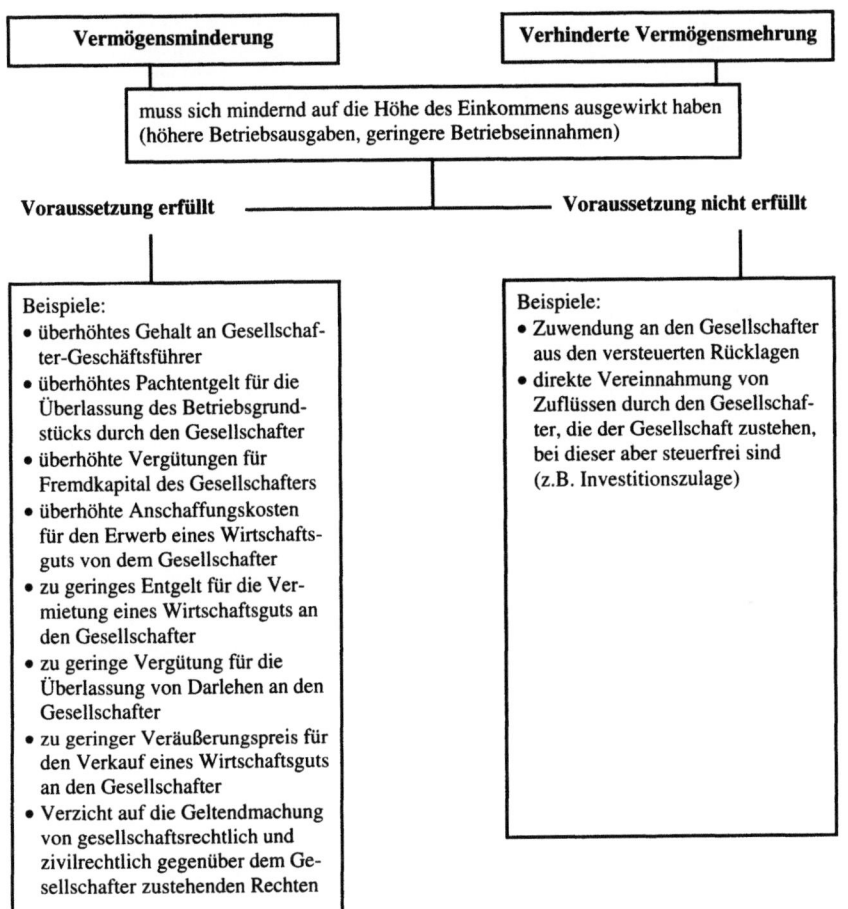

Vermögensminderung

Verhinderte Vermögensmehrung

muss sich mindernd auf die Höhe des Einkommens ausgewirkt haben (höhere Betriebsausgaben, geringere Betriebseinnahmen)

Voraussetzung erfüllt

Voraussetzung nicht erfüllt

Beispiele:
- überhöhtes Gehalt an Gesellschafter-Geschäftsführer
- überhöhtes Pachtentgelt für die Überlassung des Betriebsgrundstücks durch den Gesellschafter
- überhöhte Vergütungen für Fremdkapital des Gesellschafters
- überhöhte Anschaffungskosten für den Erwerb eines Wirtschaftsguts von dem Gesellschafter
- zu geringes Entgelt für die Vermietung eines Wirtschaftsguts an den Gesellschafter
- zu geringe Vergütung für die Überlassung von Darlehen an den Gesellschafter
- zu geringer Veräußerungspreis für den Verkauf eines Wirtschaftsguts an den Gesellschafter
- Verzicht auf die Geltendmachung von gesellschaftsrechtlich und zivilrechtlich gegenüber dem Gesellschafter zustehenden Rechten

Beispiele:
- Zuwendung an den Gesellschafter aus den versteuerten Rücklagen
- direkte Vereinnahmung von Zuflüssen durch den Gesellschafter, die der Gesellschaft zustehen, bei dieser aber steuerfrei sind (z.B. Investitionszulage)

Kein Zusammenhang mit einer offenen Ausschüttung

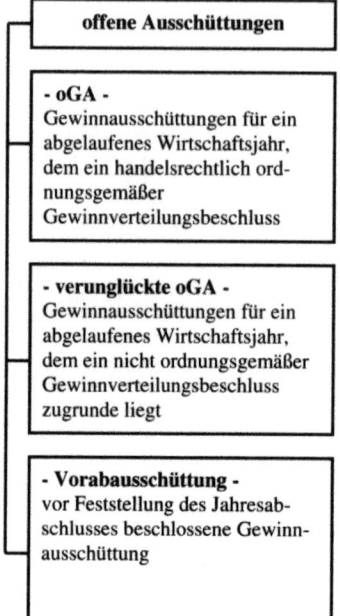

offene Ausschüttungen	Verdeckte Ausschüttungen
- oGA - Gewinnausschüttungen für ein abgelaufenes Wirtschaftsjahr, dem ein handelsrechtlich ordnungsgemäßer Gewinnverteilungsbeschluss	Die gesellschaftsrechtliche Veranlassung wird durch ein schuldrechtliches Verhältnis verschleiert
- verunglückte oGA - Gewinnausschüttungen für ein abgelaufenes Wirtschaftsjahr, dem ein nicht ordnungsgemäßer Gewinnverteilungsbeschluss zugrunde liegt	
- Vorabausschüttung - vor Feststellung des Jahresabschlusses beschlossene Gewinnausschüttung	

1.13.2 Empfänger verdeckter Gewinnausschüttungen

Eine verdeckte Gewinnausschüttung setzt ein Gesellschafts- oder Mitgliedschaftsverhältnis voraus, da es sonst nicht zur Ursächlichkeit des Gesellschaftsverhältnisses für die Vorteilsgewährung kommen könnte; siehe A 31 Abs. 2 a KStR.

Verdeckte Gewinnausschüttungen sind jedoch nicht auf Kapitalgesellschaften und Genossenschaften beschränkt. Sie können auch bei Versicherungsvereinen auf Gegenseitigkeit, Vereinen und Betrieben gewerblicher Art vorliegen (A 31 Abs. 2 KStR). Da diese Körperschaften jedoch nicht am Anrechnungsverfahren teilnehmen (vgl. § 43 KStG a.F.) und bei den Mitgliedern bzw. Trägerkörperschaften keine Einnahmen im Sinne von § 20 Abs. 1 Nr. 1 EStG vorliegen, erstreckt sich die Wirkungsweise der verdeckten Gewinnausschüttung auf die Durchführung der Einkommenskorrektur nach § 8 Abs. 3 S. 2 KStG.

1.13.3 Zuwendungen an nahestehende Personen

Im Regelfall der verdeckten Gewinnausschüttung wird der Empfänger der Vorteilszuwendung der Gesellschafter selber sein. Dies ist jedoch nicht zwingend. Eine verdeckte Gewinnausschüttung ist auch dann anzunehmen, wenn die Vorteilszuwendung nicht unmittelbar an den Gesellschafter selber, sondern an eine ihm nahestehende Person erfolgt. Bei der nahestehenden Person kann es sich um eine natürliche Person, eine Personengesellschaft oder eine andere Kapitalgesellschaft handeln. Die Eigenschaft des Nahestehens kann durch persönliche, gesellschaftsrechtliche oder sachliche Beziehungen zum Gesellschafter begründet werden:

Persönliche Beziehungen:

→ Ehegatten

→ Verwandte und sonstige Angehörige (§ 15 AO unmaßgeblich)

→ Freunde und Bekannte

Gesellschaftsrechtliche Beziehungen:

→ Personengesellschaften, an denen der Gesellschafter oder eine ihm nahestehende Person beteiligt ist

→ Kapitalgesellschaften, an denen der Gesellschafter oder eine ihm nahestehende Person beteiligt ist

Sachliche Beziehungen:

→ Zwischen einem Dritten und dem Gesellschafter bzw. dessen nahestehenden Person bestehen schuldrechtliche Verknüpfungen

Alleingesellschafter A hat hohe Spielschulden bei B. Die A-GmbH (Handel mit Computern) schenkt B einen Computer im Wert von 3.000,00 DM.

Beispiel

Nach alter Rechtslage war für die Beurteilung einer Vorteilsgewährung an eine nahestehende Person als verdeckte Gewinnausschüttung stets Voraussetzung, dass hiermit ein Vorteil für den Gesellschafter selber verbunden ist (vgl. A 31 Abs. 7 S. 1 KStR). Dieser Vorteil konnte darin bestehen, dass durch die Vorteilsziehung der nahestehenden Person eine Verpflichtung des Gesellschafters gegenüber der nahestehenden Person erfüllt wird, eine freiwillige Leistung (Schenkung) des Gesellschafters an die nahestehende Person bewirkt werden soll oder die Leistung aus anderen Gründen wirtschaftlich dem Gesellschafter zugute kommt. Diese Rechtsprechung hat der BFH mit Urteil vom 18.12.1996, BStBl. 1997 II, S. 301, ausdrücklich geändert. Demnach ist die Feststellung eines Vorteils für den Gesellschafter selbst nicht mehr erforderlich.

Die Auswirkungen dieser Rechtsprechungsänderung dürften jedoch nicht sehr gewichtig sein. Wegen des Zuwendungsgedankens, den der BFH auch für den umgekehrten Fall gesellschaftsrechtlich veranlassten Fall des Forderungsverzicht (= verdeckte Einlage) einer nahestehenden Person eines Gesellschafters gegenüber dessen Kapitalgesellschaft anwendet, setzt eine gesellschaftsrechtliche Vorteilsgewährung an eine nahestehende Person immer einen Vorteil beim Gesellschafter selber voraus, der diesen Vorteil der nahestehenden Person zugewendet hat; vgl. BFH vom 09.07.1997, BStBl. 1998 II, S. 307.

Einkommensteuerlich muss nicht die nahestehende Person, sondern der Gesellschafter selber die verdeckte Gewinnausschüttung nach § 20 Abs. 1 Nr. 1 EStG als Kapitalertrag versteuern. Zwar hat der BFH in seinem Urteil vom 18.12.1996 ausdrücklich offen gelassen, wie die Vorteilsge-währung an nahestehende Personen einkommensteuerlich zu behandeln ist. Vor dem Hintergrund des Beschlusses des großen Senats einerseits und der Vorschrift des § 20 Abs. 2 a EStG andererseits ist eine Versteue-rung von Kapitalertrag bei der nahestehenden Person jedoch ausgeschlos-sen.

Nach dem BMF-Schreiben vom 11.05.1999, BStBl. I, S. 514, wird eine Entnahme stets dem Gesellschafter zugerechnet, dem die Person nahe steht, der die Gewinnausschüttung zugeflossen ist.

Zu beachten ist, dass die Zuwendung an die nahestehende Person bei Überschreiten der Freibeträge der Schenkungsteuer unterliegen kann; so zumindest BMF vom 15.03.1997, BStBl. 1997 I, S. 350.

1.13.4 Besonderheiten bei beherrschenden Gesellschaftern

Vergütungen einer Kapitalgesellschaft an beherrschende Gesellschafter stellen – unabhängig vom Verhalten des ordentlichen und gewissenhaften Geschäftsleiters und der darauf beruhenden Angemessenheitsprüfung – auch dann verdeckte Gewinnausschüttungen dar,

→ wenn sie auf von vornherein getroffenen klaren und eindeutigen Ver-einbarungen beruhen (so genanntes Rückwirkungsverbot)

oder

→ wenn sie nicht den getroffenen Vereinbarungen entsprechend geleistet werden (so genanntes Durchführungsverbot).

Diese Grundsätze gelten entsprechend bei Leistungen der Kapitalgesell-schaft an eine dem beherrschenden Gesellschafter nahestehende Person; vgl. BFH, BStBl. 1987 II, S. 459 und 1988 II. S. 786 und 1989 II, S. 631.

1.13.4.1 Begriff des beherrschenden Gesellschafters

Ein Gesellschafter beherrscht eine GmbH, wenn er den Abschluss des zu beurteilenden Rechtsgeschäfts erzwingen kann. Dies ist der Fall, wenn er

aufgrund der ihm aus seiner Gesellschafterstellung herrührenden Stimmrechte den entscheidenden Beschluss durchzusetzen vermag. Es kommt
also bei der steuerlichen Beherrschung auf die Möglichkeit der Durchset-
zung des eigenen Gesellschafterwillens an; die Möglichkeit zur Verhinderung einer Beschlussfassung infolge Sperrminorität reicht hier anders als
nach Sozialversicherungsrecht nicht aus.

Eine beherrschende Stellung des Gesellschafters erfordert grundsätzlich
die Mehrheit der Stimmrechte. Eine Beteiligung von 50 v.H. oder weniger
kann in Ausnahmefällen ausreichen, wenn besondere Umstände hinzutreten, die eine Beherrschung der GmbH begründen; vgl. BFH, BStBl. 1969
II, S. 347 und 1976 II. S. 734.

Des Weiteren werden mehrere für sich gesehen nicht beherrschende Gesellschafter als beherrschende Gesellschafter angesehen, soweit sie in
Verfolgung gleichgerichteter Interessen zusammenwirken, um eine ihren
Interessen entsprechende einheitliche Willensbildung herbeizuführen und
sie zusammen über die Mehrheit der Stimmrechte verfügen. Das wäre
beispielsweise der Fall, wenn zwei zu jeweils 50 % beteiligte Gesellschafter jeweils Gehaltserhöhungen gegenüber der Kapitalgesellschaft durch-
setzen wollen. Besonderheiten sind aber zu beachten, wenn der Beteili-
gungsumfang der Gesellschaft stark voneinander abweicht. In diesen Fällen kann wegen der unterschiedlichen Beteiligung am Gewinn (über den
Anspruch nach § 29 GmbHG) ohne Weiteres eine Zusammenrechnung
erfolgen; vgl. BFH, BStBl. 1986 II, S. 469. Die Tatsache, dass die Gesellschafter nahe Angehörige sind (z.B. Ehegatten), reicht allein nicht zur
Annahme gleichgerichteter Interessen aus. Weitere Anhaltspunkte müssen
hinzutreten.

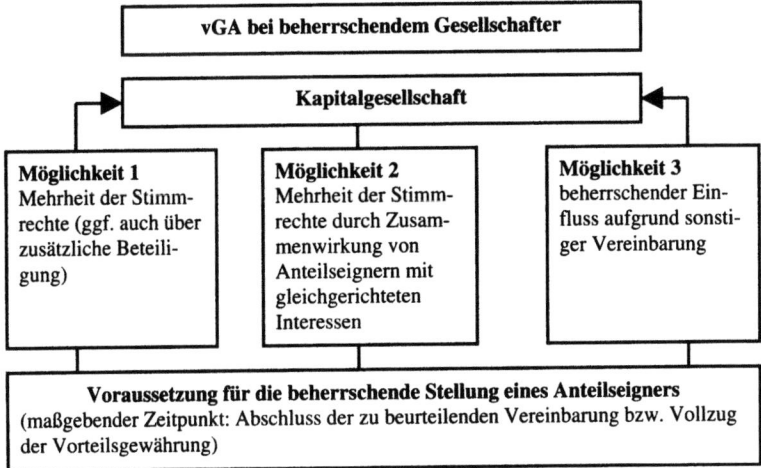

1.13.4.2 Rückwirkungsverbot

Der beherrschende Gesellschafter hat es aufgrund seines Einflusses auf die Kapitalgesellschaft weitestgehend selber in der Hand, ob das jeweilige Leistungsverhältnis auf schuldrechtlicher oder auf gesellschaftsrechtlicher Basis abgewickelt werden soll. Diesem Umstand trägt der BFH Rechnung, indem er für die steuerliche Anerkennung des Rechtsverhältnisses zwischen einer Kapitalgesellschaft und ihrem beherrschenden Gesellschafter strengere (formale) Maßstäbe anlegt. Demnach müssen Vereinbarungen zwischen Kapitalgesellschaft und beherrschendem Gesellschafter im Voraus geschlossen werden und klar und eindeutig bestimmt sein. Ferner ist es Voraussetzung, dass die vorgenannten Bedingungen entsprechend ihrer Vereinbarung zivilrechtlich wirksam sind

1.13.4.3 Vorabvereinbarung

Erforderlich ist, das vor Leistungserbringung eine Vereinbarung über die Gegenleistung geschlossen wird. Daher führen Nachzahlungen jeglicher Art zu einem Verstoß gegen das Rückwirkungsverbot.

Beispiel
Mit Vereinbarung vom 01.06.2001 wurde das Gehalt des Alleingesellschafters von monatlich 5.000,00 DM auf 7.000,00 DM erhöht. Die Gehaltserhöhung erfolgte mit Wirkung vom 01.01.2001.

Kein Verstoß gegen das Rückwirkungsverbot würde ausnahmsweise vorliegen, wenn eine im Voraus getroffene Vereinbarung konkret bestimmte Öffnungsklauseln beinhalten würde.

Beispiel
Wie vor, jedoch sieht der Anstellungsvertrag des Alleingesellschafters vom 13.04.1996 vor, dass das Gehalt entsprechend der Tarifabschlüsse im Bankgewerbe erhöht wird. Am 30.04.2001 einigten sich die Tarifparteien im Bankgewerbe auf eine Gehaltserhöhung von vier Prozent mit Wirkung vom 01.02.2001.

Zahlt die GmbH nunmehr dem Gesellschafter für die Monate Februar bis April die Gehaltserhöhung von 200,00 DM (vier Prozent von 5.000,00 DM) nach, liegt darin kein Verstoß gegen das Rückwirkungsverbot, da die Gehaltserhöhung auf die im Voraus getroffene Öffnungsklausel zurückging und der Gesellschafter die Höhe der aufgrund dieser Öffnungsklausel zu zahlenden Gehaltserhöhungen nicht manipulieren konnte.

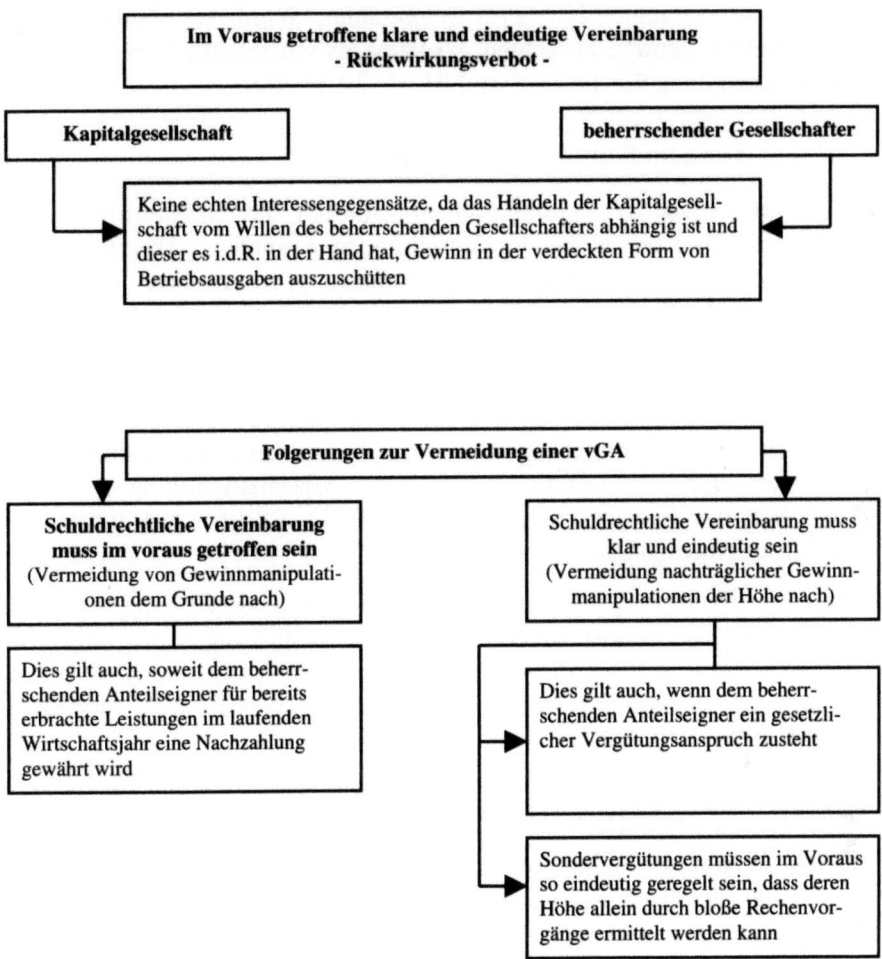

Sondervergütungen wie Weihnachtsgeld, Urlaubsgeld und erfolgsabhängige Gehaltsbestandteile wie Tantiemen werden so behandelt, als wären sie gleichmäßig im Laufe des gesamten Wirtschaftsjahres bezogen worden. Hieraus folgt, dass eine im Laufe des Wirtschaftsjahres erfolgte Erhöhung dieser Gehaltsbestandteile nur zeitanteilig erfolgen darf.

Alleingesellschafter A bezieht von der A-GmbH ein monatliches Gehalt von 6.000,00 DM, ein zusätzliches 13. Gehalt als Weihnachtsgeld sowie eine Tantieme i.H.v. 15 % des Jahresüberschusses vor Körperschaft-, Gewerbesteuer und der Tantieme. Mit Vereinbarung vom 01.07.2001 wurde das Gehalt mit Wirkung vom 01.07.2001 auf monatlich 7.000,00 DM erhöht. Gleichzeitig wurde die Tantieme auf 20 % erhöht.

Soll eine Verletzung des Rückwirkungsverbots vermieden werden, so darf die A-GmbH dem A für 2001 nur ein Weihnachtsgeld i.H.v. 6.500,00 DM

Beispiel

sowie eine Tantieme i.H.v. 17,5 % auszahlen. Würde sie nämlich die jeweils vollen Beträge auszahlen, so käme es wirtschaftlich zu einer Gehaltsnachzahlung für die Zeit vom 01.01.-30.06.2001.

1.13.4.4 Klare und eindeutige Vereinbarung

Klare und eindeutige Vereinbarungen erfordern, dass die getroffene Vereinbarung über die Höhe der Vergütungen zumindest erkennen lassen muss, nach welcher Bemessungsgrundlage (Prozentsätze, Zuschläge, Höchst- und Mindestbetrag) die Vergütung errechnet werden soll. Es muss ausgeschlossen sein, dass bei der Berechnung der Vergütung ein Ermessensspielraum bleibt. Die Berechnungsgrundlagen müssen so bestimmt sein, dass allein durch Rechenvorgänge die Höhe der Vergütung ermittelt werden kann, ohne dass es noch der Ausübung irgendwelcher Ermessensakte seitens der Geschäftsführung oder Gesellschafterversammlung bedarf; vgl. BFH, BStBl. 1985 II, S. 345, betr. Tantieme und BStBl. 1986 II. S. 469.

An einer klaren und von vornherein getroffenen Vereinbarung fehlt u.a. dann, wenn die GmbH widersprechende Vereinbarungen mit ihrem beherrschenden Gesellschafter-Geschäftsführer abschließt und nicht zu erkennen ist, welche von beiden die maßgebende sein soll; vgl. BFH, BStBl. 1989 II, S. 800.

1.13.4.5 Zivilrechtliche Wirksamkeit

Damit Leistungsbeziehungen zwischen Kapitalgesellschaft und beherrschendem Gesellschafter auch steuerlich anerkannt werden, bedürfen sie der zivilrechtlichen Wirksamkeit. Dem liegt die Überlegung zugrunde, dass ein fremder Dritter in der Regel nur die Leistungen erbringen würde, zu denen er zivilrechtlich auch verpflichtet ist. Allerdings führt eine zivilrechtlich nicht wirksame Vereinbarung dann nicht zur Annahme einer verdeckten Gewinnausschüttung, wenn die Beteiligten (z.B. nach Einholung eines fachkundigen Rats) davon ausgehen konnten, dass die Vereinbarung zivilrechtlich wirksam sei; vgl. BFH, BStBl. 1996 II, S. 246.

Eine unterbliebene Beteiligung der Gesellschafterversammlung am Abschluss und der Änderung des Anstellungsvertrages des Geschäftsführers ist zivilrechtlich unwirksam. Die Zuständigkeit der Gesellschafterversammlung auch für die Änderung des Anstellungsvertrages ergibt sich aus einer geänderten BGH-Rechtsprechung. Die Finanzverwaltung hat jedoch in einer Übergangsregelung den Kapitalgesellschaften die Möglichkeit gegeben, die ggf. unterbliebene Beteiligung der Gesellschafterversammlung bis zum 01.01.1996 nachzuholen. Vor dem 01.01.1996 gezahlte Bezüge werden nämlich nicht aufgrund der o.a. zivilrechtlichen Unwirksamkeit als verdeckte Gewinnausschüttung qualifiziert; vgl. zur Übergangsregelung BStBl. 1994 I, S. 868.

Zivilrechtliche Unwirksamkeit ist gegeben, wenn eine Vereinbarung zwischen der Kapitalgesellschaft und ihrem Gesellschafter unter Verletzung des Selbstkontrahierungsverbots nach § 181 BGB zustande gekommen ist. Zur Vermeidung einer derartigen zivilrechtlichen Unwirksamkeit muss sich der Gesellschafter wirksam von den Beschränkungen des § 181 BGB befreien lassen. Dies erfordert sowohl bei der eingliedrigen als auch bei der mehrgliedrigen Kapitalgesellschaft eine entsprechende Regelung in der Satzung bzw. eine Ermächtigung zur Befreiungserteilung. Die Eintragung der Befreiung im Handelsregister hat nur deklaratorischen Charakter. Die gegenteilige Regelung in A 31 Abs. 6 a S. 2 KStR ist durch das BFH-Urteil vom 31.05.1995; BStBl. 1996 II, S. 246, überholt; siehe auch BFH vom 23.10.1996, BStBl. 1999 II, S. 35.

1.13.4.6 Mündliche Vereinbarungen

Ein häufiger Streitpunkt in der Praxis ist die steuerliche Anerkennung behaupteter mündlicher Vereinbarungen zwischen einer GmbH und ihrem beherrschenden Gesellschafter-Geschäftsführer, und zwar insbesondere dann, wenn die schriftliche Vereinbarung nicht klar und eindeutig formuliert oder zivilrechtlich unwirksam ist.

Eine behauptete mündliche Änderungsabrede zu einem schriftlich abgefassten Vertrag ist nur dann als hinreichend klar anzusehen, wenn ein außenstehender Dritter zweifelsfrei erkennen kann, dass die Leistungen aufgrund einer entsprechenden Vereinbarung mit dem Gesellschafter erbracht werden. Fehlende Nachweise wirken sich zu Lasten desjenigen aus, der sich auf die mündlichen Vereinbarungen beruft; vgl. BFH vom 17.10.1990, BFH/NV 1991, S. 773.

Bei monatlich wiederkehrenden Gehaltszahlungen können entsprechende Nachweise (über eine mündliche Abrede) durch pünktliche Auszahlung, ordnungsgemäße Verbuchung und regelmäßige Abführung von Lohnsteuer und Sozialversicherungsbeiträgen geführt werden; vgl. A 31 Abs. 5 S. 12 und 13 KStR mit Hinweisen auf Urteile des BFH.

Bei nur jährlich anfallenden Sondervergütungen ist eine derartige Beweisführung für den Steuerpflichtigen deutlich schwieriger. Bei Tantiemezahlungen kann aus einer jahrelangen Übung eine klare Vereinbarung abgeleitet werden, wenn die Beträge nach einer einheitlichen Formel ermittelt, zu festen Zeitpunkten ausgezahlt und in den Büchern der GmbH nachweislich festgehalten werden; vgl. BFH vom 25.10.1995 – IR 9/95, DStR 1996, S. 339. Dies gilt aber erst ab dem Zeitpunkt, ab dem die klare Vereinbarung objektiv nach außen – für einen fremden Dritten erkennbar – in

Erscheinung tritt; vgl. BFH, BStBl. 1992 II, S. 362 und vom 25.10.1995, DStR 1996, S. 339. Behaupten die Beteiligten, eine mündliche Tantiemevereinbarung abgeschlossen zu haben oder eine schriftliche Tantiemevereinbarung mündlich abgeändert zu haben, so wird die aufgrund der mündlichen Vereinbarung gezahlte Tantieme in aller Regel zumindest im Erstjahr als vGA zu behandeln sein, weil nicht auszuschließen ist, dass sich die Beteiligten erstmals bei der Bilanzaufstellung über einen neuen Berechnungsmodus geeinigt haben; vgl. BFH, BStBl. 1992 II, S. 362, in GmbHR 1992, S. 389, unter Nr. 4 der Gründe. Im Urteilsfall hatten die Gesellschafter anlässlich der Bilanzbesprechung die Auffassung eines an der mündlichen Vereinbarung nicht beteiligten Zeugen diesem gegenüber als richtig bestätigt. Zur Kritik diesbezüglich siehe Flume, DB 1992, S. 1697.

Entsprechendes gilt – wegen des Rückwirkungsverbotes – für die Zeit bis zur Bilanzaufstellung im Folgejahr. Die Beseitigung der objektiven Unklarheit wirkt nur ex-nunc. Liegen keine geeigneten Zeugenaussagen vor, die erkennen lassen, ab wann die Willensbildung der Gesellschafter erstmals nach außen in Erscheinung getreten ist, wird die objektive Unklarheit erst nach mehreren Jahren beseitigt sein. So fordert z.B. Wochinger im Werk „Verdeckte Gewinnausschüttungen und verdeckte Einlagen", 3. Auflage, Rn. 291 – unter Berufung auf den BFH in BStBl. 1992 II, S. 362, unter Nr. 5 der Gründe – eine „viele Jahre andauernde Praxis". Nach dieser Auffassung kann eine selbst konsequente Vertragsdurchführung – zumindest in den Anfangsjahren – die Annahme einer verdeckten Gewinnausschüttung nicht verhindern, wenn die schriftliche Gehaltsvereinbarung den steuerlichen Anforderungen nicht genügt.

Beispiel

Die A-GmbH weist in ihrer Bilanz auf den 31.12.2000 – aufgestellt am 31.03.2001 – erstmals eine Tantiemeverbindlichkeit für 2000 an ihren beherrschenden Gesellschafter-Geschäftsführer i.H.v. 100 aus. Dies entspricht rechnerisch exakt 10 v.H. des Jahresüberschusses lt. Handelsbilanz. Die Auszahlung erfolgt am 01.05.2001.

In der Bilanz zum 31.12.2001 – aufgestellt am 31.03.2002 – wird eine Tantiemeverbindlichkeit i.H.v. 120 für 2001 passiviert. Auch dieser Betrag entspricht 10 v.H. der oben genannten Bemessungsgrundlage und wird am 01.05.2002 ausbezahlt.

Die Steuerpflichtigen behaupten, im Jahr 1999 zivilrechtlich wirksame mündliche Vereinbarungen getroffen zu haben. Der Steuerberater bestätigt, dass er bei der Bilanzaufstellung die Bemessung der Tantiemeverbindlichkeit mit den Gesellschaftern rechnerisch abgestimmt hat.

Hinsichtlich der vollen Tantieme für 2000 und 3/12 der Tantieme für 2001, insgesamt also 130, sind regelmäßig vGA anzunehmen, weil nicht auszuschließen ist, dass sich die Beteiligten erst bei Bilanzaufstellung am 31.03.2001 über die Bemessung der Tantieme geeinigt haben; vgl. BFH, BStBl. 1992 II, S. 362.

Der Beweis für die Existenz klarer und im Voraus getroffener mündlicher Vereinbarungen kann z.B. durch Zeugenaussagen von Personen unterstützt werden, die an den mündlichen Beschlüssen beteiligt waren; vgl. BFH vom 27.02.1985, BFH/NV 1986, S. 430 und BFH vom 04.12.1991, BStBl. 1992 II, S. 362. So hat der BFH eine Sondervergütung als ausreichend klar mündlich vereinbart angesehen, weil sie seit Jahren für alle (Nichtgesellschafter-)Arbeitnehmer nach einheitlichen Grundsätzen ermittelt wurde und die Gesellschafter-Geschäftsführer seit Gründung der GmbH ihre Geschäftsführertätigkeit entgeltlich wahrgenommen haben; vgl. BFH /NV 1991, s. 773. Dem veröffentlichten Tatbestand ist allerdings nicht zu entnehmen, ob die Gesellschafter-Geschäftsführer im ersten Streitjahr erstmalig eine solche Sondervergütung erhielten.

Etwas anderes gilt u.E. bei mündlichen Gesellschafterbeschlüssen von Einmann-GmbHs. Nach § 35 Abs. 4 S. 2 GmbHG ist bei einer Einmann-GmbH unverzüglich nach der Beschlussfassung eine Niederschrift zu fertigen, die der Gesellschafter nach § 48 Abs. 3 GmbHG eigenhändig unterschreiben muss. Da ein Verstoß gegen diese Aufzeichnungspflicht aber nicht zu zivilrechtlichen Unwirksamkeit führt, nimmt das FinMin Hessen im Erlass vom 15.04.1994, S. 2742 A – 30 – II B 3 a (= GmbHR 1994) nicht allein wegen der fehlenden Unterschrift eine verdeckte Gewinnausschüttung an. Die herrschende Meinung im Zivilrecht teilt diese Auffassung auch zum § 48 As. 3 GmbHG; siehe hierzu Baumbach/Hueck, GmbH-Gesetz, 16. Auflage, § 48, Rn. 29 m.w.N. U.E. ist diese Meinung so zu weitgehend. Soweit bei der Einmann-GmbH eine unverzügliche schriftliche Fixierung mündlich getroffener Vereinbarungen gesetzlich nominiert ist, muss u.E. – anders als bei den mehrgliedrigen GmbHs – unterstellt werden, dass ein gewissenhafter Gesellschafter nicht gegen das zivilrechtliche Erfordernis verstößt. Die fehlende Aufnahme in die Niederschrift ist so zumindest ein gewichtiges Beweisanzeichen gegen das Vorliegen klarer Vorabvereinbarungen, das unter Umständen stärker wiegt, als eine Verbuchung des Geschäftsvorfalls.

1.13.5   Schriftformklauseln

Voraussetzung für die steuerliche Anerkennung einer klaren und eindeutigen mündlichen Vereinbarung bzw. Änderungsabrede ist deren zivilrechtliche Wirksamkeit.

Vereinbarungen zwischen einer GmbH und ihrem Gesellschafter unterliegen – soweit in der Satzung nichts anderes bestimmt ist – grundsätzlich keiner Formerfordernis. Enthält der Geschäftsführervertrag dagegen eine so genannte qualifizierte (doppelte) Schriftformklausel, die besagt, dass Vertragsänderungen der Schriftform bedürfen und eine nur mündlich vereinbarte Aufhebung des Schriftformzwanges unwirksam sein soll, so ist nach – im Zivilrecht allerdings nicht unumstrittener – Ansicht des BFH, BStBl. 1991 II, S. 933, von der zivilrechtlichen Unwirksamkeit einer nur mündlich vereinbarten Gehaltsanpassung auszugehen. Depping/Voß, DStR 1992, S. 341, zeigen in ihrer Entscheidungsbesprechung zum BFH-Beschluss I S 1/91 auf, dass die herrschende Meinung im Zivilrecht auch die formlose Aufhebung einer qualifizierten Schriftformklausel für zulässig hält und der BGH in seinem Urteil vom 17.04.1991 – XII ZR 15/90, WM 1991, 1398 – diese Frage ausdrücklich offengelassen hat.

Die Erhöhungsbeträge aufgrund einer mündlichen Vereinbarung stellen eine verdeckte Gewinnausschüttung bei Nichtvorliegen der beschriebenen Voraussetzungen dar. Unklar ist aber, ob der BFH durch seinen Hinweis im Urteil vom 24.07.1996, BStBl. 1997 II, S. 138, auf das BGH-Urteil vom 17.04.1991 – XII ZR 15/90 betreffend den Fall einer qualifizierten Schriftformklausel – von seiner in diesem Punkt restriktiven Position abrücken wollte.

Enthält der Anstellungsvertrag lediglich eine so genannte einfache Schriftformklausel, wonach Vertragsänderungen der Schriftform bedürfen, so ist eine spätere mündliche Vertragsanpassung nach der Rechtsprechung des BFH vom 24.01.1990, BStBl. 1990 I, S. 645, mit zahlreichen Querverweisen, zivilrechtlich wirksam. Dies gilt selbst dann, wenn die Vertragsparteien an das Schriftformerfordernis gar nicht gedacht haben. Diese Rechtsansicht hat der BFH zwischenzeitlich teilweise wieder aufgegeben. In Übereinstimmung mit dem BGH fordert der BFH mit seinem Urteil vom 24.07.1996, BStBl. 1997 II, S. 138, nunmehr, dass ein die Schriftform aufhebender Wille erkennbar war. Hieran fehlt es, wenn sich die Beteiligten – angesichts mehrfacher schriftlicher Vertragsergänzungen – stets erkennbar an die Schriftform gebunden gefühlt haben. Dadurch entstehen unter Umständen erstaunliche Effekte.

Beispiel

Der Anstellungsvertrag zwischen der X-GmbH und ihrer beherrschenden Gesellschafter-Geschäftsführerin enthält eine so genannte einfache Schriftformklausel (Wortlaut: „Änderungen des Anstellungsvertrages bedürfen der Schriftform"). In den Jahren 1990 bis 1999 wird das Gehalt der Gesellschafter-Geschäftsführerin neun Mal angepasst. Außer im Jahr 1995 erfolgten die Vertragsanpassungen in keinem Jahr schriftlich.

Eine Schriftformklausel im Anstellungsvertrag mit der Gesellschafter-Geschäftsführerin einer GmbH kann grundsätzlich mündlich aufgehoben werden, weil der gesamte Anstellungsvertrag prinzipiell keinem Schriftformzwang unterliegt. Die Gehaltserhöhungen stellen keine verdeckten Gewinnausschüttungen dar, weil durch die nahezu ausnahmslos fehlenden schriftlichen Vereinbarungen ein konkludenter Aufhebungswille in Bezug auf die Schriftformklausel erkennbar ist.

Schriftliche Vereinbarungen können für acht Vertragsanpassungen vorgelegt werden. Nur für das Jahr 1995 fehlt eine schriftliche Abrede.

Die Gehaltserhöhung für 1995 führt zu einer verdeckten Gewinnausschüttung, da sich die Beteiligten erkennbar an die Schriftformklausel gebunden gefühlt haben.

Abwandlung

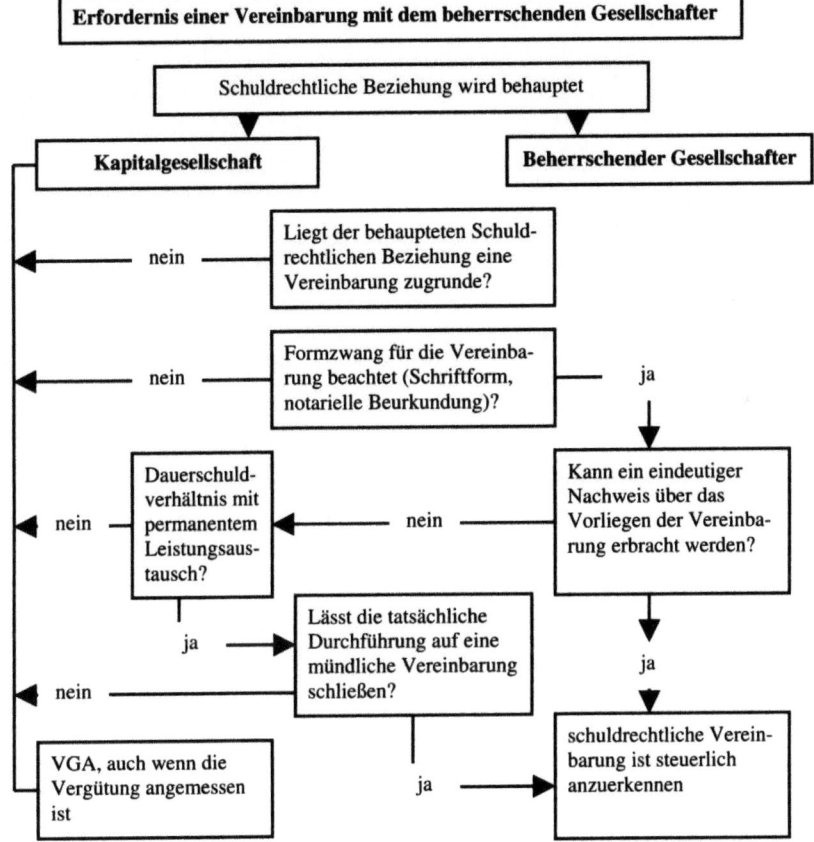

1.13.6   Durchführungsgebot

Im Verhältnis zwischen Kapitalgesellschaft und beherrschendem Gesellschafter muss nicht nur eine zivilrechtlich wirksame und im Voraus geschlossene Vereinbarung vorliegen, sondern es muss auch entsprechend dieser Vereinbarung verfahren werden. Führen die Vertragspartner die Vereinbarung nicht durch, so indiziert die fehlende Durchführung regelmäßig die gesellschaftsrechtliche Veranlassung. Insbesondere bei Dauerschuldverhältnissen stellt sich häufig die Frage, ob ein zur Annahme von verdeckter Gewinnausschüttung führender Verstoß gegen das Durchführungsgebot vorliegt.

Zahlt beispielsweise eine Kapitalgesellschaft das Gehalt ihres beherrschenden Gesellschafters nur unregelmäßig bzw. nicht zu den vorgesehenen Zeitpunkten aus, so führt dies nach ständiger BFH-Rechtsprechung; vgl. insbesondere das BFH-Urteil vom 13.11.1996, DStR 1997, 697, zu einem Verstoß gegen das Durchführungsgebot. Ist die verspätete Gehaltszahlung auf Liquiditätsengpässe der Kapitalgesellschaft zurückzuführen, so ist dies - den Nachweis dieser Liquiditätsengpässe vorausgesetzt – nur dann unschädlich, wenn dem eine dem Fremdvergleich standhaltende Stundungsvereinbarung zugrunde liegt. Hierbei sind sehr strenge Maßstäbe anzulegen. Ein fremder Arbeitnehmer würde nämlich nur im äußersten Notfall zustimmen und auch nur dann, wenn keine andere Lösung in Betracht kommt.

Hat die Kapitalgesellschaft noch andere Arbeitnehmer, so ist eine Stundungsvereinbarung nur dann anzuerkennen, wenn sich auch die anderen Arbeitnehmer auf entsprechende Gehaltsstundungen eingelassen haben.

Häufig wird in diesem Zusammenhang auch vorgebracht, dass die Gehaltsforderung des beherrschenden Gesellschafters in eine Darlehnsforderung umgewandelt worden sei und daher keine fehlende Durchführung angenommen werden könne. Hierzu ist zu beachten, dass eine Umwandlung einer Gehalts- in eine Darlehensforderung (so genannte Schuldnovation) zwar grundsätzlich möglich ist. Sie kann aber unter dem Gesichtspunkt des Fremdvergleichs steuerlich nur dann anerkannt werden, wenn sie Gegenstand einer besonderen schriftlichen Vereinbarung ist.

Bei Tantiemevereinbarungen stellt sich auch häufig die Problematik der tatsächlichen Durchführung. Der Anspruch auf Auszahlung von Tantiemen ist vorbehaltlich abweichender Vereinbarungen mit Feststellung des Jahresabschlusses fällig. Erfolgt die Auszahlung innerhalb von drei Monaten nach dieser Fälligkeit, ist stets von einer tatsächlichen Durchführung auszugehen. Bei einer Auszahlung innerhalb eines Zeitraums von drei bis sechs Monaten nach Fälligkeit hängt die Beurteilung vom jeweiligen Einzelfall ab. Bei einmaligen Liquiditätsengpässen dürfte die verspätete Auszahlung wohl als unschädlich zu beurteilen sein.

Wird die Tantieme jedoch erst nach Ablauf von sechs Monaten nach ihrer Fälligkeit ausbezahlt, so ist regelmäßig von der fehlenden tatsächlichen Durchführung auszugehen.

1.13.7 Beweislast

Die Beweislast für das Vorliegen einer verdeckten Gewinnausschüttung obliegt grundsätzlich dem Finanzamt (A 31 Abs. 8 a S. 1 und 2 KStR). Da aber andererseits der Steuerpflichtige den Nachweis für die betriebliche Veranlassung geltend gemachter Betriebsausgaben zu führen hat, kann es in Einzelfällen zur Verlagerung der Beweislast kommen. Nach A 31 Abs. 8 a S. 4 KStR ist die Kapitalgesellschaft für das Nichtvorliegen einer verdeckten Gewinnausschüttung nachweispflichtig, sofern nahezu alle erheblichen Beweisanzeichen dafür sprechen, dass die Zuwendung an den Gesellschafter nicht betrieblich veranlasst ist.

Die X-GmbH handelt mit Friseurbedarf. Der Gesellschafter X erhielt von der X-GmbH einen Zuschuss von 2.000,00 DM für seinen Sommerurlaub auf Mallorca.

Beispiel

Angesprochen auf diesen Sachverhalt macht die X-GmbH geltend, dass der Gesellschafter während seines Urlaubs eine sehr intensive und kostspielige Kundenanwerbung betrieben habe. Auf der Insel Mallorca würden nämlich verhältnismäßig viele Friseure und Friseusen Urlaub machen.

1.13.8 Rückgewähr einer verdeckten Gewinnausschüttung

Gewährt der begünstigte Gesellschafter die verdeckte Gewinnausschüttung der Kapitalgesellschaft zurück, so kann hierdurch die verdeckte Gewinnausschüttung nicht rückgängig gemacht werden. Vielmehr wird die Rückgewähr steuerlich als Einlage beurteilt, durch die der vorausgegangene Vorgang der verdeckten Gewinnausschüttung nicht rückwirkend annulliert wird; vgl. BFH, BStBl. 1997 II, S. 92. Diese rechtliche Beurteilung gilt unabhängig davon, ob die Rückgewähr auf gesetzlichen Vorschriften, Steuer- oder Satzungsklauseln oder einer freiwillig begründeten Rechtspflicht beruht.

1.13.9   Bewertung der verdeckten Gewinnausschüttung

Besteht die verdeckte Gewinnausschüttung in der unentgeltlichen oder verbilligten Hingabe eines Wirtschaftsguts, so bemisst sich die verdeckte Gewinnausschüttung nach dem gemeinen Wert (Einzelveräußerungspreis incl. Umsatzsteuer) bzw. der Differenz dieses Wertes zu dem tatsächlich gezahlten Preis.

Bei sonstigen Leistungen (z.B. Nutzungsüberlassungen) bemisst sich die verdeckte Gewinnausschüttung nach der erzielbaren Vergütung.

Sofern die Überlassung eines Pkws Gegenstand einer verdeckten Gewinnausschüttung ist, kann aus Vereinfachungsgründen bei Ermittlung der erzielbaren Vergütung auf die Listenpreismethode nach § 6 Abs. 1 Nr. 4 S. 2 EStG zurückgegriffen werden; vgl. FinMin NRW vom 10.02.1999 – S 2742 – 7/1 – V B 4, KStG-Kartei NW § 8, Karte F 21. Bei besonders kostspieligen Fahrzeugen sollte die erzielbare Vergütung auf Basis der Kosten zzgl. Umsatzsteuer ermittelt werden, da die Listenpreismethode hier regelmäßig zu geringen Werten führt.

Folgende Übersicht zeigt weitere Bewertungsansätze für die unterschiedlichen Arten von verdeckten Gewinnausschüttungen:

vGA-Tatbestand	Bewertung
Hingabe von Wirtschaftsgütern	gemeiner Wert der Wirtschaftsgüter
Nutzungsüberlassungen	erzielbare Vergütung
Dienstleistungen	Wert lt. Gebührenordnung oder Personalaufwand zzgl. Gewinnaufschlag
„Liebhabereiverlust"	Vermögensverlust zzgl. angemessener Gewinnaufschlag
Warengeschäfte mit Gesellschaftern	Einschlägige Vergleichspreismethoden
Betrieb/Teilbetrieb	Summe der Werte der veräußerten Wirtschaftsgüter und des Geschäftswerts abzüglich Kaufpreis

Umsatzsteuerlich kann eine verdeckte Gewinnausschüttung zur Annahme einer Lieferung oder sonstigen Leistung im Sinne von § 3 Abs. 1 b und Abs. 9 a UStG führen, wenn es sich um eine unentgeltliche Zuwendung an den Gesellschafter handelt. Die Umsatzsteuer bemisst sich – sofern keine Steuerbefreiung in Betracht kommt – gemäß § 10 Abs. 4 S. 1 Nr. 1 UStG nach dem Einkaufspreis (bzw. Selbstkosten) oder den entstandenen Kosten.

Besteht die verdeckte Gewinnausschüttung in der Vereinbarung eines zu geringen Entgelts, liegt umsatzsteuerlich eine Lieferung bzw. eine sonstige Leistung vor, bei der sich die Umsatzsteuer nach dem geleisteten Entgelt bemisst (§ 10 Abs. 1 UStG). In diesen Fällen ist jedoch nach § 10 Abs. 5 Nr. 1 i.V.m. § 10 Abs. 4 UStG stets der Ansatz der Mindestbemessungsgrundlage zu prüfen.

Umsatzsteuer, die durch die Annahme einer verdeckten Gewinnausschüttung ausgelöst wird, wäre grundsätzlich nach § 10 Nr. 2 KStG bei der Einkommensermittlung hinzuzurechnen. Da die verdeckte Gewinnausschüttung jedoch bereits mit dem Bruttowert (also incl. Umsatzsteuer) nach § 8 Abs. 3 S. 2 KStG bei der Einkommensermittlung hinzuzurechnen ist, würde eine nochmalige Hinzurechnung der Umsatzsteuer zu einer nicht sachgerechten Doppelhinzurechnung führen. Daher unterbleibt in diesen Fällen eine Hinzurechnung der Umsatzsteuer nach § 10 Nr. 2 KStG (A 31 Abs. 10 S. 2 KStR).

Die A-GmbH schenkt ihrem Anteilseigner Waren, die sie zu einem Einkaufspreis von 600,00 Euro zzgl. 96,00 Euro USt erworben hat. Der Verkaufspreis beträgt üblicherweise 1.000,00 Euro zzgl. 160,00 Euro USt.   [Beispiel]

Der Anteilseigner hat einen Preis von 400,00 Euro zzgl. 64,00 Euro USt zu zahlen.   [Abwandlung 1]

Der Anteilseigner hat einen Preis von 800,00 Euro zzgl. 128,00 Euro USt zu zahlen.   [Abwandlung 2]

Die unentgeltliche Zuwendung der Ware wird nach § 3 Abs. 1 b S. 1 Nr. 1 UStG einer Lieferung im Sinne des § 1 Abs. 1 S. 1 Nr. 1 UStG gleichgestellt, da die Zuwendung aus unternehmensfremden Gründen erfolgt ist.

Bemessungsgrundlage für diese Lieferung ist der Einkaufspreis zuzüglich Nebenkosten, aber ohne die USt (§ 10 Abs. 4 Satz 1 Nr. 1 sowie Satz 2 UStG).

Die USt beträgt somit 16 v.H. von 600,00 Euro = 96,00 Euro.

Körperschaftsteuerlich ist die unentgeltliche Abgabe der Waren an den Anteilseigner als verdeckte Gewinnausschüttung zu würden.

Die Bewertung erfolgt mit dem üblichen Verkaufspreis von 1.160,00 Euro.

Es ergeben sich daher folgende Auswirkungen auf den Steuerbilanzgewinn und das Einkommen:

Steuerbilanzgewinn

- die unentgeltliche Warenabgabe führt in der Steuerbilanz
  zu einem Wareneinsatz i.H.v. 600,00 Euro   - 600,00 Euro
- die USt auf den Eigenverbrauch ist in der Steuerbilanz
  als Verbindlichkeit gegenüber dem Finanzamt zu passivieren
  und stellt einen Aufwand dar   - 96,00 Euro

Steuerbilanzgewinn/-verlust   **- 696,00 Euro**

Einkommensermittlung

- Steuerbilanzgewinn/-verlust	- 696,00 Euro
- Hinzurechnung der vGA in Höhe des gemeinen Werts (einschl. USt)	+ 1.160,00 Euro
- Hinzurechnung der USt auf die vGA nach § 10 Nr. 2 KStG entfällt (A 31 Abs. 10 Satz 2 KStR)	+ 0,00 Euro
Einkommen	**+ 464,00 Euro**

Zur Abwandlung 1:

Es handelt sich umsatzsteuerlich um eine Lieferung der Kapitalgesellschaft an ihren Anteilseigner im Sinne von § 1 Abs. 1 S. 1 Nr. 1 UStG. Als Bemessungsgrundlage für den Umsatz ist die Mindestbemessungsgrundlage, das heißt bei Lieferungen der Einkaufspreis der Ware zuzüglich Nebenkosten, aber ohne die USt anzusetzen (§ 10 Abs. 5 Nr. 1 i.V.m. § 10 Abs. 4 S. 1 Nr. 1 UStG).

Die USt beträgt daher 16 v.H. von 600,00 Euro = 96,00 Euro (bisher 64,00 Euro).

Die verdeckte Gewinnausschüttung ermittelt sich aus der Differenz zwischen dem üblichen Verkaufspreis und dem tatsächlichen Entgelt (Werte jeweils brutto).

Im Einzelnen ergeben sich folgende Auswirkungen:

Steuerbilanzgewinn

- die entgeltliche Warenabgabe führt in der Steuerbilanz zu einem Wareneinsatz i.H.v. 600,00 Euro	- 600,00 Euro
- Ertrag aus Warenveräußerung	+ 400,00 Euro
- die zusätzliche USt ist in der Steuerbilanz als Verbindlichkeit gegenüber dem Finanzamt zu passivieren und stellt einen Aufwand dar	- 32,00 Euro
Steuerbilanzgewinn/-verlust	**- 232,00 Euro**

Einkommensermittlung

- Steuerbilanzgewinn/-verlust	- 232,00 Euro
- Hinzurechnung der vGA in Höhe der Differenz zwischen dem gemeinen Wert (einschl. USt) und dem tatsächlichen Entgelt einschl. USt (1.160,00 Euro – 464,00 Euro)	+ 696,00 Euro
Einkommen	**+ 464,00 Euro**

Zur Abwandlung 2:

Es handelt sich umsatzsteuerlich um eine Lieferung der Kapitalgesellschaft an ihren Anteilseigner im Sinne von § 1 Abs. 1 S. 1 Nr. 1 UStG. Die aufgrund des tatsächlich vereinbarten Entgelts zu berechnende Bemessungsgrundlage nach § 10 Abs. 1 UStG übersteigt die Mindestbemessungsgrundlage und ist daher maßgebend.

Die USt beträgt daher 16 v.H. von 800,00 Euro = 128,00 Euro.

Die verdeckte Gewinnausschüttung ermittelt sich aus der Differenz zwischen dem üblichen Verkaufspreis und dem tatsächlichen Entgelt (Werte jeweils brutto). Im Einzelnen ergeben sich folgende Auswirkungen:

Steuerbilanzgewinn

-	die entgeltliche Warenabgabe führt in der Steuerbilanz zu einem Wareneinsatz i.H.v. 600,00 Euro	- 600,00 Euro
-	Ertrag aus Warenveräußerung	+ 800,00 Euro
-	die zusätzliche USt ist in der Steuerbilanz als Verbindlichkeit gegenüber dem Finanzamt zu passivieren und stellt einen Aufwand dar	- 0,00 Euro
Steuerbilanzgewinn/-verlust		**- 200,00 Euro**

Einkommensermittlung

-	Steuerbilanzgewinn/-verlust	+ 200,00 Euro
-	Hinzurechnung der vGA in Höhe der Differenz zwischen dem gemeinen Wert (einschl. USt) und dem tatsächlichen Entgelt einschl. USt (1.160,00 Euro – 928,00 Euro)	+ 232,00 Euro
Einkommen		**+ 432,00 Euro**

1.13.10 Verdeckte Gewinnausschüttung und Bilanzberichtigung

Im Schrifttum ist stets die Frage kontrovers diskutiert worden, ob die aufgrund einer verdeckten Gewinnausschüttung gebotene Korrektur innerhalb oder außerhalb der Steuerbilanz vorzunehmen ist. Hierfür ist entscheidungserheblich, ob die Vorschrift des § 8 Abs. 3 S. 2 KStG als Einkommensermittlungs- oder als Gewinnermittlungsvorschrift aufzufassen ist. Würde man nämlich § 8 Abs. 3 S. 2 KStG als Gewinnermittlungsvorschrift auffassen, dann würden auch die Grundsätze der Bilanzberichtigung (R 15 EStR) zur Anwendung kommen können.

Die A-GmbH hat ihrem Anteilseigner in 1995 im Alter von 61 Jahren eine Pensionszusage auf das 65. Lebensjahr erteilt und gleichzeitig eine Pensionsrückstellung nach Maßgabe des § 6 a EStG gebildet. Die Pensionsrückstellung beträgt zum 31.12.1997 300.000,00 DM und zum 31.12.1998 360.000,00 DM. Das Finanzamt hat die Pensionszusage bis einschließlich dem Veranlagungszeitraum 1996 nicht beanstandet. Die KSt-Veranlagungen 1995 bis 1997 sind endgültig erfolgt und können verfahrensrechtlich nicht mehr geändert werden. Im Rahmen der KSt-Veranlagung 1998 beanstandet das Finanzamt die erteilte Pensionszusage.

Beispiel

Die aufgrund der Pensionszusage erfolgten Zuführungen zur Pensionsrückstellung sind als verdeckte Gewinnausschüttung im Sinne von § 8 Abs. 3 S. 2 KStG zu beurteilen, weil der Gesellschafter zum Zeitpunkt der Erteilung der Pensionszusage bereits das sechzigste Lebensjahr vollendet hat; vgl. BFH, BStBl. 1995 II, S. 419.

Es stellt sich die Frage, ob

- die in der Vergangenheit gebildete Pensionsrückstellung in 1998 in voller Höhe nach den Grundsätzen der Bilanzberichtigung in der ersten noch offenen Bilanz gewinnerhöhend aufzulösen ist
  oder
- lediglich die Zuführung zur Pensionsrückstellung in 1998 von 60.000,00 DM außerhalb der Bilanz im Rahmen der steuerlichen Gewinnermittlung als verdeckte Gewinnausschüttung hinzuzurechnen ist.

Für die Beurteilung ist entscheidend, ob aufgrund der verdeckten Gewinnausschüttung der Bilanzansatz der Pensionsrückstellung unrichtig ist.

Bejaht man die Korrektur verdeckter Gewinnausschüttungen innerhalb der Bilanz, so liegt hier eine unrichtiger Bilanzansatz vor, der im Beispielfall in 1998 infolge Bilanzberichtigung zu einer Gewinnerhöhung von 360.000,00 DM durch Auflösung der Pensionsrückstellung führt.

Geht man demgegenüber von einer Korrektur verdeckter Gewinnausschüttungen außerhalb der Bilanz aus, so ist im Beispielfall der Bilanzansatz „Pensionsrückstellung" nicht unrichtig. Demzufolge entfällt die Bilanzberichtigung. Vielmehr ist bei der Einkommensermittlung für 1998 lediglich die Zuführung von 60.000,00 DM als verdeckte Gewinnausschüttung hinzuzurechnen.

Der BFH hat mit Urteil vom 29.06.1994 entschieden, dass die Rechtsfolgen des § 8 Abs. 3 Satz 2 KStG einkommenserhöhend wirken. Folglich ist eine Korrektur nicht innerhalb der Steuerbilanz, sondern außerhalb durch Hinzurechnung zum Steuerbilanzgewinn durchzuführen. Eine Bilanzberichtigung wegen verdeckter Gewinnausschüttung ist daher unzulässig.

Der Anwendung des Urteils aus 1994; vgl. DB 1994, s. 2526, stehen keine Bedenken der Finanzverwaltung gegenüber.

1.13.11 Zinsen für Darlehen zwischen Gesellschaft und Gesellschafter

Zu beachten sind die nachfolgend genannten Schuldrechtsvarianten:

1.13.11.1 Darlehen des Gesellschafters an die Gesellschaft

Eine verdeckte Gewinnausschüttung kommt immer dann in Betracht, wenn die Gesellschaft für das Darlehen einen unangemessenen (überhöhten) Zins zahlt. Bei fehlenden Anhaltspunkten für einen angemessenen

Zinssatz muss dieser durch Schätzung ermittelt werden. In der Regel wird bei Darlehen an die Gesellschaft der banktübliche Sollzins angesetzt, da die Gesellschaft meist problemlos darlegen kann, dass sie von dritter Seite ebenfalls einen Kredit zu den markttüblichen Konditionen erhalten hätte. Es ist bei der Annahme des Sollzinssatzes (anders als bei Darlehen an den Gesellschafter) immer von den Zinssätzen für besicherte Darlehen auszugehen, selbst wenn keine Sicherheiten von der Gesellschaft gestellt werden.

Zinsen auf ein Darlehen, welches nach einem Verzicht mit Besserungsklausel wieder auflebt, führen nicht zur Annahme einer verdeckten Gewinnausschüttung (soweit der Zinssatz angemessen ist); vgl. BFH, BStBl. 1991 II, S. 588.

1.13.11.2 Darlehen der Gesellschaft an den Gesellschafter

Soweit eine Gesellschaft ihrem Gesellschafter ein Darlehen unverzinslich bzw. zu einem unüblich niedrigen Zinssatz gewährt, wird dem Gesellschafter in Höhe des Zinsverzichts eine verdeckte Gewinnausschüttung zugewendet. Auch hier ist im Rahmen einer Schätzung der angemessene Zinssatz zu ermitteln. Der Schätzungsrahmen liegt hier (anders als bei Darlehen an die Gesellschaft) zwischen dem banktüblichen Habenzins als Untergrenze und dem banktüblichen Sollzins als Obergrenze.

Soweit die Gesellschaft das Darlehen nicht refinanzieren musste ist davon auszugehen, dass sich die Gesellschaft und der Gesellschafter die banktübliche Marge zwischen Soll- und Habenzins teilen (so genannte Margenteilung); vgl. BFH, BStBl. 1994 II, S. 725.

Wenn die Gesellschaft das Darlehen refinanzieren musste, ist von den banktüblichen Sollzinsen zzgl. einer Vergütung für Haftungsrisiken und Verwaltungskosten auszugehen; vgl. BFH, BStBl. 1992 II, S. 846.

Fehlende Sicherheiten werden bei Darlehen an den Gesellschafter zinserhöhend berücksichtigt; vgl. BFH, BStBl. 1994 II, S. 725.

Nach Ansicht des BFH können die einschlägigen Soll- und Habenzinssätze – ausgehend von den Monatsberichten der Deutschen Bundesbank – den statistischen Veröffentlichungen entnommen werden.

1.13.12 Pensionszusagen an Gesellschafter-Geschäftsführer

Pensionszusagen an Gesellschafter-Geschäftsführer von GmbHs sind daraufhin zu untersuchen, ob die Tatbestandsmerkmale des § 6 a EStG erfüllt sind und die Versorgungszusage betrieblich veranlasst ist. Dies erfordert einen wirksam zustande gekommenen Anstellungsvertrag und eine klare und eindeutige, im Voraus gegebene schriftliche Vereinbarung. Eine solche liegt z.B. vor bei einer Versorgungszusage aufgrund einer fiktiven Jahresnettoprämie; vgl. EFG 1998, S. 688 sowie § 6 a Abs. 1 Nr. 3 EStG. Nach § 6 a Abs. 1 Nr. 2 EStG darf die Pensionszusage keine Versorgungsleistungen in Abhängigkeit von künftigen gewinnabhängigen Gehaltsbestandteilen (z.B. Tantiemen) vorsehen. Diese Regelung gilt für alle Wirtschaftsjahre, die nach dem 29.12.1996 enden. Zur Vermeidung von verdeckten Gewinnausschüttungen muss die Versorgungszusage außerdem ernsthaft, erdienbar, finanzierbar und angemessen sein; vgl. A 32 Abs. 1 S. 3 KStR sowie BGBl. 1996 I, S. 2049 und 2064 (zur zeitlichen Anwendung vgl. § 52 Abs. 7 a EStG).

1.13.12.1 Angemessenheit der Pensionszusage

Die Grundsätze zur Frage der Angemessenheit einer Pensionszusage an den Gesellschafter-Geschäftsführer einer GmbH sind dem BMF-Schreiben vom 07.01.1998, GmbHR 1998, S. 562, zu entnehmen.

Eine Pensionszusage ist danach regelmäßig angemessen, wenn die versprochenen Leistungen zusammen mit eventuell zu erwartenden Ansprüchen aus der gesetzlichen Rentenversicherung und Leistungen aus einer Direktversicherung 75 v.H. des letzten steuerlich anzuerkennenden Arbeitslohns nicht übersteigen; vgl. FG BaWü vom 19.02.1998 – 5 K 255/97 – GmbHR 1998, S. 698 (rkr.). Anderenfalls ist von einer Überversorgung auszugehen; vgl. BFH, BStBl. 1983 II, S. 209 und BFH/NV 1996, S. 596, zu Ehegatten-Arbeitsverhältnissen. Von der Prüfung einer eventuellen Überversorgung wird allerdings abgesehen, wenn die laufenden Aufwendungen für die Altersvorsorge 30 v.H. des steuerpflichtigen Arbeitslohns nicht übersteigen; vgl. BFH, BStBl. 1996 II, S. 204 (FR 1995, S. 833). Dabei ist ohne Bedeutung, ob die Pensionszusage rückgedeckt ist. Die Altersvorsorge berechnet sich aus der Summe der Arbeitgeber- und Arbeitnehmeranteile zur gesetzlichen Sozialversicherung sowie aus freiwillig erbrachten Leistungen des Arbeitgebers für Zwecke der Altersversorgung und Zuführungen zu einer Pensionsrückstellung; vgl. auch BFH, BStBl. 1987 II, S. 205 und 557.

Bei der Berechnung der Angemessenheit der Gesamtbezüge eines Gesellschafter-Geschäftsführers ist eine Pensionszusage mit der fiktiven Jahresnettoprämie in Ansatz zu bringen. Dabei handelt es sich um die Prämie, die die GmbH für einen das Zusagerisiko in vollem Umfang abdeckenden Versicherungsvertrag zahlen müsste, allerdings ohne Abschluss- und Verwaltungskosten.

1.13.12.2 Maßgebliches Pensionierungsalter

Grundlage der Berechnung der Pensionsrückstellung ist bei beherrschenden Gesellschafter-Geschäftsführern die vertraglich vorgesehene Altersgrenze, mindestens ist jedoch ein Erreichen des 65. Lebensjahres zugrunde zu legen; vgl. A 32 Abs. 1 S. 10 KStR. Nach Ansicht des BFH ist davon auszugehen, dass Gesellschafter-Geschäftsführer mit einem vertraglich vorgesehenen Pensionierungsalter von 65 Jahren zu diesem Zeitpunkt tatsächlich in den Ruhestand treten. Ein Pensionierungsalter zwischen 65 und 70 Jahren ist grundsätzlich zu berücksichtigen. Ein noch höheres vertragliches Pensionsalter muss allerdings unberücksichtigt bleiben, weil spätestens mit dem Überschreiten des 70. Lebensjahres das Risiko der Inanspruchnahme der Pension vor Ablauf des zehnjährigen Erdienenszeitraumes in nicht mehr kalkulierbarer Weise ansteigt; vgl. BFH, BStBl. 1995, S. 419. Bei Schwerbehinderten i.S.d. § 1 Schwerbehindertengesetz wird eine vertragliche Altersgrenze von 60 Jahren anerkannt; vgl. A 32 Abs. 1 S. 14 KStR. Bei einem vertraglichen Pensionsalter von unter 60 Jahren wird eine ernsthafte Zusage stets verneint; vgl. A 32 Abs. 1 S. 15 KStR. Diese Grundsätze gelten für weibliche und männliche beherrschende Gesellschafter-Geschäftsführer gleichermaßen.

vereinbarte Altersgrenze	Steuerfolgen
59	Pensionszusage ist vGA
60	Anerkennung aber Rückstellungsberechnung auf das 65. Lebensjahr
69	Anerkennung und Rückstellungsberechnung auf das 69. Lebensjahr; vgl. A 32 Abs. 2 KStR
75	Anerkennung und Rückstellungsberechnung auf das 70. Lebensjahr

Beabsichtigt ein beherrschender Gesellschafter-Geschäftsführer ernsthaft eine Pensionierung mit z.B. 62 Jahren, so muss diese Altersgrenze auch in der Pensionszusage vereinbart worden sein. Zwar muss in jedem Fall die Rückstellung in der Steuerbilanz auf das Endalter 65 berechnet werden. Bei Pensionsbeginn mit Vollendung des 62. Lebensjahres muss aber die Rückstellung auf den dann zutreffenden Barwert aufgestockt werden. Eine solche bilanzielle Aufstockung verstieße bei einer vereinbarten Altersgrenze von 65 Jahren aber gegen das steuerliche Rückwirkungsverbot; vgl. Langohr-Plato, Stbg 1997, S. 535.

1.13.12.3 Erdienbarkeit der Pension

Wenn ein Gesellschafter-Geschäftsführer seine Pensionsanwartschaft in der ihm verbleibenden Beschäftigungszeit nicht mehr erdienen kann, ist von einer gesellschaftsrechtlichen Veranlassung auszugehen. Dabei sind nach Auffassung des BFH das Alter des Gesellschafter-Geschäftsführers, die Länge der Wartezeit und die künftige aktive Dienstzeit, nicht aber die Zeit, in der der Geschäftsführer als Inhaber oder Gesellschafter der Firma tätig war (vgl. BFH v. 25.05.1988 I R 107/84, BFH/NV 1989, 195) zu berücksichtigen. U.E. muss die Erdienbarkeit auch dann gefordert werden, wenn die GmbH im Rahmen eines Unternehmenskaufs dem bisherigen Einzelunternehmen und gleichzeitigem Geschäftsführer der aufnehmenden GmbH eine Pensionszusage erteilt. Maßgeblicher Zeitpunkt für die Bestimmung einer angemessenen Restzeit ist der Zeitpunkt der Erteilung der Versorgungszusage. Es ist auch dann nicht auf den Geschäftsführeranstellungsvertrag abzustellen, wenn dieser bereits eine Altersversorgung in Aussicht gestellt hat, Art, Beginn und Höhe der Versorgungsansprüche aber nicht regelt; vgl. BFH vom 16.12.1998, StuB 1999, S. 555.

1.13.12.4 Nicht beherrschende Gesellschafter-Geschäftsführer

Nach dem BFH-Urteil vom 24.01.1996, BStBl. 1997 II, S. 440, ist die Zusage einer Pension an eine nicht beherrschenden Gesellschafter-Geschäftsführer eine verdeckte Gewinnausschüttung, wenn

- der Zeitraum zwischen dem Zeitpunkt der Zusage der Pension und dem vorgesehenen Zeitpunkt des Eintritts in den Ruhestand weniger als zehn Jahre beträgt

oder

- dieser Zeitraum zwar mindestens drei Jahre beträgt, der Gesellschafter-Geschäftsführer dem Betrieb aber weniger als zwölf Jahre angehört.

Der Erdienenszeitraum wird auf § 1 BetrAVG abgeleitet. Er geht im Falle der zweiten vorstehenden Alternative von einer Mindestbetriebszugehörigkeit von 15 Jahren aus. Insoweit liegt aber offenbar ein Irrtum vor. Wie das BMF in BStBl. 1997 I, S. 637, klargestellt hat, reicht – in Anlehnung an § 1 Abs. 1 S. 1 zweiter Gedankenstrich BetrAVG – ein Gesamtzeitraum von zwölf Jahren aus. Danach ist es unschädlich, wenn die Zusage z.B. nach 6-jähriger Betriebszugehörigkeit erteilt wird und der Geschäftsführer noch weitere sechs Jahre im Amt bleibt. Die Grundsätze dieser Entscheidung sind auf Pensionen anzuwenden, die nach dem 10.07.1997 zivilrechtlich wirksam vereinbart wurden (Übergangsregelung). Altzusagen an nichtbeherrschende Gesellschafter-Geschäftsführer sollten nach der bisherigen Verwaltungspraxis in den einzelnen Ländern entschieden werden. In NRW bestanden bisher keine gesonderten Weisungen zur Erdienensdauer bei nicht beherrschenden Gesellschafter-Geschäftsführern. Die neue Rechtsprechung wird daher in NRW in allen noch offenen Fällen angewandt, wenn sie für den Steuerpflichtigen günstiger ist als die (nachstehende) Übergangsregelung zu den beherrschenden Gesellschaf-ter-Geschäftsführern.

Der zu 30 v.H. beteiligte Gesellschafter-Geschäftsführer A erhielt Anfang 1995 eine Pensionszusage auf das 65. Lebensjahr. Er war zu diesem Zeit-punkt 57 Jahre alt und seit drei Jahren Arbeitnehmer der nicht neu ge-gründeten GmbH.

Die Pensionszusage ist nach der Übergangsregelung für beherrschende Gesellschafter-Geschäftsführer anzuerkennen, weil die Restdienstzeit im Zusagezeitpunkt mehr als sieben Jahre betrug.

Beispiele zur Erdienbarkeit bei nicht beherrschenden Gesellschafter-Geschäftsführern:

Alter Beginn Dienstverh.	Alter bei Zusage	Vereinbartes Pensionsalter	steuerliche Anerkennung?
35	45	59	nein
35	53	65	ja
35	59	65	ja
35	60	70	nein → Vollendung des 60. Lebensjah-res bei Zusage

1.13.12.5 Beherrschende Gesellschafter-Geschäftsführer

Bei beherrschenden Gesellschafter-Geschäftsführern ist eine zehnjährige Restdienstzeit Voraussetzung für die steuerliche Anerkennung (kritisch); vgl. hierzu Pezzer, Urteilsbesprechung in FR 1996, S. 638. Bei diesem Personenkreis kann nach Ansicht des BFH, BStBl. 1995 II, S. 419 und FR 1996, S. 637, wegen des Nachzahlungsverbots nicht auf die Dauer der bisherigen (in der Vergangenheit abgeleisteten) Betriebszugehörigkeit abgestellt werden.

Die Grundsätze des BFH-Urteils vom 21.12.1994 waren grundsätzlich auf Pensionen anzuwenden, die nach dem 08.07.1995 zivilrechtlich wirksam vereinbart wurden (Übergangsregelung); vgl. BMF, BStBl. 1996 I, S. 1138. Auch Altzusagen an beherrschende Gesellschafter-Geschäftsführer sollten nach der bisherigen Verwaltungspraxis in den einzelnen Ländern entschieden werden. In NRW gilt für Altfälle ein Erdienenszeitraum von sieben Jahren; vgl. OFD Köln vom 15.09.1997 - S 2742 - 63 - St 131.

Beispiele zur Erdienbarkeit bei beherrschenden Gesellschafter-Geschäftsführern:

Alter bei Zusage	Vereinbartes Pensionsalter	steuerliche Anerkennung?
45	59	nein
53	65	ja
56	65	nein → bei vor dem 08.07.1995 vereinbarten Altfällen noch anzu-erkennen
59	70	ja
60	70	nein → keine Anerkennung, weil bei Zusage das 60. Lebensjahr vollendet war

1.13.12.6 Sonstiges

Wird im Rahmen einer Betriebsprüfung wegen mangelnder Erdienbarkeit eine verdeckte Gewinnausschüttung angenommen, weil eine Pensionszusage auf das 65. Lebensjahr (Pensionierungsalter) zwischen dem 55. und dem 59. Lebensjahr erteilt wurde, so haben die Steuerpflichtigen nach neuerer Rechtsprechung des BFH (BStBl. 1998 II, S. 689) zumindest für künftige Veranlagungszeiträume noch die Möglichkeit, den Erdienenszeitraum zu verlängern. Verpflichtet sich der Gesellschafter-Geschäftsführer später – z.B. im Alter von 62 Jahren, also nach Erteilung der Zusage – zur Dienstleistung bis zum 70. Lebensjahr, so ist hierin keine komplette Neuzusage zu sehen. Vielmehr muss die Pensionszusage ab dem Zeitpunkt der Vertragsanpassung steuerlich anerkannt werden.

Die Erdienbarkeit der Versorgungsansprüche ist nicht gewährleistet, wenn der Gesellschafter-Geschäftsführer im Zeitpunkt der Zusageerteilung das 60. Lebensjahr bereits vollendet hatte, denn ab diesem Alter steigt das Risiko einer kurzfristigen Inanspruchnahme überproportional an. Für diese Fälle gelten die genannten Übergangsregelungen nicht.

1.13.12.7 Wartezeiten, Probezeiten

Eine Pensionszusage an den Gesellschafter-Geschäftsführer einer GmbH hält dem Fremdvergleich nur dann stand, wenn die Gesellschaft den neuen Geschäftsführer zunächst ausreichend erprobt. Einem Fremdgeschäftsführer würde eine Pensionszusage erst erteilt werden, wenn er seine Qualifikation in einer längeren Wartezeit zweifelsfrei unter Beweis gestellt hat. Welche konkreten Wartefristen (gleichbedeutend mit dem Begriff „Erprobungsfrist") eingehalten werden müssen, ist durch die Rechtsprechung bis heute nicht abschließend geklärt.

Rechtsprechungsübersicht zum Thema „Wartezeiten":

Rechtsprechung	Tenor
BFH v. 25.05.1988	Eine Wartefrist von nur drei Jahren ist zu kurz.
FG Niedersachsen v. 22.11.1990	Eine Wartefrist von drei bis vier Jahren ist bei einem älteren Geschäftsführer zu kurz.
BFH v. 30.09.1992	Eine Wartefrist von 11 Monaten ab Gründung der Gesellschaft ist zu kurz.
BFH v. 16.12.1992	Eine Pensionszusage unmittelbar nach der Anstellung ist vGA.
FG Baden-Wü. v. 23.03.1995	Eine Wartezeit von fünf Jahren und 3,5 Monaten reicht nicht aus bei einem Teilzeitarbeitsverhältnis mit zwischenzeitlichem Mutterschutz und fehlender erkennbarer Qualifikation.
FG Saarland v. 04.02.1998	Drei Jahre Wartefrist sind zu kurz.
BFH v. 15.10.1997	Eine Wartefrist von fünf Jahren reicht aus.
FG Berlin v. 15.09.1997	Ein branchenerfahrener Geschäftsführer einer Kapitalgesellschaft ist nach einer Dienstzeit von 18 Monaten im Regelfall ausreichend erprobt.
BFH v. 04.05.1998	18 Monate reichen bei Branchenerfahrung u.U. aus.

Das BMF-Schreiben vom 14.05.1999; BStBl. II. S. 512, hat die Frage der Wartezeiten bzw. Erprobungszeiten für den Regelfall wie folgt festgelegt:

Grundsatz bei bestehenden Gesellschaften:

Erprobungsfrist von zwei bis drei Jahren nach der Anstellung.

Wird allerdings ein Einzelunternehmen in eine GmbH eingebracht und führt der bisherige, bereits erprobte Geschäftsleiter des Einzelunternehmens als Geschäftsführer der Kapitalgesellschaft das Unternehmen fort, so ist eine erneute Probezeit vor Erteilung einer Pensionszusage entbehrlich; vgl. BFH, BStBl. 1999 II, S. 318.

Wenn die Gesellschafter-Geschäftsführer bereits in einem anderen Unternehmen ausreichende Qualifikationen unter Beweis gestellt hat, kann zumindest eine angemessene Abkürzung der Probezeit in Betracht kommen; so auch Höfer/Eichholz, DB 1995, S. 1247. Die Finanzverwaltung fordert allerdings in der Praxis, dass der Gesellschafter-Geschäftsführer in dem anderen Unternehmen ebenfalls als Geschäftsführer tätig war, weil er ansonsten nicht die erforderliche Leitungsqualifikation mitbringt. Würde man auch anderweitige (leitende) Tätigkeiten unterhalb der Geschäftsführungsebene als ausreichend ansehen, so gäbe es den unerprobten Geschäftsführer praktisch nicht, denn jeder, der eine Geschäftsleitungsfunktion übernimmt, dürfte in der Praxis über anderweitige Berufserfahrungen bzw. Branchenerfahrungen verfügen.

Grundsatz bei neugegründeten Gesellschaften (unabhängig von der erforderlichen Erprobung):

Eine Pensionszusage soll frühestens fünf Jahre nach Gründung erteilt werden, weil vorher regelmäßig keine gesicherten Erkenntnisse über die künftige Ertragsentwicklung vorliegen; vgl. BMF vom 14.05.1999, BStBl. 1999 I, S. 512.

Die Einhaltung einer ausreichenden Wartezeit ist nach Ansicht des BFH/NV 1998, S. 1262, und der Finanzverwaltung auch dann erforderlich, wenn eine Rückdeckungsversicherung abgeschlossen wurde. Diese Auffassung wird in der Literatur kritisiert; vgl. Langohr-Plato, INF 1998, S. 102 und Posdziech in KStR-Krit, K 32/20 1996/1997.

Die Regelung zur Erprobungszeit steht zwar in A 32 Abs. 1 S. 5 KStR 1995 unter der Überschrift „Rückstellung für Pensionszusagen an beherrschende Gesellschafter-Geschäftsführer". Der BFH behandelt allerdings auch nicht beherrschende Gesellschafter-Geschäftsführer entsprechend; vgl. BFH/NV 1993, S. 330.

Bei Verstößen gegen das Erprobungserfordernis kommt das BMF zu folgender Lösung:

Obwohl der BFH die Ernsthaftigkeit einer Pensionszusage nur aus dem
Blickwinkel des Zusagezeitpunktes betrachtet, sollen bei Pensionszusagen, die einem unerprobten Gesellschafter-Geschäftsführer erteilt werden,
nur bis zum Ablauf der angemessenen Probezeit (= Wartezeit) verdeckte
Gewinnausschüttungen angenommen werden. Nach Ablauf dieser Frist
werden dann alle weiteren Zuführungen zu der Pensionsrückstellung ein-
kommensmindernd anerkannt, ohne dass es einer Neuzusage bedarf; vgl.
BMF, BStBl. 1999 I, S. 512.

1.13.12.8 Unverfallbarkeit

Ein weiteres Kriterium für den Fremdvergleich ist die Frage, ob eine dem
Gesellschafter-Geschäftsführer erteilte Pensionszusage mit sofortiger
Wirkung unverfallbar wird. Dies ist bei folgender Vertragsformulierung
der Fall.

„Wenn Sie vor Eintritt des Versorgungsfalles aus unseren Diensten ausscheiden, so bleibt Ihnen die Anwartschaft auf Leistungen aus dieser Ver-
sorgung erhalten. Der Versorgungsanspruch ist in diesem Fall zu kürzen.
Der Ihnen zustehende Teilbetrag bemisst sich nach dem Verhältnis der
tatsächlich zurückgelegten Dienstzeit zur planmäßigen Gesamtdienstzeit
bei nicht vorzeitigem Ausscheiden."

Der BFH führt in seinem Urteil vom 16.12.1992, BStBl. 1993 II, S. 455,
aus:

„Für den Fremdvergleich kann nicht unberücksichtigt bleiben, dass § 1
Abs. 1 BetrAVG eine Unverfallbarkeit von Pensionsansprüchen erst vorsieht, wenn die Versorgungszusage mindestens zehn Jahre bestanden hat.
Zwar ist den Vertragsparteien die Möglichkeit einer für den Arbeitnehmer
günstigeren Regelung nicht verschlossen. Die gesetzliche Regelung kann
jedoch als Anhaltspunkt für die von einem ordentlichen und gewissenhaften Geschäftsleiter üblicherweise getroffenen Vereinbarungen dienen."

Hätte der BFH die Fristenregelung des § 1 Abs. 1 BetrAVG nur auf die
Wartezeitfrage projizieren wollen, so hätte er folgerichtig eine Erpro-
bungszeit von zehn Jahren gefordert. Es ist daher nicht auszuschließen,
dass der BFH die Frage der sofortigen Unverfallbarkeit als eigenständiges
Prüfkriterium beim Fremdvergleich ansieht. Allerdings kommt in einem
Beschluss vom 04.05.1998, I B 131/97, zum Ausdruck, dass der BFH hier
im Einzelfall auch kürzere Unverfallbarkeitsfristen für zulässig erachtet.
Der BFH führt hier aus:

„Dementsprechend wurde im Urteil in BFHE 170, 175, BStBl. II 1993,
455, auch klar zum Ausdruck gebracht, dass die Orientierung an den Unverfallbarkeitsfristen nur einen „Anhaltspunkt" liefere und dass es mög-

lich sei, in Einzelfällen vertraglich kürzere Zeiträume bis zum Eintritt der Unverfallbarkeit zu vereinbaren."

Eine Frist von fünf Jahren sollte nach diesen Grundsätzen noch als akzeptabel angesehen werden, so auch Artega in GmbHR 1998, S. 266.

Allerdings sollten die Grundsätze des BMF-Schreibens zur Wartezeit auch bei der Unverfallbarkeitsproblematik Anwendung finden. D.h., nach Ablauf der angemessenen Unverfallbarkeitsfrist sind die weiteren Zuführungen zur Pensionsrückstellung wieder mit steuerlicher Wirkung anzuerkennen.

1.13.13 Pensionszusage als ausschließliche Tätigkeitsvergütung (Nur-Pension)

Eine Pensionszusage als ausschließliche Tätigkeitsvergütung (ohne laufende Bezüge) führt regelmäßig zu einer Überversorgung von 100 v.H. Es kommt nach Auffassung des BFH; BStBl. 1996 II, S. 204, zu einer verdeckten Gewinnausschüttung, weil hier eine Kapitalgesellschaft mit ihrem Gesellschafter eine an sich für sie günstige Vereinbarung trifft, ein gedachter fremder Dritter als Vertragspartner aber einer solchen Vereinbarung nie zugestimmt hätte. Das gilt jedenfalls dann, wenn keine Rückdeckungsversicherung abgeschlossen wurde. Denn damit trägt der Gesellschafter-Geschäftsführer das gesamte Risiko einer Verschlechterung einer Bonität der GmbH. Er geht das Risiko ein, für eine u.U. jahrzehntelange Tätigkeit keinerlei Vergütung zu erhalten. Ein fremder Angestellter würde sich mit einer derartig einseitigen Risikoverteilung auch nicht einverstanden erklären.

1.13.14 Rückwirkungsverbot (Pensionserhöhungen, Widerrufsklauseln)

Das Gebot klarer und eindeutiger im Voraus getroffener Vereinbarungen zwischen einer GmbH und ihrem beherrschenden Gesellschafter-Geschäftsführer gilt grundsätzlich auch für Pensionszusagen. Unklarheiten führen allerdings nicht zu einer verdeckten Gewinnausschüttung, wenn sie anhand der allgemeinen Auslegungsregeln beseitigt werden können. Aus diesem Grund hat der BFH im Urteil vom 24.03.1999, DStR 1999, S. 1393, eine Pensionszusage als hinreichend auslegungsfähig anerkannt, in der der zur Errechnung der Jahresrente maßgebliche Rechnungszinsfuß nicht angegeben wurde, die Jahresrente aber zeitnah von einem Versicherungsmathematiker errechnet wurde und im Sachverständigenkreis der Versicherungsmathematiker grundsätzlich ein bestimmter Rechnungszinsfuß angewendet wird („Verkehrssitte").

Eine Widerrufsklausel, die es entsprechend der Regelung in R 41 Abs. 4 EStR ermöglicht, die Pensionszusage oder deren Höhe nicht aufrecht zu erhalten, wenn eine erhebliche Beeinträchtigung der Wirtschaftslage des Unternehmens eintritt, führt nach einer neuen Entscheidung des BFH allerdings nicht zu einer verdeckten Gewinnausschüttung; vgl. BFH 1999 II, S. 316. Der BFH hatte im Urteilsfall, in dem Begünstigter der Ehemann der Alleingesellschafterin war, offenbar keine Bedenken, im Hinblick auf das Fehlen einer klaren und eindeutigen Vereinbarung. Die Finanzverwaltung hat sich dieser Auffassung angeschlossen; vgl. BMF, BStBl. 1999 I, S. 512.

Das Rückwirkungsverbot bei beherrschendem Gesellschafter-Geschäftsführer gilt aber grundsätzlich für spätere Erhöhungen des Ruhegehalts (BFH, BStBl. 1972 II, S. 501). Unter bestimmten Voraussetzungen werden diese Erhöhungen von der höchstrichterlichen Rechtsprechung, aber auch ohne besondere Vereinbarungen steuerlich anerkannt. Pensionserhöhungen nach Eintritt des beherrschenden Gesellschafter-Geschäftsführers in den Ruhestand sind hiernach insoweit keine verdeckten Gewinnausschüttungen, als sie eine Anpassung an erhebliche Steigerungen der Lebenshaltungskosten darstellen, wobei der BFH eine Teuerung von 20 v.H. seit der Pensionszusage oder seit der letzten Anpassung als ausreichend angesehen hat (BFH, BStBl. 1972 II, S. 501). Voraussetzung ist aber, dass auch die gewährten oder erst zugesagten Pensionen der übrigen Arbeitnehmer angepasst werden (BFH 1989 II, S. 57). Ist diese Voraussetzung nicht erfüllt, spricht die Ungleichbehandlung für eine gesellschaftsrechtlich veranlasste Besserstellung des Gesellschafter-Geschäftsführers und damit für eine verdeckte Gewinnausschüttung. Wenn die GmbH allerdings gegenüber anderen Arbeitnehmern nicht zur Zahlung von Pensionen verpflichtet ist, entfällt eine Ungleichbehandlung; vgl. BFH, BStBl. 1979 II, S. 687.

Eine Pensionserhöhung, die die GmbH einer dem beherrschenden Gesellschafter nahestehenden Person wegen gestiegener Lebenshaltungskosten ohne eine vor dem Eintritt in den Ruhestand vereinbarte Wertsicherungsklausel verspricht, ist nur dann keine verdeckte Gewinnausschüttung, wenn auch die Pensionen der Arbeiter und Angestellten des Unternehmens an die gestiegenen Lebenshaltungskosten angepasst werden; vgl. BStBl. 1989 II, S. 57.

In der Versorgungszusage bereits fest zugesagte Erhöhungen von Renten und Rentenanwartschaften im Umfang von 2 bis 3 v.H. jährlich sind keine ungewissen Erhöhungen i.S.d.. § 6 a Abs. 3 Nr. 1 Satz 4 EStG. Der BFH erkennt solche entsprechende Dynamisierungsklauseln grundsätzlich an; vgl. z.B. BStBl. 1996 II. S. 403 und 423.

Es besteht bei einer solchen Anwartschaftsdynamisierung allerdings die Gefahr, dass die Steigerungsraten der Anwartschaft die Festgehaltsanpassungen übersteigen und dadurch zu irgendeinem späteren Zeitpunkt eine Überversorgung eintritt.

1.13.15 Finanzierbarkeit/Rückdeckungsversicherung

Nicht bzw. nicht vollständig rückgedeckte Pensionszusagen mit Invaliditäts- und/oder Todesfallabsicherung können insbesondere bei kleineren GmbH unter dem Blickwinkel einer mangelnden Finanzierbarkeit als verdeckte Gewinnausschüttung zu qualifizieren sein. Dieses gilt unabhängig davon, ob der begünstigte Gesellschafter-Geschäftsführer über eine beherrschende Beteiligung an der GmbH verfügt.

1.13.15.1 Finanzierbarkeitsprüfung

Der Abschluss einer Rückdeckungsversicherung ist nicht zwingende Voraussetzung für die Anerkennung einer Pensionszusage an einen Gesellschafter-Geschäftsführer; vgl. BFH, BStBl. 1999 II, S. 316 und 318. Dies gilt allerdings nur dann, wenn die Erfüllbarkeit bzw. die Finanzierbarkeit im Einzelfall gesichert ist; vgl. BVerfG vom 12.02.1998 – 1 BvR 1964/97 in GmbHR 1998, S. 750. Von einem ernsthaften Versorgungsversprechen kann nämlich nicht ausgegangen werden, wenn keine ausreichende Wahrscheinlichkeit dafür besteht, dass die GmbH aus der Pensionsverpflichtung auch tatsächlich in Anspruch genommen wird.

Nach dem in die KStR 1995 erstmals eingefügten A 32 Abs. 1 S. 9 ist eine Pensionszusage an einen Gesellschafter-Geschäftsführer einer GmbH als nicht ernsthaft anzusehen, wenn bei einem unmittelbar nach dem Bilanzstichtag eintretenden Versorgungsfall der Barwert der künftigen Pensionsleistungen am Ende des Wirtschaftsjahres – nach Berücksichtigung einer evtl. Rückdeckungsversicherung – zu einer bilanziellen Überschuldung führen würde; vgl. dazu BFH vom 20.12.2000, DStR 2001, S. 893, BFHE 194, S. 191.

Bei dieser Art der Berechnung eines latenten „Bilanzsprungrisikos" wird der vorzeitige Versorgungsfall (Invalidität oder Tod) unterstellt. Hierbei ergibt sich die Verpflichtung, die Pensionsrückstellung auf den regelmäßig wesentlich höheren Barwert der laufenden Leistungen (in Bezug auf die nicht rückgedeckte Invaliden- und Hinterbliebenenversorgung) aufzustocken.

Dieser Barwert wird dann dem Bilanzvermögen gegenübergestellt. Sind Eheleute gemeinsam Gesellschafter-Geschäftsführer der GmbH und verfügen beide über Versorgungsanwartschaften für den Invaliditäts- bzw.

Todesfall, so wird das größtmögliche Risiko (z.B. Tod des Ehemannes und Invalidität der Ehefrau) angenommen. Es wäre dann der Barwert der laufenden Leistungen aus der dem Ehemann zugesagten Hinterbliebenenrente und der Barwert der laufenden Leistungen aus der der Ehefrau zugesagten Invalidenrente zu passivieren.

Im Rahmen dieser Überschuldungsprüfung sind die materiellen und immateriellen Wirtschaftsgüter mit ihren Teilwerten zu berücksichtigen. Ein selbstgeschaffener Firmenwert bleibt außer Ansatz; vgl. BMF, BStBl. 1999 I, S. 512, TZ. 2.2.

Der BFH hält mit seinem Urteil vom 15.10.1997, BStBl. 1999 II, S. 316, die vorstehend dargestellte Finanzierbarkeitsprüfung für nicht rechtens. Er entschied, dass sich eine Prüfung der Überschuldung immer nur auf den Betrag beziehen könne, für den eine verdeckte Gewinnausschüttung in Betracht gezogen wird. Bei diesem Betrag handele es sich nur um die laufende Zuführung zur Pensionsrückstellung. Die bei einem Eintritt des Versorgungsfalles (Invalidität oder Todesfall) erforderliche Aufstockung der Pensionsrückstellung habe das laufende Jahresergebnis noch nicht belastet und bliebe nach Ansicht des Senats daher unberücksichtigt. Dies habe zur Folge, dass das latente Bilanzsprungrisiko aufgrund der Invaliditäts- oder Witwenklausel bei der Prüfung der Ernsthaftigkeit der Zusage faktisch keine Rolle spielt.

Die Frage der Finanzierbarkeit ist nach Ansicht des BFH immer dann zu bejahen, wenn die GmbH aus Sicht des Zusagezeitpunkts voraussichtlich in der Lage sein wird, die versprochenen laufenden Versorgungsleistungen zu erbringen. Hierzu soll es regelmäßig genügen, das unter Berücksichtigung einer im Zusagezeitpunkt angestellten Gewinnprognose davon auszugehen war, dass die Gesellschaft die zugesagten Leistungen bei vorzeitigem Eintritt des Versorgungsfalles erfüllen könnte (liquiditätsmäßige Finanzierbarkeit). Nach Ansicht des Hessischen FG mit Urteil vom 27.03.1998, EFG 1999, S. 495 (rkr.) sind hierbei außer den voraussichtlichen Jahresüberschüssen nur solche Vermögensgegenstände zu berücksichtigen, die auch kurzfristig zur Befriedigung der Ansprüche eingesetzt werden können (Barmittel, Bankguthaben, Wertpapiere u.ä.). Die liquiditätsmäßige Finanzierbarkeit ist auch dann ein unverzichtbares Muss, wenn das Risiko einer drohenden Überschuldung bei plötzlichem Eintritt des Versorgungsfalles nicht besteht. Es muss sich nachvollziehbar abschätzen lassen, ob die Ansprüche aus der Invaliditätszusage bzw. der Witwenklausel über einen längeren Zeitraum erfüllbar wären (so auch Centrale-Gutachten in GmbHR 1998, S. 632).

Die Finanzverwaltung wendet die Grundsätze des BFH-Urteils vom 15.07.1997 nicht über den Einzelfall hinaus an, denn die rein liquiditätsmäßige Finanzierbarkeit der laufenden Ansprüche ist kein hinreichendes Indiz für die Ernsthaftigkeit der Pensionszusage; vgl. BMF, BStBl. 1999 I, S. 512.

Da die Pensionsverpflichtung gegenüber dem Gesellschafter-Geschäftsführer nach ständiger Rechtsprechung ein einheitliches Wirtschaftsgut ist, muss ein latentes Überschuldungsrisiko auch dann bei der Beurteilung der Ernsthaftigkeit mit berücksichtigt werden, wenn es nur durch die Invaliditäts- oder Witwenklausel ausgelöst wird; vgl. BFH, BStBl. 1985 II, S. 239 sowie BFH/NV 1993, S. 541 und FG München, EFG 1999, S. 64.

1.13.15.2 Mangelnde Finanzierbarkeit im Zusagezeitpunkt

Weist der ermittelte, fiktive Überschuldungsstatus im Zeitpunkt der Zusage einen Negativsaldo auf, so werden die Zuführungen zur Pensionsrückstellung in vollem Umfang als verdeckte Gewinnausschüttung dem Einkommen der GmbH hinzugerechnet. Wird der (fiktive) Negativsaldo in späteren Jahren beseitigt, dann bleibt es trotzdem auch künftig bei der Annahme verdeckter Gewinnausschüttungen.

Wenn der berechtigte Gesellschafter-Geschäftsführer in diesem Fall auf seine Anwartschaftsrechte verzichtet, ist die Pensionsrückstellung in der Bilanz der GmbH erfolgswirksam aufzulösen. Der Verzicht löst beim Gesellschafter-Geschäftsführer nach neuerer Rechtsprechung des Großen Senats des BFH – vgl. Beschluss vom 09.06.1997 – GrS 1/94 – dritte Vorlagefrage, BStBl. 1998 II, S. 307 – einen Zufluss des Forderungsbetrages aus, soweit die Forderung noch werthaltig ist, also die GmbH im Zeitpunkt des Verzichts ihrer Rückzahlungsverpflichtung noch nachkommen kann. Eine volle Werthaltigkeit ist bei einer nicht finanzierbaren Pensionszusage allerdings regelmäßig nicht gegeben. Der Gesellschafter erzielt in Höhe des werthaltigen Teils Einkünfte aus Kapitalvermögen, da es sich hier um den Zufluss der als verdeckte Gewinnausschüttung qualifizierten Pensionszusage handelt. Bei der GmbH ist die Ausschüttungsbelastung herzustellen. Der so realisierte Betrag gilt dann sogleich als in die Kapitalgesellschaft verdeckt eingelegt. Die Einlage ist mit dem Teilwert der Pensionsanwartschaft und nicht mit dem Rückstellungswert i.S.d. § 6 a EStG zu bewerten; vgl. hierzu auch BFH, BStBl. 1998 II, S. 305. Der Gesellschafter-Geschäftsführer tätigt in gleicher Höhe Anschaffungskosten auf die GmbH-Beteiligung, die sich mindernd auf einen möglichen späteren Veräußerungsgewinn i.S.d. § 17 auswirken.

Verbessert sich die finanzielle Situation, bestehen keine Bedenken, dass die Gesellschaft ihrem Gesellschafter-Geschäftsführer ein neues – nunmehr finanzierbares – Versorgungsversprechen erteilt. Nach der Methodik des § 6 a Abs. 2 EStG kann die nicht anerkannte Pensionsrückstellung auf

diese Weise allerdings wieder voll aufgebaut werden, was die ertragsmä-
ßigen Auswirkungen der in den Vorjahren angenommenen verdeckten
Gewinnausschüttung stark relativiert.

1.13.15.3 Mangelnde Finanzierbarkeit zu einem späteren Zeitpunkt

Maßgeblicher Beurteilungszeitpunkt für die Frage, ob die GmbH die Pensionszusage bei plötzlichem Eintritt des Versorgungsfalles erfüllen könnte, ist grundsätzlich der Zeitpunkt der Erteilung der Zusage. Wenn sich
erst in der Folgezeit die wirtschaftliche Lage der GmbH verschlechtert,
dann besteht nach Auffassung des BFH keine Veranlassung, im Nachhi-
nein von einer gesellschaftsrechtlichen Veranlassung der Pensionszusage
auszugehen. Diese Frage wird allerdings von der Finanzverwaltung re-
striktiver beurteilt; siehe zum Problem BFH vom 22.10.1998 in GmbHR
1999, S. 487.

Maßgeblicher Zeitpunkt für die Prüfung der Finanzierbarkeit einer Versorgungszusage ist nach Auffassung des BMF grundsätzlich

- der Zeitpunkt der Zusageerteilung,
- einer wesentlichen Zusageänderung
  oder
- einer wesentlichen Verschlechterung der wirtschaftlichen Lage.

Verschlechtert sich die wirtschaftliche Situation der GmbH in späteren
Jahren nach der Zusage, ist also die Zusage zu einem späteren Bilanzstichtag nicht mehr finanzierbar, verlangt die Finanzverwaltung – anders
als der BFH – eine Anpassung der Zusage.

Dies ist insbesondere dann zwingend, wenn die Pensionszusage eine Widerrufsklausel enthält, die es entsprechend der Regelung in R 41 Abs. 4
EStR ermöglicht, die Pensionszusage bzw. deren Höhe nicht aufrecht zu
erhalten, wenn eine erhebliche Beeinträchtigung der Wirtschaftslage des
Unternehmens eintritt. Eine solche Klausel führt nach Ansicht des BFH,
BStBl. 1999 II, S. 316, auch bei beherrschenden Gesellschafter-Geschäftsführern nicht zu einer vGA (klare und eindeutige Vereinbarung).

Unterbleibt eine Absenkung des Versorgungsversprechens, so ergeben
sich nachstehende Rechtsfolgen:

- vGA in Höhe der vollen Zuführungen zur Pensionsrückstellung;

- Bei Verbesserung der wirtschaftlichen Lage werden die weiteren Zuführungen zur Pensionsrückstellung wieder steuerlich anerkannt.

Wird die Pensionszusage bis zur Finanzierbarkeitsgrenze abgesenkt, so
ergeben sich nachstehende Rechtsfolgen:

- Die Absenkung ist betrieblich veranlasst (kein gesellschaftsrechtlich veranlasster Forderungsverzicht und damit weder ein Einfluss auf Seiten des Gesellschafter-Geschäftsführers noch eine verdeckte Einlage in die GmbH).

- Bei Verbesserung der Finanzierbarkeitssituation darf die Pensionsrückstellung wieder erfolgswirksam bis zur Höhe der ursprünglichen Zusage aufgestockt werden.

Eine Absenkung der zugesagten Pensionsleistungen ist allerdings nicht unproblematisch, denn nach dem BMF-Schreiben kann eine Kürzung der Pensionszusage (ohne Annahme eines Zuflusses beim Gesellschafter) nur akzeptiert werden, „soweit ihre Finanzierbarkeit entfallen ist". Dies aber ist – da die stillen Reserven mit zu berücksichtigen sind – eine reine Bewertungsfrage, die im Rahmen einer Außenprüfung gegebenenfalls einer genaueren Überprüfung unterzogen wird.

Ist die Kürzung zu gering, so wird mangelnde Finanzierbarkeit nicht beseitigt. Geht die Kürzung zu weit, dann ist insoweit von einem „normalen" Verzicht auf die Pensionsanwartschaft auszugehen, der dann allerdings einen Zufluss auf Seiten des Anteilseigners auslöst.

Zur Prüfung der Finanzierbarkeit wird u.a. auch auf das neuere Urteil des BFH vom 08.11.2000 hingewiesen.

1.13.16 Behandlung von Pensionszusagen bei Umwandlung

Bei der Umwandlung einer GmbH auf eine Personenhandelsgesellschaft ändert sich die Organstellung des Geschäftsführers. § 613 a BGB findet auf Organpersonen einer Kapitalgesellschaft keine Anwendung. Pensionsrückstellungen zugunsten des Gesellschafter-Geschäftsführers sind nach dem Vermögensübergang handels- und steuerrechtlich fortzuführen; vgl. BFH, BStBl. 1977, S. 798. Die Verbindlichkeiten der Kapitalgesellschaft gehen im Falle der Verschmelzung nach § 20 Abs. 1 Nr. 1 UmwG im Wege der Gesamtrechtsnachfolge ohne Veränderung des Schuldinhaltes auf die übernehmende Personengesellschaft über. Im Falle des Formwechsels besteht der bisherige Rechtsträger nach § 202 Abs. 1 Nr. 1 UmwG handelsrechtlich weiter. Die Personengesellschaft passiviert die Rückstellung gemäß § 6 a Abs. 3 S. 2 Nr. 2 EStG mit dem Anwartschaftsbarwert. Zuführungen zur Rückstellung sind allerdings mit steuerlicher Wirkung nur noch möglich, soweit sich der Anwartschaftsbarwert fortentwickelt; vgl. zu der Thematik auch Götz, DStR 1998, S. 1946. R 41 Abs. 8 EStR ist allerdings in der Fassung der EStR 2001 vom 23.11.2001 unbesetzt.

Bei einem Vermögensübergang auf eine natürliche Person ist die Pensionszusage vom Übernehmer gewinnerhöhend aufzulösen; vgl. Umwandlungssteuererlass vom 25.03.1998, BStBl. 1998 I, S. 268, TZ 06.04.

Im Falle einer Einbringung des Betriebs einer Personengesellschaft in eine Kapitalgesellschaft (§ 20 UmwStG) ist in der Übernahme der Pensionsverpflichtung eine zusätzliche Gegenleistung i.S.d. § 20 Abs. 2 S. 5 und Abs. 4 S. 2 UmwStG zu sehen. Die Verpflichtung ist bei der übernehmenden GmbH nach § 6 Abs. 1 Nr. 3 EStG mit dem Barwert der künftigen Leistungen anzusetzen. Bei der GmbH muss steuerlich von einer Neuzusage im Zeitpunkt der Einbringung ausgegangen werden, wenn der Gesellschafter-Geschäftsführer der GmbH vorher Mitunternehmer und nicht Arbeitnehmer der Personengesellschaft war; vgl. Umwandlungssteuererlass; TZ 20.44 und BFH, DStR 1997, S. 910.

1.13.17 Abfindung für eine Pensionsanwartschaft

Abfindungen für bestehende Pensionsanwartschaften, die einem beherrschenden Gesellschafter-Geschäftsführer bei Beendigung des Dienstverhältnisses und gleichzeitiger Veräußerung seiner Anteile gewährt werden, sind in aller Regel verdeckte Gewinnausschüttungen; vgl. ausführlich Neumann, GmbHR 1997, S. 292 und FR 1997, S. 603; ebenso Frotscher in Frotscher/Maas, Anh. VgA zu § 8 KStG, Anm. 762. In Literatur und Rechtsprechung der Finanzgerichte werden zu dieser Frage teilweise andere Auffassungen vertreten, so etwa Gosch, FR 1997, S. 438 und S. 640; Artega, GmbHR 1998, S. 265 und 273 und FG Düsseldorf, GmbHR 1998, S. 795.

U.E. ergibt sich die Rechtsfolge einer verdeckten Gewinnausschüttung durch den bei Leistungen zwischen einer Kapitalgesellschaft und ihrem beherrschenden Gesellschafter-Geschäftsführer erforderlichen Fremdvergleich zu einem nicht an der GmbH beteiligten Geschäftsführer. Auf Versorgungszusagen gegenüber Fremdgeschäftsführern findet das Gesetz zur Verbesserung der betrieblichen Altersversorgung (BetrAVG) Anwendung. § 3 Abs. 1 BetrAVG schränkt bei Fremdgeschäftsführern die Vertragsfreiheit ein, indem es die Abfindung einer Pensionsanwartschaft, die bereits seit 10 oder mehr Jahren besteht, verbietet. Weniger als 10 Jahre alte Anwartschaften sind auf der anderen Seite nach § 1 BetrAVG grundsätzlich noch nicht unverfallbar und lösen daher bei Beendigung des Dienstverhältnisses in aller Regel noch keinen Abfindungsanspruch aus.

Das Betriebsrentengesetz ist allerdings zum 01.01.1999 dahingehend geändert worden, dass eine Abfindung von unverfallbaren Anwartschaften – unabhängig von einem 10-jährigen Bestand – nur dann möglich ist, wenn der Monatsbeitrag der Rente 2 v.H. bzw. eine einmalige Kapitalleistung 240 v.H. der Bezugsgröße nach § 18 SGB IV (1998 = 43,40 DM mtl. bzw. 5.208,00 DM) nicht übersteigt.

Zwar findet das Betriebsrentenrecht bei beherrschenden Gesellschafter-Geschäftsführern keine unmittelbare Anwendung. Es bedarf u.E. allerdings einzelvertraglicher Abreden, die in Anlehnung an die Regelungen bzw. Zeitvorgaben des BetrAVG vereinbart werden müssen.

1.13.18 Verzicht auf Pensionsanwartschaft

Verzichtet ein Gesellschafter-Geschäftsführer auf seine Pensionsanwartschaft, so realisiert er nach neuer Rechtsprechung des Großen Senats des BFH sein Anwartschaftsrecht; vgl. BFH-Beschluss vom 09.06.1997 – GrS 1/94 – dritte Vorlagefrage; BStBl. 1998 II, S. 307. Der Forderungsbetrag gilt als dem Gesellschafter-Geschäftsführer zugeflossen, soweit die Anwartschaft noch werthaltig ist, also die GmbH im Zeitpunkt des Verzichts ihrer Rückzahlungsverpflichtung noch nachkommen kann. Der so realisierte Betrag gilt dann sogleich als in die Kapitalgesellschaft verdeckt eingelegt. Die Einlage ist mit dem Teilwert der Pensionsanwartschaft und nicht mit dem Rückstellungswert i.S.d. § 6 a EStG zu bewerten; vgl. BFH, BStBl. 1998 II, S. 305. Die beiden genannten Rechtsfolgen hängen nicht davon ab, ob das Forderungsrecht bereits entstanden ist oder von einem noch ungewissen künftigen Ereignis abhängt.

Wegen der gegenläufigen Auswirkungen bei GmbH und Gesellschafter ist zu der Problematik keine Übergangsregelung der Finanzverwaltung ergangen.

Verfahrensrechtliches Problem:

Im Veranlagungszeitraum des Verzichts ist allerdings beim Anteilseigner im Hinblick auf die bisher abweichende BFH-Rechtsprechung § 176 Abs. 1 S. 1 Nr. 3 AO anzuwenden, sofern die betreffende Veranlagung bereits durchgeführt ist. § 176 AO darf sich nur zugunsten des Steuerpflichtigen auswirken. Hierbei ist jede Rechtsperson (GmbH und Anteilseigner) und jeder Veranlagungszeitraum (hier VZ des Zuflusses einerseits und VZ der Berücksichtigung nachträglicher Anschaffungskosten i.S.d. § 17 EStG andererseits) getrennt zu betrachten; vgl. Tipke/Kruse, AO, § 176, TZ 3 a m.w.N.

1.13.19 Übertragung einer Pensionsverpflichtung auf eine Schwestergesellschaft

Bei Gesellschafter-Geschäftsführern, die an mehreren GmbH beteiligt sind oder die eine zweite GmbH gründen, kommt es häufig vor, dass ein

Bedürfnis besteht, die Pensionsverpflichtung von der einen auf die andere GmbH zu übertragen. Dies ist meist dann der Fall, wenn der Gesellschafter-Geschäftsführer seine Geschäftsführerstellung in der Ursprungsgesellschaft (A-GmbH) aufgeben und künftig nur noch für die zweite GmbH (B-GmbH) tätig sein will.

Die Übertragung der Rückstellung von der A-GmbH auf die B-GmbH setzt zum einen eine angemessene Ausgleichzahlung voraus. Diese bemisst sich i.d.R. nach der Höhe des Rückstellungswertes i.S.d. § 6 a EStG. Falls gleichzeitig eine Mitübertragung der Rückdeckungsversicherung auf die B-GmbH erfolgt, so kann, wenn die Rückdeckungsversicherung das volle Risiko aus der Pensionszusage abdeckt (Hinterbliebenenrente oder Invalidenrente), auf eine weitergehende Ausgleichzahlung verzichtet werden. Wertdifferenzen zwischen dem nach Übertragung bei der B-GmbH zu aktivierenden Rückkaufwert der Rückdeckungsversicherung und der dort neu zu bildenden Pensionsrückstellung stellen bei der B-GmbH einen laufenden Ertrag dar.

Zum anderen ist Voraussetzung, dass die Pensionszusage im Zeitpunkt der Übertragung bereits unverfallbar war.

Gesellschafter-Geschäftsführer einer GmbH, die nicht unwesentlich beteiligt sind und zusammen mit anderen Gesellschafter-Geschäftsführern über die Mehrheit der Stimmrechte verfügen, fallen nach der Rechtsprechung des BFH vom 09.06.1980 – II ZR 255/78 – GmbHR 1980, S. 266 und Höfer/Reiners/Wüst, Gesetz zur Verbesserung der betrieblichen Altersversorgung, RZ 3752 m.w.N., nicht unter die Schutzwirkung des Gesetzes zur Verbesserung der betrieblichen Altersversorgung.

Umstritten ist, ab welchem Umfang eine Beteiligung im Einzelfall als nicht unwesentlich zu betrachten ist; vgl. hierzu Höfer/Reiners/Wüst RZ 3748 und ob das BetrAVG bereits dann nicht mehr greift, wenn die nicht unwesentlich beteiligten Gesellschafter-Organpersonen zusammen über genau 50 v.H. der Stimmrechte verfügen. Abhilfe könnte hier die Rechtsprechung des BFH zur Feststellung des gemeinen Werts von nicht notierten Anteilen an Kapitalgesellschaften ohne Einfluss auf die Geschäftsführung bieten; vgl. Neumann, DStZ 1995, S. 331, Tabellarische Übersicht II zu Ziffer 4 und Höfer/Reiners/Wüst, RZ 3745 und 3753. Jedenfalls findet das BetrAVG bei beherrschenden Gesellschafter-Geschäftsführern unstreitig keine unmittelbare Anwendung. Es bedarf bei diesem Personenkreis zur Regelung der Unverfallbarkeit des Pensionsanspruchs einzelvertraglicher Abreden im Dienstvertrag bzw. in der Versorgungsvereinbarung. Fehlt also eine vertragliche Regelung zur Frage der Unverfallbarkeit, so wird eine Pensionszusage an einen beherrschenden Gesellschafter-Geschäftsführer nie unverfallbar. In diesem Fall liegt bei

Übertragung der Pensionszusage auf eine Schwestergesellschaft stets eine verdeckte Gewinnausschüttung i.S.d. § 8 Abs. 3 S. 2 KStG vor, weil ein ordentlicher und gewissenhafter Geschäftsführer einen verfallbaren Anspruch im Falle des Ausscheidens auch verfallen lassen würde; siehe z.B. Tillmann in GmbH-Handbuch III, RZ 554 und 555.

Ist dagegen die Unverfallbarkeit der Anwartschaft vertraglich geregelt und ist diese Unverfallbarkeitsregelung steuerlich anzuerkennen, so bestehen gegen eine Übertragung der Pensionsverpflichtung auf eine Schwestergesellschaft grundsätzlich keine Bedenken.

Die Rückstellung darf allerdings auch in diesem Fall von der übernehmenden B-GmbH nicht unverändert fortgeführt werden, weil die Dienstzeit bei der A-GmbH regelmäßig nicht als Vordienstzeit i.S.d. § 6 a Abs. 1 Nr. 1 EStG gilt. Eine unveränderte Fortführung der übertragenen Pensionsrückstellung ist nur möglich, wenn das Dienstverhältnis zu beiden Gesellschaften gleichzeitig begonnen wurde oder der Betrieb, dem der Gesellschafter-Geschäftsführer zuvor angehörte, durch Gesamtrechtsnachfolge auf die Schwestergesellschaft übertragen wurde. Zur Berechnung der Teilwerte siehe R 41 Abs. 12 EStR und R 41 Abs. 12 a bis 14 EStR zur Rechtslage bei Entgeltsumwandlungen nach dem 31.12.2000 u.v.a.

1.13.20 Steuerliche Auswirkungen bei verdeckten Gewinnausschüttungen

§ 8 Abs. 3 S. 2 KStG führt nach Ansicht des BFH in zwei Urteilen vom 29.06.1994 und vom 12.10.1995 (DB 1994, S. 2526 und GmbHR 1996, S. 221) zu einer Hinzurechnung zum Steuerbilanzgewinn außerhalb der Steuerbilanz. Die beiden Urteile sind nicht im BStBl. veröffentlicht worden. Die Finanzverwaltung beabsichtigt aber dem Vernehmen nach, die Entscheidungen künftig – auch auf Pensionszusagen – anzuwenden. Danach darf nur die jeweilige Zuführung zur Rückstellung außerhalb der Bilanz als vGA hinzugerechnet werden. Eine erfolgswirksame Nachholung der Gewinnauswirkung durch Auflösung der Rückstellung ist unzulässig. Die Herstellung der Ausschüttungsbelastung gem. § 27 Abs. 2 S. 3 KStG erfolgt erst bei späterer Rentenzahlung (Anrechnungsverfahren; §§ 27 bis 47 KStG a.F.).

Eine Pensionszusage an den beherrschenden Gesellschafter-Geschäftsführer aus dem Jahr 01 wird in 06 für die Veranlagungszeiträume 03 bis 05 durch die Außenprüfung nicht anerkannt. Die GmbH führt die Rückstellung dennoch fort und zahlt ab 08 Pensionen an den Gesellschafter. Die Körperschaftsteuer-Veranlagungen 01 und 02 sind nicht mehr änderbar.

Beispiel

Dem Gewinn der GmbH werden die Zuführungen zur Pensionsrückstellung ab 03 hinzugerechnet. Die Ausschüttungsbelastung wird erstmals im Körperschaftsteuer-Bescheid 08 hergestellt. Sie ist mit dem vollen Betrag der Pensionszahlungen anzusetzen.

1.13.21 Rückdeckungsversicherung bei nicht anerkannter Pensionszusage

Gegen die steuerliche Anerkennung der Rückdeckungsversicherung bestehen grundsätzlich auch dann keine Bedenken, wenn die Pensionszusage selbst als verdeckte Gewinnausschüttung qualifiziert wird. Eine Versicherung auf das Leben des Gesellschafter-Geschäftsführers, aber mit Bezugsberechtigung der GmbH, ist selbst dann anzuerkennen, wenn gar keine Pensionszusage erteilt worden ist. Hierbei handelt es sich um ein reines Finanzierungsinstrument der GmbH, das losgelöst von Vorgängen auf der Passivseite zu betrachten ist; vgl. Ansicht FG Köln (EFG 1999, S. 349) und OFD Chemnitz (DStR 1999, S. 1696).

1.13.22 Sicherung der Ansprüche des Gesellschafter-Geschäftsführers

Wenn die GmbH zur Besicherung der Pensionsverpflichtung eine Rückdeckungsversicherung auf das Leben des Gesellschafter-Geschäftsführers abschließt, so bleibt die GmbH grundsätzlich aus dieser Versicherung bezugsberechtigt und hat den Rückdeckungsanspruch zu aktivieren. Da das BetrAVG nicht für beherrschende Gesellschafter-Geschäftsführer von Kapitalgesellschaften gilt, tritt der PSVaG für Pensionszusagen an beherrschende Gesellschafter-Geschäftsführer nicht als Träger der Insolvenzsicherung ein. Es ist daher üblich, dass die Ansprüche des Gesellschafters für den Insolvenzfall abgesichert werden. Dies geschieht üblicherweise dergestalt, dass die Pensionszusage an den versorgungsberechtigten Gesellschafter verpfändet wird. Eine solche Verpfändung ist steuerlich unbedenklich; vgl. hierzu Reuter, GmbHR 1994, S. 141 und Artega, ZTP 1996, S. 2008 (kritisch zur Konkurssicherheit).

1.13.23 Tantiemevereinbarungen mit Gesellschafter-Geschäftsführern

Der Höhe nach unangemessene Tantiemezahlungen an den Gesellschafterangestellten einer Kapitalgesellschaft sind verdeckte Gewinnausschüttungen und dürfen nach § 8 Abs. 3 KStG insoweit den Gewinn der Gesellschaft nicht mindern.

1.13.23.1 Rückwirkungs- bzw. Nachzahlungsverbot

Wird einem beherrschenden Gesellschafter-Geschäftsführer eine Tantieme versprochen, so muss von vornherein – also vor Beginn des Wirtschaftsjahres, für das die Sondervergütung gezahlt wird – eine klare und
eindeutige Vereinbarung über Leistung und Entgelt getroffen werden; vgl.
u.a. BFH, BStBl. 1988 II, S. 301 und BStBl. 1989 II, S. 475, GmbHR
1989, S. 307 m.w.N. Die Vereinbarungen über Vergütungen sind vor
Erbringen der damit abzugeltenden Leistung und nicht erst vor Zahlung
der Vergütung abzuschließen. Der Maßstab, nach dem die Tantieme bemessen werden soll, muss also zumindest zu Beginn des Geschäftsjahres
festliegen, für das die Tantieme gezahlt werden soll. Eine mitten im Wirtschaftsjahr getroffene Ergänzungsvereinbarung zum Geschäftsführervertrag, wonach für das ganze laufende Wirtschaftsjahr eine einmalige Son-
derzahlung an den geschäftsführenden Alleingesellschafter geleistet wird,
ist daher hinsichtlich des auf das erste Halbjahr des Wirtschaftsjahres
entfallenden Teils wegen steuerrechtlich unzulässiger Rückwirkung als
verdeckte Gewinnausschüttung zu behandeln; vgl. BFH, BStBl. 1992 II,
S. 434 und BStBl. 1998 II, S. 545.

Die Bemessung von Sondervergütungen wie der Tantieme muss im Übrigen so eindeutig geregelt sein, dass deren Höhe allein durch Rechenvorgänge genau zu ermitteln ist; vgl. BFH, BStBl. 1985 II. S. 345. Zumindest
muss jedoch die Auslegung der Vereinbarung zweifelsfrei möglich sein;
vgl. BFH/NV 1991, S. 90. Ermessensakte der Gesellschafterversammlung
dürfen auf die Höhe der Tantieme keinen Einfluss haben. Ist die Vereinbarung zu unkonkret, um die Tantiemehöhe unter Heranziehung einschlä-
giger Auslegungsregeln zweifelsfrei berechnen zu können, geht die
Rechtsprechung von verdeckten Gewinnausschüttungen aus.

Nicht anerkannt werden z.B. folgende Formulierungen:

- Bemessung nach dem „Gewinn gem. GoB (also dem Gewinn lt.
  Handelsbilanz) unter Berücksichtigung der Geschäftsführer-, Haupt-
  und Sondervergütung sowie aller steuerlich zulässigen Maßnahmen"
  oder dem „Ergebnis der Steuerbilanz"; BFH, BStBl. 1992 II, S. 975
- Der Gesellschafter-Geschäftsführer erhält eine Abschlussvergütung,
  welche der Höhe nach die Gesellschafterversammlung beschließt, die
  jedoch mindestens ein Monatsgehalt beträgt; BFH/NV 1986, S. 430
- Bemessung nach der Höhe der Gewinnausschüttung; BFH, BStBl.
  1985 II, S. 345
- Im Falle eines erwirtschafteten Gewinns kann eine bis zu drei Mo-
  natsgehältern betragende Tantieme ausgezahlt werden; FG Hamburg,
  EFG 1990, S. 125

- Fehlende Vereinbarung, ob die Tantieme vom Jahresüberschuss vor oder nach Abzug der Tantieme zu berechnen ist; vgl. Wochinger: Verdeckte Gewinnausschüttungen und verdeckte Einlagen, 3. Auflage, Rn. 284

- Tantiemevereinbarung mitten im Jahr für das ganze laufende Wirtschaftsjahr, also rückwirkend auch für das erste Halbjahr; Niedersächsisches FG, GmbHR 1991, S. 483

- „Der Gesellschafterversammlung bleibt es vorbehalten, eine von vorstehender Regelung abweichende Tantiemevereinbarung zu treffen"; BFH, BStBl. 1992 II, S. 851

- Bemessung unter dem Vorbehalt, dass die Gesellschafterversammlung die Tantieme anderweitig höher oder niedriger festsetzen kann; BFH, BStBl. 1992 II, s. 851

- Zwei sich widersprechende Vereinbarungen, auch wenn jede für sich gesehen den steuerlichen Erfordernissen gerecht würde; BFH, BStBl. 1989 II, S. 800

- Tantiemevereinbarung mit nicht näher definiertem Ermessensspielraum „Untergrenze (verbleibender Gewinn 5.000,00 DM) und Höchstbetrag (höchstens 20.000,00 DM)"; Niedersächsisches FG vom 07.06.1989 – VI 426/88, NV

- Tantieme „gemäß Beschluss der Gesellschaft, zahlbar nach den Feststellungen des Jahresabschlusses"; Niedersächsisches FG vom 30.01.1992 – VI 22/91 V/NV

- Tantieme „i.H.v. mindestens 25 v.H. des Reingewinns"; Niedersächsisches FG vom 27.02.1992 – VI 283/90, NV

- Tantiemezahlung in Abhängigkeit von der wirtschaftlichen Lage der GmbH; BFH, BStBl. 1992 II, S. 434

- Höchsttantieme i.H.v. 3 v.H. des Umsatzes und Ermäßigung entsprechend den wirtschaftlichen Möglichkeiten des Betriebes; Niedersächsisches FG vom 03.08.1989 – VI 375/85, GmbHR 1990, S. 576

- Fehlende Regelung, ob Mehrgewinne aufgrund einer Betriebsprüfung in die Tantiemeberechnung einzubeziehen sind; vgl. Wochinger: Verdeckte Gewinnausschüttungen und verdeckte Einlagen, 3. Auflage, RN 284

- Fehlende Regelung, ob bei Ausscheiden des Gesellschafter-Geschäftsführers zeitanteilige Tantiemen zu zahlen sind; vgl. Wochinger a.a.O., Rn. 284

- Fehlende Vereinbarung, wenn entgegen der Regelung im Aktienrecht Verlustvorgänge nicht berücksichtigt werden sollen; BFH, BStBl. 1993 II, S. 311

Zulässig ist nach Ansicht des BFH z.B. die Formulierung:

„X v.H. des Gewinns vor Steuern und Beteiligungen stiller Gesellschafter"; vgl. BFH vom 02.12.1992 – I R 54/91, BStBl. 1993 II, S. 311 unter 1 b) der Gründe.

Das Fehlen einer klaren und eindeutigen Vereinbarung ist keine unwiderlegbare Vermutung und daher kein eigenes Tatbestandsmerkmal der verdeckten Gewinnausschüttung; vgl. BFH vom 11.02.1997, GmbHR 1997, S. 909. Dem Erfordernis einer klaren und eindeutigen Vereinbarung ist Genüge getan, wenn die Auslegung der Vereinbarung eindeutig möglich ist; vgl. BFH/NV 1991, S. 90, zum Fall einer Pachtvereinbarung. Inwieweit eine vertragliche Tantiemeformulierung den Ansprüchen an eine klare und eindeutige Vereinbarung noch genügt, ist vom Einzelfall abhängig. Die Mehrdeutigkeit einer Vereinbarung schließt nicht aus, ihren Inhalt durch Auslegung oder Beweiserhebung zweifelsfrei zu ermitteln; vgl. BFH vom 22.10.1998, GmbHR 1999, S. 487. Fehlt z.B. nur eine eindeutige Definition des maßgeblichen Gewinns, wird etwa die Bezeichnung „Gewinn", „Reingewinn" oder „Jahresüberschuss" gewählt, und ist die Vereinbarung im Übrigen eindeutig, so ist – im Wege der Auslegung – vom handelsrechtlichen Jahresüberschuss unter Berücksichtigung von Verlustvorträgen auszugehen. Körperschaftsteuer und Gewerbesteueraufwand sind abzusetzen; vgl. BFH/NV 1991, S. 269. Die aktienrechtlichen Bestimmungen (§ 86 i.V.m. § 157 AktG) sind entsprechend heranzuziehen.

1.13.23.2 Absoluter Tantiemeprozentsatz (= Angemessenheit)

Die Frage des maximalen Tantiemeprozentsatzes ist seit langem auch unter den Finanzgerichten strittig. Der BFH hat mit Urteilen vom 05.10.1994; BStBl. 1995 II, S. 549 und 12.10.1995; BFH/NV 1996, S. 437, hierzu Stellung genommen. Tantiemevereinbarungen gegenüber einem oder mehreren Gesellschafter-Geschäftsführern stellen nach dem Beweis des ersten Anscheins regelmäßig verdeckte Gewinnausschüttungen dar, soweit sie insgesamt 50 v.H. des Gewinns übersteigen.

Maßgebliche Bemessungsgrundlage hierfür ist der Jahresüberschuss vor Tantieme, vor Gewerbe- und Körperschaftsteuer; vgl. BMF, BStBl. 1998 I, S. 90. Nach Auffassung der Referatsleiter Körperschaftsteuer (Bund/Länder) ist der Jahresüberschuss nicht um Sonderabschreibungen und sonstige einmalige Vorgänge zu bereinigen.

Es ist nicht zu beanstanden, die 50 v.H.-Regelung ohne Übergangsregelung in allen offenen Fällen anzuwenden. Unabhängig von der Frage des angemessenen Tantiemeprozentsatzes ist die Tantieme immer auch mit in die Überprüfung der Angemessenheit der Jahresgesamtbezüge des Gesellschafter-Geschäftsführers einzubeziehen; vgl. BFH, BStBl. 1978 II, S. 234 und BFH/NV 1996, S. 437 m.w.N.

Die Frage, ob der Beweis des ersten Anscheins, dass eine Gewinntantieme von mehr als 50 v.H. die Annahme einer verdeckten Gewinnausschüttung begründet, erschüttert ist, wenn besondere Verhältnisse es gerechtfertigt erscheinen lassen, die Geschäftsführer überdurchschnittlich am Erfolg des Unternehmens zu beteiligen (geringes Festgehalt, geringe Aufwendungen für Arbeitnehmer und freie Mitarbeiter, wesentliche Unternehmenstätigkeit durch die Geschäftsführer, ausreichende Kapitalverzinsung, überdurchschnittliche Qualifikation der Geschäftsführer, außerordentlicher Geschäftserfolg mit sehr hoher Umsatzrendite) ist vom BFH, wie nachfolgend beschrieben wird, entschieden worden:

1.13.24 Grundsätze bei der Anerkennung von Tantiemezusagen an Gesellschafter-Geschäftsführer; Rechtsfolgen aus dem BFH-Urteil vom 27.03.2001 (BStBl. 2002 II, S. 111)

BMF-Schreiben vom 01.02.2002 IV A 2 – S 2742 – 4/02.

Hinweis

Mit Urteil vom 27.03.2001 (a.a.O.) hat der BFH zu Grundsätzen bei der körperschaftsteuerlichen Anerkennung von Tantiemezusagen (insbesondere von Nur-Tantiemezusagen) an den Gesellschafter-Geschäftsführer Stellung genommen. Nach dem Ergebnis einer Erörterung mit den obersten Finanzbehörden der Länder sind künftig ergänzend zu Abschn. 33 KStR nachfolgende Grundsätze bei der Anerkennung von Tantiemezusagen an Gesellschafter-Geschäftsführer anzuwenden:

1.13.24.1 Verhältnis der Tantieme zum verbleibenden Jahresüberschuss

Nach Abschn. 33 Abs. 2 Satz 1 KStR können Tantiemezusagen an mehrere Gesellschafter-Geschäftsführer, die insgesamt die Grenze von 50 % des Jahresüberschusses übersteigen, zu einer verdeckten Gewinnausschüttung führen. Diese Grenze ist auch bei Tantiemezusagen an einen Gesellschafter-Geschäftsführer maßgebend. Bemessungsgrundlage für die 50 %-Grenze ist der handelsrechtliche Jahresüberschuss vor Abzug der Gewinntantieme und der ertragsabhängigen Steuern.

1.13.24.2 Verhältnis der Tantieme zu sonstigen Bestandteilen der Gesamtbezüge

Nach Abschn. 33 Abs. 2 Satz 4 KStR ist bei Tantiemezusagen an den Gesellschafter-Geschäftsführer zu beachten, dass die Bezüge im Allgemeinen wenigstens zu 75 % aus einem festen und höchstens zu 25 % aus erfolgsabhängigen Bestandteilen (Tantieme) bestehen. Bei der Ermittlung des der Höhe nach angemessenen Teils der Tantieme ist von der angemessenen Gesamtausstattung des Gesellschafter-Geschäftsführers auszugehen.

Ein Gesellschafter-Geschäftsführer soll eine angemessene Gesamtausstattung von 400.000,00 € erhalten, die sich wie folgt zusammensetzt:

Beispiel

Festgehalt   150.000,00 €
Tantieme   250.000,00 €

Der durchschnittlich erzielbare Jahresüberschuss vor Abzug der Tantieme und der ertragsabhängigen Steuern wird mit 1,6 Mio. € angenommen.

Die angemessene Tantieme beträgt 25 % von 400.000,00 € = 100.000,00 €. Es ergibt sich eine verdeckte Gewinnausschüttung in Höhe von 150.000,00 € (250.000,00 € abzüglich 100.000.00 €).

Der sich aus der Aufteilung ergebende absolute Betrag der angemessenen Tantieme ist in eine Beziehung zu dem durchschnittlich erzielbaren Jahresüberschuss vor Abzug der Tantieme und der ertragsabhängigen Steuern (im Beispielfall 1,5 Mio. €) zu setzen. Aus diesem Vergleich ergibt sich der angemessene Tantiemesatz durch folgende Rechnung:

$$100.000,00 \times 100/1,6 \text{ Mio.} = 6,25 \%$$

Dieser angemessene Tantiemesatz ist bis zum nächsten Zeitpunkt der Überprüfung der Angemessenheit der gezahlten Tantieme (vgl. hierzu Abschn. 33 Abs. 2 Satz 7 KStR) maßgebend.

1.13.24.3 Vereinbarung einer Nur-Tantieme

Die Vereinbarung einer Nur-Tantieme ist grundsätzlich nicht anzuerkennen (BFH-Urteil vom 27.03.2001; a.a.O.). Als Ausnahmefälle kommen insbesondere die Gründungsphase der Gesellschaft, Phasen vorübergehender wirtschaftlicher Schwierigkeiten oder Tätigkeiten in stark risikobehafteten Geschäftszweigen in Betracht. In derartigen Ausnahmefällen ist es unter Berücksichtigung der Grundsätze des Abschn. 33 Abs. 2 Satz 5 KStR auch zulässig, bei der 75/25 %-Grenze zugunsten des Tantiemeanteils abzuweisen. Liegt ein Ausnahmefall vor, ist die Tantieme dem Grunde nach allerdings nur anzuerkennen, wenn die Vereinbarung die

Grundsätze der Textziffer 1.13.24.1 beachtet und ausdrücklich zeitlich begrenzt ist und bei Wegfall der Ausnahmesituation zwingend durch eine Vereinbarung einschließlich fester Vergütungsbestandteile bzw. mit angemessenem Verhältnis dieser Bestandteile zueinander ersetzt wird. Ein Ausnahmefall liegt dagegen nicht vor, wenn der Gesellschafter-Geschäftsführer bei zwei Schwestergesellschaften tätig ist und mit der einen eine Nur-Tantieme und mit der anderen ein Festgehalt vereinbart hat.

1.13.24.4 Nur-Rohgewinntantieme

Die vorstehenden Ausführungen gelten für eine Nur-Rohgewinntantieme entsprechend.

1.13.24.5 Wegfall bisheriger BMF-Schreiben und Anwendung

Diese Ausführungen treten an die Stelle des BMF-Schreibens vom 03.01.1996 (BStBl. I, S. 53), vom 13.10.1997 (BStBl. I. S. 900) und vom 05.01.1998 (BStBl. I, S. 90); Übergangsregelungen in diesen Schreiben bleiben hiervon unberührt. Soweit die hier vertretene Verwaltungsmeinung bezogen auf den BFH-Beschluss vom 26.01.1999 (BStBl. II. S. 241) von in der Vergangenheit im Einzelfall vertretenen Grundsätzen zur Nur-Tantieme abweicht, ist diese erstmals für den Veranlagungszeitraum 2003 anzuwenden; im Übrigen sind die hier genannten Grundsätze in allen noch offenen Fällen anzuwenden.

Dieses BMF-Schreiben ist im BStBl. 2002 I, Seite 219, veröffentlicht.

1.13.24.6 Angemessenheit der absoluten Höhe nach

Bei gewinnabhängigen Vergütungen besteht die Gefahr, dass sich die Bezüge bei explosionsartiger Gewinnentwicklung unkontrollierbar in Sphären bewegen, die die Grenzen einer angemessenen Gesamtausstattung überschreiten. Versäumt eine GmbH die steigenden Bezüge ihrer Anteilseigner und Geschäftsführer durch Änderungskündigungen im Bereich des ursprünglich Angemessenen zu halten, liegen verdeckte Gewinnausschüttungen vor; vgl. FG Rheinland-Pfalz vom 06.05.1991, EFG 1992; S. 36.

1.13.25 Ernsthaftigkeit der Tantiemevereinbarung

Das Steuerrecht verfolgt den Grundsatz des ernsthaft Gewollten und der tatsächlichen Durchführung aller vertraglichen Vereinbarungen. Dies gilt für Verträge zwischen nahen Angehörigen gleichwohl wie für Vereinbarungen zwischen einer Gesellschaft und dem Gesellschafter. Im Folgenden soll die Ernsthaftigkeit einer Tantiemevereinbarung im Vordergrund stehen. Zu unterscheiden sind Umsatz-, Rohgewinn, aber auch sonstige (unübliche) Tantiemevereinbarungen. Auf die tatsächliche Durchführung von Tantiemevereinbarungen wird im Besonderen Bezug genommen.

1.13.25.1 Umsatztantiemen

Unter dem Blickwinkel der Ernsthaftigkeit stellen vor allem Umsatztantiemen an Gesellschafter-Geschäftsführer regelmäßig verdeckte Gewinnausschüttungen dar. Umsatztantiemen wurden bereits in der Vergangenheit nur in besonders gelagerten Ausnahmefällen nicht als verdeckte Gewinnausschüttungen behandelt; vgl. hierzu die umfangreiche Rechtsprechungsübersicht bei Ditges/Graß, BB 1996, S. 509 (dortige Fn. 13). Der BFH hat mit Urteil vom 28.06.1989, BStBl. 1989 II, S. 854, entschieden, dass eine Anerkennung von Umsatztantiemen nur in Betracht kommt, wenn die GmbH schlüssig darlegen kann, dass die angestrebten Umsatzziele mit einer gewinnabhängigen Vergütung nicht zu erreichen sind. Bei Branchenüblichkeit oder Betriebsüblichkeit wurden Umsatztantiemen seinerzeit noch anerkannt. Zwischenzeitlich hat der BFH in mehreren jüngeren Entscheidungen klargestellt, dass die Branchenüblichkeit weder zu einer Anerkennung der Umsatztantieme zwingt noch unbedingte Voraussetzung für deren Anerkennung ist. Die Branchenüblichkeit ist lediglich ein Beweiszeichen. In diesem Zusammenhang ergingen folgende Urteile:

- vom 19.05.1993 – IR 83/92,
  BFH/NV 1994, S. 124 in GmbHR 1994, S. 265 und
- vom 20.09.1995 – IR 130/94,
  BFH/NV 1996, S. 508 und
- Beschluss vom 30.08.1995 – IB 114/94,
  BFH/NV 1996, S. 265 und
- 01.04.1996 – IB 76/95, NV.

Nach dieser neuen BFH-Rechtsprechung sind an die steuerliche Anerkennung von Umsatztantiemen für Gesellschafter-Geschäftsführer die folgenden Voraussetzungen geknüpft:

- Eine Gewinntantieme führt aus unternehmerischer Sicht nicht zum Erfolg. Die Begründung hierfür ist von der GmbH darzulegen
- Es handelt sich um eine Aufbau- oder Umstellungsphase
- Bereits bei Vertragsabschluss muss sichergestellt werden, dass die Zahlung der umsatzabhängigen Vergütung auf die Aufbauphase beschränkt bleibt (zeitliche Begrenzung)
- Die Umsatztantieme enthält neben der zeitlichen auch eine höhenmäßige Begrenzung; vgl. hierzu BFH, BStBl. 1999 II, S. 321. Bei ei-

ner zeitlichen und höhenmäßigen Begrenzung kann nach dieser Entscheidung auch ein Alleingesellschafter eine Umsatztantieme erhalten.

- Durch geeignete Regelungen in Form von Höchstbeträgen muss gewährleistet sein, dass die besonderen Risiken der Umsatztantieme (Gewinnabsaugung) kalkulierbar und steuerbar bleiben. Es liegt eine besondere Risikobegrenzung für Verlustjahre vor; vgl. FG Köln vom 18.04.1996; EFG 1998, S. 136.

- Der tantiemeberechtigte Gesellschafter-Geschäftsführer ist ausschließlich für den Vertrieb (allein) verantwortlich. Gesamtgeschäftsführer sollen regelmäßig Gewinntantiemen erhalten; teilweise eingeschränkt durch BFH-Urteil vom 19.02.1999; BStBl. 1999 I, S. 321.

Die vorgenannten Grundsätze gelten für beherrschende und nicht beherrschende Gesellschafter-Geschäftsführer. Zu bestimmten Ausnahmesituationen bei der Vereinbarung einer Umsatztantieme siehe Schlagheck (StBP, 1997, S. 152) und Anmeldung (INF 1995, S. 332). Die Übernahme einer (weiteren) Geschäftssparte durch einen zu 20 v.H. beteiligten Gesellschafter-Geschäftsführer ist kein ausreichender Grund für eine Umsatztantieme; vgl. BFH vom 09.09.1998, BFH/NV 1999, S. 519.

Auch bei der Umsatztantieme mit einer Mindestgewinnvereinbarung liegt regelmäßig eine unzulässige Beschränkung der Gewinnerwartung der Gesellschaft auf eine angemessene Kapitalverzinsung vor, die – wegen Unüblichkeit – zur Annahme einer verdeckten Gewinnausschüttung führt.

Gewinnabhängige Tantiemen mit Höchstbegrenzung nach dem Umsatz (z.B. Tantieme in Höhe von 20 v.H. des Jahresüberschusses, höchstens aber 0,5 v.H. des Umsatzes) sind als gewinnabhängige Tantiemen zu behandeln und daher im Grundsatz allgemein anzuerkennen.

1.13.25.2 Rohgewinntantiemen

Der BFH hatte zunächst mit seinem Urteil vom 25.10.1995, BStBl. 1997 II, S. 703, die Ansicht vertreten, dass für Rohgewinntantiemen die o.g. strengen Fremdvergleichskriterien für Umsatztantiemen nicht gelten, weil eine Rohgewinntantieme sich entscheidend von einer Umsatztantieme unterscheide. Wesentlicher Unterschied sei, dass bei der Rohgewinntantieme Aufwandsposten in Form von „Einkaufspreisen" zu berücksichtigen seien, die allerdings gegenüber den anderen Aufwendungen noch einer „Gewichtung" bedürfen, um zu entscheiden, ob die Rohgewinntantieme auch im Verlustfall zu zahlen ist. Die Finanzverwaltung wandte dieses BFH-Urteil über den Einzelfall hinaus nicht an; BMF vom 13.10.1997 und GmbHR 1997, S. 1117.

Zwischenzeitlich hat der BFH allerdings seine Meinung relativiert. Nach den Grundsätzen dieser Entscheidungen hängt die steuerliche Behandlung einer Rohgewinntantieme von der Kostenstruktur des Unternehmens ab und ist daher vom Einzelfall abhängig; siehe Beschluss vom 26.01.1999, BStBl. 1999 II, S. 241 und Urteil vom 10.11.1998, BStBl. 1999 II, S. 199.

Als Faustregel für die überschlägige Prüfung gilt, dass eine Rohgewinntantieme immer dann wie eine Umsatztantieme zu behandeln ist, wenn der Wareneinsatz gering und die Rohgewinnspanne hoch ist, der Rohgewinn also dem Reingewinn näher ist als der Umsatz.

Umsatz	100.000	Beispiel 1
Wareneinsatz	./. 30.000	
Rohgewinn	**70.000**	
Sonstige Betriebseinnahmen	10.000	
Kosten	./. 50.000	
Reingewinn	**30.000**	

Die Rohgewinntantieme ist nach gleichen Grundsätzen zu behandeln wie eine Umsatztantieme und daher regelmäßig eine verdeckte Gewinnausschüttung.

Umsatz	100.000	Beispiel 2
Wareneinsatz	./. 80.000	
Rohgewinn	**20.000**	
Sonstige Betriebseinnahmen	10.000	
Kosten	./. 20.000	
Reingewinn	**10.000**	

Die Rohgewinntantieme ist nach gleichen Grundsätzen zu behandeln wie eine Reingewinntantieme und daher regelmäßig anzuerkennen.

1.13.25.3 Sonstige unübliche Tantiemevereinbarungen

Zahlt eine Kapitalgesellschaft ihren Gesellschafter-Geschäftsführern Tantiemen, die im Verhältnis der Beteiligungsquoten aufgeteilt werden, so liegen unabhängig von den Funktionen und der Höhe der Festgehälter der Geschäftsführer verdeckte Gewinnausschüttungen vor; vgl. BFH/NV 1986, S. 637, unter 1 d) und 1 e) der Gründe und BFH, BStBl. 1998 II, S. 402.

Eine Vereinbarung, wonach sich der Tantiemeanspruch erhöht, wenn der anspruchsberechtigte Gesellschafter-Geschäftsführer Empfänger einer verdeckten Gewinnausschüttung ist, würde von einem ordentlichen und gewissenhaften Gesellschafter-Geschäftsführer nicht getroffen werden. Aufgrund einer solchen Klausel gezahlte Beträge stellen ebenfalls verdeckte Gewinnausschüttungen dar; vgl. BFH, BStBl. 1992 II. S. 691.

Mindesttantiemen halten nach Auffassung des BFH nur dann einem Fremdvergleich stand, wenn sie – wie ein Festgehalt – unabhängig vom

Unternehmenserfolg zu zahlen sind; vgl. BFH, BStBl. 1993 II. S. 311, und zur grundsätzlichen Üblichkeit siehe BFH vom 10.06.1993; BFH/NV 1994, S. 660.

Verzichtet der alleinige Gesellschafter einer GmbH wegen verschlechterter Gewinnsituation der Gesellschaft auf das vereinbarte Geschäftsführergehalt, jedoch nicht auf die ihm zugesagte Gewinntantieme, so führt die „stehen gelassene" Tantieme jedenfalls dann zur Annahme einer verdeckten Gewinnausschüttung, wenn sie weder zeitlich noch betragsmäßig begrenzt wird; vgl. BFH-Urteil vom 27.03.2001, GmbHR 2001, S. 580.

1.13.25.4 Tantiemezahlungen trotz bestehender Verlustvorträge

Verfügt die GmbH über noch nicht ausgeglichene Verlustvorträge, so muss die Bemessungsgrundlage für die Tantieme und die Verlustvorträge gekürzt werden. Das FG Saarland nimmt bei Nichtberücksichtigung von Verlusten bereits im Falle einer 15%igen Tantieme eine gewinnabsaugende Wirkung an; vgl. Urteil vom 04.02.1998, GmbHR 1998, S. 792. Der BFH hatte zuvor im Urteil vom 02.12.1992, BStBl. 1993 II, S. 311, nur gefordert, dass es einer klaren und eindeutigen Vorabvereinbarung bedarf, wenn entgegen der Regelung im Aktienrecht Verlustvorträge nicht berücksichtigt werden sollen. Das FG Saarland hat aber zwischenzeitlich mit Urteil vom 04.02.1998 – 1 K 157/97; GmbHR 1998, S. 792, entschieden, dass bei einer solchen Vereinbarung bereits eine 15%tigen Tantieme eine gewinnabsaugende Wirkung hat und dadurch als verdeckte Gewinnausschüttung zu qualifizieren ist. Auch das FG Köln hat in dem Urteil 13 K 891/98 den gleichen Weg eingeschlagen. Es geht davon aus, dass zumindest die durch den tantiemeberechtigten Gesellschafter selbst erwirtschafteten („verschuldeten") Verlustvorträge in die Bemessungsgrundlage einbezogen werden müssen.

1.13.26 Tatsächliche Durchführung von Tantiemevereinbarungen

Tantiemen an einen beherrschenden Gesellschafter-Geschäftsführer können auch dann verdeckte Gewinnausschüttungen darstellen, wenn sie nicht den Vereinbarungen entsprechend ausbezahlt werden. Im Fall einer nicht rechtzeitig ausgezahlten Tantieme kommt es gemäß Beschluss des BFH vom 28.07.1993; BFH/NV 1994, S. 345, GmbHR 1994, S. 416, entscheidend auf die Dauer der Fristüberschreitung an. Die Frage, welche konkrete Fristüberschreitung noch toleriert werden kann, ist höchstrichterlich bisher nicht ausdrücklich entschieden. Nach Auffassungen des BFH/NV 1989, S. 131, und BFH/NV 1994, S. 345, GmbHR 1994, S. 413, und des BMF mit Erlass vom 22.08.1994, GmbHR

1994, S. 903, ist die Rechtsprechung zur Anerkennung von Ehegattenarbeitsverträgen auf den Bereich verdeckter Gewinnausschüttungen an den beherrschenden Gesellschafter-Geschäftsführer einer GmbH nicht uneingeschränkt übertragbar. Frotscher sieht eine Zeitspanne von bis zu zwölf Monaten als noch unschädlich an. Siehe in diesem Zusammenhang z.B. BFH/NV, S. 364 (Fristüberschreitung um durchschnittlich drei Jahre); FG Köln, EFG 1998, S. 288 (Fristüberschreitungen um ein bis zwei Monate). Hierzu äußert sich Pezzer kritisch; FR 1996, S. 106, unter Nr. 2 seiner Anmerkungen zum BFH-Urteil vom 12.10.1995 – I R 27/95 und Neumann in GmbHR 1996, S. 424, unter III. 2 b. Zu Frotscher siehe Frotscher/Maas, Anhang vGA zu § 8, Rn. 109.

Die OFD Köln zog in der Vergangenheit die Grenze bei etwa sechs Monaten. Eine verspätete Bilanzaufstellung und eine dadurch bedingte verspätete Tantiemeauszahlung stellt die tatsächliche Durchführung nach Auffassung des BFH vom 15.10.1997; BFH/NV 1998, S. 746, nicht in Frage.

Nach Auffassung des FG Köln soll die Grenze allerdings bei nur drei Monaten liegen; vgl. Urteil vom 18.09.1996 – 13 K 6727/94, NV. Der BFH hat die Revision gegen diese Entscheidung des FG Köln nicht zugelassen, weil die tatrichterliche Überzeugung des FG, in der dreimonatigen Auszahlungsverzögerung liege ein Verstoß gegen das Gebot der Ernsthaftigkeit, einer revisionsrechtlichen Überprüfung nicht zugänglich sei. Es ist daher davon auszugehen, dass mehr als dreimonatige Auszahlungsverzögerungen im Zuständigkeitsbereich des FG Köln regelmäßig als verdeckte Gewinnausschüttungen qualifiziert werden.

Die nicht zeitgerechte Auszahlung ist allerdings nur ein Indiz für eine nicht ernsthafte Vereinbarung; siehe BFH/NV 1994, S. 345. Bei nur kurzfristigen Auszahlungsverzögerungen kann diese indizielle Wirkung entkräftet werden, wenn z.B. folgende Aspekte hinzutreten:

- Ordnungsgemäße Verbuchung der Tantieme und Passivierung als Gehaltsschuld. Der BFH fordert eine ordnungsgemäße Passivierung selbst dann, wenn hierdurch eine Überschuldung eintritt und zum Konkursantrag (neu: Insolvenzantrag ab 01.01.1999) zwingt; BFH vom 02.05.1974; BStBl. 1974 II. S. 585.
- Lohnsteuer und Sozialversicherungsbeiträge wurden einbehalten und abgeführt; siehe BFH, BStBl. 1990 II, S. 645. Die Pflicht zum Lohnsteuerabzug entsteht erst mit Zufluss. Dieser wird bei beherrschenden Gesellschaftern bereits im Fälligkeitszeitpunkt fingiert, wenn die GmbH nicht zahlungsunfähig war; siehe BFH vom 14.02.1984, BStBl. 1984 II, S. 480.

- Die Auszahlung ist aus betrieblichen Gründen, etwa wegen Zahlungsunfähigkeit, unterblieben.
- In der Vergangenheit wurde noch nie auf Tantiemeforderungen verzichtet.
- Es liegen Darlehnsvereinbarungen (Novation) über die stehen gelassene Tantieme vor.

1.13.27 Vorauszahlungen auf Tantiemen, Verzinsung

Die vorzeitige Tantiemeauszahlung in Form eines Abschlags entspricht dem Verhalten eines ordentlichen und gewissenhaften Geschäftsleiters grundsätzlich nur dann, wenn Abschlagszahlungen im Geschäftsführer-Anstellungsvertrag vereinbart waren. Verzichtet die GmbH bei grundsätzlich anzuerkennenden Abschlagszahlungen auf eine angemessene Verzinsung, so liegt in dem Zinsverzicht – nicht in Höhe der vollen Abschlagszahlung – eine verdeckte Gewinnausschüttung vor, denn der Anspruch auf Gewinntantieme entsteht – mangels abweichender Vereinbarung – grundsätzlich mit Ende des Geschäftsjahres und wird mit Feststellung des Jahresabschlusses fällig; vgl. BFH, BStBl. 1998 II. S. 545. In den Entscheidungen vom 31.05.1995, NV unter 3 a) der Gründe und in der Hauptsache vom 25.10.1995, BStBl. 1997 II, S. 703 unter 2 b) der Gründe hatte der BFH hierzu noch eine andere Auffassung vertreten. Siehe zu den Feststellungen im Wege des Jahresabschlusses auch das BFH-Urteil vom 26.06.1970; BStBl. 1970 III, S. 735.

Übersteigt die Summe der Abschlagszahlungen die spätere Tantieme, so muss auch der Rückforderungsbetrag verzinst werden. Dies allerdings auch dann, wenn dessen Rückzahlung vertraglich im Voraus geregelt ist.

1.13.28 Schlussbemerkungen zum Körperschaftsteuerteil

Die Veränderungen des Körperschaftsteuerrechts haben den vorläufigen Höhepunkt erreicht. Das Steuer-Euroglättungsgesetz von 2000 ist nunmehr in der geänderten Fassung des Gesetzes vom 20.12.2001 (BGBl. I, S. 3794) zu beachten.

Folgende Gesetze haben bereits zu Änderungen des KStG geführt:

- Altersvermögensgesetz vom 26.06.2002
  (BGBl. I, S. 1310);
- Steueränderungsgesetz 2001 vom 20.12.2001
  (BGBl. I, S. 3794);
- Unternehmenssteuerfortentwicklungsgesetz vom 20.12.2001
  (BGBl. I, S. 3858);

- Steuerverkürzungsbekämpfungsgesetz vom 19.12.2001
  (BGBl. I, S. 3922) und
- Solidarpaktförderungsgesetz vom 20.12.2001
  (BGBl. I, S. 3955).

Es bleibt abzuwarten, ob und wann sich eine Beruhigung in der ständig in Bewegung bleibenden Gesetzesflut einstellen wird (Stand: August 2002).

Quellenangaben:

- NWB Trainingsprogramm Steuern:
  Fallsammlung Körperschaftsteuer
  Ott/Pferdemenges, 4. überarbeitete Auflage
  Verlag Neue Wirtschafts-Briefe, Herne/Berlin.

- Steuerrecht für Studium und Praxis
  Grüne Reihe Band 10
  Buchführung und Bilanz 16. Auflage
  Falterbaum/Beckmann:
  Erich Fleischer Verlag, Achim.

- Steuerkompendium Band 1
  Ertragsteuern 7. Auflage
  Endriss/Haas/Küpper:
  Verlag Neue Wirtschafts-Briefe, Herne/Berlin.

- Studienwerk der Steuerberater in NW e.V. Köln
  Schrifttum zur Vorbereitung auf die
  Steuerberaterprüfung, Postdziech.

- Schrifttum der Finanzverwaltung NW
  Einführung in das körperschaftsteuerliche
  Anrechnungsverfahren, Stimpel/Kümpel.

- Rössler:
  Wörterbuch des Steuerrechts bis 81. Erg.lieferung
  Mai 2002
  Rudolf Haufe Verlag, Freiburg i.Br.

2. Gewerbesteuer

Besteuerungsgegenstand ist der Gewerbebetrieb im Sinne des § 15 EStG in jeder denkbaren Form (stehender Gewerbebetrieb und Reisegewerbebetrieb).

2.1 Historischer Rückblick

Mit dem Aufblühen von Handel und Gewerbe in den mittelalterlichen Städten wurden in Deutschland auch die ersten Gewerbeabgaben eingeführt. Beispiele waren die Marktgelder, Aufschläge auf Handelswaren oder Sondersteuern für bestimmte Gewerbetreibende. Mit dem Ausbau der neuzeitlichen Landesherrschaften mehren sich ab dem 17. Jahrhundert die Fälle einer besonderen Besteuerung von Gewerbetreibenden durch außerordentliche und teilweise regelmäßige Landessteuern. Dabei bildeten sich aus den älteren Vermögensteuern allmählich spezielle Ertragsteuern auf Grundstücke, Gebäude und schließlich Gewerbe heraus. Hierfür wurden im 19. Jahrhundert neue Steuergesetze geschaffen, so in Bayern 1808, in Preußen 1810/1820, in Baden 1815, in Württemberg 1821 und in Hessen 1827.

Besonders hervorhebenswert für die weitere Entwicklung war die preußische Steuerreform unter Finanzminister Miquel, die durch das Gewerbesteuergesetz von 1891 neben dem Gewerbeertrag auch das Gewerbekapital in die Steuerbemessungsgrundlage einbezog und die die durch das Kommunalabgabengesetz von 1893 geprägte Staatssteuer in eine Gemeindesteuer umwandelte.

Bei der Reichsfinanzreform von 1919/1920 blieb die Gewerbesteuer den Einzelstaaten überlassen, die sie nach Bedarf selber ausschöpften oder den Gemeinden zuweisen konnten. Bei der Realsteuerreform von 1936 kam für das gesamte Reichsgebiet ein einheitliches System zustande. Als Besteuerungsgrundlagen wurden Gewerbeertrag und Gewerbekapital allgemein verbindlich. Die Lohnsumme wurde fakultativ geregelt und die Steuerberechtigung ohne Beteiligung der Länder den Gemeinden übertragen.

Das Bonner Grundgesetz von 1949 wies dem Bund die konkurrierende Gesetzgebung über die Gewerbesteuer zu. Das daraufhin ergangene bundeseinheitliche Gewerbesteuergesetz von 1950 wurde seither mehrmals geändert, so auch 1967 infolge der verfassungsrechtlich notwendigen Beseitigung der Zweigstellensteuer für Wareneinzelhandelsunternehmen und für überörtliche Betriebsstätten des Bank- und Kreditgewerbes.

Bei der Finanzreform von 1969 wurden die Gemeinden ab 1970 zur Gewerbesteuerumlage in Höhe von 40 v.H. des Steueraufkommen ohne die Lohnsummensteuer verpflichtet. Zum Ausgleich erhielten die Gemeinden einen betragsmäßig viel bedeutenderen Anteil von 14 v.H. der Lohnsteuer und veranlagten Einkommensteuer.

Mit Eingang zum 01.01.1998 wurde aus konjunktur- und wirtschaftspolitischen Erwägungen auf die Erhebung der Gewerbekapitalsteuer verzichtet, vor allem, um den Standort Deutschland in der Mitte Europas für ausländisches Kapital attraktiver zu gestalten.

Die Gewerbesteuer spielt in der dauerhaft aktuellen Diskussion um die Finanzausgleiche zwischen dem Bund und den Ländern bzw. zwischen den Ländern und ihren Gemeinden die bedeutendste Rolle überhaupt. Eine Abschaffung der Gewerbesteuer wird gelegentlich als Forderung erhoben, ist auf Grund nicht vorhandener Alternativlösungen nicht geplant und deshalb auch nicht in Sicht.

Die Zweite Kammer des Zweiten Senats des Bundesverfassungsgerichtes hat mit zwei Beschlüssen vom 14.02.2001 (Beilage zu BFH/NV 5/2001, S. 66) u.a. gegen die Verfassungsmäßigkeit der Gewerbesteuer gerichteten Verfassungsbeschwerden 2 BvR 460/93 und 2 BvR 1488/93 nicht zur Entscheidung angenommen.

Die Kammer verweist insoweit auf den Beschluss des Bundesverfassungsgerichtes vom 25.10.1977 (BStBl. 1978 II, S. 125), in dem die Verfassungsmäßigkeit der gewerbesteuerlichen Belastung bestimmter selbständiger Tätigkeiten mit Bindungswirkung festgestellt wurde.

Gewerbesteuermessbeträge bedürfen danach keines Vorläufigkeitsvermerks mehr. Die gleichlautenden Erlasse des obersten Finanzbehörde der Länder vom 10.12.1999 (BStBl. 1999 I, S. 1053) wurden mit angrenzender sofortiger Wirkung aufgehoben. Die AO-Kartei (Karte 803 zu § 165 AO) wurde entsprechend geändert. Die Bearbeitung ruhender Verfahren war hiernach wieder aufzunehmen.

2.2   Die Stellung der Gewerbesteuer im Steuersystem

Die Gewerbesteuer ist eine so genannte Real- bzw. Objektsteuer und nimmt auf persönliche Verhältnisse und Beziehungen des Inhabers keinerlei Rücksicht. Gegenstand der Besteuerung ist also nicht die Person des Gewerbetreibenden als solche, sondern der Gewerbebetrieb als Objekt, soweit er im Inland betrieben wird. Die Objektbesteuerung geschieht ohne Rücksicht auf die persönliche Leistungsfähigkeit des Betreibers des Gewerbebetriebes.

Die Gewerbesteuer ist eine Gemeindesteuer (§ 1 GewStG); § 3 AO i.V.m. Art. 106 Abs. 6 GG. Das Aufkommen steht den Gemeinden zu, jedoch haben diese eine Umlage aus ihrem Aufkommen an den Bund und an das jeweils berechtigte Land abzuführen; vgl. A 2 S. 4 GewStR. Aufgrund unterschiedlicher Gewerbedichte und voneinander abweichenden Gewerbesteuerhebesätzen (ca. 300 bis 500 v.H.) verhilft die Umlage durch Beteiligung an der Lohn- und Einkommensteuer den benachteiligten Gemeinden zu einem gerechteren Finanzausgleich.

Die Gemeinden sind also zur Erhebung der Gemeindesteuer-Gewerbesteuer berechtigt. Die Gemeinden beschließen insbesondere über die Höhe der Hebesätze in eigener Zuständigkeit kraft ihres Selbstverwaltungsrechts.

Im Gewerbesteuerrecht wird zwischen einem stehenden Gewerbebetrieb und einem Reisegewerbebetrieb unterschieden.

2.3 Das Steueraufkommen der Gewerbesteuer

Das Steueraufkommen der Gewerbesteuer betrug 2001 bundesweit 24.534 Millionen Euro.

2.4 Rechtsgrundlagen der Gewerbesteuer

Für die Erhebung der Gewerbesteuer sind folgende Rechtsgrundlagen maßgeblich:

Gewerbesteuergesetz (GewStG) 1999 vom 19.05.1999 (BGBl. I, S. 1010) und ber. BGBL. I, S. 1491 mit weiteren Änderungen;

Gewerbesteuerdurchführungsverordnung (GewStDV) 1991 vom 21.03.1991 (BGBl. I, S. 831), mit weiteren Änderungen;

Gewerbesteuerrichtlinien (GewStR) 1998 vom 21.12.1998 (BStBl. I, Sondernummer 2, S. 91).

Die genannten Rechtsgrundlagen sind ab 1991 ebenfalls in den am 03. Oktober 1990 hinzugetretenen Bundesländern maßgebend.

Hinweis

2.5 Die Verwaltung der Gewerbesteuer

Obwohl das Steueraufkommen den Gemeinden zusteht, obliegt die Verwaltung der Gewerbesteuer den Finanzämtern (= Landesfinanzbehörden). Die Finanzämter haben die Gewerbesteuerpflicht festzustellen und die Besteuerungsgrundlagen zur Festsetzung eines einheitlichen Gewerbesteuer-Messbetrages zu ermitteln.

Die Finanzämter setzen den so genannten einheitlichen Gewerbesteuer-Messbetrag mit dem Gewerbesteuer-Messbescheid fest; dieser ist ein Steuerbescheid im Sinne von § 184 AO. Damit gelten für den Gewerbe-steuer-Messbescheid die verfahrensrechtlichen Vorschriften der Abga-benordnung, insbesondere über den Inhalt, die Bestimmtheit, die Be-kanntgabe und die Bestandskraft von Steuerbescheiden. Der Gewerbe-steuer-Messbescheid ist Grundlagenbescheid für den Gewerbesteuer-Bescheid der Gemeinden; vgl. § 184 Abs. 1 S. 4 i.V.m. § 182 Abs. 1 AO.

Die Finanzämter teilen den Gewerbesteuer-Messbescheid den Gemein-den, denen die Steuerfestsetzung obliegt, mit (§ 184 Abs. 3 AO). In der Praxis helfen sich die Finanzämter und die Gemeinden in der Weise, dass die Finanzämter den Gemeinden den Messbescheid übersenden und diese dann die Bekanntgabe (mit Leistungsgebot) an den Steuerpflichtigen vor-nehmen. Die Steuererhebung obliegt den Gemeindekassen.

Das Finanzamt ist auch zuständig bei Rechtsbehelfen und Anträgen auf Aussetzung der Vollziehung betreffend den einheitlichen Gewerbesteuer-Messbescheid. Änderungen des Einkommensteuer- bzw. Körperschafts-teuerbescheides sowie eines Feststellungsbescheides ziehen Änderungen des Gewerbesteuer-Messbescheides nach § 35 b GewStG nach sich.

Das Finanzamt ist ebenfalls zuständig für die Zerlegung des Gewerbe-steuer-Messbetrages. Unter einer Zerlegung versteht man einen aufgeteil-ten Messbetrag, der immer dann erforderlich ist, wenn Betriebsstätten eines Gewerbebetriebes in verschiedenen politischen Gemeinden liegen (§ 28 GewStG). In den betroffenen Fällen ist der einheitliche Gewerbe-steuer-Messbetrag in die auf die einzelnen Gemeinden entfallenden Antei-le (= Zerlegungsanteile) zu zerlegen. Über diese Zerlegung ergeht ein schriftlicher Zerlegungsbescheid, vgl. § 188 Abs. 1 AO.

Die Gewerbesteuer wird von den Gemeinden festgesetzt und erhoben. Sie wird daher als Gemeindesteuer bezeichnet. Die Steuer ergibt sich aus dem Gewerbesteuer-Messbescheid (Erlass durch Finanzamt), indem die Ge-meinde auf den einheitlichen Gewerbesteuer-Messbescheid einen Hebe-satz anwendet. Der jeweilige Hebesatz wird von der jeweiligen Gemeinde aufgrund des Selbstverwaltungsrechts selbst bestimmt (hebeberechtigte Gemeinde).

Gegen den Gewerbesteuer-Bescheid ist der Rechtsbehelf des Wider-spruchs gegenüber der Gemeinde zulässig. Auch Stundung, Erlass und Vollstreckung führen die Gemeinden nach den verfahrensrechtlichen Vorschriften der Abgabenordnung durch.

Hinweis

Zur Verwaltung der Gewerbesteuer; vgl. A 3 GewStR.

2.6   Schema zur Ermittlung der Gewerbesteuer

Ausgangslage für die Ermittlung des Gewerbeertrags ist der nach den Vorschriften des EStG bzw. KStG ermittelte Gewinn. Dieser Gewinn ist um bestimmte Hinzurechnungen und Kürzungen zu modifizieren.

Ausgangslage für die Ermittlung des Gewerbekapitals war bis zum 31.12.1997 der Einheitswert des Betriebsvermögens. Auch im Bereich des Gewerbekapitals waren bestimmte Hinzurechnungen und Kürzungen vorzunehmen. Die so genannte Gewerbekapitalsteuer ist seit dem **01.01.1998** außer Kraft gesetzt worden.

Für die Berechnung der Gewerbesteuer ergibt sich folgendes Schema.

Die Ausführungen zum Gewerbekapital in der rechten Hälfte entfallen ab dem 01.01.1998:

Gewerbeertrag	Gewerbekapital
Gewinn gem. § 7 GewStG (der nach § 5 a EStG ermittelte Gewinn gilt als Gewerbeertrag i.S.d § 7 Abs. 1 GewStG)	Einheitswert des Betriebsvermögens gem. § 12 Abs. 1 a.F. GewStG
+ Hinzurechnungen § 8 ./. Kürzungen § 9	+ Hinzurechnungen § 12 Abs. 2 a.F. ./. Kürzungen § 12 Abs. 2 a.F.
= Gewerbeertrag § 7 ggf. nach Verlustabzug gem. § 10 a gekürzt um den Freibetrag gem. § 11 Abs. 1 S. 3 Nr. 1 und abgerundet auf volle 100 (50 Euro ab 2002) x Steuermesszahl § 11	= Gewerbekapital § 12 Abs. 1 a.F. ggf. gekürzt um den Freibetrag gem. § 13 Abs. 1 S. 3 a.F. und abgerundet auf volle 1.000,00 DM x Steuermesszahl § 13 a.F.
= Messbetrag nach dem Gewerbeertrag +	= Messbetrag nach dem Gewerbekapital
= (einheitlicher) Steuermessbetrag gem. § 14 Abs. 1 (ggf. nach Gewerbesteuer-Zerlegung) x Hebesatz gem. § 16	
= Gewerbesteuer	

Die Festsetzung der Gewerbesteuer erfolgt erst nach Ablauf des Erhebungszeitraums. Der Steuerpflichtige reicht dem Finanzamt eine Gewerbesteuererklärung für das abgelaufene Kalenderjahr i.d.R. gemeinsam mit den anderen Steuererklärungen (ESt, USt) nebst Gewinnermittlung (§§ 4 Abs. 1, 5 EStG bzw. § 4 Abs. 3 EStG) ein.

Hinweis

Der Gewerbetreibende hat allerdings als Steuerschuldner gemäß § 19 Abs. 1 GewStG vierteljährliche Vorauszahlungen zu entrichten, deren Höhe sich nach § 19 Abs. 2 GewStG grundsätzlich nach der Steuerhöhe der zuletzt durchgeführten Gewerbesteuerveranlagung richtet. Durch die Kleinbetragsbestimmung des § 19 Abs. 5 GewStG werden die Gewerbesteuer-Vorauszahlungen allerdings nur erhoben, wenn die einzelne Vorauszahlungsrate mindestens 100,00 DM (50 Euro ab 2002) beträgt. Die

Vorauszahlungen werden auf die endgültige Steuerschuld angerechnet. Hieraus resultiert entweder eine Überzahlung (= Erstattung) oder eine Nachzahlung.

Gewerbesteuer-Messbescheide sind Grundlagenbescheide der Gewerbesteuerbescheide.

Hat der Gewerbetreibende einen Grund, die Steuerfestsetzung anzufechten, so soll er die Besteuerungsgrundlagen in Form des Messbescheids – und nicht den Gewerbesteuerbescheid durch Widerspruch – mit dem Rechtsmittel des Einspruchs anfechten, etwa wenn der Gewinn unrichtig ist (vgl. § 351 Abs. 2 AO).

2.7   Steuergegenstand der Gewerbesteuer

Steuergegenstand der Gewerbesteuer ist jeder stehende Gewerbebetrieb bzw. Reisegewerbebetrieb, für den in der betreffenden Gemeinde eine Betriebsstätte unterhalten wird bzw. beim Reisegewerbe sich der Mittelpunkt der gewerblichen Tätigkeit befindet.

Steuergegenstand ist somit jeder stehende Gewerbebetrieb, soweit er im Inland betrieben wird, und kein Reisegewerbebetrieb i.S.d. § 35 a Abs. 2 GewStG, § 1 GewStDV darstellt. Unter einem Gewerbebetrieb versteht man ein gewerbliches Unternehmen i.S.d. Einkommensteuerrechts; vgl. § 2 Abs. 1 GewStG. Der Gewerbesteuer unterliegt nicht eine Betätigung, die als Ausübung von Land- und Forstwirtschaft oder als Ausübung eines freien Berufes oder als eine selbständige Arbeit anzusehen ist.

Der Begriff Gewerbebetrieb ist an den Tatbestandsmerkmalen des § 15 Abs. 2 EStG gebunden. Die Gewerbesteuer und die Einkommensteuer verwenden somit dieselben Begriffsdefinitionen.

A 11 Abs. 1 GewStR geht von insgesamt sieben Tatbestandsmerkmalen aus, die im Erfüllungsfall zum Vorliegen eines Gewerbebetriebes führen:

- Selbständigkeit
- Nachhaltigkeit
- Gewinnabsicht
- Beteiligung am allgemeinen wirtschaftlichen Verkehr
- keine Land- und Forstwirtschaft
- keine selbständige Arbeit und
- keine Vermögensverwaltung

Hinweis

Wegen der Abgrenzungsschwierigkeiten gelten die allgemeinen Grundsätze des Einkommensteuerrechts, die in den Einkunftsarten der §§ 13,

15, 18, 20 und 21 EStG angesprochen worden sind; vgl. Einkommensteuer II dieser Fachbuchreihe.

2.8   Steuerschuldner der Gewerbesteuer

Nach § 5 GewStG ist Schuldner der Gewerbesteuer der Unternehmer, für dessen Rechnung das Gewerbe betrieben wird. Dabei muss es sich nicht immer um die Person handeln, die im Handelsregister eingetragen ist oder die die Konzession besitzt oder nach außen hin als Betriebsinhaber auftritt.

Bei Personengesellschaften, z.B. OHG, KG, GbR und bei juristischen Personen, z.B. AG, GmbH, ist Steuerschuldner der Gewerbesteuer die Gesellschaft bzw. die juristische Person selbst. Beim Übergang eines Gewerbebetriebes im Ganzen auf einen anderen Unternehmer ist der bisherige Unternehmer bis zum Zeitpunkt des Übergangs, der andere Unternehmer von diesem Zeitpunkt an der Steuerschuldner.

2.9   Die Arten des Gewerbebetriebes

Die Gewerbebetriebe werden in stehende Gewerbebetriebe und in Reisegewerbebetriebe unterschieden.

2.9.1   Der stehende Gewerbebetrieb

Rechtsgrundlagen des stehenden Gewerbebetriebes sind: § 2 Abs. 1 S. 1 GewStG, A 11 Abs. 1 S. 1 GewStR und § 15 Abs. 2 EStG.

Zur Definition des stehenden Gewerbebetriebes ist zunächst vom Reisegewerbebetrieb i.S.d. § 35 a GewStG negativ abzugrenzen (§ 1 GewStDV). Kann diese Voraussetzung verneint werden, ist weiter zu prüfen, ob eine Betriebsstätte im Inland vorliegt. Nach § 12 AO ist eine Betriebsstätte jede feste Geschäftseinrichtung oder Anlage, die der Tätigkeit des Unternehmers dient. Nach A 38 Abs. 5 GewStR scheiden Gewinne oder Verluste aus Betriebsstätten im Ausland für die Gewerbesteuer aus.

2.9.2   Der Reisegewerbebetrieb

Die Rechtsgrundlage ist § 35 a GewStG. Unter einem Reisegewerbebetrieb versteht man einen Gewerbebetrieb, dessen Inhaber nach den Vorschriften der Gewerbeordnung entweder eine Reisegewerbekarte benötigt oder von der Existenz einer solchen befreit ist, weil er einen Blindenwaren-Betriebsausweis (§ 55 a Abs. 1 Nr. 4 GewO) besitzt. Der Reisegewerbebetrieb wird gewerbesteuerlich völlig abweichend vom stehenden Gewerbebetrieb behandelt. Er ist nicht weiter Gegenstand dieses Lehrwerks; siehe aber A 12 GewStR.

Betreibt der Inhaber sowohl ein stehendes als auch ein Reisegewerbe, so gilt gemäß § 35 a Abs. 2 S. 2 GewStG der Betrieb vollen Umfanges als stehendes Gewerbe.

Die Formen des Gewerbebetriebs unterscheiden sich ferner in:

- Gewerbebetrieb kraft gewerblicher Betätigung
- Gewerbebetrieb kraft Rechtsform und
- Gewerbebetrieb kraft wirtschaftlichen Geschäftsbetriebs

2.9.3 Der Gewerbebetrieb kraft gewerblicher Betätigung (§ 2 Abs. 1 GewStG)

Von einem Gewerbebetrieb kraft gewerblicher Bestätigung wird gesprochen, wenn alle sieben Tatbestandsmerkmale des § 15 Abs. 2 EStG (A 11 Abs. 1 GewStR) erfüllt sind. Eine Ausnahme gilt bei den Arbeitsgemeinschaften des Baugewerbes, deren alleiniger Zweck die Erfüllung eines einzigen Werkvertrags oder Werklieferungsvertrags ist. Nach der Bestimmung des § 2 a GewStG liegen kein Gewerbebetrieb (der Arbeitsgemeinschaft), sondern anteilig Betriebsstätten (§ 12 AO) der Beteiligten vor.

2.9.4 Der Gewerbebetrieb kraft Rechtsform § 2 Abs. 2 GewStG, A 13 GewStR

Viele Betriebe sind allein kraft ihrer Rechtsform Gewerbebetrieb. Die betroffenen Unternehmen können i.d.R. bereits Gewerbebetrieb kraft gewerblicher Betätigung sein, sie müssen jedoch nicht alle Tatbestandsmerkmale erfüllen.

Gewerbebetriebe kraft Rechtsform:

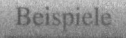

- Personengesellschaften (§ 15 Abs. 3 EStG)
- Kapitalgesellschaften (§ 8 Abs. 2 KStG)
- Erwerbs- und Wirtschaftsgenossenschaften und
- Versicherungsvereine auf Gegenseitigkeit

Bei Personengesellschaften ist Voraussetzung, dass die Gesellschafter Mitunternehmerinitiative und Mitunternehmerrisiko tragen und als Mitunternehmer anzusehen sind; d.h. es muss ein Gewerbebetrieb i.S.d. § 15 Abs. 2 EStG gegeben sein. Die mit Einkünfteerzielungsabsicht unternommene Tätigkeit einer GmbH und Co. KG ist stets Gewerbebetrieb, wenn die geschäftsführende GmbH der alleinige Komplementär ist; vgl. § 15 Abs. 3 Nr. 2 EStG.

Eine Steuerberatungsgesellschaft wird in der Rechtsform einer GmbH betrieben.

Obwohl die Tätigkeit als Katalogberuf unter die Einkunftsart § 18 EStG fallen würde, handelt es sich um einen Gewerbebetrieb kraft Rechtsform (§ 8 Abs. 2 KStG), der der Gewerbesteuer unterliegt.

2.9.5 Der Gewerbebetrieb kraft wirtschaftlichen Geschäftsbetriebs § 2 Abs. 3 GewStG, A 15 GewStR

Unter einem Gewerbebetrieb kraft wirtschaftlichen Geschäftsbetriebs versteht man ein Unternehmen, dessen Rechtsform einen Gewerbebetrieb ermöglicht, aber nur in dem Fall, wenn das Unternehmen einen wirtschaftlichen Geschäftsbetrieb unterhält. Beispiele hierfür sind:

- Sonstige juristische Personen des privaten Rechts (rechtsfähige Vereine, privatrechtliche Stiftungen und Anstalten mit eigener Rechtspersönlichkeit) sowie nicht rechtsfähige Vereine
- Juristische Personen des privaten Rechts sind z.B. Ärzteverbände, Anwaltsvereine usw.

Nicht rechtsfähige Vereine sind in der Regel Interessengemeinschaften.

Zum Begriff des wirtschaftlichen Geschäftsbetriebs § 14 AO.

Unterhalten solche Gebilde einen wirtschaftlichen Geschäftsbetrieb, dann gelten sie gemäß § 2 Abs. 3 GewStG als Gewerbebetrieb (Fiktion).

Der Begriff des wirtschaftlichen Geschäftsbetriebs ist weitläufiger als die Definition des Gewerbebetriebs kraft gewerblicher Betätigung (§ 2 Abs. 1 GewStG). Das Tatbestandsmerkmal „Beteiligung am allgemeinen wirtschaftlichen Verkehr" ist beispielsweise nicht unbedingt erforderlich.

Ein Anwaltsverein erzielt ständige Überschüsse. Mit einem Großteil dieser Überschüsse gelang dem Anwaltsverein durch Börsenspekulationen in großem Stil eine erhebliche Mehrung des Vermögens.

Der Anwaltsverein unterhält als sonstige juristische Personen einen wirtschaftlichen Geschäftsbetrieb und ist deshalb insoweit Gewerbebetrieb kraft wirtschaftlichen Geschäftsbetriebs. Die Beteiligung am allgemeinen wirtschaftlichen Verkehr fehlt zwar, ist aber nicht als Tatbestandsmerkmal erforderlich.

Nach der generellen Unterteilung der Gewerbebetriebe in drei Hauptgruppen müssen nun die spezifischen Merkmale der Arten des Gewerbebetriebes erörtert werden. Im Wesentlichen wird die Auswirkung der Gewerbesteuer auf die verschiedenen Rechtsformen dargestellt:

2.9.5.1   Einzelunternehmen

Die begriffliche Bestimmung für die Annahme eines Gewerbebetriebes ergibt sich aus § 15 Abs. 2 EStG (= Gewerbebetrieb kraft gewerblicher Betätigung). Somit gelten für die Gewerbesteuer die gleichen Abgrenzungskriterien wie bei der Einkommensteuer (Stichworte: Betriebsaufspaltung, gewerblicher Grundstückshandel und Vermietung von Grundbesitz als Gewerbebetrieb); vgl. hierzu A 11 GewStR.

Klausurhinweis

Eine mögliche Klausuraufgabe könnte darin bestehen, die Gewerbesteuerpflicht – etwa i.R. einer gutachterlichen Stellungnahme – zu erkennen, wenn die übliche Vermögensverwaltung, z.B. beim gewerblichen Grundstückshandel, überschritten wird. In solchen Fällen ist der Beginn der Gewerbesteuerpflicht exakt rechtlich zu würdigen.

Hinweis

Ein ruhender Gewerbebetrieb unterliegt nicht der Gewerbesteuer, da es ihm am Tatbestandsmerkmal der werbenden Tätigkeit fehlt.

Siehe H 136 EStR zur Abgrenzung der selbständigen Arbeit vom Gewerbebetrieb.

Ein Angehöriger eines freien Berufes, der sich der Mithilfe fachlich vorgebildeter Arbeitskräfte bedient, erzielt nur dann gewerbesteuerfreie freiberufliche Einkünfte nach § 18 Abs. 1 Nr. 1 S. 3 EStG, wenn er leitend und eigenverantwortlich tätig ist.

Wird dem Betriebsinhaber aufgrund fehlender Leitung und Eigenverantwortlichkeit die Freiberuflichkeit aberkannt, so zieht dies auch den Verlust der Umsatzsteuerbefreiung gemäß § 4 Nr. 14 UStG nach sich.

2.9.5.2 Mehrheit von Betrieben A 16 GewStR

Eine natürliche Person kann mehrere Gewerbebetriebe unterhalten (A 16 Abs. 1 und 2 GewStR); der Betrieb eines Gewerbes i.S.d. § 95 Abs. 1 BewG entspricht dem gewerbesteuerrechtlichen Begriff des Gewerbebetriebes (= Beurteilung nach einheitlichen Grundsätzen).

Das Kapitel Mehrheit von Betrieben beschäftigt sich mit der Frage, ob ein Gewerbebetrieb mit mehreren Betrieben oder mehrere Gewerbebetriebe vorliegen. Diesem Problem kommt eine zentrale Bedeutung zu, ob eine Gewerbesteuer-Zerlegung oder (§ 28 f. GewStG) ob die gewerbesteuerlichen Freibeträge (§ 11 Abs. 1 GewStG) nur einmal oder aber für jeden einzelnen Gewerbebetrieb mehrfach gewährt werden müssen.

Die Annahme eines selbständigen Gewerbebetriebes erfordert eine vollkommene Eigenständigkeit. Die Verbindung darf im Wesentlichen nur in der Person des Steuerpflichtigen bestehen. Dieser muss die Betriebe nebeneinander am Wirtschaftsleben teilnehmen lassen. Sobald er die Aktivitäten bündelt, um eine größere Marktwirtschaft zu erreichen, ist die Wirtschaftseinheit gegeben. Als gleichartig sind Betriebe anzusehen, wenn sie sachlich, insbesondere wirtschaftlich, finanziell oder organisatorisch innerlich zusammenhängen.

Konsequenzen:

Durch A 16 Abs. 1 GewStR ist jeder Betrieb für sich zu besteuern (2 x Freibeträge). Dies gilt aber nur, wenn ein Gewerbetreibender mehrere Betriebe verschiedener Art betreibt.

Ein Kaufmann betreibt einen Autohandel und ein Versicherungsmaklerbüro.

Schwieriger wird es, wenn die verschiedenartigen Betriebe in derselben politischen Gemeinde sind und nach allgemeiner Verkehrsauffassung und tatsächlichen Betriebsverhältnissen als Teil eines Gewerbebetriebes anzusehen sind.

Straßenkaffee mit angeschlossener Bäckerei, Speisewirtschaft mit angeschlossener Fleischerei.

Ein Gewerbebetrieb kann auch gegeben sein, wenn sich gleichartige Betriebe in Hand von Eheleuten befinden.

Ein Metzgermeister betreibt in einer Gemeinde eine Metzgerei mit eigener Schlachtung. Die in einem Anbau von ihm geführte Speisegaststätte und eine von seiner Ehefrau betriebene Metzgerei in der Nachbargemeinde werden fast ausschließlich aus der eigenen Schlachtung beliefert.

Sämtliche Betriebe (= drei Stück) sind als einheitlicher Gewerbebetrieb zu besteuern, A 16 GewStR.

Räumlich weit voneinander ausgeübte ungleichartige gewerbliche Betätigungen werden regelmäßig in eigenständigen Gewerbebetrieben ausgeübt.

Für einen einheitlichen Gewerbebetrieb sprechen anderseits gleichartige, in räumlicher Nähe ausgeübte Betätigungen.

Gewerbliche Betätigungen sind nicht nur dann gleichartig, wenn sie im gleichen Gewerbezweig ausgeübt werden, sondern auch dann, wenn sie sich unterscheiden, aber ineinander ergänzen. Gleichartig ergänzende gewerbliche Tätigkeiten, etwa auf verschiedenen Produktionsstufen, können auch über größere Entfernungen zusammenzufassen sein.

Auch gleichartige und in räumlicher Nähe ausgeübte gewerbliche Tätigkeiten können eigenständige Gewerbebetriebe sein, wenn keine sachliche Verbindung wirtschaftlicher, finanzieller oder organisatorischer Art gegeben ist.

Die vorstehenden Grundsätze gelten ausschließlich nur für Gewerbebetriebe von Einzelpersonen. Die gewerblichen Tätigkeiten von Mitunternehmerschaften im Zusammenhang mit Personengesellschaften und Kapitalgesellschaften gelten jeweils als einheitlicher Gewerbebetrieb, selbst dann, wenn die verschiedensten Gewerbezweige zusammengefasst sind, z.B. wenn eine Gesellschaft eine Maschinenfabrik und eine Spinnerei in verschiedenen Gemeinden betreibt.

2.9.5.3 Personengesellschaften

Die Tätigkeit einer Personengesellschaft ist grundsätzlich nur dann Gewerbebetrieb, wenn sie eine gewerbliche Tätigkeit i.S.d. § 15 Abs. 2 EStG ausübt. Man spricht von einem Gewerbebetrieb kraft gewerblicher Betätigung. Unterhält eine Personengesellschaft mehrere gleichartige oder verschiedenartige Betriebe, so liegt gleichwohl ein einheitlicher Gewerbebetrieb vor. Allerdings ist jede Personengesellschaft für sich Gewerbebetrieb, wenn bei mehreren Personengesellschaften die gleichen Gesellschafter im gleichen Verhältnis beteiligt sind; vgl. A 16 Abs. 3 GewStR. Bei einer atypisch stillen Gesellschaft betreibt der Geschäftsinhaber das Gewerbe. Eine OHG bzw. KG, die reine Vermögensverwaltung betreibt, unterhält keinen Gewerbebetrieb.

Beispiel Eine Augenärzte-Sozietät verkauft im Rahmen der GbR auch Kontaktlinsen und Pflegemittel. Die GbR erzielt nicht nur aus dem Verkauf der Kontaktlinsen und Pflegemittel (Handel ist eine typische gewerbliche Betätigung) Einkünfte aus Gewerbebetrieb, sondern ihre gesamten Einkünfte sind solche aus Gewerbebetrieb.

Klausurfallen Nach § 15 Abs. 3 Nr. 1 EStG, der so genannten „Abfärbe- oder Infektionstheorie", liegt steuerlich in vollem Umfang eine gewerbliche Tätigkeit vor, wenn eine Personengesellschaft teilweise eine gewerbliche und teilweise eine nicht gewerbliche Tätigkeit ausübt.

§ 15 Abs. 3 Nr. 1 EStG gilt nur für Personengesellschaften, nicht für Einzelpersonen. Die Vorschrift findet keine Anwendung auf Erbengemeinschaften, da es sich um Zufallsgemeinschaften handelt.

Die Bestimmung des § 15 Abs. 3 Nr. 2 EStG behandelt die gewerblich geprägte Personengesellschaft (GmbH und Co. KG). Diese Rechtsform ist unabhängig von der Art ihrer Tätigkeit stets in vollem Umfang Gewerbebetrieb; vgl. R 138 Abs. 5 EStR.

Die GmbH ist eigenständiges Steuersubjekt bei der Gewerbesteuer; Gewerbebetrieb kraft Rechtsform, § 2 Abs. 2 GewStG.

Hinweis

Eine GbR, deren Gegenstand der Bau und die Veräußerung sowie Vermietung von Wohnungen ist, erzielt nicht nur hinsichtlich der Veräußerung der Wohnungen Einkünfte aus Gewerbebetrieb, sondern ebenfalls aus der Vermietung von Wohnungen.

Ein Steuerberater wird im Rahmen seiner Steuerberatungssozietät für eine Bauherrengemeinschaft als Treuhänder tätig. Die Steuerberatungssozietät erzielt insgesamt gewerbliche Einkünfte, da die Treuhandtätigkeit gewerblich ist.

Beispiele

Eine vermögensverwaltende Personengesellschaft, die sich an einer gewerblich geprägten Personengesellschaft beteiligt, bezieht in vollem Umfang gewerbliche Einkünfte; vgl. R 138 Abs. 5 S. 4 EStR.

Eine Tanzschule wird von einem Tanzlehrerehepaar in der Rechtsform einer GbR betrieben. Im Zusammenhang mit der Tanzausbildung werden an die Schüler auch Getränke verkauft.

Der Getränkeverkauf ist gewerblich, so dass die gesamten Einkünfte der Tanzschule gewerblich sind; § 15 Abs. 3 Nr. 1 EStG.

Übt der Inhaber einer Steuerberater-Praxis neben seiner freiberuflichen auch eine gewerbliche Tätigkeit aus, und ist an seiner Praxis ein Steuerberater atypisch-still beteiligt, so sind sämtliche Einkünfte der Mitunternehmerschaft gewerblich i.S.v. § 15 Abs. 3 Nr. 1 EStG.

2.9.5.4 Kapitalgesellschaften

Kapitalgesellschaften, z.B. AG, GmbH, sind stets und voll umfänglich Gewerbebetrieb „kraft Rechtsform"; vgl. § 2 Abs. 2 GewStG; A 13 Abs. 1 GewStR. Bei einer Kapitalgesellschaft ist es also unerheblich, welchem Zweck sie dient (z.B. § 1 GmbHG) bzw. welcher Betätigung sie nachgeht. Es handelt sich ausnahmslos um einen Gewerbebetrieb.

Eine GmbH besitzt umfangreichen Grundbesitz in Form von Miethäusern. Die Wohnungen sind ausnahmslos an Privatpersonen vermietet. Die GmbH ist Gewerbebetrieb; vgl. auch § 8 Abs. 2 KStG.

Beispiel

2.10   Die Steuerpflicht

Zu unterscheiden ist neben der sachlichen Steuerpflicht die persönliche Steuerpflicht. Zu behandeln ist auch der Messbetrag im Zusammenhang mit der Steuerschuldnerschaft.

2.10.1   Sachliche Steuerpflicht

Die Existenz eines Gewerbebetriebes ist Voraussetzung für die sachliche Gewerbesteuerpflicht.

2.10.2   Beginn der Steuerpflicht

Der Beginn der Steuerpflicht ist bei Einzelunternehmungen, Personengesellschaften und Kapitalgesellschaften unterschiedlich definiert.

Bei Einzelunternehmungen und Personengesellschaften beginnt die Gewerbesteuerpflicht mit der Aufnahme der gewerblichen Tätigkeit. Dabei müssen sämtliche Voraussetzungen des § 15 Abs. 2 EStG erfüllt sein; vgl. A 18 Abs. 1 S. 1 GewStR.

Bei der Besteuerung nach dem Einkommen werden zwar von der ersten Vorbereitungshandlung zur Eröffnung eines Betriebes an sämtliche Betriebsvorgänge erfasst.

Bei der Gewerbesteuer ist Besteuerungsgegenstand nur der auf den laufenden Gewerbebetrieb entfallende, durch eigene gewerbliche Leistung entstandene Gewinn der Einzelunternehmung bzw. der Personengesellschaft. Hierbei ist entscheidend, wann die Voraussetzungen für die erforderliche Beteiligung am allgemeinen wirtschaftlichen Verkehr tatsächlich erfüllt sind, so dass das Unternehmen sich mit eigenen gewerblichen Leistungen beteiligen kann.

Bloße Vorbereitungshandlungen, wie z.B. die Anmietung eines Geschäftslokals, die Errichtung eines Fabrikgebäudes, eines Hotels, mit dessen Betrieb erst nach Fertigstellung begonnen wird, sind nicht ausreichend.

Fazit:

Im Gegensatz zur Einkommensteuer sind so genannte vorweggenommene Betriebsausgaben bei der Gewerbesteuer nicht berücksichtigungsfähig. Dies gilt selbst für den Verlustabzug nach § 10 a GewStG (= Verlustvortrag); vgl. A 18 Abs. 1 S. 1 i.V.m. A 66 GewStR.

Ein Existenzgründer erwirbt ein unbebautes Grundstück, um es später mit einem Gebäude zu bebauen. Das Gebäude soll zu 100 v.H. eigengewerblichen Zwecken dienen.

Beispiel

Der Existenzgründer ist mit diesen Vorbereitungshandlungen noch nicht gewerbesteuerpflichtig.

Bei Kapitalgesellschaften beginnt die sachliche Gewerbesteuerpflicht spätestens mit Eintragung in das Handelsregister, also mit Erlangung der Rechtsfähigkeit. Die Gewerbesteuerpflicht kann allerdings schon vor dem Eintragungszeitpunkt bestehen, nämlich wenn eine nach außen in Erscheinung tretende Geschäftstätigkeit, die die allgemeinen Grundvoraussetzungen eines Gewerbebetriebes erfüllt, aufgenommen wird.

In diesem Fall bildet die Vorgesellschaft mit der später eingetragenen Kapitalgesellschaft einen einheitlichen Steuergegenstand; vgl. A 18 Abs. 2 GewStR.

2.10.3 Erlöschen der Steuerpflicht

Die Gewerbesteuerpflicht der Einzelunternehmungen und Personengesellschaften erlischt mit der tatsächlichen Einstellung des Betriebes (A 19 Abs. 1 S. 1 GewStR). Dies ist bei völliger Aufgabe jeder werbenden Tätigkeit anzunehmen (A 19 Abs. 1 S. 6 GewStR). Vorübergehende Unterbrechungen, etwa bei Saisonbetrieben, heben die Gewerbesteuerpflicht gemäß § 2 Abs. 4 GewStG nicht auf.

Bei Kapitalgesellschaften erlischt die Gewerbesteuerpflicht erst mit der Beendigung der Liquidation (A 19 Abs. 3 GewStR). Daraus folgt, dass die Steuerpflicht mit Einstellung jedweder Tätigkeit, also nach Verteilung des Vermögens an die Gesellschafter, endet.

Ein Kaufmann betreibt ein Schreibwarengeschäft (Einzelhandel). Am 07.11.01 erfolgt der buchmäßig erfasste, letzte Wareneinkauf. Der letzte Verkauf von Waren geschah am 31.12.01.

Beispiele

Die Gewerbesteuerpflicht erlischt erst am 31.12.01.

Ein Elektrohändler beabsichtigt die Geschäftsaufgabe. Im Dezember 01 führt er einen Räumungsverkauf durch. Von Januar bis zum 30.06.02 veräußert er das Anlagevermögen und wickelt die Schulden und Forderungen ab.

Die Gewerbesteuerpflicht endet am 31.12.01 mit dem Räumungsverkauf des Warenbestandes (Umlaufvermögen). Die übrigen Tätigkeiten, also der Verkauf des Anlagevermögens sowie die Abwicklung von Verbindlichkeiten und Forderungen, zählen zur Liquidation (= Abwicklung), jedoch nicht mehr zur werbenden Tätigkeit.

Beachte im Einzelnen A 22 Abs. 1 und 2 GewStR; im Besonderen § 2 Abs. 4 GewStG bei Saisonbetrieben (z.B. Eiscafe).

Wird ein Gewerbebetrieb im Ganzen verpachtet, dann endet damit auch die Gewerbesteuerpflicht in der Person des Verpächters. Das gilt nicht bei einer Betriebsaufspaltung.

2.10.4   Gewerbesteuerpflicht bei Unternehmerwechsel

Nach der Vorschrift des § 2 Abs. 5 GewStG (A 20 GewStR) gilt der Gewerbebetrieb als durch den bisherigen Unternehmer eingestellt, wenn ein Gewerbebetrieb im Ganzen auf einen anderen Unternehmer übergeht, d.h. der Gewerbebetrieb gilt durch den bisherigen Unternehmer als eingestellt und durch den anderen Unternehmer als neu gegründet. Obwohl derselbe Gewerbebetrieb als Steuergegenstand weiter existiert, gelten im Jahr des Wechsels zwei selbständige Gewerbebetriebe als vorhanden, sofern dieser ursprüngliche Gewerbebetrieb nicht bereits mit einem bestehenden Gewerbebetrieb vereinigt wird.

Bei einem Unternehmerwechsel kann der neue Unternehmer die Verluste des Vorgängers nicht nach § 10 a GewStG abziehen.

Bei einem Einzelunternehmen tritt der Unternehmerwechsel regelmäßig bei Betriebsveräußerung, bei der unentgeltlichen Einzelrechtsnachfolge, z.B. bei Schenkung, vorweggenommener Erbfolge und bei der Gesamtrechtsnachfolge (Übergang von Todes wegen bei Erbfall; § 1922 BGB) ein.

Geht ein Gewerbebetrieb im Ganzen auf einen anderen Unternehmer über, so ist der bisherige Unternehmer bis zum Zeitpunkt des Übergangs Steuerschuldner der Gewerbesteuer (§ 5 Abs. 2 GewStG).

Bei Personengesellschaften sind die Gesellschafter die Unternehmer eines von der Personengesellschaft unterhaltenen Gewerbebetriebes.

Bei Personengesellschaften findet § 2 Abs. 5 GewStG in folgend genannten Fällen keine Anwendung, d.h., die sachliche Steuerpflicht des Unternehmers besteht weiterhin fort:

- Ein Einzelunternehmen wird durch Aufnahme eines oder mehrerer Gesellschafter in eine Personengesellschaft umgewandelt
- Einzelne Gesellschafter treten aus der Gesellschaft aus

- Alle Gesellschafter – bis auf einen – treten aus der Gesellschaft aus. Der verbleibende Gesellschafter wird nunmehr alleiniger Unternehmer
- Ein Gesellschafter überträgt seinen Gesellschaftsanteil auf einen bisher nicht Beteiligten oder auf einen Mitgesellschafter
- Die Personengesellschaft wird durch Neueintritt eines oder mehrerer Gesellschafter erweitert

Unerheblich ist, auf welche Weise oder in welcher Form die Eigentumsanteile der ausscheidenden Unternehmer auf verbleibende bzw. neu hinzutretende Unternehmer übergehen. Denkbar sind etwa: Anwachsung, Übertragung und Gesamtrechtsnachfolge; vgl. A 20 Abs. 2 GewStR.

Bei einem Gesellschafterwechsel liegt ein Übergang des Gewerbebetriebes im Ganzen nur vor, wenn ein Austausch aller Gesellschafter erfolgt, d.h. nicht mindestens einer der Altgesellschafter erhalten bleibt.

Wird in den vorgenannten Fällen ein Einzelunternehmen durch Aufnahme von Personen in eine Personengesellschaft umgewandelt bzw. entsteht durch Gesellschaftsaustritt ein Einzelunternehmen, so besteht die sachliche Gewerbesteuerpflicht weiter fort.

Probleme könnten entstehen, wenn ein Wechsel von Personen im Laufe eines Erhebungszeitraumes (= Regelfall) stattfindet. Hier ist für den Erhebungszeitraum ein einheitlicher Steuermessbetrag zu ermitteln. Im Zeitpunkt des Rechtsformwechsels tritt aber in jedem Fall ein Wechsel der Steuerschuldnerschaft ein. Der für den Erhebungszeitraum des Wechsels einheitlich zu ermittelnde Steuermessbetrag ist dem Einzelunternehmer und der Personengesellschaft anteilig zuzurechnen und getrennt festzusetzen.

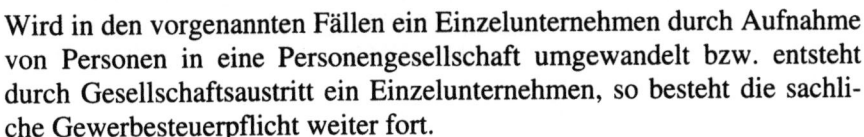

2.11 Messbetrag nach dem Gewerbeertrag

Jedem Steuerschuldner (Einzelunternehmer und Personengesellschaft) darf nur der Teil des Steuermessbetrages zugerechnet werden, der auf die Dauer seiner persönlichen Steuerpflicht entfällt. Für jeden Steuerschuldner ist eine Steuermessbetragsfestsetzung aufgrund „seines" von ihm erzielten Gewerbeertrags durchzuführen. Der Freibetrag nach § 11 Abs. 1 S. 3 Nr. 1 GewStG in Höhe von 48.000,00 DM (24.500,00 Euro ab 2002) ist auf jeden, im Verhältnis der Dauer seiner persönlichen Steuerpflicht, aufzuteilen. Aus Vereinfachungsgründen ist es nicht zu beanstanden, wenn bei jedem der Steuerschuldner für jeden angefangenen Monat der Steuerpflicht ein Freibetrag von 4.000,00 DM (ca. 2.042,00 Euro ab 2002) berücksichtigt wird; vgl. A 35 GewStR zur Steuerschuldnerschaft und A 69 Abs. 2 GewStR zur Freibetragsbehandlung bei natürlichen Personen und Personengesellschaften.

Beispiel

Bernhard Ottmann bringt mit Wirkung zum 01.09.01 sein Einzelunternehmen in die mit seinem langjährigen Schulfreund Mario Ahn neugegründete Ottmann & Ahn OHG ein. Ahn erbringt eine entsprechende Bareinlage. Die Einbringung des Einzelunternehmens Ottmann erfolgt steuerneutral i.S.d. § 24 UmwStG zu Buchwerten.

Der Gewerbeertrag des Einzelunternehmens für die Zeit vom 01.08. bis 31.08.01 beläuft sich auf 80.770,00 DM, der der OHG für die Zeit vom 01.09. bis 31.12.01 auf 22.810,00 DM.

Aufgrund unterschiedlicher Steuerschuldnerschaft ist eine getrennte Ermittlung vorzunehmen.

	Einzelunternehmen	OHG
Gewerbeertrag	80.770,00 DM	22.810,00 DM
Abrundung volle 100	70,00 DM	10,00 DM
	80.700,00 DM	22.800,00 DM
./. Freibetrag § 11		
Abs. 1 S. 3 Nr. 1 GewStG		
• 8/12	./. 32.000,00 DM	
• 4/12		./. 16.000,00 DM
	48.700,00 DM	6.800,00 DM
Steuermesszahl: 2 bzw. 1 v.H.	741,00 DM	68,00 DM

Seit Einführung des Euro-Bargeldes zum 01.01.2002 gelten an Stelle der nachfolgenden Beträge in DM die Werte in Euro:

Abrundung auf volle 100,00 DM, ab 2002 Abrundung auf volle 50,00 Euro;

Freibetrag in Höhe von 48.000,00 DM, ab 2002 beträgt der Freibetrag 24.500,00 Euro;

Staffelsätze in Höhe von jeweils 24.000,00 DM, ab 2002 betragen die Staffelsätze jeweils 12.000,00 Euro.

2.12 Messbetrag nach dem Gewerbekapital (nur bis zum 31.12.1997)

Der Steuermessbetrag nach dem Gewerbekapital ist dem Steuerschuldner zuzurechnen, der den Gewerbebetrieb zu Beginn des Kalenderjahres unterhalten hat. Hiermit wurde dem Wesen der Gewerbekapitalsteuer als Stichtagsabgabe entsprochen.

Bei Kapitalgesellschaften ist die juristische Personen mit ihrer eigenen Rechtspersönlichkeit selbst Steuersubjekt der Gewerbesteuer.

Auch beim Austausch sämtlicher Gesellschafter liegt kein Unternehmerwechsel i.S.d. § 2 Abs. 5 GewStG vor.

2.13 Die persönliche Steuerpflicht § 5 GewStG

Neben der sachlichen Steuerpflicht stellt sich die Frage nach der persönlichen Steuerpflicht. Während die sachliche Steuerpflicht den Gegenstand der Besteuerung, also den Gewerbebetrieb behandelt, geht es bei der persönlichen Steuerpflicht um die Frage der Steuerschuldnerschaft, also um die Frage, wer die Gewerbesteuer schuldet und zu entrichten hat.

Nach § 5 Abs. 1 S. 1 GewStG ist Steuerschuldner der Unternehmer.

Unternehmer ist im Regelfall der Inhaber des Gewerbetriebes; dabei handelt es sich um denjenigen, auf dessen Rechnung das Gewerbe betrieben wird. In Zweifelsfällen kommt es weniger darauf an, auf wessen Namen ein Unternehmen lautet, vgl. hierzu §§ 21 ff. HGB, sondern wer die Unternehmerinitiative entwickelt und wer das finanzielle Risiko des Gewerbebetriebes trägt.

Ein Gewerbebetrieb, der auf Rechnung und Gefahr mehrerer Personen betrieben wird, bedeutet für die an ihm Beteiligten gemäß § 5 Abs. 1 S. 3 GewStG Gesamtschuldnerschaft. Dies betrifft hauptsächlich die Handelsgesellschaften und die ihnen ähnlichen Gesellschaften, etwa die stille Gesellschaft i.S.d. § 230 HGB.

2.14 Steuerbefreiungen von der Gewerbesteuer § 3 GewStG

In § 3 GewStG werden die von der Gewerbesteuer ausgenommenen Körperschaften, Einrichtungen und sonstigen Unternehmen abschließend aufgezählt.

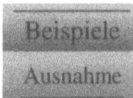

- Gemeinnützige Körperschaften (Nr. 6)
- Wirtschaftlicher Geschäftsbetrieb
- Krankenhäuser, Altenheime usw. nach Maßgabe der Nr. 20

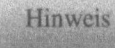

Einrichtungen zur ambulanten Pflege kranker und pflegebedürftiger Menschen sind nach § 3 Nr. 20 d GewStG von der Gewerbesteuer befreit, sofern überhaupt gewerbliche Einkünfte vorliegen (Abgrenzung zur freiberuflichen Tätigkeit i.S.d. § 18 Abs. 1 Nr. 1 EStG; vgl. hierzu BFH 1995 II, S. 67).

2.15   Besteuerung nach dem Gewerbeertrag

Die Besteuerungsgrundlage für die Gewerbesteuer ist der Gewerbeertrag. Bis zum 31.12.1997 galt neben dem Gewerbeertrag eine weitere Besteuerungsgrundlage, das Gewerbekapital. Zur Stärkung des Wirtschaftsstandortes Deutschland und aus sozial- und wirtschaftspolitischen Erwägungen wurde die so genannte Gewerbekapitalsteuer mit Wirkung vom 01.01.1998 außer Kraft gesetzt. Im Folgenden wird daher nur noch die Gewerbeertragsteuer Gegenstand dieses Fachbuches sein.

Gewerbeertrag ist nach § 7 GewStG der nach den Vorschriften des EStG/KStG ermittelte Gewinn aus Gewerbebetrieb, vermehrt um die Hinzurechnungen nach § 8 GewStG und vermindert um die Kürzungen nach § 9 GewStG.

Grundlage für die Ermittlung des Gewerbeertrags sind also insbesondere die Vorschriften der §§ 4 Abs. 1, 5, 4 Abs. 3 EStG, ggf. § 8 Abs. 1 KStG. Im Allgemeinen sind auch die Verwaltungsanweisungen (Richtlinien) und Durchführungsverordnungen, die zur Gewinnermittlung ergangen sind, anzuwenden, falls diese nicht ausdrücklich nur auf die Einkommen- bzw. Körperschaftsteuer beschränkt sind oder ihre Nichtanwendung sich unmittelbar aus dem GewStG – siehe auch A 39 Abs. 1 GewStR – ergibt.

Grundsätzlich wird der gewerbliche Gewinn mit dem für die Einkommen- und Körperschaftsteuer maßgeblichen Gewinn übereinstimmen. Eine rechtliche Bindung besteht jedoch nicht (A 39 Abs. 1 GewStR). Der Gewerbetreibende hat aufgrund A 38 Abs. 6 GewStR eine selbständige Rechtsbehelfsmöglichkeit. Der Einkommen- bzw. Körperschaftsteuerbescheid ist kein Grundlagenbescheid für die Gewerbesteuer; es besteht jedoch gemäß § 35 b GewStG bei Änderung des ESt/KSt Feststellungsbescheides eine vereinfachte Berichtigungsmöglichkeit, wenn diese sich auf den Gewinn aus Gewerbebetrieb bezieht. Sie ist ausgeschlossen, wenn der Gewerbesteuermessbescheid selbständig angefochten wurde; vgl. A 83 Abs. 1 S. 8 GewStR.

Merke

Die Bestimmungen des GewStG gelten im Allgemeinen als selbständige Gewinnermittlungsvorschriften.

Beispiel

Der Steuerzahler Willi Wurzel wird für den Veranlagungszeitraum 01 mit laufenden Einkünften aus Gewerbebetrieb mit 70.000,00 DM zur Einkommensteuer veranlagt. Die Steuerfestsetzung wird bestandskräftig. Bevor der Gewerbesteuermessbescheid Bestandskraft erlangt, stellt der Steuerberater des Willi Wurzel fest, dass die laufenden Einkünfte aus Gewerbebetrieb nur 68.000,00 DM betragen.

Die Differenz resultiert aus einer Erhöhung einer Garantierückstellung zum 31.12.01 (= Bilanzstichtag).

Kann dieser Umstand gewerbesteuerrechtlich berücksichtigt werden?

Die Ermittlung des Gewerbeertrags ist nicht an die rechtskräftige Einkommensteuerveranlagung des Wirtschaftsjahres 01 gebunden. Im Gewerbesteuermessbescheid 01 ist als Ausgangswert der Betrag in Höhe von zutreffend 68.000,00 DM anzusetzen.

Der für ertragsteuerliche Zwecke festgestellte Gewinn aus Gewerbebetrieb (ESt und KSt) ist also nicht bindend für die Gewerbesteuer; insoweit bedarf es einer selbständigen Gewinnermittlung für Zwecke der Gewerbesteuer. Auch bei überwiegender Gewinnermittlung nach den Vorschriften des EStG/KStG gibt es nach Auffassung des BFH Vorschriften, die bei der Gewerbesteuer nicht angewendet werden dürfen.

Nach der ständigen Rechtsprechung des BFH soll lediglich der Gewinn herangezogen werden, der sich aus der laufenden Tätigkeit (= laufender Gewinn) des Betriebes ergibt. Folgende Sachverhalte, die vor allem dadurch gekennzeichnet sind, dass sie nicht zum Hauptgeschäft der gewerblichen Betätigung zählen, sind für Zwecke der Gewerbesteuer aus dem Gewerbeertrag auszuscheiden:

Veräußerungsgewinne nach § 16 EStG (A 39 Abs. 1 S. 2 Nr. 1 GewStR);

- Gewinne aus der Veräußerung einer wesentlichen Beteiligung gemäß § 17 EStG (A 39 Abs. 1 S. 2 Nr. 2 GewStR)
- Einkünfte aus einer ehemaligen gewerblichen Tätigkeit gemäß § 24 EStG (A 39 Abs. 1 S. 2 Nr. 3 GewStR)
- § 15 Abs. 4 EStG: Verluste aus gewerblicher Tierzucht und Tierhaltung (A 39 Abs. 1 S. 2 Nr. 4 GewStR)
- § 15 a EStG: Verluste bei beschränkter Haftung (A 39 Abs. 1 S. 2 Nr. 5 GewStR)

Die Fiktion des § 16 Abs. 1 S. 2 Nr. 1 EStG, wonach als Teilbetrieb auch die Beteiligung an einer Kapitalgesellschaft gilt, wenn die Beteiligung das gesamte Nennkapital umfasst, ist für die Gewerbesteuer nicht anwendbar, A 39 Abs. 1 S. 2 Nr. 1 S. 13 bis 16 GewStR. Gewinne nach § 16 EStG bei Kapitalgesellschaften gehören allerdings zum Gewerbeertrag; vgl. A 40 Abs. 2 GewStR.

Hinweis

Gewinne aus der Veräußerung einer Beteiligung an einer Personengesellschaft zählen gemäß A 39 Abs. 1 S. 2 Nr. 1 S. 12 GewStR auch dann nicht zum Gewerbeertrag, wenn die Beteiligung zum Betriebsvermögen gehört.

Entsprechende Veräußerungsverluste dürfen den laufenden Gewinn aus Gewerbebetrieb für gewerbesteuerliche Zwecke ebenfalls nicht mindern.

Gewinne aus der Veräußerung so genannter einbringungsgeborener Anteile an einer Personengesellschaft unterliegen auch dann nicht der Gewerbesteuer, wenn Einbringender eine Kapitalgesellschaft war, bei der die Veräußerung des Betriebs, Teilbetriebs oder Mitunternehmeranteils gewerbesteuerpflichtig gewesen wäre: Abweichung von A 40 Abs. 2 S. 7 GewStR - BFH vom 27.03.1996 - I R 89/95; DB 12/1997, S. 608 und BMF-Schreiben vom 25.03.1998, TZ 18.03 und TZ 21.13 (BStBl. I S. 268).

Gewinne im Sinne des § 8 b Abs. 2 KStG aus der Veräußerung von Beteiligungen an anderen Körperschaften und Personenvereinigungen) bleiben außer Ansatz; vgl. A 40 Abs. 2 S. 8 GewStR.

2.16 Fallgestaltungen zur Gewerbesteuerpflicht

Beispiel 1

Hermann Kurz ist Eigentümer eines Einzelgewerbebetriebes. Sein Fachgebiet ist dem produzierenden Gewerbe zuzurechnen.

Mit Wirkung zum 01.07.01 veräußert Kurz sein Anlage- und Umlaufvermögen (enthält wesentliche Betriebsgrundlagen) an Ludwig Lang. Dabei erzielt er einen Gewinn von 500.000,00 DM.

Das Produktionsgrundstück (= wesentliche Betriebsgrundlage) verpachtet Kurz ab dem 01.07.01 an die Kurz und Knapp OHG für deren betriebliche Zwecke. Hermann Kurz und Walburga Knapp sind zu je 50 v.H. am Gewinn und Verlust sowie am Vermögen der OHG beteiligt. Das Produktionsgrundstück hat zum 01.07.01 einen gemeinen Wert (= Teilwert) von einer Mio. DM sowie einen Buchwert von 400.000,00 DM. Kurz bittet seinen Steuerberater Udo Pfiffig um Ermittlung der niedrigstmöglichen Einkünfte für das Wirtschaftsjahr 01.

Lösung

Die Einstellung des gewerblichen Einzelunternehmens des Hermann Kurz zum 01.07.01 stellt keine begünstigte Betriebsaufgabe i.S.d. § 16 Abs. 3 EStG dar. Der Grund hierfür liegt darin, dass nicht sämtliche stille Reserven aufgedeckt werden; eine Betriebsaufgabe im Ganzen muss verneint werden. Mit Verpachtung des Produktionsgrundstücks an die Kurz und Knapp OHG wird dieses Sonderbetriebsvermögen des Kurz. Die Überführung in das Sonderbetriebsvermögen hat nicht zu Buchwerten, sondern zu Entnahme- und Einlagegrundsätzen i.S.d. § 6 Abs. 1 Nr. 4 und 5 EStG zu erfolgen; vgl. R 14 Abs. 2 EStR. Der Gewinn aus der Veräußerung des übrigen Anlage- und Umlaufvermögens in Höhe von 500.000,00 DM ist somit in vollem Umfang laufender Gewinn.

Gewerbesteuerrechtlich ist Folgendes zu beachten:

Der laufende Gewinn aus der Veräußerung des Anlage- und Umlaufvermögens unterliegt nicht der Gewerbesteuer. So genannte Betriebseinstellungsgewinne sind unabhängig von der Frage der einkommensteuerrechtlichen Begünstigung nach §§ 16 Abs. 4, 34 EStG nicht nach § 7 GewStG steuerpflichtig, da insoweit kein Gewinn aus einem werbenden Betrieb vorliegt (BFH 1994 II, 709).

Cornelia Küpper betreibt ein gewerbliches Einzelunternehmen. Seit Jahren ist sie außerdem zu 50 v.H. als Gesellschafterin an der Küpper und Ludwig OHG beteiligt. Mit Wirkung vom 01.07.01 veräußert sie ihr Einzelunternehmen zu einem angemessenen Preis an die Küpper und Ludwig OHG. Der Veräußerungsgewinn beträgt 480.000,00 DM, was vor allem der angemessenen Kaufpreisvereinbarung zu verdanken ist (Vereinbarung wie unter fremden Dritten). Zu klären ist, ob der erzielte Gewinn der Gewerbesteuer unterliegt?

Beispiel 2

Da Cornelia Küpper zu 50 v.H. an der erwerbenden OHG als Mitunternehmerin beteiligt ist – also quasi zu 50 v.H. an sich selbst veräußert – rechnet der Veräußerungsgewinn zur Hälfte (= 240.000,00 DM) zum laufenden Gewinn, da sich gemäß § 16 Abs. 2 S. 3 EStG auf der Seite des Veräußerers und auf der Seite des Erwerbers dieselben Personen gegenüberstehen.

Lösung

Gewerbesteuerrechtlich handelt es sich trotz der einkommensteuerrechtlichen Qualifizierung als laufender Gewinn um einen nicht der Gewerbesteuer unterliegenden Betriebsbeendigungsgewinn. Die Gewerbesteuerfreiheit ist damit begründet, dass er nicht aus einem werbenden Gewerbebetrieb entstammt.

Konsequenzen:

Aufgrund der nicht eintretenden Gewerbesteuerbelastung kommt die Tarifbegrenzung nach § 32 c EStG nicht in Betracht. Diese Vorschrift wurde durch das Gesetz vom 23.10.2000 (BGBL. I, S. 1433) aufgehoben. Siehe § 52 Abs. 44 EStG zur letztmaligen Anwendung.

Gewinne, die der Betrieb nach Einstellung der werbenden Tätigkeit – etwa durch Veräußerung von Anlagevermögen – erzielt, unterliegen nicht der Gewerbesteuer. Die werbende Tätigkeit wird somit zum Hauptmerkmal der Gewerbesteuerpflicht. Unterliegt das Ergebnis nicht der Gewerbesteuer, dann entfällt auch die Tarifermäßigung nach § 32 c EStG, weil diese Vorschrift die Doppelbelastung von Einkünften aus Gewerbebetrieb durch Einkommen- und Gewerbesteuer mildern wollte.

Hat der Unternehmer im Rahmen einer Betriebsverpachtung im Ganzen die Aufgabe nicht erklärt (so genannter ruhender Gewerbebetrieb), so liegen einkommensteuerrechtlich gewerbliche Einkünfte vor, eine Gewerbesteuerpflicht besteht hingegen nicht.

Erfüllt die Betriebsverpachtung im Ganzen jedoch auch die Merkmale der Betriebsaufspaltung, so ist das Besitzunternehmen in diesem Fall auch gewerbesteuerpflichtig.

Bei der Veräußerung oder der Aufgabe von Betrieben oder Teilbetrieben können Gewinne oder Verluste entstehen. Derartige Gewinne bzw. Verluste gehören nur bei Kapitalgesellschaften, Erwerbs- und Wirtschaftsgenossenschaften und Versicherungsvereinen auf Gegenseitigkeit zum Gewerbeertrag. Bei allen anderen der Gewerbesteuer unterliegenden Unternehmensformen, vor allem bei Einzelunternehmungen und Personengesellschaften, zählen die angesprochenen Gewinne/Verluste nicht zum Gewerbeertrag.

Rechtsänderungen sind ab dem Erhebungszeitraum 2002 zu beachten: Gewinne oder Verluste aus der Veräußerung oder der Aufgabe von Betrieben und Teilbetrieben sind ab 2002 bei Personengesellschaften nur noch Bestandteil des Gewerbeertrags, als der Gewinn auf eine natürliche Person entfällt, die als Mitunternehmer unmittelbar beteiligt ist.

Der auf eine Kapitalgesellschaft entfallende Gewinn ist Teil des Gewerbeertrages, ebenso der auf eine nur mittelbar über eine Personengesellschaft beteiligte natürliche Person entfallende Gewinn. In diesen Fällen dürfte insoweit die Ermäßigung der Einkommensteuer nach 35 EStG n.F. zum Zuge kommen.

Die Veräußerung einer zu einem Betriebsvermögen gehörenden, das gesamte Nennkapital umfassenden Beteiligung an einer Kapitalgesellschaft, die als Veräußerung eines Teilbetriebes gewertet werden muss, gehört ausnahmslos bei allen Steuerpflichtigen zum Gewerbeertrag. Siehe zum Veräußerungsgewinn eines Teilbetriebs H 139 Abs. 9 EStR und zur Begrifflichkeit R 131 Abs. 3, H 131 und R 139 Abs. 3 EStR.

In diesem Zusammenhang sind die Bestimmungen des § 8 Abs. 2 KStG einschlägig. Hiernach bleibt die Anteilsveräußerung einer derartigen Beteiligung bei der Körperschaftsteuer unterliegenden Gewerbebetrieben i.d.R. außer Ansatz. Zu beachten sind § 3 Nr. 40 i.V.m. § 3 c Abs. 2 EStG, wonach im Halbeinkünfteverfahren bei allen übrigen Steuerpflichtigen die Hälfte steuerfrei bleibt. Entsprechendes gilt für die Gewerbesteuer.

Der Gewinn bzw. Verlust aus der Veräußerung eines zum Betriebsvermögen gehörenden Anteils an einer Personengesellschaft gehörte bis 2001 bei allen Gewerbesteuerpflichtigen nicht zum Gewerbeertrag. Ab 2002 gilt dies nur noch, soweit eine natürliche Person unmittelbar beteiligt ist (u.E. verfassungsrechtlich bedenklich).

Siehe zum Thema Gewinne aus der Veräußerung oder Aufgabe des Gewerbebetriebes/Teilbetriebes auch das Urteil des FG München vom 08.04.1990, EFG 1999, S. 723. Diese Rechtsprechung stützt sich auf den Gedanken, dass bei einer Kapitalgesellschaft nach § 8 Abs. 2 KStG sämtliche Erträge zwingend im Rahmen laufender gewerblicher Betätigung zu erfassen sind. Eine Unterscheidung zwischen dem laufenden Periodengewinn (§ 15 EStG) und dem Veräußerungsgewinn (§ 16 EStG) wie bei Einzel- und Personenunternehmungen existiert mithin nicht. Dies soll aber nicht für Kapitalgesellschaften gelten, wenn es sich um Veräußerungsgewinne von Beteiligungen an ausländischen Gesellschaften i.S.d. § 8 Abs. 2 KStG handelt; siehe A 40 Abs. 2 S. 8 GewStR 1998.

Hinweise für die Praxis:

- FG Köln, Urteil vom 05.04.2000, EFG 2000, S. 1271 zum Gewinn, der einem Einzelunternehmer bei Einbringung seines Betriebes in eine neu gegründete Personengesellschaft infolge einer Ausgleichzahlung des anderen Gesellschafters entsteht. Ein solcher Gewinn unterliegt beim Einzelunternehmen nicht der Gewerbesteuer.

- Beratungskosten, die nach EStG zu den Veräußerungskosten rechnen, dürfen den Gewerbeertrag nicht mindern. Wie auch der Veräußerungsgewinn bleibt auch der Veräußerungsverlust beim Gewerbeertrag unberücksichtigt; BFH/NV 1990, S. 801.

- Vfg. OFD Düsseldorf vom 18.01.2001 G 1421-19-St 132-K zu Gewinnen und Verlusten aus der Veräußerung von Beteiligungen an Personengesellschaften. Hiernach ist darauf abzustellen, ob der Mitunternehmer bei der Veräußerung seine Mitunternehmerstellung aufgibt. Dies ist dann der Fall, wenn er seinen Gesamtanteil an der Personengesellschaft veräußert (anders also bei nur einer Teilanteilveräußerung). In diesem Fall wird die Mitunternehmerstellung – wenn auch unter Verlust von Gewinnansprüchen und Stimmrechtsanteilen – nicht aufgegeben. Unter den so herrschenden Bedingungen sind weder entstandene Gewinne noch Verluste für Zwecke der Gewerbesteuer auszusondern.

- BFH-Urteil vom 27.03.1996 (BStBl. 1997 II, S. 224) zur Veräußerung einbringungsgeborener Anteile an Personengesellschaften, die durch Umwandlung einer Kapitalgesellschaft entstanden sind. Im § 18 Abs. 4 UmwStG ist für solche Vorgänge eine Sperrfrist von fünf Jahren kodifiziert. Nach vorangegangenem Vermögensübergang von einer Kapitalgesellschaft auf eine Personengesellschaft wird auch bei einer Aufgabe oder Veräußerung eines Teilbetriebs oder eines Anteils an einer Personengesellschaft innerhalb von fünf Jahren nach dem Vermögensübergang ein Auflösungs- oder Veräußerungsgewinn von der Gewerbesteuer erfasst. Dieser Gewinn beinhaltet gemäß TZ 18.07 des Umwandlungssteuererlasses auch die nach dem Vermögensübergang bei der Personengesellschaft entstandenen stillen Reserven. Somit soll verhindert werden, dass Kapitalgesellschaften, deren Liquidationsgewinn der Gewerbesteuer unterliegt, diese Steuerpflicht durch Umwandlung in eine Personengesellschaft umgehen. Siehe hierzu auch FG Saarland, Beschluss vom 04.05.1998, 1 V 94/98.

- Fachaufsatz von Dr. H.G. Wienands in GmbHR 9/1999, S. 462 zu den Vorschriften des § 18 Abs. 4 UmwStG, die bis zur endgültigen Fassung durch das Steuerentlastungsgesetz 1999/2000/2002 mehrfach geändert bzw. ergänzt worden sind.

2.17   Hinzurechnungen und Kürzungen

Der nach den ertragsteuerlichen Vorschriften des EStG/KStG ermittelte Gewinn ist für die Gewerbesteuer um gesetzlich definierte Hinzurechnungen zu vermehren und um Kürzungen zu vermindern.

2.17.1   Gründe für Hinzurechnungen und Kürzungen

Es widerspräche dem Charakter der Objektsteuer, würde man den einkommen- oder körperschaftsteuerlichen Gewinn unverändert der Gewerbesteuer unterwerfen. Der Gesetzgeber hat über die Vorschriften der §§ 8 und 9 GewStG Regelungen geschaffen, die zur Anpassung des nach den Bestimmungen des Ertragsrechts ermittelten Gewinns als Bemessungsgrundlage der Gewerbesteuer herangezogen werden müssen. Für die vorzunehmenden Hinzurechnungen und Kürzungen sind folgende Gründe maßgeblich:

Um dem Charakter der Objektsteuer näher zu treten, ist nicht der tatsächlich erzielte und nach den Vorschriften des Ertragssteuerrechts ermittelte Gewinn als Bemessungsgrundlage für die Gewerbesteuer zugrunde zu legen, sondern der ohne Rücksicht auf die Kapitalausstattung erzielte Ertrag. Gewollt ist hier die Besteuerung des Gewerbes nach seiner Ertragskraft.

Die Besteuerung des Gewerbeertrags soll nur einmal mit Gewerbesteuer erfolgen. Der Gesetzgebung reicht die Belastung mit nur einer Objektsteuer grundsätzlich aus, „mehrere Objektsteuern" sind für den Gewerbetreibenden nicht zumutbar, zumal die Freiberufler keiner Gewerbesteuer unterliegen.

Unternehmensgewinne werden im Regelfall durch den Einsatz von Betriebsvermögen (= Summe aller dem Betrieb dienenden Wirtschaftsgüter einschließlich der Schulden) erzielt. Die Betriebsgewinne sollen dort mit Objektsteuer belastet werden, wo diese Wirtschaftsgüter betrieblich eingesetzt sind.

Ausschließlich der im Inland erzielte Gewerbeertrag soll der Gewerbesteuer unterliegen.

2.17.2 Ausgewählte Hinzurechnungen § 8 GewStG

Hinzurechnungen sind nur insoweit vorzunehmen, als sie den Gewinn gemindert haben; vgl. § 8 S. 1 GewStG. Die Hinzurechnungen stehen also in ihrer Wirkung einem Abzugsverbot gleich.

2.17.3 Dauerschuldentgelte nach § 8 Nr. 1 GewStG

Begriff der Dauerschulden:

Zu unterscheiden sind zwei Tatbestandsgruppen:

Dauerschulden im Zusammenhang mit der Gründung, dem Erwerb, der Erweiterung und der Verbesserung des Betriebs:

Stehen Schulden in diesen Zusammenhängen, so gehören sie ohne Rücksicht auf ihre Laufzeit zu den Dauerschulden. Wegen der Begriffe Erweiterung/Verbesserung vgl. A 45 Abs. 3 S. 12 ff. GewStR. Hier ist der Charakter der Schuld ausschlaggebend.

Schulden dienen nicht nur der vorübergehenden Verstärkung des Betriebskapitals:

Diese Gruppe setzt eine längerfristige Verschuldung des Gewerbetreibenden voraus. Es ist von einer Dauerverschuldung auszugehen, wenn die Kreditaufnahme eine Laufzeit von mehr als zwölf Monaten hat; maßgeblich ist dabei die tatsächliche Laufzeit. Beachte A 45 Abs. 5 GewStR.

Beachtlich:

Ist eine Schuld als Dauerschuld zu qualifizieren, so ist sie bis zum endgültigen Erlöschen als solche zu behandeln.

Ein Darlehn mit einer Laufzeit von 24 Monaten wird in mehrere Darlehn mit einer Laufzeit von weniger als zwölf Monaten umgewandelt.

Beispiel

Die Dauerschuld bleibt Dauerschuld.

Eine betriebliche Schuld kann sowohl der ersten als auch der zweiten Tatbestandsgruppe zuzuordnen sein.

Grundsätzlich ist jedes Schuldverhältnis für sich zu beurteilen; vgl. A 45 Abs. 1 S. 2 ff. GewStR.

Der BFH hat entschieden, dass Verbindlichkeiten auch dann als Dauerschulden zu behandeln sind, wenn dem Betrieb ausreichend liquide Mittel zu deren Tilgung zur Verfügung stehen (BFH vom 06.11.1985). Nach dem Willen der höchsten Richter darf im Bezug auf Dauerschulden nicht in die Unternehmerfreiheit eingegriffen werden.

Hinweis

Zum Kontokorrentkredit vgl. A 45 Abs. 7 GewStR.

2.17.4 Behandlung der Dauerschuldentgelte

Nach § 8 Nr. 1 GewStG ist dem gewerblichen Gewinn die Hälfte der bei seiner Ermittlung abgezogenen Entgelte für solche Schulden hinzuzurechnen, die wirtschaftlich mit der Gründung oder dem Erwerb des Betriebs (bzw. Teilbetriebs) oder eines Anteils am Betrieb oder mit einer Erweiterung oder Verbesserung des Betriebs zusammenhängen oder der nicht nur vorübergehenden Verstärkung des Betriebskapitals dienen.

Der Gewerbebetrieb soll nach dem Willen des Gesetzgebers mit Objektsteuer belegt werden, und zwar unabhängig davon, ob er sich mit Eigen- oder Fremdkapital finanziert.

Bis einschließlich 1989 wurde im Zusammenhang mit Dauerschulden der Zinsbegriff des BGB verwendet. Ab 1990 wurde der Zinsbegriff durch „Entgelte" ersetzt, mit der Folge, dass ab 1990 neben den eigentlichen Zinsen z.B. auch Vergütungen für partiarische Darlehn, Genussrechte und Gewinnobligationen sowie Damnen und Vorfälligkeitsentschädigungen hinzuzurechnen sind.

Saldierungen von betrieblichen Guthabenzinsen mit entsprechenden Schuldzinsen sind unzulässig. Bei Erstattungen von Zinsen bzw. Entgelten muss darauf geachtet werden, dass diese, sofern sie sich im Vorjahr durch Hinzurechnung ertragserhöhend ausgewirkt haben, im laufenden Jahr zu 50 v.H. abgezogen werden. Siehe zur Saldierung auch A 45 Abs. 5 S. 8 ff. GewStR.

Bei einer Tilgungsstreckung kann eine kurzfristige – also nicht hinzuzurechnende Schuld – zu einer Dauerschuld mit entsprechender Konsequenz werden.

Merke

In der Regel stellen Schulden mit einer Laufzeit von mehr als einem Jahr Dauerschulden dar. Die in diesem Zusammenhang stehenden Entgelte sind zu 50 v.H. dem Gewerbeertrag hinzuzurechnen, wenn sie in der Gewinnermittlung als Aufwand erfasst worden sind.

2.17.5 Abgrenzung der Dauerschulden von den Schulden des laufenden Geschäftsverkehrs

Ganz entscheidende Bedeutung kommt der Frage zu, welche Entgelte dem Gewerbeertrag hinzugerechnet werden müssen und welche nicht. Die folgenden Ausführungen behandeln darum zum Teil schwierige Auslegungs- und Zweifelsfragen:

Steht der Kredit mit einzelnen laufenden, nach Art des Betriebes immer wiederkehrenden bestimmbaren Geschäftsfällen in Zusammenhang, etwa mit dem Erwerb von Umlaufvermögen, so hat er regelmäßig den Charakter einer laufenden, nicht unter § 8 Nr. 1 GewStG fallenden Verbindlichkeit.

Kurzfristige Bankkredite, damit die während der Gründungsphase entstehenden Lohn- und Mietaufwendungen finanziert werden können;

Beispiele

- Steuerschulden
- Warenschulden
- Wechselschulden und

Schulden zur Finanzierung eines Ausfuhrgeschäftes.

Werden der Art nach Schulden des laufenden Geschäftsverkehrs (= keine Hinzurechnung) nicht innerhalb der nach Art des Geschäftsvorfalles üblichen Frist getilgt, verlieren sie den Charakter als laufende Verbindlichkeit (und werden zur Dauerschuld), vgl. A 45 Abs. 6 Nr. 3 S. 1 GewStR.

Besonderheit

Ist eine im laufenden Geschäftsverkehr entstandene Verbindlichkeit zur Dauerschuld geworden, bleibt sie es bis zum Erlöschen des Schuldverhältnisses; vgl. A 45 Abs. 6 Nr. 3 S. 9 GewStR.

2.17.6 Entgelte für Dauerschulden

Zur Klärung der Frage, ob ein Entgelt dem Gewerbeertrag hinzuzurechnen ist oder nicht, kommt es nicht auf die Bezeichnung, sondern auf den tatsächlichen Inhalt der Leistung an.

Beispiele für hinzuzurechnende Entgelte:

- Zinsen mit festem oder variablen Zinssatz
- Vergütungen für partiarische Darlehn, zur Abgrenzung der stillen Gesellschaft (§ 230 HGB), vgl. § 8 Nr. 3 GewStG
- Damnum/Disagio

- Vorfälligkeitsentschädigungen; BFH, BStBl. 1999 II, S. 473
- Provisionen für Bankkredite
- Verwaltungskostenbeiträge i.S.d. BFH-Urteils vom 09.08.2000; GmbHR 2/2001, S. 85

Beispiele für keine Entgelte für Dauerschulden:

- Geldbeschaffungskosten
- laufende Verwaltungskosten, vgl. A 46 Abs. 1 S. 11 GewStR
- Bereitstellungszinsen, BFH, BStBl. 1997 II, S. 253
- Provisionen für kurzfristige Kredite
- Umsatzprovisionen
- Bearbeitungs-, Vermittlungs- und Depotgebühren
- Währungsverluste
- Gewinnanteile aus partiarischen Darlehn; BFH, BStBl. 1984 II, S. 623

2.17.7 Rückfluss von Dauerschuldzinsen

Problemstellung:

In einem Vorjahr sind gezahlte Schuldzinsen ordnungsgemäß als Aufwandsposten gewinnmindernd behandelt worden; es handelt sich um Dauerschuldzinsen. Für die Gewerbesteuer wurden entsprechend 50 v.H. dem Gewerbeertrag nach § 8 Nr. 1 GewStG hinzugerechnet.

Nach Ablauf des Geschäftsjahres erhält der Gewerbetreibende eine Erstattung von Schuldzinsen, weil der Gläubiger rückwirkend den Zinssatz gesenkt hat.

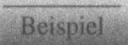

Haben zurückgezahlte Dauerschuldzinsen den gewerblichen Gewinn erhöht, so sind diese bei der Ermittlung des Gewerbeertrages des Jahres der Rückzahlung zu 50 v.H. abzusetzen.

Balthasar Wirsing erwarb mit Wirkung zum 01.07.01 einen Gewerbebetrieb von Otto Kappes. Wirsing bilanziert und macht regelmäßige Abschlüsse zum 31.12. jeden Jahres.

Zur Finanzierung des Kaufpreises nahm Wirsing ein Fälligkeitsdarlehn mit einer Laufzeit von fünf Jahren in Höhe von 550.000,00 DM auf, das ihm nach Abzug eines Damnums von 50.000,00 DM am 01.07.01 gutgeschrieben wurde.

Die für den Zeitraum vom 01.07. bis 31.12.01 (= Rumpfwirtschaftsjahr i.S.d. § 8 b EStDV) fälligen laufenden Zinsen von 22.500,00 DM leistete Wirsing aufgrund von geschäftlichen Misserfolgen verspätet am 15.01.02 vom betrieblichen Bankkonto. Anlässlich der Kreditaufnahme entrichtete

Wirsing eine Bearbeitungsgebühr von 5.500,00 DM und Kreditsicherungskosten für Notar, Grundschuld und Eintragung Grundschuld in das Grundbuch von 5.000,00 DM. Die Bank verlangte für die Führung des Kreditkontos für die Zeit vom 01.07. bis 31.12.01 eine Gebühr von 300,00 DM, die Wirsing Ende Dezember 01 durch Lastschrift einbehalten wurde.

Wirsing verbuchte alle Geschäftsvorfälle zutreffend.

Zu untersuchen sind folgende Aufwandsposten:

Lösung

Damnum, laufende Schuldzinsen, Bearbeitungsgebühr, Kreditsicherungskosten und Kontoführungsgebühren.

Fraglich ist, welche der genannten Aufwendungen dem Gewerbeertrag des Rumpfwirtschaftsjahres 01 für die Gewerbesteuer gemäß § 8 Nr. 1 GewStG hinzugerechnet werden müssen? Dazu im Einzelnen:

Bei dem Fälligkeitsdarlehn handelt es sich um eine Dauerschuld i.S.d. § 8 Nr. 1 GewStG, und zwar um die erste Tatbestandsgruppe. Es besteht ein wirtschaftlicher Zusammenhang mit dem Erwerb des Betriebes.

Für das Rumpfwirtschaftsjahr 01 sind gemäß § 8 Nr. 1 GewStG die folgenden Beträge – da sie als Aufwand behandelt worden sind und den Gewinn zutreffend mindern durften – zu 50 v.H. dem Gewerbeertrag hinzuzurechnen:

Damnum:

Bei bilanzierenden Gewerbetreibenden darf das Damnum nicht in voller Höhe als Aufwand behandelt werden. Nach § 5 Abs. 5 S. 1 Nr. 1 EStG ist das Damnum aktivisch abzugrenzen und auf die Laufzeit (fünf Jahre) zu verteilen; bei einem Fälligkeitsdarlehn hat dies linear zu geschehen:

50.000,00 DM : 5 Jahre	=	10.000,00 DM Jahresbetrag
Jahr 01 für 1/2 Jahr	=	5.000,00 DM

Nur in Höhe von 5.000,00 DM wurde der Gewinn des Rumpfwirtschaftsjahres 01 gemindert. Hieraus folgt für die Gewerbesteuer gemäß § 8 Nr. 1 GewStG eine Hinzurechnung in Höhe von 2.500,00 DM (= 50 v.H.).

Laufende Schuldzinsen:

Die laufenden Schuldzinsen für die Periode 01.07. bis 31.12.01 haben den Gewinn 01 trotz der verspäteten Zahlung am 15.01.02 gemindert. Wirsing hat den Posten, da er bilanziert und regelmäßig Abschlüsse macht, bereits im Jahr 01 durch die Buchung Zinsaufwand an Verbindlichkeiten als Aufwand zu erfassen. Nach § 8 Nr. 1 GewStG sind insoweit 50 v.H. von 22.500,00 DM = 11.250,00 DM als Hinzurechnung für die Gewerbesteuer vorzunehmen.

Sonstige Aufwandsposten:

Die Bearbeitungsgebühr und die Kreditsicherungskosten zählen zu den Geldbeschaffungskosten und somit nicht zu den Entgelten i.S.d. § 8 Nr. 1 GewStG. Entsprechendes gilt für die Kontoführungsgebühr (= Verwaltungskosten). Diese Aufwandsposten kommen für eine Hinzurechnung zu 50 v.H. i.S.d. § 8 Nr. 1 GewStG nicht in Betracht. Im Übrigen verbleibt es bei der zutreffend als Aufwand erfassten Gewinnminderung.

Zusammengefasste oder einheitliche Betrachtungsweise:

Nach gesicherter Rechtslage kann festgehalten werden, dass das Gewerbesteuerrecht bei der Frage, ob eine Dauerschuld vorliegt, nicht zwingend auf einzelne zivilrechtlich selbständige Schuldverhältnisse abstellt, sondern die objektive Wirtschaftskraft des Betriebes erfassen möchte (BFH, BStBl. 1981 II, S. 219). Dieser Gesetzeszweck erfordert eine einheitliche Beurteilung von Schuldverhältnissen, die wirtschaftlich eng zusammenhängen und durch Vereinbarungen zwischen den Kreditparteien derart miteinander verknüpft sind, dass gerade die Verknüpfung dem Kreditnehmer die längerfristige Nutzung der Kreditmittel sichert und diese dadurch zu einer „nicht nur vorübergehenden Verstärkung" des Betriebskapitals i.S.d. § 8 Nr. 1 GewStG machen (BFH, BStBl. 1996 II, S. 328).

Diese Qualifikation ist für die Praxis nicht immer einfach und erfordert – wie so oft im Steuerrecht – eine qualifizierte Einzelfallentscheidung.

Mehrere von verschiedenen Kreditgebern gewährte Kredite sind als einheitliche Schuld zu beurteilen, wenn sie neben einem engen wirtschaftlichen Zusammenhang auch durch Vereinbarungen zwischen den Kreditgebern und zwischen ihnen und dem Kreditnehmer derart verknüpft sind, dass gerade die Verknüpfung dem Kreditnehmer die längerfristige Nutzung der Kreditmittel ermöglicht.

Von besonderem Gewicht ist das einheitliche Zusammenwirken der verschiedenen Kreditgeber, damit das Darlehn als Ganzes zustande kommt. Werden hingegen bei verschiedenen Darlehnsgebern Gelder für einen einheitlichen wirtschaftlichen Zweck aufgenommen und wirken die Darlehnsgeber nicht zusammen, so ist jedes Darlehn für sich auf seinen zeitlichen Aspekt hin zu überprüfen.

Unterschiedliche Kreditkonditionen, z.B. hinsichtlich Verzinsung, Laufzeit, Absicherung, stehen der Beurteilung der Schuld als einheitliche nicht entgegen; BFH 1990 II, S. 915.

Werden Darlehn am Ende eines Jahres ohne vernünftige wirtschaftliche Gründe getilgt und im Einvernehmen mit dem Darlehnsgeber zu Beginn des nächsten Jahres wieder aufgenommen, sieht der BFH hierin eine rechtsmissbräuchliche Gestaltung. Dies gilt unabhängig von dem Umstand, ob und in welcher Höhe der Steuerpflichtige über Eigenmittel verfügt; BFH, BStBl. 1985 II, S. 680.

Die Rechtslage wäre anders zu beurteilen, wenn man konkrete, zu erwartende Zahlungszuflüsse zur Rückführung einer Schuld vorsieht und diese Forderungen aufgrund mangelnder Zahlungsfähigkeit des Schuldners ausfallen. In diesem Fall wäre es unschädlich, den Kredit aus eigenen Mitteln zu tilgen und ggf. zu Beginn des neuen Jahres erneut aufzunehmen.

2.17.8 Renten und dauernde Lasten § 8 Nr. 2 GewStG

Auch Renten und dauernde Lasten, die wirtschaftlich mit der Gründung oder dem Erwerb des Betriebs (Teilbetriebs) oder eines Anteils am Betrieb zusammenhängen, sind dem Gewinn aus Gewerbebetrieb hinzuzurechnen, soweit sie bei der Ermittlung des Gewinns abgesetzt worden sind.

Die Hinzurechnung von Renten und dauernden Lasten i.S.d. § 8 Nr. 2 GewStG erfolgt in vollem Umfang.

Eine Ausnahme gilt nur, wenn die Renten und dauernden Lasten beim Empfänger mit Gewerbeertragsteuer zu besteuern sind; vgl. § 8 Nr. 2 S. 2 GewStG.

Die neuere ertragsteuerliche Rechtsentwicklung, insbesondere durch das BMF-Schreiben vom 23.12.1996, BStBl. I, S. 1508 mwN, bedeutet für die gewerbesteuerliche Hinzurechnungsvorschrift des § 8 Nr. 2 GewStG praktisch keinen einzigen Anwendungsfall mehr.

Hinweis

Wichtig ist die Abgrenzung zu den Kaufpreisraten, deren Zinsen der Hinzurechnungsvorschrift des § 8 Nr. 1 GewStG zuzuordnen sind.

Als Versorgungsleistungen anerkannte Renten und dauernde Lasten, die im Rahmen einer vorweggenommenen Erbfolgeregelung erbracht werden, sind als Sonderausgaben (§ 10 Abs. 1 Nr. 1 a EStG) zu qualifizieren und fallen nicht unter die Hinzurechnungsvorschrift des § 8 Nr. 2 GewStG.

Die Hinzurechnung hat auch zu unterbleiben, wenn die Beträge beim Empfänger zur Gewerbeertragsteuer herangezogen werden. § 8 Nr. 2 S. 2 GewStG vermeidet somit die Doppelbesteuerung.

Hinzuzurechnen ist nur der Zinsanteil. Die Rentenzahlungen sind Aufwand, die Barwertminderung ist Ertrag; hinzuzurechnen ist der Differenzbetrag.

Beim Tode des Rentenberechtigten liegt in Höhe der wegfallenden Verpflichtung (Passivierungsgebot) ein Ertrag vor, der allerdings den hinzuzurechnenden Betrag nicht beeinflusst.

Vgl. A 49 Abs. 3 GewStR.

Renten und dauernde Lasten:

- Betriebliche Veräußerungsrenten
- Versorgungsrenten und Pensionsverpflichtungen (A 49 Abs. 2 GewStR)
- Erbbaulasten

Die im laufenden Geschäftsbetrieb entstandenen, insbesondere die zum Zweck einer Erweiterung oder Verbesserung des Betriebs aufgenommenen Belastungen dieser Art, scheiden hingegen für die Hinzurechnung i.S.d. § 8 Nr. 2 GewStG aus.

2.17.9 Gewinnanteile des stillen Gesellschafters § 8 Nr. 3 GewStG

Siehe BFH vom 27.02.1975, BStBl. II, S. 611, zur höchstrichterlichen Rechtsprechung im Zusammenhang mit der stillen Gesellschaft.

2.17.9.1 Begriff des stillen Gesellschafters

Wer sich als stiller Gesellschafter an dem Handelsgewerbe, das ein anderer betreibt, mit einer Vermögenseinlage beteiligt, hat die Einlage so zu leisten, dass sie in das Vermögen des Inhabers des Handelsgeschäfts übergeht.

De Inhaber wird aus den in dem Betrieb geschlossenen Geschäften allein berechtigt und verpflichtet; vgl. § 230 Abs. 1 und 2 HGB.

Nach § 231 HGB ist der stille Gesellschafter stets am Gewinn und grundsätzlich am Verlust des Handelsgeschäfts beteiligt. Der stille Gesellschafter unterscheidet sich vom atypisch stillen Gesellschafter dadurch, dass er nicht an den stillen Reserven der Unternehmung beteiligt ist. Diese Beteiligung am vollständigen Geschäftserfolg ist eine Mitunternehmerschaft i.S.d. § 15 Abs. 1 S. 1 Nr. 2 EStG, während der typisch stille Gesellschafter Einkünfte aus Kapitalvermögen i.S.d. § 20 Abs. 1 Nr. 4 EStG, die dem Steuerabzug vom Kapitalertrag unterliegen (§ 43 Abs. 1 S. 1 Nr. 3 EStG), erzielt.

Die Anteile des stillen Gesellschafters sind mit den Zinsen für einen i.d.R. längerfristigen Kredit vergleichbar.

2.17.9.2 Auswirkungen auf die Gewerbesteuer

Der Gewinnanteil des stillen Gesellschafters ist gemäß § 8 Nr. 3 GewStG in vollem Umfang dem Gewerbeertrag hinzuzurechnen.

Aus gewerbesteuerlicher Sicht ist die stille Gesellschaft somit keine günstige Finanzierungsform. Die Verwaltungsanweisung A 50 Abs. 1 GewStR dehnt den Begriff der Beteiligung an einem Handelsgewerbe auf sämtliche Erscheinungsformen eines Gewerbebetriebes aus; die Hinzurechnung des Gewinnanteils des stillen Gesellschafters in voller Höhe kann also begrifflich nicht umgangen werden.

Ein Damen- und Herrenfriseurgewerbe ist kein Handelsgewerbe schlechthin, da kein Handel, sondern eine Dienstleistung im Vordergrund steht.

Keine Hinzurechnung hat gemäß A 51 GewStR zu erfolgen, wenn der Gewinnanteil aus stiller Gesellschaft beim Empfänger der Gewerbeertragsteuer unterliegt. Die Verwaltungsmeinung schließt somit eine doppelte Besteuerung aus.

Die Bestimmung des § 8 Nr. 3 GewStG erfasst nur die typische Gesellschaft. Die atypische stille Gesellschaft, also die Beteiligung an den stillen Reserven einschließlich eines eventuell vorhandenen Firmenwertes ist eine Mitunternehmerschaft und unterliegt den Regelungen des § 8 Nr. 8 bzw. § 9 Nr. 2 GewStG, siehe auch A 50 Abs. 3 und 4 sowie A 54 GewStR.

Bei Beteiligung des typisch stillen Gesellschafters am Verlust erhöht sich der Verlust um den Verlustanteil des stillen Gesellschafters (§ 8 Nr. 3 GewStG). Der Grund hier ist im Willen der Besteuerung der objektiven Ertragskraft des Gewerbebetriebes zu sehen.

Die in das Vermögen des Inhabers übergegangene Einlage des stillen Gesellschafters ist eine Dauerschuld i.S.d. § 12 Abs. 2 Nr. 1 GewStG (Rechtslage bis 31.12.1997).

Beteiligung an einem (Handels)-Gewerbe als typisch stiller Gesellschafter

Gundolf Eisenhuth beteiligt sich an dem Gewerbebetrieb (Spedition) seines Vaters mit einer Vermögenseinlage von 200.000,00 DM als stiller Gesellschafter. Diese Beteiligung hält er in seinem Privatvermögen.

Nach dem Vertrag ist Eisenhuth mit 10 v.H. am Gewinn und Verlust beteiligt. Das Wirtschaftsjahr der Spedition umfasst den Zeitraum vom 01.01. bis 31.12. = Kalenderjahr.

Für das Wirtschaftsjahr 01 beträgt der vorläufige Gewinn vor Berücksichtigung des Gewinnanteils des Gundolf = 100.000,00 DM. In der im Mai 02 erstellten Bilanz zum 31.12.01 ist der Gewinnanteil in Höhe von

10.000,00 DM (= 10 v.H.) ordnungsgemäß als Verbindlichkeit ausgewiesen. Die Buchung zu Lasten des Gewinns lautet:

Aufwand 10.000,00 DM an Verbindlichkeit stille Gesellschaft 10.000,00 DM

Der Gewinn i.S.d. § 7 GewStG beträgt für das Wirtschaftsjahr 01 somit 90.000,00 DM. Vereinbarungsgemäß erhält Eisenhuth im Juni 02 den Gewinnanteil ausbezahlt.

Eisenhuth erzielt als typisch stiller Gesellschafter mit seinem Gewinnanteil im Jahr des Zuflusses (§ 11 Abs. 1 EStG) Einnahmen aus Kapitalvermögen (§ 20 Abs. 1 Nr. 4 EStG). Diese Einnahmen unterliegen der Kapitalertragsteuerpflicht in Höhe von 25 v.H. (§ 43 Abs. 1 S. 1 Nr. 3 EStG und § 43 a Abs. 1 Nr. 2 EStG), einer besonderen Erhebungsform der Einkommensteuer. Zur Auszahlung gelangen demnach lediglich 7.500,00 DM. Eisenhuth muss aber den Bruttobetrag von 10.000,00 DM als Einnahme behandeln, da die Kapitalertragsteuer gemäß § 12 Nr. 3 EStG die Einkünfte nicht mindern darf. Die Kapitalertragsteuer in Höhe von 2.500,00 DM wird auf die Einkommensteuerschuld angerechnet; vgl. § 36 Abs. 2 S. 2 Nr. 2 EStG.

Der Inhaber des Gewerbes, Vater Eisenhuth, hat seinem Gewinn von 90.000,00 DM gemäß § 8 Nr. 3 GewStG den Gewinnanteil in Höhe von 10.000,00 DM in vollem Umfang wieder hinzuzurechnen.

Abwandlung Der Gewerbetreibende erzielt im Wirtschaftsjahr 01 einen vorläufigen Verlust in Höhe von 100.000,00 DM. Vereinbarungsgemäß mindert der Verlustanteil die Einlage des stillen Gesellschafters.

Der Inhaber des Gewerbes hat den Verlustanteil des stillen Gesellschafters als Ertrag des Wirtschaftsjahres 01 zu verbuchen.

Die Buchung zugunsten des Gewinns lautet:

Verbindlichkeit stille Gesellschaft 10.000,00 DM an Ertrag 10.000,00 DM

Der endgültige Verlust beträgt somit 90.000,00 DM. Nach § 8 Nr. 3 GewStG erhöht der Verlustanteil des stillen Gesellschafters den Verlust des Kaufmanns wieder auf 100.000,00 DM.

Hinweis Durch Hinzurechnungen kann sich aus einem Verlust ein positiver Gewerbeertrag ergeben. Siehe wegen eines eventuellen Gewerbeverluste die Bestimmungen des § 10 a GewStG.

Auswirkungen beim stillen Gesellschafter (Verlustvariante):

Nach herrschender Auffassung gehört der Verlustanteil des stillen Gesellschafters zu dessen Werbungskosten bei seinen Einkünften aus Kapitalvermögen. Es handelt sich nicht um negative Einnahmen.

Die Beteiligung als stiller Gesellschafter des Gundolf Eisenhuth gehört nicht zu dessen Privatvermögen, sondern zählt zum Betriebsvermögen eines inländischen Gewerbebetriebes des Eisenhuth, ansonsten wie Grundfall.

Eine Hinzurechnung des Gewinnanteils nach § 8 Nr. 3 GewStG unterbleibt, da der Gewinnanteil zum Gewerbeertrag des Eisenhuth gehört. Der Gewinnanteil unterliegt bereits der Gewerbesteuer, da der Beteiligungsertrag den übrigen Gewinn schon zuvor erhöht hat. Zur Vermeidung von Doppelbesteuerung mit Gewerbesteuer ist der Beteiligungsertrag nach § 8 Nr. 3 GewStG nicht hinzuzurechnen.

Diese Grundsätze gelten auch, wenn der Empfänger an einem Mitunternehmeranteil als typisch stiller Gesellschafter unterbeteiligt ist; BFH, BStBl. 1981 II, S. 59.

In den Fällen, in denen die typisch stille Unterbeteiligung geheimgehalten wird und zum Betriebsvermögen des stillen Gesellschafters gehört, lässt sich hingegen eine doppelte gewerbesteuerliche Belastung nicht vermeiden.

Eine Kürzung der eigenen Gewerbebesteuerung des stillen Gesellschafters würde der gesetzlichen Regelung des § 8 Nr. 3 GewStG entgegen stehen, nach der die Gemeinde die Gewerbesteuer erhalten soll, in der der eigentliche Gewerbebetrieb unterhalten wird.

2.17.9.3 Abgrenzung der stillen Gesellschaft zum partiarischen Darlehn

Probleme treten häufig auf, wenn zwischen der stillen Gesellschaft und einem so genannten partiarischen Darlehn unterschieden werden muss.

2.17.9.4 Definition des partiarischen Darlehns

Unter einem partiarischen Darlehn versteht man ein Darlehn, bei dem an Stelle einer (üblichen) festen Verzinsung eine Beteiligung am Gewinn des Unternehmens vorgesehen ist. Eine Verlustbeteiligung ist stets ausgeschlossen.

Einkommensteuerrechtlich ist der an den Gläubiger zu zahlende Gewinnanteil eine gewinnmindernde Betriebsausgabe, die dem Steuerabzug vom Kapitalertrag gemäß § 43 Abs. 1 S. 1 Nr. 3 EStG in Höhe von 25 v.H. unterliegt, wenn der Gläubiger die Kapitalertragsteuer trägt. Übernimmt der Schuldner die Kapitalertragsteuer, dann beträgt der Steuersatz 33 1/3 v.H. (§ 43 a Abs. 1 Nr. 2 EStG).

2.17.9.5 Unterschiede zur stillen Gesellschaft

Erfolgt die Hinzurechnung bei der stillen Gesellschaft nach § 8 Nr. 3 GewStG voll umfänglich, ist sie beim partiarischen Darlehn nach § 8 Nr. 1 GewStG aufgrund des Entgeltcharakters nur zur Hälfte vorzunehmen.

Für die stille Gesellschaft spricht vor allem die Vereinbarung einer Verlustbeteiligung, die beim partiarischen Darlehn immer auszuschließen ist. Ist keine Verlustbeteiligung vereinbart, dann spricht für eine stille Gesellschaft die Ausprägung des gesellschaftsrechtlichen Elementes. Dies bedeutet, je größer und umfangreicher die Mitwirkungs-, Kontroll- und Widerspruchsrechte des Geldgebers sind, desto mehr liegt die Vermutung einer stillen Gesellschaft nahe. Zu den Rechten des stillen Gesellschafters vgl. § 233 bis 236 HGB.

Bei einer stillen Gesellschaft erfolgt die Hinzurechnung nach § 8 Nr. 3 GewSt in voller Höhe und beim partiarischen Darlehn nach § 8 Nr. 1 GewStG nur zur Hälfte. Gesellschaftsrechtliche Elemente, z.B. die Vereinbarung einer Verlustbeteiligung und Einräumung von Kontroll- und Widerspruchsrechten, entscheiden darüber, ob eine stille Gesellschaft oder ein partiarisches Darlehn vorliegt.

Gänzlich isoliert ist die atypisch stille Gesellschaft zu betrachten. Sie zeichnet sich vor allem durch Beteiligung am Gewinn/Verlust sowie an den stillen Reserven einschließlich eines eventuell vorhandenen Firmenwertes aus. Als Mitunternehmerschaft unterliegt sie den Regelungen der §§ 8 Nr. 8 bzw. 9 Nr. 2 GewStG; vgl. auch A 54 GewStR.

2.17.10 Hinzurechnung von Miet- und Pachtzinsen § 8 Nr. 7 GewStG

Hinzuzurechnen ist die Hälfte der Miet- und Pachtzinsen für die Benutzung der nicht in Grundbesitz bestehenden Wirtschaftsgüter des Anlagevermögens, die im Eigentum eines anderen stehen. Der Sinn der Vorschrift besteht darin, dass der Gewerbebetrieb ausschließlich nach seiner Ertragskraft besteuert werden soll. Es soll nicht davon abhängen, ob der Betrieb mit eigenen, gemieteten bzw. gepachteten Wirtschaftsgütern betrieben wird.

Das gilt nicht, soweit die Miet- oder Pachtzinsen beim Vermieter oder Verpächter zur Gewerbesteuer heranzuziehen sind, es sei denn, dass ein Betrieb oder Teilbetrieb vermietet oder verpachtet wird und der Betrag der Miet- oder Pachtzinsen 250.000,00 DM (125.000,00 Euro ab 2002) übersteigt (§ 8 Nr. 7 S. 2 GewStG). Durch diese Einschränkung soll eine Doppelbesteuerung vermieden werden.

Die 250.000,00 DM bzw. 125.000,00 Euro-Regelung:

Die Bestimmung des § 8 Nr. 7 S. 2 GewStG dient der Vermeidung unangemessener Gewerbesteuerminderungen bei den Gemeinden, in denen der Betrieb belegen ist.

Klassische Anwendungsfälle der Bestimmung sind:

- Verpachtung durch Kapitalgesellschaften
- Verpachtung eines Betriebes im Rahmen einer Betriebsaufspaltung (Beachte Ausgleich durch Kürzung beim Verpächter nach § 9 Nr. 4 GewStG; vgl. A 63 GewStR)

Bei der Prüfung, ob der gemäß § 8 Nr. 7 S. 3 GewStG maßgebende Betrag der Miet- oder Pachtzinsen für einen Betrieb oder Teilbetrieb die Grenze von 250.000,00 DM (125.000,00 Euro ab 2002) übersteigt, sind nur die Miet- oder Pachtzahlungen zu berücksichtigen, die für die Benutzung der nicht in Grundbesitz bestehenden fremden Wirtschaftsgüter des Anlagevermögens zu zahlen sind. Nach § 8 Nr. 7 S. 3 GewStG ist nämlich der Betrag maßgebend, den der Mieter oder Pächter für die Benutzung der zu den Betriebsstätten eines Gemeindebezirks gehörigen fremden Wirtschaftsgüter an einen Vermieter oder Verpächter zu zahlen hat.

Eine GmbH mit Sitz und Geschäftsleitung in Sindelfingen verpachtet einen ihr gehörenden Betrieb in Nürnberg an einen Gewerbetreibenden. Der Pachtzins hierfür beträgt jährlich 600.000,00 DM (3000.000,00 Euro); hiervon entfällt ein Betrag von 150.000,00 DM (75.000,00 Euro) auf die mitverpachteten Grundstücke.

Beispiel

Der auf die nicht in Grundbesitz bestehenden Wirtschaftsgüter entfallende Pachtzins beträgt mehr als 250.000,00 DM (125.000,00 Euro), nämlich 450.000,00 DM (225.000,00 Euro). Fallen die Miet- oder Pachtzahlungen beim Empfänger in einem Betrieb an, der der Gewerbesteuer unterliegt, so sind sie beim Mieter oder Pächter zur Hälfte nur dann hinzuzurechnen – und entsprechend bei der Ermittlung des Gewerbeertrags beim Empfänger zu kürzen (A 63 GewStR) – wenn ein ganzer Betrieb oder Teilbetrieb Gegenstand des Miet- oder Pachtvertrages ist und die Miet- oder Pachtzinsen 250.000,00 DM (125.000,00 Euro) übersteigen; A 53 Abs. 6 S. 4 GewStR. Für den Beispielfall ist diese Aussage erfüllt. Der Betrag von 450.000,00 DM (225.000,00 Euro) ist nach § 8 Nr. 7 GewStG dem gewerblichen Gewinn des Pächters zur Hälfte wieder hinzuzurechnen; bei der GmbH ergibt sich eine entsprechende Kürzung nach § 9 Nr. 4 GewStG.

Im Hinblick auf den gepachteten Grundbesitz ist zur Vermeidung von Doppelbesteuerung mit Gewerbe- und Grundsteuer keine Hinzurechnung vorzunehmen. Abgrenzungsfragen, ob Grundbesitz vorliegt oder nicht, richten sich nach den Bestimmungen des Bewertungsrechts (BewG). Betriebsvorrichtungen gehören z.B. zu den beweglichen Wirtschaftsgütern des Anlagevermögens (§ 68 Abs. 2 S. 1 Nr. 2 BewG), d.h. es hat eine entsprechende Hinzurechnung zu erfolgen.

Bei stillgelegten Wirtschaftsgütern erfolgt keine Hinzurechnung, da sie nicht mehr benutzt werden. Zum Sonderfall der Ausbeutung von Mineralgewinnungsrechten siehe A 53 Abs. 3 GewStR.

Bei der Beurteilung, ob ein Miet- oder Pachtvertrag vorliegt, kommt es darauf an, ob die Verträge ihrem wesentlichen rechtlichen Gehalt nach Miet- oder Pachtverträge im Sinne des BGB sind; siehe A 53 Abs. 1 GewStR.

2.17.11 Die Auslegung des Begriffs Wirtschaftsgut im Zusammenhang mit der Gewerbesteuer

Die Gewerbesteuer schließt sich dem einkommensteuerlichen Begriff des Wirtschaftsgutes an. Die Wirtschaftsgüter müssten beim Mieter bzw. Pächter zum Anlagevermögen gehören, wenn er Eigentümer wäre; siehe A 53 Abs. 4 GewStR.

Beispiel

Rolf Kessel ist Inhaber einer Bauunternehmung, deren Wirtschaftsjahr dem Kalenderjahr entspricht. Im Zusammenhang mit der Restaurierung von historischer Gebäudesubstanz war Kessel seit dem 01.02.01 zur Anmietung einer Spezialmaschine gezwungen, ohne deren Verwendung der Auftrag undurchführbar geworden wäre. Bis zum 31.05.01 bestand zwischen ihm und einem inländischen Spezialmaschinenverleih ein Mietverhältnis mit monatlichen Mietzahlungen in Höhe von 2.000,00 DM. Ab dem 01.06.01 kündigte Kessel das Mietverhältnis auf, da er die gleiche Maschine in den Niederlanden für umgerechnet 1.500,00 DM pro Monat anmieten konnte.

Nach § 8 Nr. 7 S. 2 GewStG scheidet die Hinzurechnung der Hälfte der Mietzahlungen aus, soweit die Mietzinsen beim Vermieter der Gewerbesteuer unterliegen. Dies trifft auf die Mietzahlungen bis einschließlich Mai 01 zu (4 x 2.000,00 DM = 8.000,00 DM). Die Zahlungen an die niederländische Firma unterliegen bei dieser nicht der (inländischen) Gewerbesteuer. Die Hälfte dieser Pachtzahlungen sind daher dem Gewinn des Rolf Kessel hinzuzurechnen:

7 x 1.500,00 DM x 1/2 = 5.250,00 DM

Sonderfragen:

Leasingverträge stehen Mietverträgen i.S.d. § 8 Nr. 7 GewStG gleich, wenn keine Zurechnung des Wirtschaftsgutes beim Leasingnehmer erfolgt, etwa beim Finanzierungsleasing ohne Kauf- und Verlängerungsoption.

Literaturhinweis:

BMF vom 19. April 1971 für bewegliche Wirtschaftsgüter und BMF vom 21. März 1972 für unbewegliche Wirtschaftsgüter.

Beim so genannten echten Mietkauf (= Ankauf zum Zeitwert nach Ablauf einer vereinbarten Mietdauer) ist von einer Miete i.S.d. § 8 Nr. 7 GewStG auszugehen.

Beim unechten Mietkauf ist das Wirtschaftsgut von Anfang an als angekauft anzusehen mit der Folge, dass die Hinzurechnung nach § 8 Nr. 7 GewStG nicht greift.

Miet- und Pachtzinsen in Fällen ausländischer Vermieter:

Der Europäische Gerichtshof (EUGH) hat mit seinem Urteil vom 26.10.1999, C-294/97, BStBl. 1999 II, S. 851, festgestellt, dass die Hinzurechnungsvorschrift des § 8 Nr. 7 S. 2 GewStG nicht mit dem Diskriminierungsverbot nach EU-Recht (Art. 59 ff. EWG-Vertrag) vereinbar ist. Im Hinblick auf diese Entscheidung werden Miet- und Pachtzinsen, soweit sie an ausländische Vermieter gezahlt werden, nicht hinzugerechnet. Die Festsetzung des Gewerbesteuermessbetrags wird insoweit nach § 165 Abs. 1 S. 4 AO vorläufig bis zu einer gesetzlichen Neuregelung ausgesetzt. Die Hinzurechnung kann nachgeholt werden, falls der Gesetzgeber dies beschließen sollte; siehe auch gleichlautende Erlasse der obersten Finanzbehörden der Länder vom 26.04.2000, BStBl. 2000 I, S. 486. Die im Entwurf des Gesetzes zur Fortentwicklung der Unternehmensbesteuerung (UntStFG) vorgesehene Neuregelung ist nicht Gesetz geworden, so dass weiterhin Rechtsunsicherheit besteht (Stand: August 2002).

In einer besonderen Anlage sollten die Art der gemieteten oder gepachteten Wirtschaftsgüter sowie Namen und Anschriften des Vermieters oder Verpächters angegeben werden.

2.17.12 Verlustanteil bei Mitunternehmerschaft § 8 Nr. 8 GewStG

Bei Gesellschafter-Mitunternehmern, die ihre Beteiligung(en) im Betriebsvermögen halten, besteht die Gefahr einer doppelten Berücksichtigung eines eventuellen Verlustes. Ohne die Hinzurechnungsbestimmung nach § 8 Nr. 8 GewStG würde ein Verlust die Verlustanteile aller Gesellschaften erhöhen. Bei der Personengesellschaft käme es in späteren Jahren über den Verlustvortrag nach § 10 a GewStG zu einer erneuten Minderung des Gewerbeertrags.

Die Hinzurechnung erfolgt, um eine Doppelbesteuerung zu unterbinden. Die Vorschrift des § 8 Nr. 8 GewStG ist das Gegenstück zur Kürzung um einen Gewinnanteil nach § 9 Nr. 2 GewStG; siehe auch A 54 GewStR.

Beispiele

Mitunternehmerschaften: OHG, KG, GbR

2.17.13 Spendenregelung bei der Gewerbesteuer § 8 Nr. 9 und § 9 Nr. 5 GewStG

Spenden zur Förderung mildtätiger, kirchlicher, religiöser, wissenschaftlicher Zwecke und der als besonders förderungswürdig anerkannten gemeinnützigen Zwecke gehören bei Körperschaften zu den Ausgaben im Sinne des § 9 Abs. 1 Nr. 2 KStG, die bei der Ermittlung des Gewinns aus Gewerbebetrieb mit bestimmten Höchstbeträgen abzugsfähig sind; vgl. A 55 S. 1 GewStR.

Bei Kapitalgesellschaften sind nach § 8 Nr. 9 GewStG zunächst sämtliche Spenden dem Gewinn wieder hinzuzurechnen. Unter Spenden sind Ausgaben i.S.d. § 9 Abs. 1 Nr. 2 KStG zu verstehen. Alsdann sind die zuvor genannten (hinzugerechneten) Spenden bis zur Höhe von 5 v.H. des um die Hinzurechnungen nach § 8 Nr. 9 GewStG erhöhten Gewinns (§ 7 GewStG) aus Gewerbebetrieb oder 2 v.T. der Summe der gesamten Umsätze und der im Wirtschaftsjahr aufgewendeten Löhne und Gehälter abzugsfähig.

Für wissenschaftliche, mildtätige und als besonders förderungswürdig anerkannte kulturelle Zwecke ist eine Erhöhung um 5 v.H. auf 10 v.H. vorgesehen. Parteispenden sind gewerbesteuerlich nicht abzugsfähig.

Die Bestimmung des § 8 Nr. 9 GewStG (Hinzurechnung) greift im Zusammenhang mit § 9 Nr. 5 GewStG (Kürzung); vgl. A 55 S. 2 i.V.m. A 64 GewStR.

Im Ergebnis können nach den Grundsätzen der Einkommen-/Körperschaftsteuer Spenden bis zur Höhe von 5 v.H. des Gewinns aus Gewerbebetrieb (§ 7 GewStG) oder 2 v.T. der Summe der gesamten Umsätze und der Löhne und Gehälter abgezogen werden.

Bei körperschaftsteuerpflichtigen Gewerbebetrieben ist der Gewinn um die bei der Einkommensermittlung abgezogenen Spenden zu erhöhen. Gleichlautend mit den Bestimmungen des EStG/KStG erhöht sich der Satz von 5 v.H. bei wissenschaftlichen, mildtätigen und als besonders förderungswürdig anerkannten kulturellen Zwecken um weitere 5 v.H.

Im Gegensatz zur Einkommensteuer ist bei der Gewerbesteuer kein Rücktrag möglich. Die Gewerbesteuer wendet den Gedanken des Vertrauensschutzes bezüglich der Richtigkeit der Spendenbescheinigung ebenfalls an. Ebenso gilt eine Haftungsregelung in Höhe von 10 v.H. des zugewendeten Betrages; vgl. § 9 Nr. 5 S. 10 bis 13 GewStG.

Überschreitet eine Einzelzuwendung von mindestens 50.000,000 DM (25.565,00 Euro ab 2002) die Höchstbeträge, so ist die Kürzung im Erhebungszeitraum der Zuwendung und in den folgenden sechs Erhebungszeiträumen vorzunehmen; vgl. § 9 Nr. 5 S. 4 GewStG und A 64 GewStR.

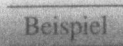

Die X-GmbH hat einen handelsrechtlich ermittelten Gewinn von 1.000,00 DM. Eine Spende von 1.000,00 DM wurde als Aufwand zutreffend erfasst. Aus Vereinfachungsgründen soll die Abzugsfähigkeit von Spenden bis zur Höhe von insgesamt 5 v.H. des um die Hinzurechnungen nach § 8 Nr. 9 GewStG erhöhten Gewinns aus Gewerbebetrieb (§ 7 GewStG) festgelegt sein.

1 Stufe:

§ 8 Nr. 9 GewStG, Hinzurechnung:

Jahresüberschuss	1.000,00 DM
zuzüglich Spenden	+ 1.000,00 DM
Um Spenden erhöhter Gewinn	2.000,00 DM

2 Stufe:

§ 9 Nr. 5 GewStG, Kürzung:

Bemessungsgrundlage des um die Hinzurechnungen nach § 8 Nr. 9 GewStG (Spenden) erhöhten Gewinns nach § 7 GewStG: 2.000,00 DM

hiervon 5 v.H.	=	100,00 DM

Ergebnis:

Von der Spende in Höhe von 1.000,00 DM sind durch das Zusammenspiel von Hinzurechnung und Kürzung 100,00 DM abzugsfähig. Der endgültige Jahresüberschuss der X-GmbH beträgt demnach 1.900,00 DM, da ein Sonderausgabenabzug bei einer Kapitalgesellschaft nicht vorstellbar ist.

Durch das Gesetz vom 14.06.2000 (BGBl. I, S. 1034) wurde § 9 Nr. 5 S. 3 GewStG a.F. durch die Sätze 3 bis 8 n.F. mit Wirkung ab dem 01.01.2000 ersetzt. Damit ist die Gewerbesteuer auf das novellierte Stiftungsrecht abgestimmt worden.

2.17.14 Ausschüttungsbedingte Teilwertabschreibungen auf Beteiligungen an Kapitalgesellschaften § 8 Nr. 10 GewStG

Schüttet eine Kapitalgesellschaft ihren Gewinn an die Anteilseigner aus, dann mindert sich der Wert der Anteile an dieser Gesellschaft. Vom Prinzip her büßt die Kapitalgesellschaft durch Hingabe einen Teil ihres erwirtschafteten Vermögens wieder ein. Steuerrechtlich kommt eine Abschreibung auf den niedrigeren Teilwert in Betracht. Einer Gewinnerhöhung durch die Gewinnausschüttung kann also eine Gewinnminderung durch Teilwertabschreibung gegenüberstehen.

Durch § 8 Nr. 10 GewStG sind dem Gewerbeertrag Gewinnminderungen hinzuzurechnen, die durch den Ansatz des niedrigeren Teilwerts des Anteils an der Körperschaft oder durch Veräußerung oder Entnahme des Anteils oder bei Auflösung oder Herabsetzung des Kapitals entstanden sind.

Die Gewinnminderung muss als weitere Voraussetzung für die Hinzurechnungsvorschrift des § 8 Nr. 10 GewStG im Zusammenhang mit einer Gewinnausschüttung der Körperschaft stehen und eine Kürzungsvorschrift (§ 9 Nr. 2 a, 7 oder 8 GewStG) muss angewandt worden oder auf organgesellschaftliche Gewinnabführungen der Körperschaft zurückzuführen sein.

2.17.15 Gewinnanteile aus Anteilen an einer Kapitalgesellschaft § 8 Nr. 5 GewStG

Die Bestimmungen des § 8 Nr. 5 GewStG wurden durch das Gesetz vom 20.12.2001 (BGBl. I, S. 3858) eingeführt mit Wirkung vom Erhebungszeitraum 2001; vgl. § 36 Abs. 4 GewStG n.F.

Nach Einführung des Halbeinkünfteverfahrens sind Dividenden beim Anteilseigner (= Empfänger) nach § 3 Nr. 40 EStG zur Hälfte steuerfrei bzw. vollkommen steuerfrei, wenn der Empfänger eine Kapitalgesellschaft ist (§ 8 b Abs. 1 KStG). Der steuerfreie Teil einer Gewinnausschüttung ist nach der durch das Gesetz zur Fortentwicklung des Unternehmensteuerrechts eingefügten Hinzurechnungsvorschrift des § 8 Nr. 5 GewStG gewerbesteuerpflichtig, sofern nicht die Voraussetzungen einer Schachtelbeteiligung (§ 9 Nr. 2 a GewStG) vorliegen. Die Hinzurechnung ist nur in den Fällen des so genannten Streubesitzes (= weniger als 10 v.H.) vorzunehmen. Für die gewerbesteuerliche Gewinnermittlung sind die Gewinnanteile und diesen gleichgestellte Bezüge und erhaltene Leistungen aus Anteilen an Körperschaften nach Abzug der damit im Zusammenhang stehenden Betriebsausgaben – soweit sie nach § 3 c EStG bzw. § 8 b Abs. 5 KStG bei der Ermittlung des Gewinns unberücksichtigt geblieben sind – einzubeziehen. Eine Ausnahme gilt für Gewinnausschüttungen i.S.v. § 3 Nr. 41 a EStG.

2.17.16 Kürzungen § 9 GewStG am Beispiel des § 9 Nr. 1 GewStG

Ertrag durch Grundbesitz (Nr. 1 S. 1):

Der nach den Vorschriften des EStG/KStG ermittelte Gewinn ist um 1,2 v.H. des Einheitswertes des zum Betriebsvermögen des Unternehmens gehörenden Grundbesitzes zu kürzen.

Ziel der Kürzung um 1,2 v.H. des Einheitswertes des zum Betriebsvermögen gehörenden Grundbesitzes ist die Vermeidung einer zweifachen Belastung mit Grund- und Gewerbesteuer.

Ob und inwieweit Grundbesitz zum Betriebsvermögen gehört, richtet sich nach den Bestimmungen des § 20 Abs. 1 S. 1 und 2 GewStDV. Maßgebend sind hiernach die einkommen- bzw. körperschaftsteuerlichen Vorschriften und nicht die des Bewertungsrechtes (BewG), und zwar nach dem jeweiligen Stand zu Beginn des Erhebungszeitraumes; vgl. in diesem Zusammenhang R 13 Abs. 7 bis 14 EStR. Allerdings besteht keine verfahrensrechtliche Bindung an die einkommensteuerliche (bilanzielle) Entscheidung. Maßgeblich sind die Verhältnisse zu Beginn des Kalenderjahres. Hieraus folgt, dass Änderungen im Umfang des betrieblich genutzten Grundbesitzes im Laufe des Jahres vollkommen unberücksichtigt bleiben. Insoweit herrscht ein strenges Stichtagsprinzip; siehe § 20 Abs. 1 GewStDV sowie A 59 Abs. 3 S. 1 GewStR.

Es ist von dem um 40 v.H. erhöhten Einheitswert auszugehen (§ 121 a BewG und A 59 Abs. 4 GewStR).

Der Einheitswertbescheid ist im Hinblick auf die Höhe des Einheitswertes Grundlagenbescheid (A 59 Abs. 5 GewStR). Zur verfahrensrechtlichen Handhabung von Grundlagen- und Folgebescheid; vgl. § 175 Abs. 1 S. 1 Nr. 1 i.V.m. § 171 Abs. 10 AO.

Ein Grundstück hat einen noch nicht um 40 v.H. erhöhten Einheitswert (§ 121 a BewG) von 180.000,00 DM. Der Eigentümer nutzt das Grundstück zu 40 v.H. betrieblich und zu 60 v.H. für betriebsfremde Zwecke. Die Kürzung nach § 9 Nr. 1 S. 1 GewStG i.V.m. A 59 Abs. 2 S. 1 GewStR beträgt:

Beispiel

1,2 v.H. von 40 v.H. von 180.000,00 DM x 1,4, dies ergibt: 1.210,00 DM; die Kürzung beträgt somit 1.210,00 DM.

Maßgebend für die Kürzung nach § 9 Nr. 1 S. 1 GewStG ist der Einheitswert, der auf den letzten Feststellungszeitpunkt (Haupt-, Fortschreibungs- oder Nachfeststellungszeitpunkt) vor dem Ende des Erhebungszeitraums lautet. Siehe §§ 19 bis 23 BewG.

Grundstückserwerb für betriebliche Zwecke im Laufe des Wirtschaftsjahres:

Golo Gonzer erwirbt ein ausschließlich betrieblich genutztes Grundstück mit Nutzungs- und Lastenübergang zum 28.01.01.

Im Hinblick auf diesen Grundstückserwerb erfolgt für den Erhebungszeitraum 01 keine Kürzung nach § 9 Nr. 1 GewStG.

Beginnt die Steuerpflicht eines Gewerbebetriebes im Laufe eines Kalenderjahres, kommt für den in diesem Kalenderjahr endenden Erhebungszeitraum noch keine Kürzung nach § 9 Nr. 1 S. 1 GewStG in Betracht; siehe A 59 Abs. 3 S. 2 GewStR.

Auch Grundstücksteile, die wegen ihrer untergeordneten Bedeutung (R 13 Abs. 8 EStR) nicht zum Betriebsvermögen zugeordnet werden müssen, sind in die Kürzung des § 9 Nr. 1 S. 1 GewStG einzubeziehen.

Keine Kürzung erfolgt bei im Ausland belegenen Grundbesitz; siehe § 2 Abs. 1 S. 1 GewStG.

Grundstück ist nur zum Teil Betriebsvermögen:

Gundula Groß betreibt ein Handelsgeschäft. Das Wirtschaftsjahr entspricht dem Kalenderjahr. Der Gewerbebetrieb befindet sich in einem ihr gehörenden Gebäude. Nach der zuletzt vorgenommenen Einheitswertfeststellung handelt es sich um ein gemischtgenutztes Grundstück, das einen Einheitswert von 80.000,00 DM hat.

Gemischtgenutzte Grundstücke sind Grundstücke, die teils Wohnzwecken, teils eigenen oder fremden gewerblichen oder öffentlichen Zwecken dienen und nicht Mietwohngrundstücke, Geschäftsgrundstücke, Einfamilienhäuser oder Zweifamilienhäuser sind (§ 75 Abs. 1 Nr. 3 i.V.m. Abs. 4 BewG).

Nach dem Verhältnis der Jahresrohmiete (§ 79 BewG) betrug der eigenbetriebliche Nutzungsanteil zum 01.01.01 = 30 v.H.

Ab dem 01.03.01 wird das Grundstück zu 40 v.H. eigenbetrieblich genutzt.

Da der Grundbesitz nur teilweise zum Betriebsvermögen gehört, ist die Kürzung nach § 9 Nr. 1 S. 1 GewStG nur auf der Grundlage des anteiligen Einheitswertes vorzunehmen; vgl. § 20 Abs. 2 GewStDV.

Die Aufteilung erfolgt grundsätzlich nach dem Verhältnis der Jahresrohmiete i.S.d. § 79 BewG, ggf. nach dem Nutzflächenverhältnis oder dem Rauminhalt; vgl. A 59 Abs. 2 GewStR.

Das Grundstück ist nicht als Betriebsgrundstück i.S.d. § 99 BewG anzusehen.

Weder vor noch nach der Nutzungserweiterung wird das Grundstück zu mehr als 50 v.H. eigenbetrieblichen Zwecken dienen. Allerdings ist die rechtliche Einstufung als Betriebsgrundstück für die Kürzung nach § 9 Nr. 1 S. 1 GewStG ohne Bedeutung.

Ausschlaggebend für die Kürzung ist der eigenbetriebliche Nutzungsanteil am 01.01.01 (§ 20 Abs. 1 GewStDV), gedanklich ist von einem Stichtagsprinzip auszugehen. Darum bleibt die Änderung des betrieblichen Nutzungsumfanges im Laufe des Erhebungszeitraumes von 30 auf 40 v.H. am 01.03.01 unberücksichtigt.

Maßgebend für die Kürzung ist der zuletzt festgestellte Einheitswert in Höhe von 80.000,00 DM, der nach § 121 a BewG mit 140 v.H. = 112.000,00 DM anzusetzen ist.

Somit ergibt sich nach § 9 Nr. 1 S. 1 GewStG folgende Kürzung:

1,2 v.H. von 30 v.H. von 112.000,00 DM = 403,00 DM

2.17.17 Grundstück im Zustand der Bebauung

Die Kürzungen bei der Ermittlung des Gewerbeertrags (§ 9 Nr. 1 S. 1 GewStG) bemessen sich nach dem Einheitswert gemäß § 91 Abs. 1 BewG, wonach bei Grundstücken, die sich am Feststellungszeitpunkt im Bebauungszustand befinden, die nicht bezugsfertigen Gebäude oder Gebäudeteile (z. B. Anbauten oder Zubauten) außer Betracht bleiben müssen. Zur Klärung der Frage, ob und wann sich ein Gebäude oder Gebäudeteil im Zustand der Bebauung befindet, sind die Verhältnisse am Stichtag maßgebend; vgl. auch § 19 ff. BewG zur Einheitsbewertung. Der Grundsteuerwert nach § 33 a DV zum Reichsbewertungsgesetz – vgl. A 61 Abs. 5 GewStR a.F. – gilt nicht mehr und wurde mit Wirkung zum Erhebungszeitraum 1998 durch das Gesetz vom 29.10.1997 (BGBl. I, S. 2590) aufgehoben.

2.17.18 Grundstück im Ehegatteneigentum

Befindet sich das Grundstück zum Teil im Eigentum des Ehegatten, so ist hinsichtlich der Kürzung nach § 9 Nr. 1 S. 1 GewStG nur vom Anteil des gewerbetreibenden Ehegatten auszugehen. Die Bestimmung des § 26 BewG findet keine Anwendung; vgl. A 59 Abs. 1 S. 11 und 12 GewStR.

In der Praxis dürfte das Grundstück im Ehegatteneigentum weit verbreitet sein.

Beispiel

Das Ehepaar Ludwig besitzt ein gemischtgenutztes Grundstück, in dem sich der vom Ehemann bewirtschaftete Gewerbebetrieb befindet. Frau Ludwig ist bei ihrem Ehemann angestellt. Das Grundstück steht jeweils im hälftigen Eigentum der Ehegatten. Die Kürzung erfolgt nur vom Anteil (= 50 v.H.) des gewerbetreibenden Ehegatten.

2.17.19 Grundstücksunternehmen

A 60 Abs. 1 GewStR bietet eine wesentliche Vergünstigung für Grundstücksunternehmen an. Erträge, die auf die bestimmten Tätigkeiten entfallen, sind gänzlich von der Gewerbesteuer freigestellt. Grundstücksunternehmen können nämlich an Stelle der Kürzung um 1,2 v.H. des Einheitswerts von Betriebsgrundstücken gemäß § 9 Nr. 1 S. 2 GewStG den Teil des Gewerbeertrages kürzen, der auf die Verwaltung und Nutzung des eigenen Grundstücks entfällt. Damit ist faktisch eine anteilige Steuerbefreiung geschaffen.

Für das Verständnis des § 9 Nr. 1 GewStG ist folgendes Grundlagenwissen aus dem Bewertungsrecht unumgänglich:

§ 121 a BewG	Sondervorschrift für die Anwendung der Einheitswerte
§ 19 BewG	Feststellung von Einheitswerten
§ 20 BewG	Ermittlung des Einheitswertes
§ 21 BewG	Hauptfeststellung
§ 22 BewG	Fortschreibungen
§ 23 BewG	Nachfeststellung
§ 26 BewG	Umfang der wirtschaftlichen Einheit bei Ehegatten; zur wirtschaftlichen Einheit vgl. § 2 BewG
§ 75 BewG	Grundstücksarten
§ 79 BewG	Jahresrohmiete
§ 80 BewG	Vervielfältiger
§ 99 BewG	Betriebsgrundstücke
§ 91 Abs. 1 BewG	Grundstücke im Zustand der Bebauung

2.17.20 Anteile am Gewinn von Mitunternehmerschaften § 9 Nr. 2 GewStG

Die Anteile am Gewinn einer OHG, KG oder jeder anderen Rechtsform, bei der die Gesellschafter als Unternehmer oder Mitunternehmer des Gewerbes anzusehen sind, sind zu kürzen, wenn die Gewinnanteile bei der Ermittlung des Gewinns (§ 7 GewStG) angesetzt worden sind. Zweck der Vorschrift ist die Vermeidung einer Doppelbelastung dieser Gewinnanteile mit Gewerbesteuer. Die Korrespondenzvorschrift zu § 9 Nr. 2 GewStG ist § 8 Nr. 8 GewStG.

2.17.21 Miet- und Pachtzinsen § 9 Nr. 4 GewStG

Als Aufwand behandelte Miet- oder Pachtzinsen des Vermieters oder Verpächters für die Überlassung von nicht in Grundbesitz bestehenden Wirtschaftsgütern des Anlagevermögens sind nach § 9 Nr. 4 GewStG Kürzungsfaktor, soweit sie nach § 8 Nr. 7 GewStG dem Gewinn des Mieters oder Verpächters hinzugerechnet worden sind. Auch diese Vorschrift dient der Vermeidung von Doppelbelastung mit Gewerbesteuer; vgl. auch A 63 GewStR.

2.17.22 Ausgaben zur Förderung wissenschaftlicher Zwecke § 9 Nr. 5 GewStG

Spenden sollen nach dem Willen des Gesetzgebers in der in § 9 Nr. 5 GewStG genannten Art auch bei der Gewerbesteuer abzugsfähig sein. Voraussetzung hierfür ist, dass sie aus Mitteln des Betriebs geleistet werden. Ausgaben zur Förderung mildtätiger, kirchlicher, religiöser, wissenschaftlicher und der als besonders förderungswürdig anerkannten gemeinnützigen Zwecke sind durch § 9 Nr. 5 GewStG als Kürzungsfaktoren vorgesehen und unterliegen den gleichen Voraussetzungen wie der Spendenabzug bei der Einkommensteuer (§ 10 b Abs. 1 EStG) und der Körperschaftsteuer (§ 9 Abs. 1 Nr. 2 KStG).

Die Ausführungen zur Spendenregelung *unter 2.17.13* (mit Beispiel) gelten entsprechend.

Die Kürzung nach § 9 Nr. 5 GewStG beträgt bis zu 5 v.H. des nach § 8 Nr. 9 GewStG erhöhten Gewinns aus Gewerbebetrieb oder 2 v.T. der Summe der gesamten Umsätze und der im Wirtschaftsjahr aufgewendeten Löhne und Gehälter. Der Vomhundertsatz erhöht sich von 5 auf 10 v.H. für wissenschaftliche, mildtätige und als besonders förderungswürdig anerkannte kulturelle Zwecke (= Gleichklang mit der Einkommen- und Körperschaftsteuer).

Bei einer Großspende (Einzelzuwendung) von mehr als 50.000,00 DM (25.565,00 Euro ab 2002), zur Förderung wissenschaftlicher, mildtätiger oder als besonders förderungswürdig anerkannter kultureller Zwecke, die für sich betrachtet die Höchstgrenzen überschreitet, ist die Kürzung im Rahmen der Höchstsätze im Erhebungszeitraum der Zuwendung und in den folgenden sechs Erhebungszeiträumen vorzunehmen; vgl. § 9 Nr. 5 S. 4 GewStG (kein Rücktrag wie bei der Einkommensteuer).

Bei der Gewerbesteuer genießt der Spender bezüglich der Richtigkeit der Spendenbescheinigung eine Vertrauensschutzregelung.

Die Bestimmungen des § 9 Nr. 5 Sätze 10 bis 13 GewStG beinhalten einen Haftungstatbestand in Höhe von 10 v.H. des zugewendeten Betrages. Damit hat sich der Gesetzgeber für die Gewerbesteuer den gleichlautenden Haftungstatbeständen der Einkommen- und Körperschaftsteuer angeschlossen.

Durch das Gesetz vom 14.07.2000 (BGBl. I. S. 1034) wurde § 9 Nr. 5 S. 3 GewStG a.F. durch die Sätze 3 bis 8 n.F. mit Wirkung ab dem 01.01.2000 ersetzt. Damit ist die Gewerbesteuer auf das novellierte Stiftungsrecht abgestimmt worden.

2.18   Maßgebender Gewerbeertrag § 10 GewStG

Nachdem der Gewerbeertrag durch die Hinzurechnungen (§ 8 GewStG) und die Kürzungen (§ 9 GewStG) notwendigerweise geändert worden ist, stellt sich die Frage, welchem Erhebungszeitraum der Gewerbeertrag – ggf. unter der Besonderheit eines abweichenden Wirtschaftsjahres – zuzuordnen ist.

Nach § 10 Abs. 1 GewStG ist der Gewerbeertrag maßgebend, der in dem Erhebungszeitraum bezogen worden ist, für den der Steuermessbetrag (§ 14 GewStG) festgesetzt wird. Der Steuermessbetrag wird für den Erhebungszeitraum nach dessen Ablauf festgesetzt; § 14 Satz 1 GewStG.

Bei Übereinstimmung des Wirtschaftsjahres mit dem Kalenderjahr (01.01. bis 31.12.) ist der Gewerbeertrag des Wirtschaftsjahres auch in dem betreffenden Kalenderjahr anzusetzen; beachte:

§ 14 Satz 3 GewStG bei einem abgekürzten Erhebungszeitraum, wenn die Steuerpflicht nicht während des gesamten Kalenderjahres besteht. Erhebungszeitraum ist grundsätzlich das Kalenderjahr; § 14 Satz 2 GewStG.

Hieraus folgt:

Ein Gewerbebetrieb ist mit dem Gewerbeertrag gewerbesteuerpflichtig, den er im Erhebungszeitraum bezogen hat.

Gemeint ist der Gewerbeertrag des Wirtschaftsjahres, das im Kalenderjahr endet.

Anders bei einem abweichenden Wirtschaftsjahr. Hier ist die Vorschrift des § 10 Abs. 2 GewStG zu beachten:

Bei einem abweichenden Wirtschaftsjahr gilt der Gewerbeertrag nach § 10 Abs. 2 GewStG in dem Erhebungszeitraum als bezogen, in dem das Wirtschaftsjahr endet. Dies entspricht der Bestimmung des § 4 a Abs. 2 Nr. 2 EStG für die Einkommensteuer.

Martin Schenk eröffnet seinen Gewerbebetrieb am 01.07.01. Er lässt die Firma in das Handelsregister eintragen. Schenk wählt als Abschlusszeitpunkt den 31.03. und macht dementsprechend seinen ersten Abschluss auf den 31.03.02.

Für den Erhebungszeitraum 01 fällt keine Gewerbesteuer an, da das erste Rumpfwirtschaftsjahr erst in 02, nämlich zum 31.03.02, endet; vgl. § 10 Abs. 2 GewStG.

Wegen der Festsetzung von Vorauszahlungen vgl. § 19 Abs. 1 S. 2 GewStG.

Die Freibeträge werden ohne Rücksicht auf die Dauer der Steuerpflicht stets in voller Höhe (also ungekürzt) gewährt; ab dem 01.01.1998 wird der Freibetrag nach § 13 Abs. 1 S. 2 GewStG a.F. in Höhe von 120.000,00 DM wegen des Wegfalls der Gewerbekapitalsteuer nicht mehr benötigt.

Die Zahlemann und Söhne KG wird zum 01.04.01 mit einem abweichenden Wirtschaftsjahr vom 01.04.01 bis zum 31.03.02 gegründet. Für diesen Zeitraum erzielte die KG einen Gewerbeertrag von 120.000,00 DM.

Der Gewerbeertrag gilt für den Erhebungszeitraum 02. Für das Jahr 01 gilt kein Gewerbeertrag als bezogen. Für das Jahr 02 ist konsequenterweise der volle für den Erhebungszeitraum geltende Freibetrag von 48.000,00 DM (24.500,00 Euro ab 2002) gemäß § 11 Abs. 1 S. 3 Nr. 1 GewStG anzusetzen.

Bei Betriebseröffnungen mit abweichendem Wirtschaftsjahr kann im Kalenderjahr der Eröffnung keine Gewerbesteuer erhoben werden, wenn das erste Wirtschaftsjahr erst im nächsten Kalenderjahr endet. Für das erste Kalenderjahr gilt kein Gewerbeertrag, im zweiten Kalenderjahr der volle Gewerbeertrag unter Gewährung des gesamten Freibetrages nach § 11 Abs. 1 GewStG als bezogen.

2.19   Gewerbeverlust § 10 a GewStG (A 66 GewStR)

Der für den Erhebungszeitraum ermittelte Gewerbeertrag ist um die Fehlbeträge zu kürzen, die sich bei der Ermittlung des maßgebenden Gewerbeertrages für die vorangegangenen Erhebungszeiträume (§§ 7 bis 10 GewStG) ergeben haben. Dies gilt, soweit die Fehlbeträge nicht bei der Ermittlung des Gewerbeertrags bereits für die vorangegangenen Erhebungszeiträume berücksichtigt worden sind.

Voraussetzung für den Verlustabzug nach § 10 a GewStG bei Einzelunternehmungen und Personengesellschaften ist die Unternehmens- und die Unternehmeridentität; vgl. hierzu A 67 bzw. A 68 GewStR.

Bei Körperschaften setzt der Verlustvortrag nach § 10 a S. 4 GewStG i.V.m. § 8 Abs. 4 KStG voraus, dass die Körperschaft nicht nur rechtlich, sondern auch wirtschaftlich mit der Körperschaft, die den Verlust erlitten hat, identisch ist.

Der maßgebliche Gewerbeertrag kann auch nach Hinzurechnungen und Kürzungen insgesamt negativ sein (§§ 7 bis 10 GewStG). Ist dem so, kann dieser nach § 10 a GewStG vorgetragen werden. Im Gegensatz zur Einkommensteuer ist bei der Gewerbesteuer lediglich der Verlustvortrag möglich, eine vorrangige Verlustrücktragsmöglichkeit wie beim § 10 d EStG ist nicht vorgesehen. Maßgebend ist stets der Gewerbeertrag, der sich ausgehend vom Gewinn bzw. Verlust aus Gewerbebetrieb unter Einbeziehung der Hinzurechnungen und Kürzungen ergibt.

Hieraus folgt:

Zur Klärung des vortragsfähigen Gewerbeverlustes sind die Hinzurechnungen und Kürzungen zu berücksichtigen. Denkbar ist die Entstehung eines Gewerbeverlustes, obwohl einkommensteuerrechtlich ein Gewinn aus Gewerbebetrieb vorliegt. Möglich ist auch trotz Vorhandenseins eines einkommensteuerrechtlichen Verlustabzuges die Entstehung eines positiven Gewerbeertrags (A 66 Abs. 3 GewStR).

Durch Verlustvor- und Rückträge wird der im Steuerrecht herrschende Grundsatz der Abschnittsbesteuerung durchbrochen.

Gewerbesteuerlich können Fehlbeträge durch die Vorschrift des § 10 a GewStG unbegrenzt vorgetragen werden; man spricht vom unbegrenzten Verlustvortrag. Wie bei der Einkommensteuer ist die Höhe des vortragsfähigen Fehlbetrags gesondert festzustellen; vgl. § 10 a S. 2 GewStG. Ein Verlustausgleich (etwa mit dem Gewerbekapital bis zum 31.12.1997) ist nicht denkbar.

Der Fehlbetrag ist im Abzugsjahr bis zu einem Wert von 0,00 DM bzw. Euro abzuziehen, auch wenn dadurch der Freibetrag von 48.000,00 DM bzw. 24.500,00 Euro ab 2002 (§ 11 Abs. 1 S. 3 Nr. 1 GewStG) verloren geht; vgl. hierzu A 66 Abs. 5 S. 4 GewStR. Bei Ermittlung des Gewerbeverlustes ist dieser Freibetrag nicht zu berücksichtigen.

Der Gewerbetreibende Michael Borgmann erzielt in einem Veranlagungszeitraum folgende Einkünfte:

- Einkünfte aus Gewerbebetrieb   ./. 40.000,00 DM

- Einkünfte aus Vermietung und Verpachtung   + 20.000,00 DM

Einkommensteuerlich können die positiven mit den negativen Einkünften ausgeglichen werden. Im Beispielfall ergibt sich ein Verlustrücktrag in Höhe von 20.000,00 DM nach § 10 d EStG. Gewerbesteuerlich ist ein Verlustausgleich nicht denkbar. Der Gewerbeverlust beträgt für den Beispielfall – abgesehen von notwendigen Hinzurechnungen und Kürzungen – ./. 40.000,00 DM. Insofern besteht ausschließlich die Möglichkeit des Vortrages (nicht des Rücktrages) nach § 10 a GewStG; der Grundsatz der Abschnittsbesteuerung wird wie bei der Einkommensteuer durchbrochen.

Bei Ermittlung des Gewerbeverlustes ist der Freibetrag nach § 11 Abs. 1 S. 3 Nr. 1 GewStG nicht zu gewähren.

Der Fehlbetrag von 40.000,00 DM ist unbegrenzt vortragsfähig (unbegrenzter Verlustvortrag). Der vortragsfähige Fehlbetrag ist gemäß § 10 a S. 2 GewStG gesondert festzustellen.

2.20 Voraussetzungen für die Berücksichtigung von Gewerbeverlusten

Die Gewerbesteuer ist eine Objektsteuer. Steuergegenstand ist also der Gewerbebetrieb als solcher (= Objekt der Besteuerung). Fraglich ist die Behandlung von Änderungen in der Personalstruktur und Veränderungen am Objekt selbst. Die folgenden Ausführungen behandeln die Voraussetzungen für die Berücksichtigung eines Gewerbeverlustes.

Die Berücksichtigung eines Gewerbeverlustes setzt voraus:

Nach der vom BFH bestätigten Verwaltungsmeinung muss der Verlust bei dem Unternehmen entstanden sein, dessen Gewerbeertrag im Anrechnungsjahr gekürzt werden soll.

Als Folge des Objektcharakters können Verluste eines aufgegebenen Betriebes nicht bei einem neu gegründeten Betrieb übertragen werden.

Beispiel 2

Bei einem Unternehmerwechsel kann der Übernehmer seinen Gewerbeertrag nicht um die Fehlbeträge des übergegangenen Unternehmens kürzen (§ 10 a S. 3 GewStG).

Merke

Für die Berücksichtigung eines Gewerbeverlustes muss zwingend Unternehmensidentität und Unternehmeridentität bestehen; vgl. A 67 und 68 GewStR.

Die vorgenannten Grundsätze bereiteten bis zur Klärung durch die höchstrichterliche Rechtsprechung des BFH insbesondere den Personengesellschaften Schwierigkeiten. Die folgenden Ausführungen befassen sich daher mit dem Grundsatz aus Sicht der Personengesellschaften und -gesellschafter:

2.20.1 Grundsätzliches

Die Tätigkeit einer Personengesellschaft, z.B. einer OHG, KG, GbR, bildet auch bei verschiedenartigen Tätigkeiten einen einheitlichen Gewerbebetrieb.

Beispiel

Eine OHG betreibt ein Grundhandelsgewerbe. Zum Betriebsvermögen gehört auch ein vermietetes Mehrfamilienhaus.

Die OHG erzielt ausschließlich Einkünfte aus Gewerbebetrieb. Gewerbesteuerrechtlich liegt ein einheitlicher Gewerbebetrieb, der sämtliche Tätigkeiten umfasst, vor.

Hinweis

Bilanzsteuerrechtlich ist die Bildung von gewillkürtem Sonderbetriebsvermögen zulässig. Die Beseitigung erfolgt jedoch nur über Entnahmegrundsätze bzw. Verkauf unter Aufdeckung der stillen Reserven.

Zu prüfen ist, ob die verschiedenen Betätigungen in verschiedenen Personengesellschaften ausgeübt werden, denn die Unternehmen mehrerer Personengesellschaften dürfen nicht zu einem einheitlichen Unternehmen zusammengefasst werden, wenn an allen Gesellschaften die gleichen Gesellschafter im gleichen Verhältnis beteiligt sind; vgl. A 16 Abs. 3 GewStR.

2.20.2 Unternehmensidentität

Der Verlustabzug nach § 10 a GewStG setzt voraus, dass der Gewerbeverlust in demselben Unternehmen entstanden sein muss, wie der spätere Gewerbeertrag. Diese Grundidee einer Objektbesteuerung erfasst nicht den auf ein bestimmtes Steuersubjekt bezogenen Gewinn, sondern den Ertrag, den der von dem jeweiligen Rechtsträger losgelöste Gewerbebetrieb an sich abwirft: BVerfG-Beschluss vom 13.05.1969, BStBl.   1969   II,

S. 424. Eine Kürzung des Gewerbeertrags ist nur zulässig, wenn das die Verlustverrechnung in Anspruch nehmen wollende Unternehmen mit dem Unternehmen identisch ist, das den Verlust in einem früheren Erhebungszeitraum erlitten hat.

Dies bedeutet nicht nur, dass die Art der gewerblichen Tätigkeit im Anrechnungs- und im Verlustentstehungsjahr identisch sein muss. Die eingesetzten sachlichen Mittel bedürfen ebenfalls der Unternehmensidentität. Entscheidend ist das Gesamtbild der Verhältnisse im Einzelfall unter Berücksichtigung der Verkehrsanschauung.

Kriterien sind u.a.:

- Art der gewerblichen Betätigung
- Kunden- und Lieferantenkreis
- Geschäftsleitung
- Arbeitnehmerschaft
- Betriebsstätte(n) und
- Anlagevermögen (Zusammensetzung und Finanzierung)

Anhand dieser Merkmale muss ein wirtschaftlicher und organisatorischer Zusammenhang zwischen den ausgeübten gewerblichen Betätigungen bestehen; vgl. BFH 1983 II, S. 425, BFH 1985 II, S. 403 und BFH 1994 II, S. 764.

Betriebsbedingte – auch strukturelle – Anpassungen der gewerblichen Betätigung an veränderte wirtschaftliche Verhältnisse stehen der Annahme einer identischen Tätigkeit nicht entgegen (BFH vom 12.01.1983).

Bei einer Einbringung eines Betriebs in einen anderen Betrieb reicht es bereits, wenn die Identität des aufgenommenen Betriebs gewahrt bleibt. Es ist nicht Voraussetzung, dass der übertragene Betrieb einen Teilbetrieb darstellt oder dem neuen Gesamtbetrieb das Gepräge gibt (BFH vom 14.09.1993); siehe R 139 Abs. 3 EStR zur Teilbetriebsproblematik.

Bei Einzelunternehmen, die im Wege der Realteilung aus einer Personengesellschaft hervorgegangen sind, kann eine Kürzung nur vorgenommen werden, wenn das später entstandene Einzelunternehmen im Rahmen der Personengesellschaft als Teilbetrieb geführt worden ist und es aufgrund der Buchführung ohne weiteres möglich ist, diesem Teilbetrieb einen bestimmten Verlustanteil sachlich zuzuordnen; vgl. BFH 1991 II, S. 25.

Bei Personengesellschaften muss in den Fällen des Gesellschafterwechsels für die Beurteilung der Frage der Unternehmeridentität auf jeden einzelnen Gesellschafter abgestellt werden, weil der Verlustabzug an die Person des Unternehmers (Mitunternehmers) geknüpft ist, der den Verlust erlitten hat.

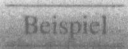

Gustav Zank und seine Ehefrau Helene Zank-Apfel haben vor Jahren eine OHG gegründet, an der sie beide zu gleichen Teilen beteiligt sind. Aufgrund schlechter Konjunkturlage erwirtschaftete die OHG im Jahr 03 einen Verlust in Höhe von 250.000,00 DM. Zu Beginn des Jahres 04 veräußert Helene Zank-Apfel im Wege der Trennung von ihrem Mann ihren Gesellschaftsanteil an ihren neuen Lebensgefährten Udo Zocker.

Nach Meinung des BFH in A 68 Abs. 3 GewStR kann der anteilige, auf Frau Zank-Apfel entfallende Verlustanteil von 125.000,00 DM nicht auf Udo Zocker vorgetragen werden.

Der kritisch von der Fachwelt aufgenommene Beschluss des BFH vom 03.05.1993 (BStBl. II, S. 616) klammert einen Verlustvortrag von einem ausscheidenden auf einen eintretenden Mitunternehmer aus. Der BFH führt an, eine Personengesellschaft ist mit einer Kapitalgesellschaft nicht vergleichbar. Jeder Gesellschafter ist quasi anteiliger Einzelunternehmer. Jeder Einzelunternehmer erzielt einen Gewerbeverlust, den nur er selbst, nicht hingegen der Betrieb von positiven Gewerbeerträgen späterer Jahre abziehen könnte.

2.20.3 Unternehmeridentität

Die BFH-Rechtsprechung leitet aus § 10 a S. 2 und § 2 Abs. 5 GewStG die Konsequenz ab, wonach im Falle des Überganges eines Gewerbebetriebs im Ganzen der den Betrieb fortführende Unternehmer keine vor dem Übergang entstandenen Verluste verrechnen darf. Der Unternehmer, der den Verlust erlitten hat, muss mit demjenigen, der den Verlust nach § 10 a GewStG abziehen darf, identisch sein. Ein Unternehmerwechsel hat zur Folge, dass der im übergegangenen Gewerbebetrieb entstandene Verlust untergeht. Das gilt selbst dann, wenn das Unternehmen als solches unverändert fortgeführt wird.

2.20.4 Einzelfragen bei Gesellschaftswechsel

Die Problemzonen liegen im Bereich der Personengesellschaften als solche, der Umwandlungen in eine Personengesellschaft und beim Gesellschaftswechsel.

2.20.4.1 Personengesellschaften

Die Gewerbesteuer richtet sich bei Personengesellschaften nicht nach deren bürgerlich-rechtlicher Natur als solcher, sondern nach der Identität der an ihr als Mitunternehmer beteiligten Gesellschafter.

Die Einstellung eines Gewerbebetriebs (§ 2 Abs. 5 GewStG) ist nur anzunehmen, wenn alle Gesellschafter der das Unternehmen fortführenden
Personengesellschaft ausscheiden; BStBl. 1993 II, S. 616. Die Übertragung eines Betriebes einer Personengesellschaft auf einen Einzelunternehmer, der an der Gesellschaft nicht beteiligt ist, oder auf eine Kapital-
oder eine andere Personengesellschaft – ohne dass Gesellschafter der bisherigen Personengesellschaft hieran beteiligt wären – führt zum Untergang des entstandenen Fehlbetrages.

Ähnlich hat der BFH mit seinem Beschluss vom 31.08.1999, BStBl. 1999
II, S. 794, im Fall einer Doppelstock-Personengesellschaft entschieden.
Bei einer in Liquidation gefallenen GmbH & Co. KG (KG I) war ein Ver-
lustvortrag angefallen, der auf den alleinigen Gesellschafter A entfiel.

Der Gesellschafter A gründete – wiederum als Alleingesellschafter – eine
weitere GmbH & Co. KG (KG II) und übertrug seinen Anteil an der KG I
auf die KG II. Der Kläger begründete seine Auffassung, der Verlust der
KG I wäre bei der KG II abzugsfähig, durch die Änderung des § 15 Abs.
1 S. 1 Nr. 2 EStG (StÄndG 1992), der die mittelbar über einen oder mehrere Personengesellschaften beteiligten Gesellschafter dem unmittelbar
beteiligten Gesellschafter gleichstellt. Damit wäre – so der Kläger – die
Anrechnung des bei der KG I angefallenen Verlustes im Wege des Ver-
lustausgleiches oder -vortrages auf die KG II möglich.

Der BFH verneinte dies mit der Begründung, dass durch die Rechtsänderung im EStG der mittelbar beteiligte Gesellschafter nur für den Bereich
des Sonderbetriebsvermögens und der Sondervergütungen dem unmittelbaren Gesellschafter gleichgestellt wird. Es liegt somit beim Wechsel von
einer unmittelbaren zu einer mittelbaren Beteiligung (und umgekehrt)
keine Unternehmeridentität vor, da der mittelbar beteiligte Gesellschafter
nicht am laufenden Gewinn oder Verlust der Mitunternehmerschaft teil-
nimmt; BFH-Urteil vom 06.09.2000 – IV R 69/99, GmbHR 2/2001.

2.20.4.2 Umwandlung eines Einzelunternehmens in eine Personengesellschaft

Der im Einzelunternehmen entstandene Verlust ist bei der Personengesellschaft in voller Höhe abzugsfähig. Einschränkend ist dies nur bis zu
dem Betrag möglich, der vom gesamten Gewerbeertrag der Personengesellschaft nach dem Verhältnis des Gewinnverteilungsschlüssels auf den
früheren Einzelunternehmer als Mitunternehmer im Anrechnungsjahr
entfällt. Zwingende Voraussetzung ist aber, dass der das Einzelunternehmen einbringende Gesellschafter im Jahr des Abzuges Mitglied der Personengesellschaft ist. Der Verlustabzug nach § 10 a GewStG kann demzufolge nicht gewährt werden, wenn er unmittelbar nach der Einbringung

des Einzelunternehmens aus der Personengesellschaft wieder ausscheidet oder vor Inanspruchnahme des Abzuges verstirbt.

Beispiel

Aus einer OHG, an der drei Personen beteiligt sind, treten zwei Gesellschafter aus. Der verbleibende Gesellschafter führt das Unternehmen als Einzelunternehmen fort.

Maßgebend ist die Verlustbeteiligung im Entstehungsjahr des Verlustes. Voraussetzung ist aber, dass der nunmehrige Einzelunternehmer im Verlustentstehungsjahr bereits Gesellschafter der Personengesellschaft war.

2.20.4.3 Gesellschafterwechsel bei fortbestehender Personengesellschaft

Für den Fall der Übertragung eines Anteils an einer Personengesellschaft kann der übernehmende Gesellschafter den auf seinen Vorgänger entfallenden Verlust nicht abziehen. Das gilt selbst für den Erbfall.

Bei Hinzutritt eines neuen Gesellschafters in die Personengesellschaft steht sein Anteil am Gewerbeertrag für einen Verlustabzug nicht zur Verfügung. Ist ein Gesellschafter aus der Personengesellschaft ausgetreten, können die verbleibenden Gesellschafter den auf den ausgetretenen Gesellschafter entfallenden Verlustanteil nicht beanspruchen.

In den Fällen des Gesellschafterwechsels erfolgt die Verteilung nach dem Gewinnverteilungsschlüssel.

2.20.5 Gesonderte Feststellung des vortragsfähigen Gewerbeverlustes

Die Höhe des vortragsfähigen Gewerbeverlustes ist gemäß § 10 a S. 2 GewStG gesondert festzustellen.

Einzelheiten ergeben sich aus A 66 Abs. 5 GewStR.

Der Abzug von Fehlbeträgen (Verlustvorträge), die sich in den vergangenen Erhebungszeiträumen ergeben haben, ist stets zwingend vorgeschrieben. Der Abzug darf nicht wahlweise oder nur zum Teil vorgenommen werden, etwa zur besseren Ausnutzung des Freibetrags nach § 11 Abs. 1 GewStG.

Beispiel

Der Einzelunternehmer Grau erwirtschaftete im Jahr 01 eine Fehlbetrag von 70.000,00 DM. Im Jahre 02 lautet sein Gewerbeertrag 40.000,00 DM.

Der Gewerbeertrag des Jahres 02 ist um 40.000,00 DM zwingend zu kürzen, obwohl sich auch ohne diese Kürzung keine Gewerbeertragsteuer aufgrund des Freibetrages nach § 11 Abs. 1 GewStG ergeben würde.

2.21   Freibetrag § 11 Abs. 1 S. 3 Nr. 1 GewStG

Natürliche Personen und Personengesellschaften erhalten einen Freibetrag in Höhe von 48.000,00 DM, jedoch höchstens in Höhe des auf volle 100,00 DM abgerundeten Gewerbeertrages. An die Stelle der Beträge in DM treten mit Wirkung vom 01.01.2002 die Beträge 24.500,00 Euro für den Freibetrag und 50,00 Euro für die Abrundung.

Auf volle 100,00 DM (50,00 Euro ab 2002) abgerundeter Gewerbeertrag ./. Freibetrag verbleiben:

Deutsche Mark	Euro	Deutsche Mark	Euro
a) 52.400,00	26.200,00	b) 45.000,00	22.500,00
48.000,00	24.500,00	45.000,00	22.500,00
4.400,00	1.700,00	0,00	0,00

Der Freibetrag von höchstens 48.000,00 DM (24.500,00 Euro ab 2002) ist bei Kapitalgesellschaften nicht zu gewähren; Entsprechendes gilt für die nachfolgend zu erläuternde Staffelrechnung.

2.22   Steuermesszahl und Steuermessbetrag nach dem Gewerbeertrag § 11 GewStG

Damit der Messbetrag nach dem Gewerbeertrag bestimmt werden kann, muss der maßgebliche nach § 11 Abs. 1 GewStG auf volle 100,00 DM (50,00 Euro ab 2002) nach unten abgerundete Gewerbeertrag mit einer so genannten Steuermesszahl multipliziert werden.

Der Steuermessbetrag ermittelt sich wie folgt:

Abrundung des Gewerbeertrages auf volle 100,00 DM/50 Euro nach unten (§ 11 Abs. 1 S. 3 GewStG);

Abzug eines Freibetrages von 48.000,00 DM/24.500,00 Euro, jedoch höchstens in Höhe des abgerundeten Gewerbeertrages bei Einzelunternehmen und Personengesellschaften (§ 11 Abs. 1 S. 3 Nr. 1 GewStG).

Dieser Freibetrag wird unabhängig von der Dauer der Steuerpflicht im Erhebungszeitraum stets in voller Höhe gewährt.

Anwendung der gestaffelten Steuermesszahl (§ 11 Abs. 2 Nr. 1 GewStG) bei Einzelunternehmen bzw. Personengesellschaften bzw. der Steuermesszahl von 5 v.H. (§ 11 Abs. 2 Nr. 2 GewStG) bei Kapitalgesellschaften.

Die gestaffelte Steuermesszahl hat folgendes Bild:

-   für die ersten 24.000,00 DM   1 vom Hundert

- für die weiteren 24.000,00 DM   2 vom Hundert

- für die weiteren 24.000,00 DM   3 vom Hundert

- für die weiteren 24.000,00 DM   4 vom Hundert

- für die weiteren Beträge   5 vom Hundert

- bei anderen Gewebebetrieben   5 vom Hundert

An die Stelle der 24.000,00 DM treten mit Wirkung vom 01.01.2002 die Beträge 12.000,00 Euro.

Bei Hausgewerbetreibenden und deren gleichgestellten Personen vermindern sich die Steuermesszahlen auf die Hälfte (§ 11 Abs. 3 GewStG).

Der Steuermessbetrag beim ZDF betrug für das Geschäft der Veranstaltung von Werbesendungen 0,8 v.H. der Entgelte aus Werbesendungen (§ 10 Abs. 1 UStG); vgl. § 11 Abs. 4 GewStG.

Die Vorschriften des § 11 Abs. 4 GewStG wurden durch das Gesetz vom 20.12.2001 (BGBL. I, S. 3955) aufgehoben. Der Absatz 4 war letztmals für den Erhebungszeitraum 2000 anzuwenden; vgl. § 36 Abs. 3 S. 2 GewStG n.F.

Bei Kapitalgesellschaften beträgt der Messbetrag gemäß § 11 Abs. 2 GewStG einheitlich 5 v.H. Ein Freibetrag ist für „andere Gewerbetreibende" bis auf die Ausnahme des § 11 Abs. 1 S. 3 Nr. 2 GewStG nicht zu berücksichtigen.

Erhebungszeitraum 2001, Einzelunternehmen:

Gewinn aus Gewerbebetrieb	247.184,00 DM
+ Hinzurechnung nach § 8 Nr. 1 GewStG	
(Entgelte = 6.000,00 DM, hiervon 50 %)	3.000,00 DM
Summe	250.184,00 DM
./. Kürzung nach § 9 Nr. 1 GewStG	
(1,2 % von 140 % des EW des ausschl.	
betrieblich genutzten Grundstücks =	
1,2 % von 140 % von 80.000,00 DM)	1.344,00 DM
Gewerbeertrag	248.840,00 DM
abgerundet auf volle 100,00 DM	248.800,00 DM
./. Freibetrag (§ 11 Abs. 1 S. 3 Nr. 1 GewStG)	48.000,00 DM
	200.800,00 DM

Steuermesszahl:

	200.800,00 DM		
ersten	24.000,00 DM	= 1 %	240,00 DM
weiteren	24.000,00 DM	= 2 %	480,00 DM
weiteren	24.000,00 DM	= 3 %	720,00 DM
weiteren	24.000,00 DM	= 4 %	960,00 DM
Rest	104.800,00 DM	= 5 %	5.240,00 DM
Steuermessbetrag nach dem Gewerbeertrag =			7.640,00 DM

Alternativ:

Gewerbeertrag nach Freibetrag	200.800,00 DM
x 5 % =	10.040,00 DM
abzüglich	2.400,00 DM
Steuermessbetrag nach dem Gewerbeertrag	7.640,00 DM

2.22.1 Die Festsetzung des Steuermessbetrages § 14 GewStG (A 71 GewStR)

Der Steuermessbetrag wird für den Erhebungszeitraum nach dessen Ablauf festgesetzt. Erhebungszeitraum ist das Kalenderjahr. Besteht die Gewerbesteuerpflicht nicht während des ganzen Kalenderjahres, so tritt an die Stelle des Kalenderjahres der Zeitraum der Steuerpflicht (abgekürzter Erhebungszeitraum).

Fällt die Steuerpflicht im Laufe des Kalenderjahres weg, so braucht mit der Festsetzung des einheitlichen Steuermessbetrages nicht bis zum Ablauf des Kalenderjahres gewartet zu werden. In diesem Fall kann der einheitliche Steuermessbetrag sofort nach Wegfall der Steuerpflicht festgesetzt werden (A 71 Abs. 3 GewStR).

Der (einheitliche) Steuermessbetrag ist erforderlichenfalls auf volle Deutsche Mark nach unten abzurunden (A 71 Abs. 2 GewStR).

2.22.2 Steuererklärungspflicht § 14 a GewStG

Für steuerpflichtige Gewerbetreibende ist eine Erklärung zur Festsetzung des Steuermessbetrages und in den Fällen des § 28 GewStG außerdem eine Zerlegungserklärung abzugeben.

Zur Abgabe verpflichtet ist der Steuerschuldner (§ 5 GewStG). Die Erklärungen müssen von ihm oder von den in § 34 AO bezeichneten Personen eigenhändig unterschrieben werden.

2.22.3 Verspätungszuschlag § 14 b GewStG

Ein nach § 152 AO zu ermittelnder Verspätungszuschlag fließt der Gemeinde zu. Sind mehrere Gemeinden an der Gewerbesteuer beteiligt, so fließt der Verspätungszuschlag der Gemeinde zu, in der sich die Geschäftsleitung am Ende des Erhebungszeitraums befindet. Befindet sich die Geschäftsleitung im Ausland, so fließt der Verspätungszuschlag der Gemeinde zu, in der sich die wirtschaftlich bedeutendste Betriebsstätte befindet. Auf den Verspätungszuschlag ist der Hebesatz der Gemeinde nicht anzuwenden.

2.22.4   Pauschfestsetzung § 15 GewStG

Wird die Einkommensteuer oder die Körperschaftsteuer in einem Pauschbetrag festgesetzt, so kann die für die Festsetzung zuständige Behörde im
Einvernehmen mit der Landesregierung oder der von ihr bestimmten Behörde auch den Steuermessbetrag in einem Pauschbetrag festsetzen.

2.23   Hebesatz der Gemeinden

Unter einem Hebesatz versteht man einen Prozentsatz des Steuermessbetrags, mit dem die Gemeinde ihre Gewerbesteuer erhebt. Die Gemeinden
erheben über den Hebesatz nicht nur die Gewerbesteuer, sondern auch die
Grundsteuer nach dem von den Bewertungsstellen der Finanzämter festgestellten Grundsteuermessbetrag.

In freier Ausübung ihres Selbstverwaltungsrechts beschließen die Gemeinden über die Höhe ihrer Hebesätze in eigener Zuständigkeit. Die
Höhe der Hebesätze kann von Gemeinde zu Gemeinde unterschiedlich
sein und entscheidend dazu beitragen, ob sich ein Gewerbetreibender in
der einen oder anderen Gemeinde ansiedelt.

**Praxis
Hinweis**

Informieren Sie Ihre Mandanten über die Hebesätze der Umgebung, sofern sich diese ortsungebunden mit einem Gewerbebetrieb ansiedeln wollen.

Die Hebesätze werden für jedes Kalenderjahr vom Gemeindeparlament
(Stadtrat usw.) in der Haushaltssatzung festgelegt. Der Beschluss darf
auch erst im Laufe des betreffenden Kalenderjahres geschehen. Für die
Grundsteuer ist ein Beschluss auch für mehrere Jahre zulässig. Soll der
Hebesatz gegenüber dem letzten Kalenderjahr erhöht werden, so muss der
Beschluss gemäß § 16 Abs. 3 GewStG bis zum 30.06. des Kalenderjahres
gefasst werden.

Der Hebesatz der Gewerbesteuer muss für sämtliche in der Gemeinde
angesiedelten Gewerbetreibende (einschließlich der Reisegewerbebetriebe) einheitlich sein. Es darf also pro Gemeinde grundsätzlich nur einen
Hebesatz für den Gewerbesteuermessbetrag geben. Der gewerbesteuerliche Hebesatz unterliegt einer Schwankungsspanne von etwa 300 % bis
etwa 500 %. Es kommt vor, dass Gemeinden ihren Hebesatz unterdurch-
schnittlich niedrig halten, damit der Standort für neu anzusiedelnde Gewerbebetriebe besonders attraktiv wird. Siehe zum Hebesatz der Gemeinden § 16 Abs. 4 GewStG.

2.24 Gewerbesteuer-Vorauszahlungen

§ 19 GewStG; A 73, 74 GewStR:

Vorauszahlungen betragen im Allgemeinen jeweils ein Viertel der zuletzt festgesetzten Jahressteuerschuld. War im Vorjahr keine Steuer festgesetzt, etwa bei erstmaliger Festsetzung von Vorauszahlungen, so beträgt die jeweilige Festsetzung ein Viertel der voraussichtlichen Jahressteuerschuld. Somit entspricht die Summe der vier Vorauszahlungen stets der zuletzt festgesetzten oder voraussichtlich entstehenden Jahressteuerschuld.

Dieses System hat Schwächen, da es von Vergangenem ausgeht. Verändern sich die Vorauszahlungen im Laufe des Kalenderjahres infolge eines neuen Steuerbescheides bzw. infolge einer Anpassung, so ist der Unterschiedsbetrag zwischen dem neuen jährlichen Vorauszahlungsvolumen und den bisher geleisteten Vorauszahlungen auf die restlichen (= verbleibenden) Vorauszahlungstermine dieses Kalenderjahres zu verteilen.

Der Steuerpflichtige hat zum 15.02., 15.05., 15.08. und 15.11 eines jeden Jahres Vorauszahlungen zu entrichten. Diese Leistungen sind nur dann festzusetzen, wenn sie mindestens 200,00 Euro im Kalenderjahr und mindestens 50,00 Euro für einen Vorauszahlungszeitpunkt betragen; siehe § 19 Abs. 1 GewStG. Es reicht bereits aus, wenn die Finanzbehörde bis zum Ende des 15. auf den Erhebungszeitraum des Kalendermonats den einheitlichen Steuermessbetrag für Vorauszahlungszwecke festsetzt.

Das Finanzamt ist berechtigt, Vorauszahlungen für den laufenden oder vorangegangenen Erhebungszeitraum anzupassen, etwa weil ein entsprechendes Bedürfnis im Bereich der Einkommen- oder Körperschaftsteuer besteht. Nach § 19 Abs. 3 GewStG setzt das Finanzamt den voraussichtlichen Steuermessbetrag fest, an den die Gemeinen bei der Anpassung der Vorauszahlungen gebunden sind. A 74 Abs. 1 S. 8 GewStR besagt, dass es einer Festsetzung nur bedarf, wenn sich durch die Anpassung der Steuermessbetrag entweder um mehr als ein Fünftel, mindestens aber um 20,00 DM, oder um mehr als 1.000,00 DM ändert (Anmerkung: Die Verwaltungsanweisung ist nach dem Stand vom 01.08.2002 noch nicht in Euro verfasst.). Dem Steuerpflichtigen muss hinsichtlich der Nachforderung eine Einmonatsfrist nach Bekanntgabe des Vorauszahlungsbescheids gewährt werden.

Der Bearbeiter, Steueroberinspektor Martin Geräuschlos, veranlagt am 28.02.04 die Gewerbesteuer des Jahres 02 des Gewerbetreibenden Wolfram Schweigsam. Der Ablauf des Veranlagungsverfahrens stellt sich wie folgt dar:

Beispiel

- Festsetzung des Jahressteuermessbetrages mit anschließender Erhebung der Gewerbesteuer für das Jahr 02 durch die Gemeinde

- Festsetzung laufender Vorauszahlungen für das Kalenderjahr 04, und zwar für die verbleibenden drei Termine sowie die künftigen vier Termine des Jahres 05 aufgrund des Jahresergebnisses 02

- Gegebenenfalls Festsetzung für das abgelaufene Kalenderjahr 03, sofern sich dadurch der Steuermessbetrag entweder um mehr als ein Fünftel mindestens aber um 20,00 DM oder um mehr als 1.000,00 DM ändert („5. Vorauszahlung")

Eine Anpassung der Vorauszahlungen ist jeweils bis zum Ablauf des auf den Veranlagungszeitraum folgenden 15. Kalendermonats – also jeweils bis zum 31.03. – möglich.

2.24.1 Verfahrensrechtliche Grundlagen

Vorauszahlungsbescheide enthalten Steuerfestsetzungen unter dem Vorbehalt der Nachprüfung (§ 164 Abs. 1 S. 2 AO). Der Vorbehalt kann nicht aufgehoben werden. Durch den Vorbehalt der Nachprüfung kann die Steuerfestsetzung jederzeit aufgehoben oder geändert werden.

Vorauszahlungen sind nach Auffassung des BFH (BStBl. 1979 II, S. 570) lediglich vorläufige Zahlungen und stehen unter dem Vorbehalt einer späteren Festsetzung einer endgültigen (Jahres-)Steuer. Mit der Festsetzung der Jahressteuer verliert die Festsetzung der Vorauszahlungen ihre Wirkung. Die Änderung oder Aufhebung ist dann gegenstandslos. Ist zwischen der Festsetzung von Vorauszahlungen und der späteren Festsetzung der Jahressteuer zwischenzeitlich Festsetzungsverjährung i.S.d. §§ 169 bis 171 AO eingetreten, sind die (geleisteten) Vorauszahlungen zu erstatten.

Die Anpassung von Gewerbesteuer-Vorauszahlungen (§ 19 Abs. 3 und 4 GewStG; § 29 GewStDV) kann auch durch die hebeberechtigte Gemeinde erfolgen, wenn ihr nach A 3 GewStR die Verwaltung der Gewerbesteuer übertragen worden ist. Das BVerwG-Urteil vom 22.05.1987 (BStBl. II, S. 698) legt eine Anpassung von Vorauszahlungen in das Ermessen der Gemeinde, die fälligen und bereits entrichteten Vorauszahlungen auf jeweils ein Viertel der voraussichtlichen Jahressteuer herabsetzen zu können.

2.24.2 Darstellung für den Gewerbesteuer-Vorauszahlungsbescheid

Gewerbesteuer-Vorauszahlungen sind zu folgenden Terminen zu entrichten:

15. Februar,
15. Mai,
15. August,
15. November

eines jeden Jahres; vgl. § 19 Abs. 1 GewStG. Hinsichtlich der Höhe, der Veränderung im Erhebungszeitraum und der Anpassung nach Ablauf des Erhebungszeitraums gelten die Ausführungen unter 2.24 entsprechend. Es genügt, wenn das Finanzamt bis zum Ende des 15. auf den Erhebungszeitraum folgenden Kalendermonats den einheitlichen Steuermessbetrag für Vorauszahlungszwecke festsetzt.

2.24.3 Abweichendes Wirtschaftsjahr

Gewerbetreibende, die einem abweichenden Wirtschaftsjahr unterliegen und die nach dem 31.12.1985 gegründet worden sind oder nach diesem Zeitpunkt ihr Wirtschaftsjahr auf ein abweichendes umgestellt haben, haben die Vorauszahlungen der Gewerbesteuer an den in ihr abweichendes Wirtschaftsjahr fallenden Vorauszahlungsterminen zu entrichten. Bei allen anderen Gewerbetreibenden mit einem abweichenden Wirtschaftsjahr verbleibt es bei der Entrichtung in dem Erhebungszeitraum (= Kalenderjahr), in dem das abweichende Wirtschaftsjahr endet.

2.24.4 Abschlusszahlung oder Erstattung

Durch Festsetzung der Jahressteuer ergeben sich i.d.R. gegenüber der Summe der für einen Erhebungszeitraum geleisteten Vorauszahlungen Unterschiedsbeträge. Bei geleisteten Vorauszahlungen größer dem Jahressteuerergebnis ergibt sich eine Überzahlung (= Erstattung), also ein Unterschiedsbetrag zugunsten des Steuerpflichtigen. Die Erstattung erfolgt parallel mit der Erteilung des durch die Gemeinde bekannt gegebenen Steuermessbescheids, der um eine Abrechnung der Stadt- bzw. Gemeindekasse ergänzt wird; siehe § 20 Abs. 3 GewStG. Auch eine Aufrechnung mit Gegenforderungen i.S.v. § 226 AO ist möglich. Ist die geleistete Summe der Vorauszahlungen insgesamt geringer als das veranlagte Jahressteuerergebnis, so ergibt sich eine Abschlusszahlung (= Nachzahlung), also ein Unterschiedsbetrag zu Ungunsten des Steuerpflichtigen. Der Unterschiedsbetrag ist, soweit er im Erhebungszeitraum und nach

§ 19 Abs. 3 S. 2 GewStG nach Ablauf des Erhebungszeitraums fällig geworden ist, sofort und im übrigen innerhalb eines Monats nach Bekanntgabe des Steuerbescheids zu entrichten (Abschlusszahlung); siehe § 20 Abs. 2 GewStG.

Die für einen Erhebungszeitraum entrichteten (= gezahlten) Vorauszahlungen werden auf die Steuerschuld (= Jahressteuerschuld) für diesen Erhebungszeitraum angerechnet; § 20 Abs. 1 GewStG.

Erfolgskontrolle

Bertram Lässig hat seine Gewerbesteuer-Vorauszahlungen wie folgt entrichtet:

11. Februar 01	360,00 Euro
15. Mai 01	360,00 Euro
16. August 01	530,00 Euro
29. Dezember 01	530,00 Euro

Das Finanzamt veranlagt die Gewerbesteuer 01. Aufgrund des Gewerbesteuermessbescheids 01 erhebt die zuständige Gemeindekasse eine Jahressteuer in Höhe von 2.100,00 Euro.

Aufgabe:

19. Erstellen Sie stellvertretend für die Gemeindekasse die Abrechnung.

20. Wie hoch lautet die Abschlusszahlung und wann wird diese unter Angabe des gesetzlichen Zitates im allgemeinen fällig?

21. Wie ahndet die Verwaltung die verspätete vierte Zahlung?

Gehen Sie davon aus, dass die ersten drei Vorauszahlungen rechtzeitig bei der Gemeindekasse gutgeschrieben worden sind. Wodurch bzw. durch welche abgabenrechtliche Bestimmung wertet die Gemeindekasse die zweite und dritte Überweisung des Lässig noch als pünktlich eingegangen?

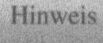

Rechtsgrundlage für Säumniszuschläge ist § 240 AO.

2.24.5   Entstehung der Vorauszahlungen § 21 GewStG

Die Vorauszahlungen auf die Gewerbesteuer entstehen mit Beginn des Kalendervierteljahres, in dem die Vorauszahlungen zu entrichten sind, oder, wenn die Steuerpflicht erst im Laufe des Kalendervierteljahres begründet wird, mit Begründung der Steuerpflicht.

2.25 Entstehung der Steuer § 18 GewStG

Die Gewerbesteuer entsteht, soweit es sich nicht um Vorauszahlungen (§ 21 GewStG) handelt, mit Ablauf des Erhebungszeitraums, für den die Festsetzung vorgenommen wird.

Zu den Vorauszahlungen sind mit A 73 und A 74 GewStR Richtlinien durch die Verwaltung ergangen:

* A 73 GewStR: System der Vorauszahlungen
* A 74 GewStR: Anpassung und erstmalige Festsetzung von Vorauszahlungen

2.26 Die Zerlegung des Steuermessbetrags

Die Zerlegung ist in den §§ 28 bis 34 GewStG gesetzlich geregelt.

2.26.1 Begriff

Die Zerlegung erscheint begrifflich überwiegend im Realsteuerrecht.

Der Gewerbesteuermessbetrag bedarf einer Zerlegung, wenn sich der Steuergegenstand über mehrere Gemeinden erstreckt oder dass sich mehrere Betriebsstätten in unterschiedlichen Gemeinden befinden. In diesen Fällen soll jede am Steuergegenstand beteiligte Gemeinde einen Anteil von der sie betreffenden Gewerbesteuer erhalten. Hierzu hat nach den Bestimmungen der §§ 28, 30 GewStG eine Zerlegung des Steuermessbetrages zu erfolgen. Zuständig ist das Betriebsstättenfinanzamt. Die Zerlegungsbescheide können im herkömmlichen Rechtsbehelfverfahren, also Einspruch beim Finanzamt, Klage vor dem Finanzgericht, angefochten werden. Entsprechendes gilt bei Ablehnung eines Antrages auf Zerlegung.

2.26.2 Maßstab für die Zerlegung §§ 29, 31, 33 GewStG

Nach den Bestimmungen der §§ 28 bis 34 GewStG ist eine Gewerbesteuer-Zerlegung durchzuführen, wenn im Erhebungszeitraum ein Unternehmer

* Betriebsstätten in mehreren Gemeinden unterhalten hat oder
* wenn eine Betriebsstätte sich über mehrere Gemeinden erstreckt hat (so genannte mehrgemeindliche Betriebsstätte) oder

- wenn eine Betriebsstätte in eine andere Gemeinde (innerhalb des Erhebungszeitraums) verlegt worden ist (so genannte Betriebsstättenverlegung)

Zur Problematik der Betriebsstätteneigenschaft siehe § 12 AO und AEAO zu § 12 AO.

Zerlegungsmaßstab ist grundsätzlich nach § 29 Abs. 1 GewStG das Verhältnis der Arbeitslöhne in den Betriebsstätten der einzelnen Gemeinden; diese sind nach Absatz 3 der Vorschrift auf volle 1.000,00 DM (1.000,00 Euro ab 2002) nach unten abzurunden. Maßgeblich sind aber nur die Arbeitslöhne, die in den Betriebsstätten der beteiligten Gemeinden (§ 28 GewStG) während des Erhebungszeitraums (§ 14 GewStG) erzielt oder gezahlt worden sind (§ 29 Abs. 2 GewStG).

Unter dem Begriff Arbeitslohn versteht man Arbeitslöhne i.S.d. § 19 Abs. 1 S. 1 Nr. 1 EStG, demnach Gehälter, Löhne, nicht nach dem Gewinn berechnete Gratifikationen und Tantiemen sowie andere Bezüge und Vorteile, die für eine Beschäftigung im öffentlichen oder privaten Dienst gewährt worden sind, einschließlich der Sachbezüge (nicht aber Ruhe-, Witwen- und Waisengelder).

Nicht anzusetzen sind:

- Vergütungen, die lohnsteuerfrei sind (§ 31 Abs. 1 S. 1, zweiter Halbsatz GewStG), Zuschläge für Mehrarbeit sowie für Sonntags-, Feiertags- und Nachtarbeit sind ohne Rücksicht auf eine eventuelle Steuerbefreiung zu berücksichtigen (§ 31 Abs. 1 S. 2 GewStG)
- Arbeitslöhne von Personen, die zur Berufsausbildung beschäftigt sind (§ 31 Abs. 2 GewStG)
- Vergütungen an Personen, die ausschließlich oder überwiegend Tätigkeiten ausüben, die einem gewerbesteuerbefreiten Bereich des Unternehmens zuzuordnen sind (§ 31 Abs. 3 GewStG)
- Nach dem Gewinn berechnete einmalige Vergütungen (z.B. Tantiemen und Gratifikationen)
- Arbeitslöhne, soweit sie beim einzelnen Arbeitnehmer 100.000,00 DM (50.000,00 Euro ab 2002) übersteigen (§ 31 Abs. 4 GewStG)

Erhebungs- und Veranlagungszeitraum 2001:

Eine GmbH, die für eine Gewerbesteuer-Zerlegung in Betracht kommt, beschäftigt insgesamt 53 Arbeitnehmerinnen und Arbeitnehmer. Nach den geschlossenen Tarifverträgen beträgt kein Gehalt mehr als 100.000,00 DM pro Kopf; lediglich der Geschäftsführer erhält ein Bruttojahresgehalt von 160.000,00 DM und seine Stellvertreterin von 120.000,00 DM.

Für 51 Arbeitskräfte sind die Arbeitslöhne mit ihren tatsächlichen Werten zu berücksichtigen. Ausbildungs- und einmalige Vergütungen sind aus der Bemessungsgrundlage auszuscheiden. Die Gehälter der beiden Geschäftsführer sind höchstens mit 100.000,00 DM, insgesamt also mit 200.000,00 DM in die Bemessungsgrundlage einzubeziehen.

Die Arbeitslöhne sind gemäß § 29 Abs. 3 GewStG auf volle 1.000,00 DM (1.000,00 Euro ab 2002) nach unten abzurunden.

Bei Einzelunternehmungen und Personengesellschaften ist neben den maßgeblichen Arbeitslöhnen für die im Betrieb tätigen Unternehmer (Mitunternehmer) ein Betrag von insgesamt 50.000,00 DM (25.000,00 Euro ab 2002) jährlich anzusetzen (§ 31 Abs. 5 GewStG).

Vorstehende Ausführungen gelten als Zerlegungsmaßstäbe nur bei Vorhandensein mehrerer Betriebsstätten in verschiedenen Gemeinden. Anders verhält es sich bei Betriebsstätten, die sich flächenmäßig über das Gebiet mehrerer Gemeinden erstrecken.

Die X-AG, ein Großbetrieb der Maschinenbaubranche, besitzt ein weit verzweigtes Firmengelände, das mit unterschiedlichen Gebäuden, Fertigungshallen und sonstigen produktionstechnischen Anlagen bestückt ist. Das ausschließlich zu betrieblichen Zwecken der AG genutzte größere Gelände reicht zu 30 v.H. in das Gebiet der Nachbargemeinde hinein.

Beispiel

Hier handelt es sich nicht um mehrere Betriebsstätten in unterschiedlichen Gemeinden, sondern um eine Betriebsstätte, die sich über mehrere Gemeinden erstreckt.

In Betracht kommt eine Gewerbesteuer-Zerlegung nach Lage der örtlichen Verhältnisse (§ 30 GewStG).

2.26.3   Zerlegung in besonderen Fällen § 33 GewStG

Ein Zerlegungsmaßstab kann zu offensichtlich unbilligen Ergebnissen führen. Die Vorschrift des § 33 GewStG bietet in den betroffenen Fällen die Möglichkeit, nach einem zutreffenderen Maßstab zu zerlegen; nach dem gesetzestypischen Wortlaut des § 33 Abs. 1 S. 1 GewStG ist jedoch zwingend von einem die tatsächlichen Verhältnisse besser zu berücksichtigenden Maßstab auszugehen. Nach § 33 Abs. 2 GewStG muss mit den beteiligten Gemeinden diesbezüglich Einvernehmen getroffen werden.

2.26.4 Grundfall einer Gewerbesteuer-Zerlegung

Der Steuermessbetrag der Kontura-KG für den Erhebungszeitraum 2001 beträgt 180.000,00 DM. Die KG ist ein Produktionsbetrieb, deren drei Betriebsstätten sich auf drei hebeberechtigte Gemeinden verteilen.

Nach § 28 Abs. 1 GewStG ist der Steuermessbetrag zu zerlegen. Zerlegungsmaßstab ist dabei die Summe der Arbeitslöhne, die an die bei den Betriebsstätten der einzelnen Gemeinden beschäftigten Arbeitnehmer gezahlt worden sind.

Hiernach ergibt sich folgender Zerlegungsmaßstab:

Gemeinde	Summe der Arbeitslöhne in v.H.	Anteil am Steuermessbetrag	Hebesatz der jeweiligen Gemeinde	Gewerbesteuer in DM
X-Stadt	300 TDM = 30 %	54.000,00 DM	350 %	189.000,00 DM
Y-Stadt	600 TDM = 60 %	108.000,00 DM	400 %	432.000,00 DM
Z-Dorf	100 TDM = 10 %	18.000,00 DM	320 %	57.600,00 DM
Summe	1 Mio. = 100 %	180.000,00 DM		678.600,00 DM

2.27 Die Rolle und die Behandlung der Gewerbesteuer im steuerpflichtigen Betrieb

Der vorangegangene Grundfall hat gezeigt, dass die Objektsteuer Gewerbesteuer ein bedeutender Kostenfaktor in einer gewerbesteuerpflichtigen Unternehmung sein kann. Zu klären ist, welche Stellung die Gewerbesteuer im Buchhaltungssystem und somit im Steuerrecht einnimmt.

2.27.1 Behandlung der Gewerbesteuer

Im der Gewerbesteuer unterliegenden Betrieb stellt die Gewerbesteuer eine gewinnmindernde Betriebsausgabe dar. Somit zählt sie zu den abzugsfähigen Steuerarten, die den Gewinn – und somit die Einkommen- und Körperschaftsteuer – mindern darf. Besonderheiten sind bei Unternehmen mit einem abweichenden Wirtschaftsjahr zu beachten:

Solche betroffenen Unternehmen können die Gewerbesteuer für den Erhebungszeitraum, der am Ende des abweichenden Wirtschaftsjahres noch läuft, in voller Höhe zu Lasten des Gewinns dieses Wirtschaftsjahres verrechnen (BFH a.a.O.).

2.27.2 Rückstellungsberechnung

Erhebungs- und Veranlagungszeitraum 2002:

Buchführende Gewerbetreibende haben eine sich ergebende Gewerbe-steuer-Abschlusszahlung als Rückstellung in die Schlussbilanz einzuset-zen. Entsprechendes gilt nach allgemeinen Grundsätzen ordnungsgemäßer Buchführung auch für die rückständige Gewerbesteuer (Passivierung).

Gewerbesteuer-Rückstellung:

Beispiel

Das vorläufige Buchführungsergebnis eines gewerbesteuerpflichtigen Einzelunternehmens beträgt 234.824,00 Euro. Hierin sind Gewerbesteuer-Vorauszahlungen in Höhe von 28.000,00 Euro bereits gewinnmindernd berücksichtigt. Aus Vereinfachungsgründen sind keine Hinzurechnungen und Kürzungen (§§ 8, 9 GewStG) vorzunehmen. Der Hebesatz der Ge-meinde, in der der Gewerbebetrieb liegt, beträgt 450 v.H.

Vorläufiges Ergebnis lt. Buchhaltung	234.824,00 Euro
+ Gewerbesteuer-Vorauszahlungen	28.000,00 Euro
= Gewinn ohne Berücksichtigung	
von Gewerbesteuer, abgerundet	
nach § 11 Abs. 1 GewStG	262.800,00 Euro
./. Freibetrag § 11 Abs. 1 GewStG	24.500,00 Euro
	238.300,00 Euro

Messbetrag Gewerbeertrag
Staffelsätze § 11 Abs. 2 GewStG

-	erste 12.000,00 Euro	1 v.H.	=	120,00 Euro
-	weitere 12.000,00 Euro	2 v.H.	=	240,00 Euro
-	weitere 12.000,00 Euro	3 v.H.	=	360,00 Euro
-	weitere 12.000,00 Euro	4 v.H.	=	480,00 Euro
-	Rest 190.300,00 Euro	5 v.H.	=	9.515,00 Euro
Summe Messbetrag				10.715,00 Euro

Gewerbesteuer-Messbetrag		10.715,00 Euro
Hebesatz 450 v.H.		48.217,50 Euro
$^5/_6$ R 20 Abs. 2 EStR		40.181,25 Euro
./. Gewerbesteuer-Vorauszahlungen		28.000,00 Euro
= Gewerbesteuer-Rückstellung	≈	12.181,00 Euro

Der endgültige Bilanzgewinn lautet somit

234.824,00 Euro ./. 12.181,00 Euro = 222.643,00 Euro

Buchung:

Steueraufwand	an	GewSt-Rückstellung
12.181,00 Euro		12.181,00 Euro;

Gewinnauswirkung: ./. 12.181,00 Euro

2.27.3 5/6-Regelung R 20 Abs. 2 EStR

Das Beispiel zeigt, dass die Ermittlung der Gewerbesteuer-Rückstellung schätzungsweise mit 5/6 des Gewerbesteuerbetrags angesetzt werden kann, der sich ohne Berücksichtigung der Gewerbesteuer als Betriebsausgabe (= Aufwand) ergeben würde; vgl. R 20 Abs. 2 EStR. Diese so genannte 5/6-Methode legt einen Gewerbesteuer-Hebesatz von 400 v.H. zugrunde. Ergibt sich bei der Ermittlung der Gewerbesteuer-Rückstellung eine Rückzahlung, etwa durch überzahlte Vorauszahlungen, so ist entsprechend zu verfahren.

2.27.4 Mathematische Ermittlung der Gewerbesteuer-Rückstellung

R 20 Abs. 2 EStR bietet lediglich eine Vereinfachungsmethode an (Schätzung). Es ist möglich, die Gewerbesteuer-Rückstellung anhand einer mathematischen Berechnung wesentlich genauer zu ermitteln. Dies geschieht mittels eines Divisors wie folgt:

$$\frac{\text{Höchste Staffelzahl x Hebesatz}}{100 \times 100} + 1$$

Für Kapitalgesellschaften kann als höchste Staffelzahl nur fünf, bei Einzelunternehmen und Personengesellschaften erst bei einem Gewerbeertrag von mehr als 48.000,00 Euro diese Staffelzahl in Frage kommen. Bezogen auf das vorangegangene Beispiel lautet die Ermittlung der Gewerbesteuer-Rückstellung nach der Divisormethode wie folgt:

$$\text{Divisor}\,\frac{5 \times 450\,(\text{Hebesatz})}{100 \times 100} + 1 = 1{,}225$$

Fortsetzung des Beispiels nach der Divisormethode:

Gewerbesteuer-Messbetrag (wie vor)		10.715,00 Euro
Hebesatz 450 v.H.		48.217,50 Euro
48.217,50 Euro : 1,225	=	39.361,22 Euro
./. Gewerbesteuer-Vorauszahlungen		28.000,00 Euro
Gewerbesteuer-Rückstellung	≈	11.361,00 Euro

Gewinnauswirkung bei Buchung:

Steueraufwand	an	GewSt-Rückstellung
11.361,00 Euro		11.361,00 Euro;

Gewinnauswirkung: ./. 11.361,00 Euro

Zwar ist die mathematische Methode allgemein genauer als die 5/6-Methode, jedoch ist ihr Ergebnis – bezogen auf den Beispielfall – um 820,00 Euro ungünstiger.

2.27.5 Mehrsteuern und hinterzogene Gewerbesteuern

Mehrsteuern resultieren hauptsächlich aufgrund von Berichtigungsveranlagungen, z.B. nach einer Außenprüfung. Solche Mehrsteuern können zu Lasten des Wirtschaftsjahres verbucht werden, in dem der Steuerpflichtige mit der Nachforderung rechnen kann. Auf Antrag kann er sie auch zu Lasten der Wirtschaftsjahre verbuchen, zu denen sie wirtschaftliche gehören; siehe R 20 Abs. 3 EStR a.F. Letzteres gilt im Grundsatz für hinterzogene Gewerbesteuern; diese sind i.d.R. zu Lasten der entsprechenden Wirtschaftsjahre zu berücksichtigen.

Die mit R 20 Abs. 3 EStR a.F. wiedergegebene Verwaltungsmeinung mit ihrem verbrieften Antragsrecht ist in den EStR n.F. nicht mehr existent. Nach Ansicht des Verfassers kann es dem Gewerbetreibenden unbenommen bleiben, ob er entsprechende Anträge weiterhin stellt, denn die Steuerverwaltung hat sich bislang nicht zu einer abweichenden Rechtsauffassung geäußert. Das bloße Entfernen eines Zitates der amtlichen Richtlinien rechtfertigt keine gegenläufige Rechtshandhabung, zumindest solange nicht, bis die Verwaltung neue Weisungen bekannt gegeben hat.

Ohne die weitere Verfügbarkeit des R 20 Abs. 3 EStR a.F. wäre unklar, ob Mehrsteuern nach Berichtigungsveranlagungen – etwa nach einer Außenprüfung – erst in der Bilanz des Jahres berücksichtigt werden können, in dem mit der Inanspruchnahme ernsthaft gerechnet werden musste. Ferner wäre unklar, ob eine Passivierung durch eine Bilanzberichtigung oder -änderung bereits zu Lasten der Wirtschaftsjahre, zu denen sie wirtschaftlich gehören, möglich ist.

2.27.6 Behandlung der Gewerbesteuer bei Gewinnermittlung § 4 Abs. 3 EStG

Nicht buchführungspflichtige Kaufleute, die ihren Gewinn als so genannte „Einnahme-Überschussrechner" i.S.d. § 4 Abs. 3 EStG ermitteln, haben eventuelle Mehrsteuern immer im Jahr der tatsächlichen Zahlung (Verausgabung) zu erfassen. Das Istprinzip der Gewinnermittlungsart nach § 4 Abs. 3 EStG gilt auch für die Gewerbesteuer, die hiernach als Betriebsausgabe abzugsfähigen Aufwand darstellt.

Die Gewerbesteuer ist handels- und steuerrechtlich Aufwand.

Merke

2.27.7   Wahlrecht: Aufwand oder zu aktivierende Herstellungskosten § 255 Abs. 2 HGB

Im Regelfall wird der Unternehmer die Gewerbesteuer als Aufwand behandeln, damit sie zulässig seinen Gewinn mindert. Interessant ist aber trotzdem das Wahlrecht, wonach für die ertragsteuerliche Bewertung die nach § 6 EStG mit den Herstellungskosten anzusetzenden Wirtschaftsgüter hinsichtlich der Gewerbesteuer, soweit sie auf den Gewerbeertrag entfällt, den Herstellungskosten hinzuzurechnen (= hinzuzuaktivieren) ist (BFH 1958 III, S. 392).

Nur bis Rechtslage 31.12.1997:

Soweit die Gewerbesteuer auf das der Fertigung dienende Kapital entfällt, gehört diese stets zu den Herstellungskosten.

Klausurhinweis

Rückstellungsberechnungen werden in folgenden prüfungsrelevanten Fächern verlangt:

- Bilanzsteuerrecht (Buchführung und Bilanz)
- Einkommensteuerrecht und
- Gewerbesteuerrecht

Ist durch Aufgabenstellung die Ermittlung des niedrigst möglichen Gewinns gefordert, dann ist die Gewerbesteuer als Aufwand zu behandeln. In besonderen Fällen ist dabei die Gewerbesteuer unter Einbeziehung der Hinzurechnungen und Kürzungen (Erkennungsfaktoren) zu berechnen und die Rückstellung unter Anrechnung der geleisteten Vorauszahlungen festzustellen. Üblicherweise gibt der Klausurverfasser in seinen Vorbemerkungen an, ob der Prüfling die 5/6 oder die mathematische Methode anwenden soll. Denkbar ist aber auch eine Günstigerberechnung mit Ausblick auf den niedrigst möglichen Gewinn. Achten Sie deshalb unbedingt auf die Aufgabenstellung!

Möglich ist, dass der Klausurverfasser die Ermittlung des höchstmöglichen Gewinns abverlangt. Sind in diesem Zusammenhang Bilanzposten anhand von Herstellungskosten zu entwickeln, dann ist an das Wahlrecht der Hinzuaktivierung von Gewerbeertragsteuer zu Lasten eines niedrigeren Gewinns zu denken; gehen Sie dabei kurz auf das Wahlrecht ein.

Praxis Hinweis

In der Praxis ist der angestrebte höchstmögliche Gewinn gelegentlich im Zusammenhang mit einer beabsichtigten größeren Kreditaufnahme oder einer Unternehmensveräußerung zu beobachten. Regelmäßig wird zu diesen Zwecken eine Handelsbilanz erstellt; zur Vermeidung einer steuerlichen Mehrbelastung liegt daneben eine Steuerbilanz mit den steuerrechtlichen Bewertungsmaßstäben des § 6 EStG vor. Fraglich könnte sein, ob der Grundsatz der Bewertungsstetigkeit auch zwischen Handels- und Steuerbilanz herrscht und ob überhaupt jemand Anstoß daran nimmt, solange weder handels- noch steuerrechtliche Bewertungsvorschriften verletzt werden.

2.28 Steuerbescheide des Gewerbesteuerrechts und die dazugehörigen Rechtsbehelfe

Die Gewerbesteuer ist die bedeutendste Einnahmequelle der Gemeinden. Die Festsetzung und die Erhebung richtet sich größtenteils nach den verfahrensrechtlichen Vorschriften der Abgabenordnung.

2.28.1 Verfahrensrechtliche Grundsätze

Als Steuerbescheid wird ein Verwaltungsakt bezeichnet (§ 118 AO), durch den eine Steuer festgesetzt wird. Nach § 122 Abs. 1 AO ist Steuerbescheid der bekannt gegebene Verwaltungsakt. Der Steuerbescheid ist grundsätzlich schriftlich zu erteilen (§ 157 Abs. 1 AO), muss die festgesetzte Steuer nach Art und Umfang bezeichnen und angeben, wer die Steuer schuldet.

Den Steuerbescheiden sind folgende Verwaltungsakte gleichgestellt, zum Verwaltungsakt vgl. § 118 AO:

- Freistellungsbescheide
- Ablehnung eines Antrages auf Steuerfestsetzung
- Festsetzung von Zinsen i.S.d. § 239 Abs. 1 AO

Rechtliche Grundlage der Gleichstellung ist § 155 Abs. 1 S. 3 AO.

Hinweis

Die i.d.R. mit dem Steuerbescheid verknüpfte Abrechnung mit dem Leistungsgebot („bitte zahlen Sie bis spätestens zum ...") ist nicht Bestandteil des Steuerbescheides.

Mangelt es dem Steuerbescheid an seinem gesetzlich definierten Mindestinhalt, so ist er nichtig i.S.d. § 125 AO (BFH/NV 1996, S. 70).

Steuerbescheide müssen, um Wirksamkeit zu entfalten, wirksam (dem Steuerpflichtigen) bekannt gegeben werden. Die Steuerfestsetzung kann vorläufig (§ 165 AO) oder unter dem Vorbehalt der Nachprüfung (§ 164 AO) ergehen, und sie sind nach §§ 129, 172 ff. AO aufhebbar bzw. änderbar. Ferner können sie mit dem Rechtsmittel des Einspruchs (§§ 347, 348 AO) angefochten werden.

Zu den Steuerbescheiden gehören auch die Vorauszahlungsbescheide und hingenommene Steueranmeldungen.

2.28.2 Steuermessbescheide

Steuermessbescheide setzen Steuermessbeträge, die nach den Steuerge-setzen bei den Realsteuern zu ermitteln sind, fest. Die rechtliche Grundla-ge geht aus § 184 AO hervor; Steuermessbescheide ergehen als Grund- und Gewerbesteuermessbescheide. Inhalt eines Steuermessbescheides kann auch die Entscheidung über die persönliche und sachliche Steuer-pflicht sein.

Die Steuermessbescheide sind verfahrensrechtlich Grundlagenbescheide für die Steuerbescheide bei den Realsteuern.

Die Gemeinden erlassen nach Erhalt der Grundlagenbescheide durch die Finanzverwaltung die Folgebescheide, da die Verwaltung der Realsteuern in den meisten Ländern den Gemeinden zugedacht ist. Insoweit ist eine Zusammenfassung von Gewerbesteuermessbescheid und Gewerbesteuer-bescheid rechtlich fehlerhaft (BFH a.a.O. 1986 II, S. 880).

Merke
Der Gewerbesteuermessbescheid ist Grundlagenbescheid für den Gewer-besteuerbescheid. Ist der Steuerpflichtige durch den Gewerbesteuermess-bescheid beschwert, so muss er gegen diesen unmittelbar und nicht erst gegen den Gewerbesteuerbescheid Einspruch einlegen; vgl. hierzu § 351 Abs. 2 AO; § 171 Abs. 10 AO.

2.28.3 Zerlegungsbescheide

Zerlegungsbescheide sind Bescheide, in denen ein Steuermessbetrag nach den Vorschriften der §§ 28 bis 33 GewStG zerlegt wird. Die für die Er-mittlung und Feststellung von Steuermessbeträgen geltenden Bestimmun-gen sind entsprechend anzuwenden.

Die Beteiligten am Zerlegungsverfahren sind der Steuerpflichtige und die hebeberechtigten Gemeinden; ihnen wird auch das Recht auf Einsicht der Zerlegungsunterlagen eingeräumt.

Das Finanzamt erteilt als örtlich und sachlich zuständige Behörde den Zerlegungsbescheid an den Steuerpflichtigen, der nach § 188 AO folgen-den Inhalt enthalten muss:

- Höhe des zerlegten Steuermessbetrags
- Bestimmung, welche Anteile am Gegenstand der Zerlegung den be-teiligten Gemeinden zugeteilt werden
- Angaben der Zerlegungsgrundlagen
- Rechtsbehelfbelehrung

Rechtsmittelbefugt sind der Steuerpflichtige und die beteiligten Gemein-den. Das zulässige Rechtsmittel gegen den Zerlegungsbescheid ist der

Einspruch i.S.d. § 347 Abs. 1 S. 1 Nr. 1 AO bzw. die Klage vor dem Finanzgericht, sofern das außergerichtliche Rechtsbehelfverfahren nicht zum Erfolg geführt hat.

Wurde im Zerlegungsverfahren der Anspruch einer beteiligten Gemeinde nicht berücksichtigt und wurde dieser nicht zurückgewiesen, so besteht die verfahrensrechtliche Nachholbarkeit und Änderbarkeit von Amts wegen oder auf Antrag. Die Frist für vorgenannte Maßnahmen lautet ein Jahr nach Unanfechtbarkeit des Steuermessbescheids; danach darf eine Änderung oder Nachholung nicht mehr durchgeführt werden; vgl. § 189 AO.

Die am Zerlegungsverfahren beteiligten steuerberechtigten Gemeinden können gemäß § 186 Nr. 2 i.V.m. § 187 AO Auskunft über die Zerlegungsgrundlagen verlangen und durch ihre Amtsträger Einsicht in die Zerlegungsunterlagen nehmen. Der Steuerpflichtige ist nach § 186 Nr. 1 AO ebenfalls Beteiligter am Zerlegungsverfahren.

Das örtlich und sachlich zuständige Finanzamt unterrichtet die an der Zerlegung beteiligten Gemeinden schriftlich. Mit der wirksamen Bekanntgabe dieser Mitteilungen beginnt für die Gemeinden die Einspruchsfrist. In der Praxis erheben Gemeinden Einspruch mit der Begründung, am Zerlegungsverfahren nicht beteiligt worden zu sein, obwohl dies in der Vergangenheit regelmäßig der Fall war. In vielen Fällen war die Betriebsstätte aufgelöst, von der Steuerberatung konsequenterweise nicht (mehr) in der Zerlegungserklärung erfasst worden, und die Gemeinde zählte folglich nicht (mehr) zu den Beteiligten. Allerdings werden auch Einsprüche zu Recht erhoben, etwa weil ein anderweitiger Fehler vorliegt.

Erfolgskontrolle

Die Steuerberatungskanzlei Clemens Quast betreut seit Jahren das Mandat Franz Erdapfel, der aufgrund seiner Imbisskette im gesamten Landkreis besser als „der Frittenkönig" bekannt geworden ist. Die einzelnen Betriebe werden zentral vom Betriebssitz am Ort, Kaiser-Friedrich-Allee 101, geleitet. Das Gebäude steht im Alleineigentum von Franz Erdapfel. Im Erdgeschoss betreibt der Frittenkönig eine Imbissstube; im hinteren Teil befindet sich das Zentrallager, von dem aus die übrigen Imbissstuben beliefert werden. In der ersten und zweiten Etage beschäftigt sich die dort ansässige Verwaltung mit dem zentral gesteuerten Einkauf. Die dritte und letzte Etage bewohnt Franz Erdapfel gemeinsam mit seiner Familie. Der zuletzt für das Grundstück festgestellte Einheitswert auf den 01.01.1995 lautet 250.000,00 DM. Das Grundstück wurde zutreffend zu 75 v.H. bilanziert. Alle übrigen Imbissstuben befinden sich ausnahmslos in gemieteten Räumen. Die Mietzahlungen hierfür betragen in 01 insgesamt 200.000,00 DM.

Am 20.02.01 erwarb Franz Erdapfel in der Nachbargemeinde, August-Bebel-Straße 82, ein Gebäude. Am 15.03.01 eröffnete er nach einer nur kurzen Umbauphase seine insgesamt 20. Imbissstube. Dieses Gebäude ist zutreffend in der Bilanz zum 31.12.01 mit 30 v.H. (= Nutzung als Imbissstube) bilanziert. Der Einheitswert für dieses Grundstück beträgt 125.000,00 DM.

Aus der für das Jahr 2001 vorliegenden Gewerbesteuererklärung ergeben sich folgende Besteuerungsgrundlagen:

1. Gewinn aus Gewerbebetrieb: 580.000,00 DM:

Bei der Gewinnermittlung durch Betriebsvermögensvergleich für 01 (Wj. = Kj.) ist versehentlich ein mit dem Erwerb des Gebäudes August-Bebel-Straße 82 aufgenommenes Fälligkeitsdarlehn mit einer Laufzeit von zehn Jahren bei der Bank für Misswirtschaft in Höhe von 350.000,00 DM nicht bilanziert worden. Infolgedessen blieb die Erfassung des Zinsaufwands für das Gesamtdarlehn (01.03. bis 31.12.01) in Höhe von 28.000,00 DM als Aufwand ebenfalls unberücksichtigt. Obwohl der Einkommensteuerbescheid für 01 schon bestandskräftig ist, bittet Franz Erdapfel um Prüfung, ob der Zinsaufwand wenigstens noch bei der Gewerbesteuer des Jahres 01 gewinnmindernd berücksichtigt werden kann?

2. Typisch stille Gesellschaft:

Durch notwendig gewordene Modernisierungen und Erneuerungen seiner Imbissstuben geriet Erdapfel in 01 in Liquiditätsschwierigkeiten. Als der Vater hiervon erfuhr, beteiligte er sich spontan ab dem 01.10.01 für eine Zeitraum von fünf Jahren mit einer Einlage von 100.000,00 DM als stiller Gesellschafter i.S.d. § 230 HGB am Unternehmen seines Sohnes. Der Vater hält seine Beteiligung im Privatvermögen. Sein Gewinnanteil für das Jahr 01 beträgt zutreffend 63.511,00 DM und hat den Gewinn 01 bei Franz Erdapfel gemindert. Nach Abzug der Kapitalertragsteuer wurden dem Vater in 02 47.633,25 DM ausbezahlt.

3. Anmietung von Einrichtungen:

Aufgrund des Liquidationsengpasses ist Franz Erdapfel dazu übergegangen, die Einrichtungen (Geräte usw.) seiner Imbissstuben zu mieten. Ab dem 01.03.01 zahlte er an den inländischen Vermieter (= gewerblich) Martin Hecht monatlich 80.000,00 DM.

Sein niederländischer Lieferant Sjaak Wouterman bot ihm ab dem 01.06.01 an, die Ausstattung für monatlich 60.000,00 DM zu vermieten. Daraufhin kündigte Erdapfel den Vertrag mit Hecht und mietete ab dem 01.06.01 die Einrichtungen für monatlich 60.000,00 DM bei Wouterman.

Die Mietzahlungen haben den Gewinn 01 gemindert. Der Teilwert der Einrichtungen beträgt 350.000,00 DM.

4. Einheitswert des Betriebsvermögens:
Der zuletzt festgestellte Einheitswert des Betriebsvermögens auf den 01.01.1995 lautet über 500.000,00 DM.

22. Die Aufgabe fordert von Ihnen die Ermittlung des Gewerbesteuer-Messbetrages für den Erhebungszeitraum 01 des Einzelunternehmers Franz Erdapfel. Begründen Sie Ihre Entscheidungen kurz anhand gesetzlicher Zitate. Falls Sie es für erforderlich halten, begründen Sie mit der Verwaltungsmeinung. Gehen Sie von einem einheitlichen Betrieb aus; auf Fragen der Gewerbesteuer-Zerlegung ist nicht einzugehen.

2.29 Die Gewerbesteuer im Kurzüberblick

Die Gewerbesteuer ist eine Sach-, Real- und Objektsteuer, die den Gewerbebetrieb als Objekt erfassen und besteuern will. Sie ist im Gegensatz zu anderen Steuerarten buchhalterisch zu erfassender Aufwand, der den Gewinn und damit die Einkommen- und Körperschaftsteuer zulässig mindern darf (Regelfall mit Wahlrechtsausnahme). Durch die Abziehbarkeit wird ein Ausgleich zu den nicht gewerbesteuerpflichtigen Freiberuflern kodifiziert. Im Einkommensteuerrecht wurde eine tarifliche Steuerermäßigung über § 32 c EStG geschaffen, damit die Mehrbelastung durch Einkommen- und Gewerbesteuer gemildert wird; diese Regelung gilt nicht für die Körperschaftsteuer, vgl. A 27 KStR. Die Vorschrift des § 32 c EStG wurde durch das Gesetz vom 23.10.2000 (BGBl. I, S. 1433) aufgehoben; siehe § 52 Abs. 44 EStG letztmaligen Anwendung.

Organgesellschaften gelten als eigene gesonderte Betriebe. Sowohl der Organträger als auch alle Organgesellschaften sind zu selbständigen Gewerbesteuererklärungen verpflichtet. Das zuständige Finanzamt führt aber eine zusammengefasste Veranlagung durch.

Die Gewerbesteuer findet im Ausland keine vergleichbare gesetzliche Regelung, auch gibt es keine der deutschen Gewerbesteuer vergleichbare Steuer. Diese Tatsache vereinfacht nicht unbedingt die Harmonisierungsbestrebungen innerhalb der Europäischen Union.

Die Gewerbesteuer zählt zu den bedeutendsten Einnahmequellen deutscher Gemeinden. Sie ist eine Realsteuer (Sachsteuer) und besteuert den Gewerbebetrieb als solchen. Für die Festsetzung und Erhebung ist die Gemeinde zuständig. Die Gemeinde entscheidet auch über Stundung, Erlass und Niederschlagung sowie über die Höhe des Hebesatzes der Gewerbesteuer. Den Landesfinanzbehörden obliegt die Ermittlung, Feststellung und die hierfür notwendigen Besteuerungsgrundlagen i.S.d. § 22 AO, bei Bedarf auch die Zerlegung der einheitlichen Steuermessbeträge.

Im Rahmen der Unternehmenssteuerreform sollte zunächst eine annähernde Gleichstellung in der Besteuerung von Kapitalgesellschaften und anderen Rechtsformen angestrebt werden. So war u.a. geplant, dass Personengesellschaften das Recht auf Option erhalten sollten, sich wie Kapitalgesellschaften besteuern lassen zu können.

Dieses Modell einer rechtsformneutralen Besteuerung wich aber zugunsten einer Anrechnung der Gewerbesteuer auf die Einkommensteuer; vgl. hierzu § 35 EStG n.F.

2.30 Steuerermäßigung bei Einkünften aus Gewerbebetrieb § 35 EStG

Es steht im Ermessen der Unternehmerschaft, ihre geschäftliche Tätigkeit als Einzelunternehmen, als Kapitalgesellschaft oder zusammen mit anderen in der Rechtsform einer Personengesellschaft auszuüben. Steuerlich können sich je nach Art der Rechtsform erhebliche ertragsteuerliche Belastungsunterschiede ergeben. Dies gilt vor allem im Hinblick auf die Gewerbeertragsteuer, da Vergütungen, die der Gesellschafter von der Gesellschaft für seine Tätigkeit in deren Diensten, für die Hingabe von Darlehn oder für die Überlassung von Wirtschaftsgütern bezogen hat, bei einer Kapitalgesellschaft als Aufwand behandelt werden dürfen, während diese Vergütungen bei Personengesellschaften zum Gewerbeertrag gehören und bei Einzelunternehmen nicht einmal darstellbar sind.

Für die Veranlagungszeiträume ab einschließlich 1994 bis letztmalig 2000 galt die im Rahmen des Standortsicherungsgesetzes (StandOG) kodifizierte Regelung des § 32 c EStG, die im Wesentlichen eine Tarifbegrenzungsvorschrift war. Die Ausgestaltung und Rechtsfolgen sind ständig von der Fachwelt kritisiert worden; vgl. z.B. Glanegger in Ludwig Schmidt, Kommentar zur Einkommensteuer, 19. Auflage, § 32 c, RZ 2 m.w.N.

Nicht ohne Einfluss und Hinzutun der Rechtsprechung des Bundesverfassungsgerichtes (BVerfG) ist es zu verdanken, das der Gesetzgeber durch Gesetz vom 23.10.2000 (BGBl. I, S. 1433) den § 32 c EStG aufgehoben hat; siehe zur letztmaligen Anwendung § 52 Abs. 44 EStG.

2.30.1 Planspiele der Bundesregierung

Eine alternative Gesetzgebung zu § 32 c EStG hat einen weiten Weg zurückgelegt. Die auch weiterhin bestehenden strukturellen Unterschiede bei der Besteuerung von Kapitalgesellschaften und den übrigen Rechtsformen haben den Gesetzgeber zu weiteren Überlegungen im Zusammenhang mit der Belastungsneutralität unterschiedlicher Rechtsformen veranlasst. Die Brühler Kommission – vgl. hierzu die Schriftenreihe des BMF, Heft 66 – hatte dem Gesetzgeber drei Modelle vorgeschlagen:

- **Modell 1:** Option der Personengesellschaften zur Körperschaftsteuer
- **Modell 2:** Einführung eines Sondertarifes für nicht entnommene Gewinne in Höhe des Körperschaftsteuersatzes
- **Modell 3:** Minderung der Einkommensteuerbelastung durch Anrechnung der Gewerbesteuer

Der Gesetzgeber griff lediglich die Modelle 1 und 3 auf. Die Hürden des Gesetzgebungsverfahrens schaffte nur das Modell 3. Modell 1 scheiterte im Bundesrat. Die gesetzliche Neuregelung zur Einkommensteuerreduzierung bei Einkünften aus Gewerbebetrieb, die zu einer weitgehenden Entlastung der gewerblichen Einkünfte von der Gewerbesteuer führen soll, ist durch § 35 EStG n.F. geschaffen worden. Die neue Bestimmung tritt an die Stelle des ersatzlos weggefallenen § 32 c EStG a.F.

2.30.2 Darstellung und Wirkungsweise des § 35 EStG n.F.

Die Vorschrift des § 35 Abs. 1 EStG enthält eine grundsätzliche Begünstigungsregelung zugunsten von gewerblichen Einkünften (§ 15 EStG), wonach sich die tarifliche Einkommensteuer um das 1,8fache des Gewerbesteuer-Messbetrages des Erhebungszeitraumes ermäßigt, soweit sie anteilig auf im zu versteuernden Einkommen enthaltene gewerbliche Einkünfte entfällt.

Die Steuerermäßigung gilt nach § 35 Abs. 1 Nr. 1 EStG für gewerbliche Einzelunternehmer und nach Nr. 2 für Mitunternehmer an gewerblich tätigen Personengesellschaften i.S.d. § 15 Abs. 1 S. 1 Nr. 2 und 3 EStG. Die Vorschrift des § 35 Abs. 2 EStG enthält Sonderbestimmungen zu Organschaften. § 35 Abs. 3 EStG bestimmt die Ermittlung des anteiligen Gewerbesteuer-Messbetrages bei Mitunternehmerschaften und trifft verfahrensrechtliche Aussagen zur gesonderten und einheitlichen Feststellung der anteiligen Gewerbesteuer-Messbeträge. § 35 Abs. 4 EStG regelt die Zuständigkeit der gesonderten Feststellungen und das Verhältnis der einzelnen Feststellungsbescheide zueinander als Grundlagen- und Folgebescheide.

2.30.3 Zeitliche Anwendung des § 35 EStG n.F.

Nach § 52 Abs. 50 a EStG ist die Vorschrift des § 35 EStG erstmals in dem Veranlagungszeitraum anzuwenden, in dem Einkünfte aus Gewerbebetrieb erzielt werden, die aus Wirtschaftsjahren stammen, die nach dem 31.12.2000 begonnen haben. Daraus folgt, dass § 35 EStG bei Steuerpflichtigen, die ihren Gewinn durch Betriebsvermögensvergleich (§§ 4 Abs. 1, 5 EStG) ermitteln und bei denen das Wirtschaftsjahr mit dem Kalenderjahr übereinstimmt, sowie bei Steuerpflichtigen, die ihren Gewinn durch Einnahme-Überschussrechnung (§ 4 Abs. 3 EStG) ermitteln, erstmals für den Veranlagungszeitraum 2002 Anwendung findet.

Bei einem abweichenden Wirtschaftsjahr i.S.d. § 4 a EStG verschiebt sich die erstmalige Anwendung in den Veranlagungszeitraum 2002 ff.

Die Vorschrift des § 32 c EStG a.F. ist nach § 52 Abs. 44 EStG damit letztmals für den Veranlagungszeitraum anzuwenden, in dem Einkünfte aus Gewerbebetrieb erzielt werden, die aus Wirtschaftsjahren stammen, die vor dem 01.01.2001 begonnen haben. Hieraus folgt, dass § 32 c EStG a.F. bei Steuerpflichtigen, die ihren Gewinn durch Betriebsvermögensvergleich ermitteln und bei denen das Wirtschaftsjahr mit dem Kalenderjahr übereinstimmt, sowie bei Steuerpflichtigen, die ihren Gewinn durch Einnahme-Überschussrechnung ermitteln, letztmalig für den Veranlagungszeitraum 2000 Anwendung findet.

Bei einem abweichenden Wirtschaftsjahr verschiebt sich die letztmalige Anwendung in den Veranlagungszeitraum 2001.

Hinweis   Die zeitlichen Anwendungsbestimmungen der §§ 32 c und 35 EStG sind somit aufeinander abgestimmt.

2.30.4 Entlastungswirkung des § 35 EStG n.F.

Primär ist gedanklich zu berücksichtigen, dass die Gewerbesteuer als ordnungsgemäße Betriebsausgabe den Gewinn mindern darf. Diesem Grundgedanken folgt auch die Vorschrift des § 35 EStG n.F. Bei herkömmlichen Gewerbesteuerhebesätzen von 400 v.H. bedeutet die gesetzliche Neuregelung noch keine weitgehende Entlastung der Einkünfte aus Gewerbebetrieb von der Gewerbesteuer. Die Einkommensteuerentlastung um das 1,8fache des Gewerbesteuermessbetrages hat zur Folge, dass die tatsächliche Gewerbesteuer nicht auf die Einkommensteuer angerechnet wird. Die Anrechnung stellt hier lediglich eine objektivierte Größe in der Gestalt des Gewerbesteuermessbetrages dar. Es kommt zu Wechselwirkungen zwischen der tatsächlichen Gewerbesteuer und der Einkommensteuerermäßigung. Die Abzugsfähigkeit der Gewerbesteuer als Betriebsausgabe bewirkt bei steigendem Hebesatz eine Verringerung des Gewerbesteuermessbetrages und demzufolge eine konsequente Verringerung des Ermäßigungspotenzials bei der Einkommensteuer. Sinkende Hebesätze haben einen gegenläufigen Effekt.

Das Instrument der Steuerermäßigung bei den Einkünften aus Gewerbebetrieb führt nicht zur gewünschten Steuerneutralität bei unterschiedlichen Rechtsformen. Die Gewerbebesteuerung von Personen und Kapitalgesellschaften einschließlich der Besteuerung der Anteilseigner klafft auch weiterhin weit auseinander.

2.30.5 Voraussetzungen und Rechtsfolgen des § 35 EStG n.F.

Die Entlastungswirkung des § 35 EStG n.F. setzt positive Einkünfte aus Gewerbebetrieb voraus, obwohl der Gesetzeswortlaut nicht ausdrücklich danach verlangt. In die Vorschrift einzubeziehen sind alle Einkunftstatbestände, die in den §§ 15 bis 17 EStG aufgezählt sind. Infolgedessen sind Gewinne und Verluste aus verschiedenen Betrieben, Veräußerungsgewinne bzw. -verluste, Aufgabegewinne bzw. -verluste aus Betrieben und Mitunternehmeranteilen sowie Veräußerungsgewinne nach § 17 EStG im Wege des horizontalen Verlustausgleichs miteinander zu verrechnen. Der Gesamtbetrag der Einkünfte aus Gewerbebetrieb muss nach erfolgtem horizontalen Verlustausgleich positiv sein. Ist er hingegen negativ, so fällt u.U. Gewerbesteuer auf positive Gewerbeerträge eines Betriebes an, ohne dass hierfür eine Steuerentlastung nach § 35 EStG n.F. gewährt wird.

Fraglich ist, wie sich Verlustvor- und -rückträge nach § 10 d EStG auf die Entlastung auswirken. Negative Einkünfte sind grundsätzlich im Rahmen des Verlustabzugs vom Gesamtbetrag der Einkünfte vor Sonderausgaben abzuziehen; vgl. § 10 d Abs. 1 S. 1 und Abs. 2 S. 1 EStG. Beachtet werden muss, dass negative Einkünfte vorrangig von positiven Einkünften derselben Einkunftsart abzuziehen sind. Dies würde bewirken, dass der Verlustabzug die Einkünfte aus Gewerbebetrieb, die nach Anwendung des § 2 Abs. 3 EStG verbleiben, im laufenden Veranlagungszeitraum entsprechend mindert; vgl. hierzu die Berechnungsbeispiele zu H 3 und H 115 EStR. Diese Rechtslage kann dazu führen, dass trotz positiver Einkünfte in einem Veranlagungszeitraum bei einem entsprechenden Anfall von Gewerbesteuer eine Entlastung durch § 35 EStG n.F. nicht erfolgt.

Hierzu vertreten *Herzig/Lochmann* in DB 2000, S. 1192 f. folgende Rechtsauffassung:

Ein aus dem Konzept der Mindestbesteuerung resultierende Verlustvortrag könnte lediglich für die Beschränkung des vertikalen Verlustausgleichs, nicht jedoch für die zu treffende Bemessung der Einkünfte aus Gewerbebetrieb im Rahmen des § 35 EStG n.F. bedeutsam sein. Diese Aussage findet im Gesetz keine Stütze. Die Finanzverwaltung wird ihrer Auffassung folgen und vorgetragene Verluste aus gewerblicher Tätigkeit im laufenden Veranlagungszeitraum in Abzug bringen. Dies hat zur Folge, dass im ungünstigsten Fall positive Einkünfte im laufenden Veranlagungszeitraum nicht mehr vorliegen. Dieses Ergebnis ist insgesamt unbefriedigend, insbesondere vor dem Hintergrund, dass das Anrechnungspotenzial weder erstattungsfähig noch vortragbar ist.

Eine Regelung, die mit dem Anspruch antritt, eine weitreichende Entlastung gewerblicher Einkünfte herabzuführen, hierfür jedoch ein- und mehrperiodig wirkende Instrumentarien zum Nachteil der Steuerpflichtigen und ohne nachvollziehbares System kombiniert, begegnet erheblichen verfassungsrechtlichen Bedenken.

Die Entlastungswirkung des § 35 EStG n.F. auf die Einkommensteuer bei Einkünften aus Gewerbebetrieb wird nachfolgend an Beispielen erläutert. Auf die Auswirkungen bei verschiedenartigen Rechtsformunterschieden wird ebenfalls eingegangen:

Beispiel 1

Der unverheiratete Martin Schreiber erzielte im Veranlagungszeitraum 2001 Einkünfte aus Gewerbebetrieb i.H.v. 86.000,00 DM. Der Gewerbesteuermessbetrag lautet 519,00 DM. Ferner hatte er Einkünfte aus Vermietung und Verpachtung von 100.000,00 DM. Im Veranlagungszeitraum 2000 wurde für Schreiber ein vortragsfähiger Verlust aus Gewerbebetrieb von 98.000,00 DM nach § 10 d Abs. 4 EStG festgestellt.

Ermittlung des zu versteuernden Einkommens:

Veranlagungszeitraum 2001	DM	DM
Einkünfte		
+ § 15 EStG	86.000,00	
+ § 21 EStG	100.000,00	
= Summe der Einkünfte	186.000,00	
= Gesamtertrag der Einkünfte	186.000,00	
Verlustvortrag § 15 aus VZ 2000		-98.000,00
./ Horizontaler Verlustabzug	- 86.000,00	86.000,00
Zwischensumme	100.000,00	-12.000,00
./. Vertikaler Verlustabzug	- 12.000,00	12.000,00
= Einkommen/verbleibender Verlustvortrag	88.000,00	0,00
= Zu versteuerndes Einkommen	88.000,00	
Nachrichtlich (verhältnismäßige Aufteilung):		
- § 15 EStG	0,00	
- § 21 EStG	88.000,00	
Berechnung der Einkommensteuer		
= Vorläufige Einkommensteuer	23.908,00	
./. Anrechnung § 35 EStG	0,00	
= Festzusetzende Einkommensteuer	23.908,00	
Das verlorene Anrechnungspotenzial beträgt 934,20 DM		

Weitere Voraussetzung ist das Entstehen tariflicher Einkommensteuer. Unproblematisch ist dies, wenn lediglich Einkünfte aus Gewerbebetrieb erwirtschaftet werden und diese Einkünfte positiv sind. Problematisch ist aber bereits der Fall, dass positive Einkünfte aus Gewerbebetrieb zusammentreffen mit ausgleichsfähigen negativen Einkünften anderer Einkunftsarten. In diesem Fall kann die tarifliche Einkommensteuer trotz positiver Einkünfte aus Gewerbebetrieb 0,00 DM betragen.

Wie Beispiel 1 mit dem Unterschied, dass die Einkünfte aus Vermietung und Verpachtung ./. 100.000,00 DM betragen.

Beispiel 2

Ermittlung des zu versteuernden Einkommens:

Veranlagungszeitraum 2001	DM	DM
Einkünfte		
+ § 15 EStG	86.000,00	
+ § 21 EStG	-100.000,00	
= Summe der Einkünfte	-14.000,00	
= Gesamtertrag der Einkünfte	-14.000,00	
= Einkünfte/verbleibender Verlustvortrag	-14.000,00	-14.000,00
= Zu versteuerndes Einkommen	0,00	
Nachrichtlich (verhältnismäßige Aufteilung):		
- § 15 EStG	0,00	
- § 21 EStG		- 14.000,00
Berechnung der Einkommensteuer		
= Vorläufige Einkommensteuer	0,00	
./. Anrechnung § 35 EStG	0,00	
= Festzusetzende Einkommensteuer	0,00	

Das verlorene Anrechnungspotenzial beträgt 934,20 DM

Wie Beispiel 2 mit dem Unterschied, dass keine Einkünfte aus Vermietung und Verpachtung vorliegen.

Beispiel 3

Ermittlung des zu versteuernden Einkommens:

Veranlagungszeitraum 2001	DM	DM
Einkünfte		
+ § 15 EStG	86.000,00	
+ § 21 EStG	0,00	
= Summe der Einkünfte	86.000,00	
= Gesamtertrag der Einkünfte	86.000,00	
= Einkünfte/verbleibender Verlustvortrag	86.000,00	0,00
= Zu versteuerndes Einkommen	86.000,00	
Nachrichtlich (verhältnismäßige Aufteilung):		
- § 15 EStG	86.000,00	
- § 21 EStG	0,00	
Berechnung der Einkommensteuer		
= Vorläufige Einkommensteuer	23.056,00	
./. Anrechnung § 35 EStG	934,20	
= Festzusetzende Einkommensteuer	22.121,80	

Das Anrechnungspotenzial i.H.v. 934,20 DM wird voll genutzt

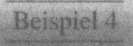

Beispiel 4

Der ledige Einzelgewerbetreibende Gunnar Pabst erzielt in 2001 Einkünfte aus Gewerbebetrieb i.H.v. 86.000,00 DM. Der Gewerbesteuermessbetrag beträgt 519,00 DM. Aus einer Mitunternehmerschaft hat er einen Verlust von 85.500.00 DM erwirtschaftet. Darüber hinaus hat er Einkünfte aus Vermietung und Verpachtung (§ 21 EStG) von 50.000,00 DM.

Hinweis

Liegen positive Einkünfte aus mehreren Einkunftsarten vor, ist die auf die Einkünfte aus Gewerbebetrieb entfallende tarifliche Einkommensteuer nach folgender Formel zu ermitteln:

$$\text{Tarifliche Einkommensteuer} \times \frac{\text{Einkünfte aus Gewerbebetrieb}}{\text{zu versteuerndes Einkommen}}$$

Eine weitere (letzte) Voraussetzung ist, dass sich die tarifliche Einkommensteuer um den 1,8fachen Gewerbemessbetrag ermäßigt, soweit sie anteilig auf im zu versteuernden Einkommen enthaltene gewerbliche Einkünfte entfällt. Die volle Entlastungswirkung tritt im jeweiligen Veranlagungszeitraum nur dann ein, wenn die auf die Einkünfte aus Gewerbebetrieb entfallende Einkommensteuer mindestens so hoch ist wie der 1,8fache Gewerbesteuermessbetrag.

Ermittlung des zu versteuernden Einkommens:

Veranlagungszeitraum 2001	DM	DM	DM
Einkünfte			
+ § 15 EStG			
+ als Eintelunternehmer	86.000,00		
+ als Mitunternehmer	- 85.500,00	500,00	
+ § 21 EStG		50.000,00	
= Summe der Einkünfte		50.500,00	
= Gesamtertrag der Einkünfte		50.500,00	
= Einkünfte/verbleibender Verlustvortrag		50.500,00	0
= Zu versteuerndes Einkommen		50.500,00	
Nachrichtlich (verhältnismäßige Aufteilung):			
- § 15 EStG		500,00	
- § 21 EStG		50.000,00	
Berechnung der Einkommensteuer			
= Vorläufige Einkommensteuer		9.822,00	
- Anrechnung § 35 EStG			
+ 1,8facher Gewerbesteuer-Messbetrag	934,00		
./. Anteile der Einkünfte § 15 am zvE (500/50.500)	0,99 %		
= Anteilige Einkommensteuer	97,25		
= Maximale Anrechnung § 35		97,25	
= festzusetzende Einkommensteuer		9.724,25	
Das verlorene Anrechnungspotenzial beträgt 836,95 DM			

Nichteintritt der Entlastungswirkung (noch Beispiel 4):

Ist der 1,8fache Gewerbesteuermessbetrag größer als die auf die Einkünfte aus Gewerbebetrieb entfallende tarifliche Einkommensteuer, so läuft die steuerliche Entlastung ganz oder teilweise ins Leere.

Herzig/Lochmann, DB 2000, S. 1196, sprechen in diesem Zusammenhang von Anrechnungsüberhängen.

In folgenden Fällen tritt keine oder nur eine unvollkommene Entlastung ein:

- Die im Veranlagungszeitraum erzielten Einkünfte aus Gewerbebetrieb sind zwar positiv, werden aber durch entsprechende Verlustvorträge gemindert bzw. auf null gesetzt; vgl. Beispiel 1.
- Die Einkünfte aus Gewerbebetrieb sind infolge eines horizontalen Verlustausgleichs gering oder gleich null, obwohl der Steuerpflichtige erheblichen Umfanges mit Gewerbesteuer belastet ist; vgl. aktuelles Beispiel 4.
- Die Einkünfte aus Gewerbebetrieb sind zwar positiv, werden aber durch negative andere Einkunftsarten derart gemindert, dass die tarifliche Einkommensteuer, die auf die gewerblichen Einkünfte entfällt, insgesamt unter das Niveau des 1,8fachen Gewerbesteuermessbetrags sinkt; vgl. Beispiel 2.
- Durch Abzug weiterer Steuerermäßigungen, z.B. durch §§ 34 c bis 34 d EStG, sinkt die tarifliche Einkommensteuer unter den 1,8fachen Gewerbesteuermessbetrag.

In allen genannten Fällen geht Anrechnungspotenzial verloren, obwohl der Gewerbetreibende mit Gewerbesteuer belastet ist. Eine Erstattung oder einen Vortrag von Anrechnungspotenzial sieht das Gesetz nicht vor, wodurch die Haltung des Gesetzgebers in vielen betreffenden Fällen keine sachgerechte Lösung darstellt. Vielmehr hängt der Eintritt in die Entlastungswirkungen von Zufälligkeiten ab. Es besteht die Notwendigkeit, Gestaltungen zu wählen, bei denen die Entlastungswirkungen möglichst in vollem Umfang erreicht werden; vgl. Herzig/Lochmann, DB 2000, S. 1196 ff.

2.30.6 Steuerermäßigung des § 35 EStG n.F. bei Mitunternehmerschaften

Eine Steuerermäßigung für Einkünfte aus Gewerbebetrieb als Mitunternehmer (§ 15 Abs. 1 S. 1 Nr. 2 und 3 EStG) wird durch § 35 Abs. 1 Nr. 2 EStG n.F. gewährt. Die Vorschrift erfasst alle unmittelbaren und mittelbaren Beteiligungen an Mitunternehmerschaften einschließlich der Doppelstockpersonengesellschaften. Ebenfalls erfasst ist der persönlich haftende Gesellschafter einer Kommanditgesellschaft auf Aktien.

Die Vorschrift des § 35 Abs. 3 S. 2 EStG n.F. sieht vor, dass der Anteil eines Mitunternehmers am Gewerbesteuermessbetrag nach seinem Anteil am Gewinn der Mitunternehmerschaft nach Maßgabe des verbindlichen

Gewinnverteilungsschlüssels auszurichten ist. Vorabgewinnanteile bleiben bei der Berechnung außer Ansatz.

Die Ermittlung des Gewerbesteuermessbetrags für die Mitunternehmerschaft ist zunächst nach den allgemeinen Grundsätzen für die Gewinnermittlung bei Mitunternehmerschaften vorzunehmen. Dabei bildet die Handelsbilanz der Personengesellschaft, die unter Berücksichtigung einkommensteuerrechtlicher Bilanzierungs- und Bewertungsvorschriften einschließlich der Normen über Entnahmen und Einlagen zur Steuerbilanz der Gesellschaft fortzuentwickeln ist, die Ausgangssituation. Darüber hinaus sind Ergebnisse eventueller Ergänzungsbilanzen für einzelne Mitunternehmer, in denen Wertkorrekturen zu den Ansätzen der Steuerbilanz der Gesellschaft erfasst sind, etwa aus individuellen Anschaffungskosten, und die Ergebnisse etwaiger Sonderbilanzen einzelner Gesellschafter einzubeziehen. Sonderbilanzen haben die Aufgabe, Aufwendungen und Erträge der aktiven und passiven Wirtschaftsgüter des dem jeweiligen Mitunternehmer gehörenden Sonderbetriebsvermögens sowie die in § 15 Abs. 1 S. 1 Nr. 2 EStG an zweiter Stelle genannten Sondervergütungen einschließlich nachträglicher Sondervergütungen i.S.d. § 15 Abs. 1 S. 2 EStG, die sonstigen Sonderbetriebseinnahmen und -ausgaben und Gewinne bzw. Verluste aus der Veräußerung des (gesamten) Mitunternehmeranteils (§ 16 Abs. 1 Nr. 2 EStG), zu erfassen; vgl. Schmidt EStG, § 15 Rz. 400, 401.

Der in dieser Weise ermittelte Gesamtgewinn der Mitunternehmerschaft ist zugleich Grundlage für die Ermittlung des Gewerbeertrages dieser Mitunternehmerschaft, der allerdings noch um die Hinzurechnungen (§ 8 GewStG) und die Kürzungen (§ 9 GewStG) zu erhöhen oder zu vermindern ist. Der Gewerbesteuermessbetrag für die Mitunternehmerschaft ergibt sich nach Berücksichtigung des Freibetrages von 48.000,00 DM (24.500,00 Euro ab 2002) und unter Berücksichtigung des Staffeltarifs nach § 11 GewStG. Insoweit ergeben sich für die Berechnung des Gewerbesteuermessbetrags einer Mitunternehmerschaft keine Besonderheiten.

Der Gewerbesteuermessbetrag der Mitunternehmerschaft ist nach dem allgemein verbindlichen Gewinnverteilungsschlüssel auf die Mitunternehmer zu verteilen. Der Gewinnverteilungsschlüssel ergibt sich i.d.R. aus dem Gesellschaftsvertrag der Personengesellschaft bzw. aus den handelsrechtlichen Bestimmungen des HGB. Im Aufteilungsschlüssel ist berücksichtigt, dass der Steuerschuldner der Gewerbesteuer die Mitunternehmerschaft als solche ist; vgl. § 5 Abs. 1 S. 3 GewStG. Die verursachte Gewerbesteuer mindert das Gesellschaftsvermögen und belastet alle Gesellschafter nach Maßgabe ihres Anteils am Gesamtgewinn. Eine Durchbrechung dieses Prinzips tritt ein, wenn Vorabgewinnanteile bei der Aufteilung des Gesamtgewinns nicht zu berücksichtigen sind. Unter Vorabgewinnanteilen versteht man Gewinnanteile, die einzelnen bzw. allen Gesellschaftern vorab zugerechnet werden. Sie können z.B. in der Verzinsung von Kapitalkonten oder in sonstigen Vorteilen bestehen, die auf gesellschaftsrechtlicher Basis gewährt werden und die im Verhältnis der Gesellschafter zueinander und zur Gesellschaft nicht als Aufwand behandelt werden. Nicht zu den Vorabgewinnanteilen gehören die Sondervergütungen i.S.d. § 15 Abs. 1 S. 1 Nr. 2, 2. Halbsatz EStG. Üblicherweise werden Sondervergütungen unter den Gesellschaftern und im Verhältnis der Gesellschafter zur Gesellschaft als Aufwand behandelt; vgl. Schmidt EStG, § 15 Rz. 560.

Im hier interessanten Zusammenhang sind z.B. Regelungen in Gesellschaftsverträgen üblich, die vorsehen, dass Gewerbesteuerersparnisse, die auf Mehrabschreibungen aus Ergänzungsbilanzen einzelner Gesellschafter beruhen, diesen bei der Gewinnverteilung vorab zugerechnet werden; vgl. hierzu Authenrieth, DStZ 1988, S. 120.

Regelungen der Gestalt werden bei der Aufteilung des Gewerbesteuermessbetrages nicht berücksichtigt. Bestehen solche Absprachen aber, belastet die Gewerbesteuer die Gesellschafter nicht nach Maßgabe des allgemein verbindlichen Gewinnverteilungsschlüssels. Es taucht die von Herzig/Lochmann in DB 2000, S. 1194, zu Recht aufgeworfene Zweifelsfrage auf, ob entsprechende Ausgleichsabreden in Gesellschaftsverträgen noch sachgerecht sind. Zur Verdeutlichung folgendes Beispiel:

Die Gesellschafter Schroth und Korn sind mit jeweils 50 v.H. an der Schroth & Korn KG beteiligt. Die Gewinnverteilung erfolgt nach den Bestimmungen des §§ 186, 121 HGB.

Beispiel 1

Korn hat seinen Geschäftsanteil von Urig entgeltlich erworben und seinen Kaufpreis in einer steuerlichen Ergänzungsbilanz erfasst, soweit dieser den anteiligen Buchwert der einzelnen Wirtschaftsgüter überstiegen hat. Aus den Mehrabschreibungen der Ergänzungsbilanz resultiert ein Verlust von 500.000,00 DM p.a. Die Gesellschafter haben vereinbart, dass die aus den Ergänzungsbilanzabschreibungen resultierende Gewerbesteuerersparnis dem Korn bei der Gewinnverteilung vorab zugerechnet werden soll.

Gesamtgewinn und Gewerbesteuerdifferenz		einschl. Verlust DM	ohne Verlust DM
+	Gesamthandsgewinn vor GewSt	1.000.000,00	1.000.000,00
./.	Verlust aus Ergänzungsbilanz	500.000,00	0,00
=	Gesamtgewinn vor GewStG	500.000,00	1.000.000,00
	GewSt-Messbetrag (§ 11 GewStG)	16.833,00	37.667,00
./.	GewSt (Hebesatz 400 %)	67.333,00	150.667,00
=	Gesamtgewinn nach GewSt	432.667,00	849.333,00

Gewinnverteilung			A	B
+	Gesamtgewinn	432.667,00		
./.	Vorabgewinn B			
	+ GewSt (ohne Verlust)	150.667,00		
	./. GewSt (einschl. Verlust)	67.333,00	83.334,00	83.334,00
=	Verbleibt		349.333,00	
./.	Anteil A (50 %)		174.667,00	174.667,00
./.	Anteil B (50 %)		174.666,00	174.666,00
=	Verbleibt		0,00	
=	Summe		174.666,00	258.000,00

Anrechnung nach § 35 EStG			A	B
+	§ 15 EStG		174.667,00	258.000,00
=	Summe der Einkünfte		174.667,00	258.000,00
=	Zu versteuerndes Einkommen		174.667,00	258.000,00
*	Tarif (§ 32 a EStG)			
=	Vorläufige Einkommensteuer		65.339,00	105.810,00
./.	Anteiliges Anrechnungsvolumen (§ 35 EStG)			
	+ GewSt-Messbetrag	16.833,00		
	= Anrechnungsfaktor	1,8		
	= Anrechnungsvolumen	30.299,00	15.150,00	15.149,00
=	Festzusetzende Einkommensteuer		50.189,00	90.661,00

Durch den § 35 EStG n.F. wird der Gesellschafter Schroth, der aufgrund der Vorabgewinnzurechnung an Korn wirtschaftlich eine höhere Gewerbesteuerlast zu tragen hat, in gleicher Weise entlastet, wie der Gesellschafter Korn. Da die Gesellschaft durch den Abzug der Gewerbesteuer als Betriebsaufwand von der Einkommensteuer (67.233,00 DM x 48,5 v.H. = 32.608,00 DM) sowie durch die Steuerermäßigung nach § 35 EStG n.F. (30.299,00 DM) von der Gewerbesteuer nahezu vollständig entlastet wird (67.233,00 DM ./. [32.608,00 DM + 30.299,00 DM] = 4.326,00 DM), ist ein zivilrechtlicher Ausgleich für die Gewerbesteuer auf die einem Gesellschafter individuelle zurechenbaren Ergebnisse grundsätzlich entbehrlich geworden. Ein Korrekturbedarf ist aber weiterhin notwendig, wenn die Gewerbesteuer nur unvollständig kompensiert wird oder Anrechnungsüberhänge entstehen, die bei einzelnen Gesellschaftern nicht zu einer Steuerermäßigung führen.

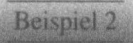

Bei doppel- oder mehrstöckigen Mitunternehmerschaften sieht § 35 Abs. 3 S. 4 EStG n.F. vor, dass anteilige Gewerbesteuermessbeträge aus einer Beteiligung an einer anderen Mitunternehmerschaft einbezogen werden müssen.

Beispiel 2

Die Gesellschafter Lauenroth und Bergstein sind mit jeweils 50 v.H. kapitalgleich an der Lauenroth und Bergstein OHG beteiligt. Die Gewinnverteilung erfolgt im Sinne von § 121 HGB.

Der Bilanzgewinn des Jahres 2001 beträgt 1.000.000,00 DM.

Die OHG ist an der Megatronic-KG als Kommanditistin beteiligt. Aus der Beteiligung erhielt die OHG nach § 35 Abs. 3 S. 4 EStG n.F. einen anteiligen Gewerbesteuermessbetrag von 24.250,00 DM zugewiesen.

Für die Geschäftsführertätigkeit erhielt der Gesellschafter Lauenroth eine Vergütung von 140.000,00 DM p.a. Zudem erhält er für das an die Gesellschaft vermietete Geschäftsgrundstück eine Miete i.H.v. 120.000,00 DM p.a. Die Miete und die Geschäftsführervergütung wurden – handelsrechtlich einwandfrei – von der OHG als Aufwand behandelt und entsprechend verbucht.

Die Gesellschafter Lauenroth und Bergstein erzielen neben den Beteiligungseinkünften keine weiteren Einkünfte, sind alleinstehend und kinderlos.

Gewinnermittlung	DM	DM
+ Gesamthandsgewinn von GewSt	1.000.000,00	
+ Gewinn im Sonderbetriebsbereich	260.000,00	
+ Gesamtgewinn vor GewStG	1.260.000,00	
./. GewSt (Hebesatz 400 %)	194.000,00	
= Gesamtgewinn nach GewSt	1.066.000,00	
./. Gewinn im Sonderbetriebsbereich	260.000,00	
= Gesamtgewinn nach GewSt	806.000,00	

Gewinnverteilung	Lauenroth	Bergstein
+ Gewinnanteile	403.000,00	403.000,00
+ Miete	120.000,00	0,00
+ Geschäftsführergehalt	140.000,00	0,00
= Summe	663.000,00	403.000,00

Anrechnung nach § 35 EStG			
+ Einkünfte § 15 EStG		663.000,00	403.000,00
= Summe der Einkünfte		663.000,00	403.000,00
= Zu versteuerndes Einkommen		663.000,00	403.000,00
* Tarif (§ 32 a EStG)			
= Vorläufige Einkommensteuer		302.235,00	176.130,00
./. Anteiliges Anrechnungsvolumen (§ 35 EStG)			
+ GewSt-Messbetrag (OHG)	48.500,00		
+ Anteiliger GewSt-Messbetrag (KG)	24.250,00		
= Summe	72.750,00		
= Anrechnungsfaktor	1,8		
= Anrechnungsvolumen	130.950,00	65.475,00	65.475,00
= Festzusetzende Einkommensteuer		236.760,00	110.655,00

2.30.7　Steuerermäßigung des § 35 EStG n.F. in gewerbesteuerrechtlichen Organschaften

Die Vorteile der gewerbesteuerlichen Organschaft sind in der Vermeidung der im Bereich der nahestehenden Unternehmen nachteiligen Doppelerfassung von Entgelten für Dauerschulden beim Gewerbeertrag zu sehen. Ein Ergebnisabführungsvertrag verlangt das Gewerbesteuerrecht nicht; insofern ist keine Verlustübernahme erforderlich mit der Folge, dass auch nicht notwendigerweise eine unbeschränkte Haftung für Schulden der Organgesellschaften eintritt. Der Organträger schuldet allerdings die Gewerbesteuer für den gesamten Organkreis, so dass eine latente Erweiterung des Haftungsrisikos beim Organträger vorhanden ist. Die Organgesellschaften haften für die auf sie entfallende Gewerbesteuer nach § 73 AO.

Nach § 2 Abs. 2 S. 2 GewStG liegt eine gewerbesteuerliche Organschaft vor, wenn folgende Tatbestandsmerkmale erfüllt sind:

- Der Organträger muss ein inländisches gewerbliches Unternehmen sein.
- Organ(gesellschaft) muss eine Kapitalgesellschaft sein.
- Die Organgesellschaft muss finanziell, wirtschaftlich und organisatorisch in das Unternehmen des Organträgers eingegliedert sein.

Die Voraussetzungen der gewerbesteuerlichen Organschaft weichen in folgenden Bereichen von denen der körperschaftsteuerlichen Organschaft ab:

- Die nur finanzielle Eingliederung der Organschaft reicht nicht aus. Erforderlich ist stets die wirtschaftliche und die organisatorische Eingliederung, die als Mussmerkmale der finanziellen Eingliederung hinzutreten müssen. Zudem weichen die Voraussetzungen für die finanzielle Eingliederung partiell von denen der körperschaftsteuerlichen Organschaft ab.
- Ein Ergebnisabführungsvertrag ist nicht notwendig.
- Die Organgesellschaft darf Sitz und Geschäftsleitung auch im Ausland haben. Es reicht aus, wenn und soweit im Inland eine Betriebsstätte i.S.d. § 12 AO existiert.

Die Vorschriften des § 35 Abs. 2 EStG n.F. enthalten Sonderbestimmungen ausschließlich für gewerbesteuerliche Organschaften. Der Gewerbesteuermessbetrag des Organträgers ist hiernach in einen begünstigungsfähigen Teil – der dann Grundlage für die Steuerermäßigung wird – und in einen nicht begünstigungsfähigen Teil aufzuteilen. Der Teil des Gewerbesteuermessbetrages der begünstigt werden soll, ist der Anteil, der dem Verhältnis des Gewerbeertrages des Organträgers vor Zurechnung der Gewerbeerträge der Organgesellschaften zur Summe des Gewerbeertrages des Organträgers und der Gewerbeerträge aller Organgesellschaften entspricht.

Bei der anzustellenden Verhältnisrechnung sind negative Gewerbeerträge des Organträgers oder einzelner Organgesellschaften mit dem Nullwert anzusetzen, also im Ergebnis nicht einzubeziehen; vgl. § 35 Abs. 2 S. 2 EStG n.F. Der begünstigungsfähige Teil des Gewerbesteuermessbetrages bestimmt sich allein nach dem Verhältnis des Gewerbeertrages des Organträgers zu der Summe der positiven Gewerbeerträge im Organkreis. Hintergrund dieser Aufteilungsregelung ist, dass die Einkünfte aus Gewerbebetrieb eines Unternehmers bzw. Mitunternehmers, nicht aber einer Kapitalgesellschaft, steuerlich entlastet werden sollen. Gewerbeerträge von Kapitalgesellschaften sollen den Entlastungseffekt beim Organträger nicht erhöhen.

Mit Gewerbesteuer wird grundsätzlich nur der Organträger belastet. Damit es zur Anwendbarkeit des § 35 EStG n.F. kommt, muss der Organträger ein Einzelunternehmen bzw. eine Personengesellschaft sein.

Der Einzelunternehmer Fröhlich hält seine jeweils 100-prozentigen Beteiligungen an der GmbH 1, GmbH 2 und GmbH 3 im Betriebsvermögen seines Einzelunternehmens. Alle Kapitalgesellschaften sind finanziell, wirtschaftlich und organisatorisch in das Einzelunternehmen (EZU) eingegliedert. Gewinnabführungsverträge bestehen keine. Die Gewerbesteuererhebesätze betragen einheitlich 400 %. Aus Vereinfachungsgründen wird auf Hinzurechnungen und Kürzungen i.S.d. §§ 8, 9 GewStG verzichtet.

Die einzelnen Unternehmen erzielen die nachfolgend genannten Gewerbeerträge (GewE) vor Gewerbesteuer:

Alternative 1	DM
EZU-Fröhlich	100.000,00
GmbH 1	100.000,00
GmbH 2	100.000,00
GmbH 3	100.000,00
GewE vor GewSt	400.000,00

Alternative 2	DM
EZU-Fröhlich	- 100.000,00
GmbH 1	- 100.000,00
GmbH 2	- 100.000,00
GmbH 3	- 100.000,00
GewE vor GewSt	- 200.000,00

Gewerbesteuer und Anrechnungsvolumen nach § 35 EStG

Alternative 1	DM
GewE vor GewSt	400.000,00
GewSt-Messbetrag	12.667,00
GewSt	50.667,00

Aufteilung des GewSt-Messbetrages nach § 35 Abs. 2 EStG:

begünstigter Teil

$$12.667,00 \text{ DM} \times \frac{100.000,00 \text{ DM}}{100.000,00 \text{ DM} + 300.000,00 \text{ DM}} = 3.167,00 \text{ DM}$$

nicht begünstigter Teil

12.667,00 DM ./. 3.167,00 DM = 9.500,00 DM

Anrechnungsvolumen § 35 EStG

3.167,00 DM x 1,8 = 5.701,00 DM

Eine Anrechnung wird durch Fröhlich unter den oben genannten Voraussetzungen realisiert.

Alternative 2	DM
GewE vor GewSt	- 200.000,00
GewSt-Messbetrag	0,00
GewSt	0,00

Eine Anrechnung nach § 35 EStG erfolgt nicht, da keine Gewerbesteuer entsteht.

Hinweis

Durch Rechtsänderungen bei der Organschaft im körperschaftsteuerlichen Sinne ist das Zitat im § 35 Abs. 2 S. 4 EStG n.F. mit Wirkung vom Veranlagungszeitraum 2001 geändert worden: Gesetz vom 20.12.2001 (BGBl. I. S. 3858); so genanntes Unternehmenssteuerfortentwicklungsgesetz.

Hiernach sind die Sätze 1 bis 3 im Absatz 2 des § 35 EStG n.F. nicht anzuwenden, wenn auch eine Organschaft im Sinne der §§ 14, 17 oder 18 KStG n.F. besteht (§§ 17, 18 KStG n.F. sind neu im Gesetz).

2.30.8 Steuerermäßigung des § 35 EStG n.F. in körperschaft- und gewerbesteuerrechtlichen Organschaften

Besteht neben der gewerbesteuerlichen auch eine körperschaftsteuerliche Organschaft, so kommt gemäß § 35 Abs. 2 S. 4 EStG n.F. (Fassung beachten!) eine Aufteilung des Gewerbesteuermessbetrages des Organträgers nicht in Betracht. Hintergrund dieser aus steuersystematischer Sicht zutreffenden Regelung ist, dass im Fall der körperschaftsteuerlichen Organschaft die gewerblichen Gewinne auf der Ebene der Organgesellschaften zwar in der Rechtsform der Kapitalgesellschaft erwirtschaftet werden, die Einkommen der Organgesellschaften aber dem Organträger unmittelbar zur Einkommensbesteuerung zugerechnet werden. Auf der Ebene des Organträgers (natürliche Person bzw. Personengesellschaft) unterliegen die Einkünfte dem individuellen Steuersatz dieser natürlichen Personen. Insofern unterscheidet sich der Fall der körperschaftsteuerlichen und gewerbesteuerlichen Organschaft von dem der rein gewerbesteuerlichen Organschaft, bei dem die Einkommen der Organgesellschaften nur dem niedrigeren Körperschaftsteuersatz für Kapitalgesellschaften von 25 v.H. nach § 23 Abs. 1 KStG n.F. unterliegen.

Im Hinblick auf die unterschiedlichen Regelungen bei Organschaften ist bei bereits bestehenden Organschaftsverhältnissen im gewerbesteuerlichen Sinne in jedem Einzelfall genau zu prüfen, ob nicht der Abschluss eines Gewinnabführungsvertrages zur Herstellung der körperschaftsteuerlichen Organschaft zweckmäßig ist.

Beachten

Das Gesetz zur Fortentwicklung des Unternehmenssteuerrechts hat auch Durchgriff auf die körperschaftsteuerliche Organschaft genommen; siehe zur neuen Rechtslage die Überarbeitungen der Regelungen zur körperschaftsteuerlichen Organschaft.

Durch das Steuersenkungsgesetz ist im Bereich der körperschaftsteuerlichen Organschaft auf die Voraussetzungen der wirtschaftlichen und organisatorischen Eingliederung verzichtet worden.

Die Voraussetzungen für die gewerbesteuerliche Organschaft wurden an die der körperschaftsteuerlichen Gesetzmäßigkeiten angepasst. Dies gilt auch für die rückwirkend anzuwendenden Vorschriften des KStG zur Mehrmütterorganschaft. Damit wird sichergestellt, dass in diesem Fall der Organkreis bei der BGB-Gesellschaft endet und Ergebnisse der Organgesellschaft gewerbesteuerrechtlich nicht hinter der BGB-Gesellschaft stehenden Gesellschaften zugerechnet werden.

Die neuen Bestimmungen zur gewerbesteuerlichen Organschaft gelten nach § 36 Abs. 1 GewStG erstmals für den Erhebungszeitraum 2002. Die Regelung zur Mehrmütterorganschaft (§ 2 Abs. 2 S. 3 GewStG) ist allerdings schon für Erhebungszeiträume vor 2002 anzuwenden; vgl. § 36 Abs. 2. S. 2 GewStG.

2.30.9 Verfahrensfragen zum § 35 EStG n.F.

Die Bestimmung des § 35 EStG n.F. sorgt für eine Reihe von neuen Tatbeständen für einheitliche und gesonderte Feststellungen.

2.30.9.1 Einzelunternehmen

Für Einzelgewerbetreibende sieht das Gesetz eine gesonderte Feststellung nur für den Fall vor, dass der Gewerbetreibende im Betriebsvermögen eine unmittelbare oder mittelbare Beteiligung an einer Mitunternehmerschaft hält. In diesem Fall sollen die Regelungen zur gesonderten und einheitlichen Feststellungen bei Mitunternehmerschaften entsprechende Geltung haben; vgl. § 35 Abs. 1 Nr. 1, letzter Halbsatz EStG n.F.

2.30.9.2 Mitunternehmerschaften

Bei Mitunternehmerschaften wird der Gewerbesteuermessbetrag und der auf die einzelnen Mitunternehmer entfallende Anteil gesondert und einheitlich festgestellt; es gelten die verfahrensrechtlichen Bestimmungen der §§ 179 ff. AO. Im Rahmen dieser gesonderten und einheitlichen Feststellung sind auch Gewerbesteuermessbeträge, die aus einer Beteiligung an einer Mitunternehmerschaft stammen (mittelbare Beteiligung bzw. mehrstöckige Beteiligung), einzubeziehen. Diese Regelung wurde notwendig, da Gewinn- bzw. Verlustanteile aus Beteiligungen an Mitunternehmerschaften nicht in den Gewerbesteuermessbetrag des beteiligten Unternehmers eingehen; vgl. §§ 8 Nr. 8, 9 Nr. 2 GewStG.

Örtlich zuständig für die spezielle gesonderte und einheitliche Feststellung ist das Betriebsstättenfinanzamt, das auch für die gesonderte und einheitliche Feststellung von Besteuerungsgrundlagen der übrigen Art zuständig wäre.

2.30.9.3 Gewerbesteuerliche Organschaft

In den Fällen der Aufteilung des Gewerbesteuermessbetrages in einen begünstigungsfähigen und einen nicht begünstigungsfähigen Teil ist der begünstigungsfähige Anteil am Gewerbesteuermessbetrag gesondert festzustellen; vgl. § 35 Abs. 2 S. 3 EStG n.F.

Örtlich zuständig ist gemäß § 35 Abs. 4 S. 1 EStG n.F. das Betriebsstättenfinanzamt des Organträgers.

2.30.9.4 Grundlagen- und Folgebescheide

Für die Ermittlung der Steuerermäßigung nach § 35 EStG n.F. sind die Festsetzungen des Gewerbesteuermessbetrages beim Einzelgewerbetreibenden, die Feststellung der Prozentsätze in Organschaftsfällen und die Grundlagenbescheide in Mitunternehmerschaften bindend.

Für die Ermittlung des anteiligen Gewerbesteuermessbetrages bei Mitunternehmerschaften sind die Festsetzung des Gewerbesteuermessbetrages und in Fällen der mittelbaren bzw. mehrstufigen Beteiligung jeweils der anteilige Gewerbesteuermessbetrag Grundlagenbescheid. Das Verhältnis dieser einzelnen Festsetzungen zueinander ist von besonderer Bedeutung im Hinblick auf die Anfechtung von Steuerbescheiden, ihre Berichtigung und den Eintritt in die Verjährung; vgl. §§ 351 Abs. 2, 175 Abs. 1 S. 1 Nr. 1 und 171 Abs. 10 AO.

2.30.10 Resümee und Schlussbemerkungen zur Steuerermäßigung des § 35 EStG n.F.

Mit der neuen Rechtslage zur Steuerermäßigung bei Einkünften aus Gewerbebetrieb für Personenunternehmen hat der Gesetzgeber sein Ziel, eine rechtsformneutrale Ertragsbesteuerung zu gewährleisten, noch nicht erreicht. Durch die Einführung des klassischen Körperschaftsteuersystems „Halbeinkünfteverfahren" und der in diesem Zusammenhang zu sehenden Spreizung zwischen dem Körperschaftsteuersatz und dem Spitzensteuersatz der Einkommensteuer wird die Rechtsformabhängigkeit der Besteuerung vielmehr verstärkt. Die Vorteilhaftigkeit der einen gegenüber der anderen Rechtsform ist von den verschiedensten Faktoren abhängig.

Eine vollständige Entlastung gewerblicher Einkünfte von der Gewerbesteuer tritt nur im Bereich geringer Hebesätze (< 350 v.H.) ein, die in der Bundesrepublik Deutschland allerdings den Ausnahmefall bilden.

Darüber hinaus erweist sich die alltägliche Handhabung des § 35 EStG n.F. in der Steuer- und Wirtschaftsberatung als Herausforderung, wenn es gilt, einen Verlust von Anrechnungspotenzial zu vermeiden. Mögliche Ursachen sind vielfältig und wurden an den dafür geeigneten Stellen dieses Buches thematisiert. Die einperiodig ausgelegte Anrechnungsregel kollidiert mit mehrperiodig wirkenden Verlustverrechnungsregelungen des Einkommensteuer- und Gewerbesteuerrechts (§3 10 d EStG, 10 a GewStG). Eine periodengerechte Belastung gewerblicher Einkünfte mit Einkommen- und Gewerbesteuer liegt im Regelfall nicht vor, weshalb die Anrechnungsbeschränkung in § 35 Abs. 1 S. 1 EStG das Ziel einer weitgehenden Entlastung gewerblicher Einkünfte um die Gewerbesteuer verfehlt hat.

Bei Mitunternehmerschaften tritt eine Aufteilungsregel hinzu, die zu weiteren Problemen führt, weil die Einkünfte aus der Mitunternehmerschaft und der Anteil am Gewerbesteuermessbetrag nicht miteinander korrespondieren.

In Organschaftsfällen ist in jedem Einzelfall sorgfältig zu prüfen, ob neben einer nur gewerbesteuerlichen auch eine körperschaftsteuerliche Organschaft begründet werden soll (Beratungsbedarf!).

Die vollständige Entlastung von der Gewerbesteuer wird aufgrund der Anrechnung auf das 1,8fache des Gewerbesteuermessbetrages regelmäßig bei einem persönlichen Steuersatz von 50 v.H. und einem Hebesatz von 360 v.H. erreicht.

Liegt der Hebesatz für die Gewerbesteuer unter 360 v.H. oder ist der persönliche Steuersatz (inkl. SolZ und KiSt) höher als 50 v. H., so ist die Entlastung des Gewerbetreibenden durch die Steuerermäßigung nach § 35 EStG n.F. und den Abzug der Gewerbesteuer als Betriebsausgabe größer als die Belastung durch die Gewerbesteuer (Überkompensation). Andererseits wird der Gewerbetreibende bei Hebesätzen über 360 v.H. oder einem persönlichen Steuersatz unter 50 v.H. nicht vollständig von der Gewerbesteuer entlastet. Zum Beispiel wird bei einem persönlichen Steuersatz von 45 v.H. eine vollständige Entlastung von der Gewerbesteuer nur bei Hebesätzen unter 330 v.H. erreicht.

Allgemeine Gestaltungshinweise lassen sich nur schwer geben, da in jedem Einzelfall unterschiedlich viele Parameter zu berücksichtigen sind; vgl. aber Herzig/Lochmann in DB 2000, S. 1197 ff. mit Beispielen. Im Regelfall ist gestalterische Steuerberatung in Form einer mehrperiodischen Simulationsrechnung denkbar. Dabei leistet die Vorschrift des § 35 EStG n.F. sicherlich keinen Beitrag zur Vereinfachung des Steuerrechts!

Zur Bereinigung von Zweifels- und Auslegungsfragen hat das Bundesministerium der Finanzen am 15.05.2002 ein Anwendungsschreiben zu der Steuerermäßigung bei Einkünften aus Gewerbebetrieb nach § 35 EStG n.F. mit Az. IV A 5 - S 2296 a - 16/02 erlassen.

Quellenangaben:

- Studienwerk der Steuerberater e.V., Köln
  Lamsfuß: Grunddarstellung Gewerbesteuer

- Rössler: Wörterbuch des Steuerrechts bis 81. Ergänzungslieferung
  Haufe, Freiburg im Breisgau

- Endriss-Haas-Küpper:
  Steuerkompendium ESt/KSt/GewSt, 7. Auflage
  NWB-Verlag Herne/Berlin

- Falterbaum-Beckmann:
  Grüne Reihe Buchführung und Bilanz, 16. Auflage
  efv Erich Fleischer Verlag, Achim bei Bremen.

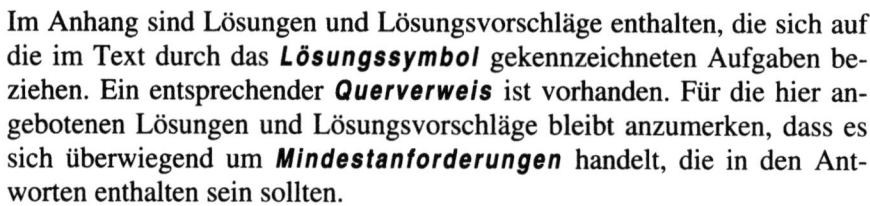

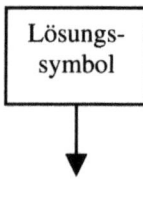

Lösungs-
symbol

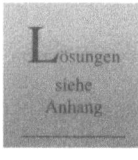

Lösungen
siehe
Anhang

Im Anhang sind Lösungen und Lösungsvorschläge enthalten, die sich auf die im Text durch das *Lösungssymbol* gekennzeichneten Aufgaben beziehen. Ein entsprechender *Querverweis* ist vorhanden. Für die hier angebotenen Lösungen und Lösungsvorschläge bleibt anzumerken, dass es sich überwiegend um *Mindestanforderungen* handelt, die in den Antworten enthalten sein sollten.

Sofern dieses Buch für eine Ausbildung oder ein Studium Verwendung gefunden hat, steht es den Anwendern natürlich frei, weitere und weiterführende Lösungen zu erarbeiten und diese mit den *Lehrkräften* abzustimmen.

Die Fragestellung beansprucht folgenden Mindestinhalt in der jeweiligen Kurzlösung:

Lösung zur Frage Nr. 1 von Seite 16

Der Beginn der Körperschaftsteuerpflicht ist im KStG nicht gesetzlich geregelt. Grundsätzlich ist der zivilrechtliche Entstehungszeitpunkt für das Steuersubjekt ausschlaggebend. Die Steuerpflicht einer juristischen Person des Privatrechts beginnt mit der Eintragung in das zuständige Register. Dies ist für eine GmbH das Handelsregister, wodurch sie mit der Eintragung ihre Rechtsfähigkeit als juristische Person erlangt.

Üblicherweise geht dem Entstehungszeitpunkt gemäß dem Zivilrecht eine in mehreren Stufen verlaufende Gründungsphase voraus. Bei den Kapitalgesellschaften wird zwischen der so genannten Vorgründungsgesellschaft und der Vorgesellschaft unterschieden, vgl. hierzu BStBl. 1990 II, S. 92.

Die Vorgründungsgesellschaft entsteht durch einen Vorvertrag, mit dem die künftigen Gesellschafter vertraglich übereinkommen, eine Kapitalgesellschaft gründen zu wollen. Der Zweck der Vorgründungsgesellschaft besteht in der gemeinsam verpflichtenden Errichtung einer Kapitalgesellschaft. Vorgründungsgesellschaften sind in der Regel als Gesellschaften bürgerlichen Rechts (GbR/BGB-Gesellschaft) zu qualifizieren. Bei Aufnahme eines Grundhandelsgewerbes kann die Vorgründungsgesellschaft auch als oHG zu betrachten sein. Rechtlich ist die Vorgründungsgesellschaft nicht mit der Vorgesellschaft und der späteren Kapitalgesellschaft identisch. Rechte und Verbindlichkeiten bedürfen insoweit der Einzelübertragung bzw. -übernahme. Diese gehen nämlich nicht von selbst auf die Vorgesellschaft bzw. auf die Kapitalgesellschaft über.

Fortsetzung zur Lösung Frage Nr. 1 von Seite 16

Als Vorgesellschaft wird die errichtete, jedoch noch nicht in das Handelsregister eingetragene Kapitalgesellschaft bezeichnet. Es handelt sich demnach um die Kapitalgesellschaft, die sich noch im Stadium der Gründung befindet. Die Vorgesellschaft setzt zwingend den Abschluss eines notariellen Gesellschaftsvertrages voraus. Die Rechte und Pflichten bedürfen keines Übertragungsaktes wie zwischen der Vorgründungs- und der Vorgesellschaft. Zivilrechtlich bilden die Vorgesellschaft und die Kapitalgesellschaft ab Eintragung dieselbe Person. Diese Personenidentität macht die Übertragung und die Übernahme von Rechten und Pflichten entbehrlich.

Das KStG knüpft mit seinen Besteuerungstatbeständen regelmäßig an das Zivilrecht an. Die Vorgründungsgesellschaft (GbR/oHG) unterliegt nicht der Körperschaftsteuerpflicht. Für den Beispielfall Mann & Maus bedeutet dies, dass für den Zeitraum 23.03.01 bis zum 28.05.01 von einer Mitunternehmerschaft im Sinne des § 15 Abs. 1 S. 1 Nr. 2 EStG auszugehen ist und von daher eine einheitliche und gesonderte Gewinnfeststellung (§§ 179 ff. AO) durchgeführt werden muss. Die Gründer der GmbH erzielen mithin Einkünfte aus Gewerbebetrieb von insgesamt ./. 5.000,00 DM. Unerheblich ist, ob es später zum Abschluss eines den Formvorschriften entsprechenden Gesellschaftsvertrages und der Handelsregistereintragung kommt.

Die Vorgesellschaft und die eingetragene Kapitalgesellschaft bilden auch steuerrechtlich eine Einheit; vgl. BStBl. 1988 II, S. 487 und BStBl. 1993 II, S. 354. Rechtsprechung und Steuerverwaltung fordern zur Personenidentität das Vorhandensein von Vermögen. Hiervon ist bereits auszugehen, wenn die Gesellschaftereinlagen geleistet worden sind oder bei bestehenden Einzahlungsansprüchen sowie bei Aufnahme einer nach außen gerichteten Geschäftsfähigkeit; vgl. BStBl. 1981 II, S. 601 und BStBl. 1983 II, S. 248. Für den Sachverhalt können die genannten Anforderungen als erfüllt angesehen werden. Die am 11.11.01 zivilrechtlich entstandene GmbH unterliegt mit ihrer am 29.05.01 errichteten Vorgesellschaft ab diesem Zeitpunkt der unbeschränkten Körperschaftsteuerpflicht nach § 1 Abs.1 Nr. 1 KStG.

Lösung zur Frage Nr. 2 von Seite 16

Für die körperschaftsteuerliche Gewinnermittlung ist nach § 8 Abs. 1 i.V.m. § 1 Abs. 1 Nr. 1 KStG folgender Gewinn des Wirtschaftsjahres 01 zugrunde zu legen:

Fortsetzung zur Lösung Frage Nr. 2 von Seite 16

- Gewinn aus Vorgesellschaft
  Zeitraum 29.05. bis 10.11.01   20.000,00 DM
- Gewinn aus Kapitalgesellschaft
  Zeitraum 11.11. bis 31.12.01   8.000,00 DM
  Zu berücksichtigender Gewinn aus personeller
  Identität zwischen Vorgesellschaft und
  Kapitalgesellschaft   28.000,00 DM
  ggf. um steuerrechtliche Korrekturen des
  Handelsbilanzgewinns angepasst.

Der Gewinn aus der Periode der Vorgründungsgesellschaft (23.03. bis 28.05.01) von ./. 5.000,00 DM ist im Wege der Mitunternehmerschaft i.S.d. § 15 Abs. 1 S. 1 Nr. 2 EStG i.V.m. §§ 179 ff. AO den Anteilseignern der GmbH quotal zuzurechnen und als Einkünfte aus Gewebebetrieb i.S.d. § 2 Abs. 1 S. 1 Nr. 2 EStG zu qualifizieren.

Lösung zur Frage Nr. 3 von Seite 20

Der Gänseblümchen e.V. ist als rechtsfähiger Verein mit Sitz im Inland eine der unbeschränkten Körperschaftsteuerpflicht unterliegende „sonstige juristische Person des privaten Rechts" i.S.d. § 1 Abs. 1 Nr. 4 KStG. Die Steuerpflicht erstreckt sich auf sämtliche in- und ausländischen Einkünfte (§ 1 Abs. 2 KStG), weil eine Steuerbefreiung nach § 5 Abs. 1 Nr. 9 KStG auszuschließen ist.

Im Gegensatz zu den nach dem HGB buchführungspflichtigen Körperschaftsteuerpflichtigen, bei denen alle Einkünfte durch § 8 Abs. 2 KStG als Einkünfte aus Gewerbebetrieb (§ 15 EStG) zu behandeln sind, kann der Gänseblümchen e.V. als ein hierzu nicht verpflichtetes Steuersubjekt auch Einkünfte anderer Einkunftsarten im Sinne von § 2 Abs. 1 EStG beziehen. Eine Ausnahme gilt bei den Einkünften aus nichtselbständiger Arbeit nach § 19 EStG i.V.m. § 2 Abs. 1 S. 1 Nr. 4 EStG und A 27 Abs. 2 KStR 1995.

Was als Einkommen gilt und wie das Einkommen ermittelt wird, richtet sich gemäß § 8 Abs. 1 KStG nach den allgemeinen Vorschriften des EStG und des KStG. Spezifische Vorschriften, die ihrer Art nach nur für natürliche Personen Anwendung finden, z.B. außergewöhnliche Belastungen, sind außer Betracht zu lassen; siehe § 27 Abs. 1 KStR 1995 zur Anwendung einkommensteuerrechtlicher Vorschriften für das vorrangige Körperschaftsteuerrecht.

Fortsetzung zur Lösung Frage Nr. 3 von Seite 20

Ermittlung des z.v.E. des nicht buchführungspflichtigen e.V.:

Gewinn aus Gewerbebetrieb (Anzeigenwerbung)	4.000,00 DM
Überschuss Vermietung und Verpachtung	3.000,00 DM
Summe der Einkünfte	7.000,00 DM
Gesamtbetrag der Einkünfte	7.000,00 DM
./. Freibetrag § 24 KStG (7.500,00 DM) max.	./. 7.000,00 DM
Einkommen/zu versteuerndes Einkommen	0,00 DM

Die Zinseinnahmen aus Spareinlagen führen zu Einkünften aus Kapitalvermögen i.S.d. § 20 Abs. 1 Nr. 7 EStG von 0,00 DM, da sie nicht höher sind als der Werbungskostenpauschbetrag nach § 9 a S. 1 Nr. 2 EStG von 100,00 DM (51,00 Euro ab 2002) und der Sparerfreibetrag nach § 20 Abs. 4 EStG von 3.000,00 DM (1.550,00 Euro ab 2002).

Der Veräußerungsgewinn des unbebauten Grundstücks betrifft die Vermögensebene und ist steuerfrei, da es sich nicht um ein privates Veräußerungsgeschäft handelt; vgl. § 22 Nr. 2 i.V.m. § 23 EStG.

Der Veräußerungsgewinn aus Aktiengeschäften ist innerhalb der Einjahresfrist des § 23 Abs. 1 S. 1 Nr. 2 EStG erzielt worden und damit grundsätzlich steuerpflichtig. Da der Gesamtgewinn im Kalenderjahr die Freigrenze von 1.000,00 DM (512,00 Euro ab 2002) nicht überschreitet, bleibt der Gewinn steuerfrei; vgl. § 23 Abs. 3 S. 6 EStG.

Der Freibetrag nach § 24 KStG für bestimmte Körperschaften von 7.500,00 DM beträgt ab 2002 = 3.835,00 Euro, höchstens jedoch in Höhe des Einkommens (= 7.000,00 DM für den Beispielfall).

Lösung zur Frage Nr. 4 von Seite 30

Ermittlung des zu versteuernden Einkommens der Concepta-GmbH für das Kalenderjahr (= Wirtschaftsjahr) 01 nach § 8 ff. KStG:

Jahresüberschuss lt. Handelsbilanz	50.000,00 DM
+ Werbegeschenke über 75,00 DM	1.000,00 DM
+ Eigenverbrauchsumsatzsteuer	160,00 DM
+ sonstige Personensteuern	10.000,00 DM
+ Körperschaftsteuer	48.000.00 DM
+ Parteispenden	3.000,00 DM
./. Investitionszulage	10.000.00 DM
./. Körperschaftsteuererstattung	5.160,00 DM
Zu versteuerndes Einkommen	97.000,00 DM

Fortsetzung zur Lösung Frage Nr. 4 von Seite 30

Die Anpassungskorrekturen sind notwendig, wenn die genannten Aufwands- und Ertragskonten zwar zutreffend den handelsrechtlichen Jahresüberschuss beeinflusst haben, aber gegen Vorschriften des Steuerrechts verstoßen. Die Korrektur darf im Wege einer Mehr- oder Wenigerrechnung erfolgen. Die Aufstellung einer separaten Steuerbilanz ist nicht erforderlich.

Lösung zur Frage Nr. 5 von Seite 48

Grundlage für die Ermittlung der Körperschaftsteuer des Wirtschaftsjahres 2000 ist das zu versteuernde Einkommen (§ 7 Abs. 1 KStG).

Im Anschluss ist eine so genannte vorläufige Steuerbilanz aufzustellen, in der die Körperschaftsteuerrückstellung (§ 249 i.V.m. § 266 Abs. 3 B Ziffer 2 HGB) unter Berücksichtigung der tariflichen Körperschaftsteuerbelastung (§ 23 Abs. 1 KStG a.F.) auszuweisen ist.

Die vorläufige Steuerbilanz, die auch als Steuervorbilanz bezeichnet wird, dient bei Gewinnausschüttungen als Hilfsrechnung für die Ableitung des verwendbaren Eigenkapitals (§ 29 KStG a.F.) sowie für die Erstellung der endgültigen Steuerbilanz. Dabei sind folgende Überlegungen für das weitere Verständnis wichtig:

Das Gesamtkapital i.S.d. § 29 KStG a.F. bildet das in der Steuerbilanz ausgewiesene Betriebsvermögen, das sich ohne Änderung der Körperschaftsteuer nach § 27 KStG a.F.- also vor Berücksichtigung einer Körperschaftsteuerminderung oder -erhöhung - ergibt.

Zieht man vom Gesamtkapital das gezeichnete Kapital (= Nennkapital) ab, erhält man das verwendbare Eigenkapital.

Somit enthält die Steuerbilanz die tarifmäßige Körperschaftsteuerschuld, die noch nicht durch Gewinnausschüttungen für die Ausschüttungsbelastung (§ 27 ff. KStG a.F.) herzustellen ist, beeinflusst worden ist. Die endgültige Steuerbilanz weist dagegen die maßgebliche Körperschaftsteuerschuld unter Berücksichtigung der sich aus der Gewinnausschüttung ergebenden Körperschaftsteueränderungen (Minderung bzw. Erhöhung) gemäß § 27 KStG a.F. aus.

Durch eine Gewinnausschüttung ändert sich an der Einkommensermittlung und der darauf entfallenden Tarifbelastung nichts mehr.

Die endgültige Höhe der Körperschaftsteuerschuld wird durch Körperschaftsteueränderungen i.S.d. § 27 KStG a.F. unmittelbar beeinflusst.

Fortsetzung zur Lösung Frage Nr. 5 von Seite 48

Nach dieser Vorschau ergibt sich rechnerisch das nachstehende zu versteuernde Einkommen (§ 7 Abs. 2 KStG) für das Wirtschaftsjahr 2000:

Vorläufiger Jahresüberschuss lt. Handelsbilanz 31.12.2000 (enthält steuerliche nichtabziehbare Aufwendungen)	400.000,00 DM
+ Körperschaftsteuervorauszahlungen § 10 Nr. 2 KStG	180.000,00 DM
+ sonstige Personensteuern § 10 Nr. 2 KStG	1.000,00 DM
= zu versteuerndes Einkommen	581.000,00 DM

Dieses zu versteuernde Einkommen in Höhe von 581.000,00 DM unterliegt einer tariflichen Körperschaftsteuerbelastung (§ 23 Abs. 1 KStG a.F.) von 40 v.H. Somit ergibt sich eine Körperschaftsteuer von 581.000,00 DM x 40 v.H. = 232.400,00 DM bzw. 118.824,00 Euro.

Die Ermittlung der vorläufigen Körperschaftsteuerschuld ergibt sich durch Gegenrechnung mit den geleisteten Körperschaftsteuervorauszahlungen:

Tarifbelastung	232.400,00 DM
./. geleistete KSt-Vorauszahlungen	180.000,00 DM
= vorläufige KSt-Schuld	52.400,00 DM

Nach diesen Berechnungen lässt sich die vorläufige Steuerbilanz unter Rückstellungsbildung der vorläufigen KSt-Schuld für das Wirtschaftsjahr 2000 aufstellen. Sie hat folgendes Bild:

Aktiva		vorläufige Steuerbilanz 31.12.2000	Passiva
diverse Aktiva	1.000.000,00	gezeichnetes Kapital	200.000,00
		Jahresüberschuss	
		= Steuerbilanzgewinn	347.600,00
		KSt-Rückstellung	52.400,00
		diverse Passiva	400.000,00
Summe	1.000.000,00	Summe	1.000.000,00

Der um die vorläufige Körperschaftsteuerbelastung geminderte Jahresüberschuss ist der vorläufige Steuerbilanzgewinn:

Jahresüberschuss	400.000,00 DM
./. vorläufige Körperschaftsteuer mit Einstellung in die Rückstellung	./. 52.400,00 DM
= Steuerbilanzgewinn (vorläufig)	347.600,00 DM

Als nächster Schritt ist aus der vorläufigen Steuerbilanz das verwendete Eigenkapital (vEK) nach § 29 Abs. 1 und 2 KStG a.F. herzuleiten:

Gezeichnetes Kapital	200.000,00 DM
Zugang durch vorl. StB-Gewinn	+ 347.600,00 DM
Eigenkapital 31.12.00	547.600,00 DM
abzüglich Nennkapital	./. 200.000,00 DM
= verwendbares Eigenkapital	347.600,00 DM

Fortsetzung zur Lösung Frage Nr. 5 von Seite 48

Der Gesamtbetrag des verwendbaren Eigenkapitals ist gemäß § 30 KStG zum Ende jedes Wirtschaftsjahres entsprechend seiner Tarifbelastung sowie unter Berücksichtigung der Zuordnung der nichtabziehbaren Aufwendungen gemäß § 31 KStG a.F. zu gliedern. Diese Gliederung ist eine von der Gewinnermittlung zu unterscheidende Sonderrechnung, deren Zweck in der Grundlage für die Herstellung der Ausschüttungsbelastung besteht.

Wegen dieser Bedeutung der Gliederung sind die Teilbeträge des verwendbaren Eigenkapitals am Schluss jedes Wirtschaftsjahres gesondert festzustellen (§§ 47 Abs. 1 S. 1, 30 Abs. 1 KStG a.F.); vgl. hierzu A 82 KStR.

Merke

Das verwendbare Eigenkapital ist das Eigenkapital, das für eine Gewinnausschüttung zur Verfügung steht.

Das gezeichnete Kapital (= Nennkapital) steht für eine Gewinnausschüttung niemals zur Verfügung, da es der (beschränkten) Haftung der Kapitalgesellschaft dient. Verwendbares Eigenkapital und Nennkapital bilden gemeinsam das Betriebsvermögen der Kapitalgesellschaft.

In der Gliederungsrechnung zum 31.12.2000 sind sämtliche Teilbeträge enthalten, die vor Berücksichtigung der Gewinnausschüttung für das abgelaufene Wirtschaftsjahr entstanden sind. Die Gliederung enthält regelmäßig auch die Teilbeträge, die in den vergangenen Wirtschaftsjahren entstanden sind; im vorliegenden Fall sind derartige Teilbeträge (z.B. EK 30) nicht vorhanden, da die Gesellschaft erst zum 01.01.2000 gegründet worden ist.

Somit ergibt sich folgende Gliederung des verwendbaren Eigenkapitals zum 31.12.2000:

	Summe	EK 40 DM	DM	DM
Stand 01.01.2000			0,00	0,00
Zugang: Einkommen 2000				581.000,00
./. Tarifbelastung 40 v.H.				232.400,00
= Zugang zum EK 40		348.600,00	348.600,00	348.600,00
./. sonstige nichtabziehbare Aufwendungen (so. Personensteuern); § 31 Abs. 1 Nr. 4 KStG			1.000,00	1.000,00
= Stand 31.12.2000			347.600,00	347.600,00

Vom Endbestand des 31.12.2000 ausgehend ist als nächster Schritt die Gewinnausschüttung für das Jahr 2000 mit dem hierfür verwendbaren und gegliederten Eigenkapital zu verrechnen.

Fortsetzung zur Lösung Frage Nr. 5 von Seite 48

Die Ausschüttungsbelastung von 30 v.H. (§ 27 Abs. 1 KStG a.F.) ist herzustellen und die Körperschaftsteueränderung (§ 27 Abs. 3 KStG a.F.) zu ermitteln. Dies geschieht wie folgt (beschlossene Gewinnausschüttung = 100.000,00 DM):

Verringerung des vEK durch offene Gewinnausschüttungen:

Im folgenden Wirtschaftsjahr beschlossene offene Gewinnausschüttung für das abgelaufene Wirtschaftsjahr	100.000,00 DM (51.129,00 Euro)
EK 40 gilt als verwendet: 60/70 von 100.000,00 DM	100.000,00 DM 85.714,00 DM
Minderung der Körperschaftsteuer von 40 v.H. auf 30 v.H. Ausschüttungsbelastung = 10/60 von 85.714,00 DM	<u>14.286,00 DM</u>

Auf die ordnungsgemäß beschlossene Gewinnausschüttung lastet zunächst eine tarifliche Körperschaftsteuerbelastung von 40 v.H., die sich durch Herstellung der Ausschüttungsbelastung auf 30 v.H. um 10 Prozentpunkte mindert. Die Körperschaftsteuerminderung beträgt für die Pegasus-GmbH = 14.286,00 DM. Hieraus folgt, dass die offene Gewinnausschüttung von 100.000,00 DM lediglich einen Betrag von 85.714,00 DM des Teilbetrages EK 40 verbraucht, da auch der Betrag, um den sich die Körperschaftsteuer mindert, als für die Ausschüttung verwendet gilt; vgl. § 28 Abs. 6 S. 1 KStG a.F. Zu den vorgenannten Brüchen vgl. A 77 KStR.

- Eine Körperschaftsteuerminderung führt einen steuerlichen Teilbetrag in den verwendbaren Eigenkapitalbetrag wieder zurück. Als Folge steht der Minderungsbetrag wiederum für die Gewinnausschüttung zur Verfügung

- Bei einer Körperschaftsteuererhöhung verhält es sich genau umgekehrt

- Die Basis für die Ausschüttungsbelastung beträgt stets 30 v.H. (§ 27 Abs. 1 KStG)

- Eigenkapitalteile größer 30 führen zu eine Körperschaftsteuerminderung; kleiner 30 zu einer Körperschaftsteuererhöhung

Merke

Die rechnerisch ermittelte Körperschaftsteuerminderung der Pegasus-GmbH in Höhe von 14.286,00 DM ist ferner bei der Ermittlung der endgültigen Körperschaftsteuerschuld für das Jahr 2000 zu berücksichtigen.

Fortsetzung zur Lösung Frage Nr. 5 von Seite 48

Gemäß § 27 Abs. 3 S. 1 KStG a.F. ist bei Ausschüttungen die Körperschaftsteuerminderung für den Veranlagungszeitraum zu berücksichtigen, in dem das Wirtschaftsjahr endet, für das die Gewinnausschüttung erfolgt (hier: 2000).

Die endgültige Körperschaftsteuerschuld beträgt demnach:

Vorläufige KSt-Schuld	52.400,00 DM
./. KSt-Minderung	14.286,00 DM
= KSt-Schuld Wj. 01	38.114,00 DM (19.487,00 Euro)

Fazit:

In Höhe von 38.114,00 DM ist die Körperschaftsteuerrückstellung in der endgültigen Bilanz für das Wirtschaftsjahr 2000 einzustellen.

Lösung zur Frage Nr. 6 von Seite 48

Unter Würdigung der Gewinnausschüttung für das Wirtschaftsjahr 2000 sowie der Körperschaftsteueränderung zeigt die endgültige Bilanz zum 31.12.2000 folgendes Bild:

Aktiva	vorläufige Steuerbilanz 31.12.2000	Passiva
diverse Aktiva 1.000.000,00	gezeichnetes Kapital	200.000,00
	Jahresüberschuss 01	361.886,00
	KSt-Rückstellung	38.114,00
	diverse Passiva	400.000,00
Summe 1.000.000,00	Summe	1.000.000,00

Deutlich wird, dass der vorläufige Steuerbilanzgewinn von 347.600,00 DM um die Körperschaftsteuerminderung von 14.286,00 DM auf nunmehr 361.886,00 DM erhöht hat. Vom handelsrechtlichen Jahresüberschuss von 400.000,00 DM sind 38.114,00 DM in die Körperschaftsteuerrückstellung einzustellen.

Lösung zur Frage Nr. 7 von Seite 48

Das Finanzamt wird für die Pegasus-GmbH zwei Bescheide erlassen:

Die GmbH erhält zunächst für das Wirtschaftsjahr 2000 den entsprechenden Körperschaftsteuerbescheid, der das zu versteuernde Einkommen in Höhe von 581.000,00 DM und die hieraus resultierende Körperschaftsteuer enthält. Diese beträgt im vorliegenden Fall:

Fortsetzung zur Lösung Frage Nr. 7 von Seite 48

Tarifbelastung 40 v.H.	232.400,00 DM
abzüglich KSt-Minderung	./. 14.286,00 DM
Körperschaftsteuer 2001	218.114,00 DM (111.520,00 Euro)

Hierauf werden die geleisteten	
Vorauszahlungen angerechnet	./. 180.000,00 DM
ergibt Körperschaftsteuernachzahlung:	38.114,00 DM (19.487,00 Euro)

Die Nachzahlung ist in der endgültigen Bilanz zutreffend als Körperschaftsteuerrückstellung erfasst (§ 249 i.V.m. § 266 Abs. 3 B Ziffer 2 HGB).

Die GmbH erhält ferner nach § 47 Abs. 1 KStG a.F. in einem Feststellungsbescheid die aus der Gliederungsrechnung entwickelten Teilbeträge des verwendbaren Eigenkapitals zum 31.12.2000. Inhaltlich entspricht dieser Bescheid der bereits entwickelten Gliederung des vEK zum 31.12.2000. Für die Pegasus-GmbH bedeutet dies, dass der Bescheid einen Bestand im Teilbetrag des EK 40 in Höhe von 347.600,00 DM gesondert feststellt.

Lösung zur Frage Nr. 8 von Seite 48

Nach der Aufgabenstellung hat das beschlussfähige Organ der GmbH eine Gewinnausschüttung für das Wirtschaftsjahr 2000 in Höhe von 100.000,00 DM (51.129,00 Euro) beschlossen. Fraglich könnte sein, in welcher Höhe eine maximal mögliche Gewinnausschüttung vorgenommen werden könnte. In diese Überlegung sind zwei wichtige Faktoren einzubeziehen:

Die GmbH hat als Kapitalgesellschaft kein variables Kapital wie beim Einzelunternehmen bzw. bei der Personengesellschaft. Das gezeichnete Kapital (= Nennkapital) darf nicht für Gewinnausschüttungen benutzt werden, das es dem beschränkten Haftungsvolumen zur Verfügung zu stehen hat. Das (übrige) Kapital ist das verwendbare Eigenkapital und ist mehrfach gegliedert. Das verwendbare Eigenkapital steht in einer festgelegten Verwendungsreihenfolge für Gewinnausschüttungen zur Verfügung.

Je nach Ausschüttung aus einem oder mehreren verwendbaren Eigenkapitalteilen kommt es bei Belastung mit Körperschaftsteuer von mehr als 30 v.H. zu einer Körperschaftsteuerminderung und von weniger als 30 v.H. zu einer Körperschaftsteuererhöhung (Herstellung der Ausschüttungsbelastung).

Fortsetzung zur Lösung Frage Nr. 8 von Seite 48

Diese Körperschaftsteuerveränderungen haben unmittelbar Einfluss auf die Frage, in welcher Höhe eine maximale Gewinnausschüttung vorgenommen werden kann. Es ist zu bedenken, dass eine Körperschaftsteuerminderung „in das verwendbare Eigenkapital zurückfließt" und für eine Gewinnausschüttung ebenfalls zur Verfügung steht. Analog hierzu führt eine Körperschaftsteuererhöhung zu einem „Fehlbetrag", der an die Gesellschafter nicht ausgeschüttet werden kann.

Nunmehr ist die maximal mögliche Gewinnausschüttung für das Jahr 2000 der Pegasus-GmbH zu ermitteln: Es ist vom Gesamtbestand des verwendbaren Eigenkapitals zum 31.12.2000 unter Berücksichtigung der Körperschaftsteueränderungen i.S.d. § 27 KStG a.F. auszugehen.

Im vorliegenden Fall ist das verwendbare Eigenkapital in voller Höhe im Teilbetrag des EK 40 enthalten und beträgt 347.600,00 DM. Dieser Bestand erhöht sich aufgrund § 28 Abs. 6 S. 1 KStG a.F. noch um die Körperschaftsteuerminderung, da auch diese für die maximal mögliche Gewinnausschüttung zur Verfügung steht. Somit ergibt sich für den Teilbetrag EK 40 folgendes Ausschüttungspotential:

Bestand EK 40 zum 31.12.2000   347.600,00 DM
KSt-Minderung in Höhe von $^{10}/_{60}$ des Bestand an EK 40:
$^{10}/_{60}$ von 347.600,00 DM   =   57.933,00 DM
insgesamt also: 405.533,00 DM

Die maximal mögliche Gewinnausschüttung für das Jahr 2000 beträgt somit 405.533,00 DM (207.346,00 Euro).

Beachten Sie bitte, dass die Frage nach der Maximalausschüttung häufig der Steuerberatung gestellt wird!

Praxis Hinweis

Bei mittelständischen Kapitalgesellschaften ist eine höchstmögliche Gewinnausschüttung um so profitabler, je geringer die persönlichen Einkommensteuersätze der Gesellschafter sind. Dies ist im Wesen des Anrechnungsverfahrens begründet. Selbst die spätere Wiederzuführung einer Gewinnausschüttung in die Kapitalgesellschaft ist nach ständiger höchstrichterlicher Rechtsprechung des BFH kein Gestaltungsmissbrauch i.S.d. § 42 AO. Gegen dieses so genannte „Schütt-aus-Hol-zurück-Verfahren" hat sich die Finanzverwaltung längere Zeit erfolglos zur Wehr gesetzt.

Zu prüfen ist, welche Auswirkungen sich bei der Pegasus-GmbH ergäben, wenn sie sich dem Rat der Steuerberatung auf höchstmögliche Gewinnausschüttung von vorne herein anschließen würde.

Fortsetzung zur Lösung Frage Nr. 8 von Seite 48

Beachtlich ist, dass nichtausgeschütteter (= thesaurierter) Gewinn der Tarifbelastung von 40 v.H. unterliegt und ausgeschütteter Gewinn einer Ausschüttungsbelastung von 30 v.H. Eine höchstmögliche Gewinnausschüttung kann daher nur als vorteilhaft bezeichnet werden; das gilt insbesondere bei niedrigen Einkommensteuersätzen der Gesellschafter der GmbH. Aus Sicht der verdeckten Gewinnausschüttung sind rückwirkende Beschlüsse und Beschlüsse außerhalb der Schriftform bedenklich!

Die höchstmögliche Gewinnausschüttung führt zu einer Körperschaftsteuerminderung in Höhe von 10/60 des Bestandes an EK 40 zum 31.12.2000:

$$10/60 \text{ von } 347.600,00 \text{ DM} = 57.933,00 \text{ DM}$$

Hiernach ergibt sich für das Jahr 2000 folgende Körperschaftsteuer, die mit dem Körperschaftsteuerbescheid 2000 wie folgt festgesetzt wird:

Zu versteuerndes Einkommen	581.000,00 DM
Tarifbelastung 40 v.H.	232.400,00 DM
./. Körperschaftsteuerminderung	./. 57.933,00 DM
festzusetzende Körperschaftsteuer	174.467,00 DM (89.204,00 Euro)

Festzuhalten ist, dass das steuerliche Ergebnis sich gegenüber:

- keiner Gewinnausschüttung (= vollständig thesaurierter Gewinn) in Höhe der Körperschaftsteuerminderung mit 57.933,00 DM als vorteilhafter auswirkt und

- der ursprünglich beschlossenen und beabsichtigten Gewinnausschüttung immerhin noch ein Vorteil in Höhe von 43.647,00 DM ergibt (57.933,00 DM abzüglich 14.286,00 DM)

Der festzusetzenden Körperschaftsteuer 2000 sind für diesen Veranlagungszeitraum entrichteten Vorauszahlungen gegen zu rechnen. Hiernach ergibt sich eine Erstattung wie folgt:

Festzusetzende Körperschaftsteuer	174.467,00 DM
./. KSt-Vorauszahlungen	./. 180.000,00 DM
Erstattung	5.533,00 DM (2.829,00 Euro)

Die rechnerische Probe ergibt, dass sich gegenüber der ursprünglich beabsichtigten Gewinnausschüttung (100.000,00 DM (51.129,00 Euro)) ein Vorteil in Höhe der Körperschaftsteuerminderung ergibt, die als Differenz aus der höher beschlossenen Maximalausschüttung resultiert.

Fortsetzung zur Lösung Frage Nr. 8 von Seite 48

Probe:

Körperschaftsteuernachzahlung bei beschlossener
Gewinnausschüttung von 100.000,00 DM =   38.114,00 DM
Körperschaftsteuererstattung bei maximaler
Gewinnausschüttung von 405.533,00 DM = ./.   5.533,00 DM
Differenz = KSt-Minderung aus Differenz =   32.581,00 DM (16.658,00 Euro)

Bei einer rechnerischen Erstattung entfällt die Bildung einer Körperschaftsteuerrückstellung, weil nichts zu zahlen ist.

Für den Fall der Maximalausschüttung stellt sich die Körperschaftsteuerrückstellung in Höhe von 38.114,00 DM wieder in den Steuerbilanzgewinn 2000 in Höhe von 361.886,00 DM gewinnerhöhend ein (vgl. endgültige Bilanz). Dadurch entsteht ein Jahresüberschuss/Steuerbilanz-
gewinn von 400.000,00 DM, der sich allerdings noch um die Forderung
des Körperschaftsteuerguthabens in Höhe von 5.533,00 DM erhöht. Der
Jahresüberschuss/Steuerbilanzgewinn beträgt demnach 405.533,00 DM.
Somit zeichnet sich nachstehende endgültige Bilanz auf den 31.12.2000
ab:

Aktiva	vorläufige Steuerbilanz 31.12.2000		Passiva
diverse Aktiva	1.000.000,00	gezeichnetes Kapital	200.000,00
Forderung		JÜ/StB-Gewinn	405.533,00
KSt-Erstattung	5.533,00	diverse Passiva	400.000,00
Summe	1.005.533,00	Summe	1.005.533,00

Der JÜ/StB-Gewinn setzt sich wie folgt zusammen:

Jahresüberschuss 2000   361.886,00 DM
lt. endgültiger Bilanz zuzüglich Wiedereinstellung
aus Rückstellungen der KSt   + 38.114,00 DM
zuzüglich Forderung KSt-Guthaben   +   5.533,00 DM
= JÜ/StB-Gewinn =   405.533,00 DM

Hinweis

Das Ausschüttungspotential der einzelnen Teilbeträge des verwendbaren
Eigenkapitals kann mit Hilfe der folgenden Brüche direkt berechnet werden:

Teilbetrag: Ausschüttungspotential bei einer Ausschüttungsbelastung von
30 v.H.:

EK 50 (bis 31.12.1998)	70/50
EK 45	70/55
EK 40	70/60
EK 30	70/70
EK 01 und EK 04	70/70
EK 02 und EK 03	70/100

Fortsetzung zur Lösung Frage Nr. 8 von Seite 48

Diese Faktoren beziehen sich jeweils auf den Bestand des einzelnen Teilbetrags. Aufgrund der Ausschüttungsbelastung von 30 v.H. ist bei den Teilbeträgen EK 02 und EK 03 die entsprechende Körperschaftsteuererhöhung zu berücksichtigen. Nach § 28 Abs. 6 S. 2 KStG a.F. gilt bei einer Körperschaftsteuererhöhung - also bei Verwendung eines Teilbetrags EK 02 und EK 03 - ein Teilbetrag höchstens als verwendet, soweit er den nach § 31 Abs. 1 Nr. 1 KStG a.F. von ihm abzuziehenden Erhöhungsbetrag übersteigt.

Bei einer Ausschüttung aus dem EK 30 tritt keine Körperschaftsteueränderung ein, da dieser Einkommensteil bereits mit der gewünschten Körperschaftsteuerbelastung von 30 v.H. versehen ist.

Soweit die Teilbeträge EK 01 und EK 04 als verwendet gelten, erfolgt gemäß § 40 S. 1 Nr. 1 und Nr. 2 KStG a.F. keine Körperschaftsteuererhöhung, so dass auch diese Teilbeträge des vEK in voller Höhe Gewinnausschüttungen zur Verfügung stehen.

Lösung zur Frage Nr. 9 von Seite 87

Berechnung des zu versteuernden Einkommens:

Jahresüberschuss	67.819
KSt 04	+ 29.273
sonstige nichtabziehbare Ausgaben	+ 2.908
zu versteuerndes Einkommen	**100.000**

Gliederung des vEK:

	Vorspalte	SE.	EK45	EK40	EK02
vEK zum 31.12.03		63.703	23.703	30.000	10.000
z.v.E. 04	100.000				
Tarifbelastung 40 %	./. 40.000				
Zugang EK 40	60.000	+ 60.000		+ 60.000	
nichtabziehbare Ausgaben		./. 2.908		./. 2.908	
vEK 31.12.04		**120.795**	**23.703**	**87.092**	**10.000**

Nachrichtlicher Teil					
Bestand 31.12.04		120.795	23.703	87.092	10.000
offene Gewinnausschüttung	60.000				
aus EK 45	./. 23.703	23.703	23.703		
KSt-Minderung $^{15}/_{55}$ v. 23.703	./. **6.465**				
	29.832				
aus EK 40: $^{60}/_{70}$ v. 29.832	./. 25.570	25.570		25.570	
KSt-Minderung $^{10}/_{70}$ v. 29.832	./. **4.262**				
	0				
Verringerung des vEK		**49.273**	**23.703**	**25.570**	

Fortsetzung zur Lösung Frage Nr. 9 von Seite 87

Verprobung nach § 29 KStG:

Stammkapital	50.000
Gewinnvortrag	+ 63.703
Jahresüberschuss	+ 67.819
Betriebsvermögen lt. Steuerbilanz	181.522
KSt-Minderung	./. 10.727
Eigenkapital gem. § 29 Abs. 1 KStG	**170.795**
Nennkapital	./. 50.000
verwendbares Eigenkapital i.S.d. § 29 Abs. 2 S. 2 KStG	**120.795**
vEK lt. Gliederungsrechnung	120.795
Differenz	**0**

Lösung zur Frage Nr. 10 von Seite 92

Das Anrechnungsverfahren wurde durch das Körperschaftsteuerreformgesetz vom 31. August 1976 (BStBl. 1976 I, S. 445) eingeführt. Seine erstmalige Anwendung erstreckte sich auf Gewinnausschüttungen für nach dem 01. Januar 1977 endende Wirtschaftsjahre, bei Unternehmen deren Wirtschaftsjahr mit dem Kalenderjahr übereinstimmt, erstmals für Gewinnausschüttungen des Jahres 1977, bei Unternehmungen mit abweichendem Wirtschaftsjahr erstmals für Gewinnausschüttungen für das Wirtschaftsjahr 1976/1977.

Das Anrechnungsverfahren ist mit Ablauf des Veranlagungszeitraums 2000 für Körperschaften, bei denen das Wirtschaftsjahr dem Kalenderjahr entspricht, und mit Ablauf des Veranlagungszeitraums 2001 für Körperschaften mit abweichendem Wirtschaftsjahr außer Kraft getreten; § 34 Abs. 10 a KStG i.d.F. vom 23. Oktober 2000; BGBl. 2000 I, S. 1433.

Lösung zur Frage Nr. 11 von Seite 92

Durch das damals völlig neuartige Anrechnungsverfahren ergab sich eine Besteuerung von ausgeschütteten Gewinnen nach der Leistungsfähigkeit des Anteilseigners einer Anrechnungskörperschaft. Die in den Zeiten des vor dem Anrechnungsverfahren herrschenden klassischen Körperschaftsteuersystems vorhandene Doppelbesteuerung auf den Ebenen der Gesellschaft und der Gesellschafter wurde durch das damals neue System vermieden. Das Anrechnungsverfahren hat insgesamt drei funktionale Kernbereiche:

*   Herstellung der Ausschüttungsbelastung (§§ 27 bis 47 KStG a.F.) bei Gewinnausschüttung

Fortsetzung zur Lösung Frage Nr. 11 von Seite 92

- Anrechnung der Ausschüttungsbelastung beim Anteilseigner auf dessen persönliche Einkommensteuerschuld (§ 36 Abs. 2 S. 2 Nr. 3 EStG a.F.)
- Erfassung der Ausschüttungsbelastung beim Anteilseigner als Einnahmen aus Kapitalvermögen (§ 20 Abs. 1 Nr. 3 EStG a.F.)

Durch die Herstellung der Ausschüttungsbelastung (30 v.H.) und Anrechnung auf die Einkommensteuerschuld des Anteilseigners wird die Körperschaftsteuerbelastung für ausgeschüttete Gewinne beseitigt. Durch das Standortsicherungsgesetz vom 13. September 1993 (BStBl. 1993 I, S. 774) wurde die Ausschüttungsbelastung von 36 v.H. auf 30 v.H. reduziert. Auf die Herstellung der Ausschüttungsbelastung bei Ausschüttungen aus dem Einkommensteil EK 01 wurde verzichtet.

Lösung zur Frage Nr. 12 von Seite 92

Das geschlossene System wird anhand der allgemeinen Wirkungsweise des Anrechnungsverfahrens deutlich:

Beim anrechnungsberechtigten Anteilseigner wird die Doppelbelastung ausgeschütteter Gewinne mit Körperschaftsteuer einerseits und mit Einkommensteuer andererseits vermieden. Diese die Ebene der Gesellschaft und des Gesellschafters getroffene Handhabung vollzieht sich dadurch, dass die auf die Ausschüttung entfallende Körperschaftsteuer in Höhe der Ausschüttungsbelastung neben der Bardividende als Einkünfte aus Kapitalvermögen (§ 20 Abs. 1 Nr. 3 EStG a.F.) zu versteuern und andererseits die Körperschaftsteuer auf die Einkommensteuerschuld des Anteilseigners (§ 36 Abs. 2 S. 2 Nr. 3 EStG a.F.) anzurechnen ist. Die enge sachliche Verknüpfung beider Ebenen (Gesellschaft und Gesellschafter) wird auch als Vollanrechnungsverfahren bezeichnet. Die Wirkungsweise als geschlossenes System auf beiden Ebenen wird durch diesen Begriff noch deutlicher hervorgehoben.

Lösung zur Frage Nr. 13 von Seite 92

Thesaurierte Gewinne unterlagen grundsätzlich einer Tarifbelastung von 40 v.H. ab 1999; vgl. § 23 Abs. 1 KStG a.F. Diese Belastung mit Körperschaftsteuer blieb so lange bestehen, wie die Kapitalgesellschaft die Gewinne thesauriert, also nicht ausschüttet (Wiederanlage durch Einstellung in den Gewinnvortrag).

Fortsetzung zur Lösung Frage Nr. 13 von Seite 92

Kam es zur Gewinnausschüttung an ihre Anteilseigner und wurde hierfür tariflich besteuerter Gewinn verwendet, so lebte die auf die thesaurierten Gewinne gezahlte tarifliche Körperschaftsteuer in Form einer Körperschaftsteuerminderung und als Anrechnungsguthaben auf. Die auf thesaurierte Gewinne gezahlte Körperschaftsteuer stets mithin keine definitive Steuerbelastung.

Auch nichtabziehbare Betriebsausgaben unterlagen nach den Gesetzmäßigkeiten des KStG der Tarifbelastung mit Körperschaftsteuer. Hier handelte es sich jedoch um eine Definitivbelastung. Sie konnte – anders als bei der Ausschüttung thesaurierter Gewinne – nicht als Anrechnungsguthaben aufleben. Nichtabziehbare Betriebsausgaben banden Körperschaftsteuer in Höhe ihrer Tarifbelastung.

Die Ausschüttungsbelastung von 30 v.H. der Bruttoausschüttung bzw. 30/70 (= 3/7 bzw. 42,86 v.H.) der Barausschüttung war kein ermäßigter Steuersatz. Sie war ein besonderer Besteuerungstatbestand, die sich nach dem individuellen Ausschüttungsverfahren einer Anrechnungskörperschaft richtet; vgl. hierzu BFH, BStBl. 1991 II, S. 150. Es bedurfte einer besonderen Rechnung. Das Herstellen der Ausschüttungsbelastung führte zu einer Minderung der Körperschaftsteuer, wenn der für die Ausschüttung als verwendet geltende Gewinn einer tariflichen Körperschaftsteuer unterlegen hat, die höher als die Ausschüttungsbelastung war. Es kam analog zu einer Erhöhung der Körperschaftsteuer, wenn der für die Ausschüttung als verwendet geltende Gewinn steuerfrei war oder einer milderen Besteuerung unterlegen hat, die unterhalb der Ausschüttungsbelastung lag. Die Ausschüttungsbelastung wurde nicht bei Ausschüttungen aus dem EK 04 und EK 01 hergestellt (erstmals bei Abfluss im VZ 1994 bei offenen Ausschüttungen, bei Abfluss im VZ 1993 bei anderen Ausschüttungen).

Vor dem Herstellen der Ausschüttungsbelastung wurde zunächst die übliche Besteuerung mit der Tarifbelastung durchgeführt und das sich ergebende verwendbare Eigenkapital ermittelt. Erst im Anschluss hieran wurde die Ausschüttungsbelastung hergestellt. Hierdurch wurde erreicht, dass jeder ausgeschüttete Gewinn – unabhängig von der Vorbelastung – immer einer einheitlichen Steuerbelastung von 30 v.H. unterlag. Damit dieses Ziel erreicht werden konnte, mussten unterschiedlich mit Körperschaftsteuer belastete Gewinne mittels einer Sonderrechnung in verschiedene Teilbeträge des verwendbaren Eigenkapitals voneinander getrennt werden.

Lösung zur Frage Nr. 14 von Seite 92

Der zur Anrechnung von Körperschaftsteuer befugte Anteilseigner hatte die Bruttodividende der Einkommensteuer gemäß § 20 Abs. 1 Nr. 1 und ggf. Nr. 2 EStG a.F. zu unterwerfen. Dabei handelte es sich bei der Bruttodividende um die Bardividende, also die Nettodividende zuzüglich der Kapitalertragsteuer und dem Solidaritätszuschlag. Ferner trat gemäß § 20 Abs. 1 Nr. 3 EStG a.F. die anrechenbare Körperschaftsteuer als ebenfalls zu erfassende Einnahme hinzu (Voraussetzung für deren Anrechenbarkeit). Auf die individuelle Jahreseinkommensteuer des Anteilseigners war das Körperschaftsteuerguthaben und die Kapitalertragsteuer stets anrechenbar (Entsprechendes gilt für den Solidaritätszuschlag). War die individuelle Einkommensteuerschuld des Anteilseigners niedriger als das Anrechnungsguthaben, so erfolgte eine Erstattung des Betrages, um den das Anrechnungsguthaben die Steuerschuld des Anteilseigners überstiegen hat. Bei einer Steuerschuld von 0,00 DM/Euro wurde infolgedessen das Anrechungsguthaben in voller Höhe erstattet.

Das Anrechnungsguthaben betrug ab dem VZ 1994 stets 3/7 der Barausschüttung (bis dahin galten 9/16 der Barausschüttung).

Lösung zur Frage Nr. 15 von Seite 92

Am Anrechnungsverfahren durften nur unbeschränkt steuerpflichtige Anrechnungskörperschaften teilnehmen. Zur Anrechnung der Körperschaftsteuer waren berechtigt:

- unbeschränkt einkommensteuerpflichtige natürliche Personen,
- unbeschränkt steuerpflichtige, nicht von der Körperschaftsteuer befreite juristische Personen,
- steuerbefreite juristische Personen, wenn die Anteile an der Anrechnungskörperschaft zu einem wirtschaftlichen Geschäftsbetrieb gehören,
- Betriebe gewerblicher Art, zu denen die Anteile an der Anrechnungskörperschaft gehören (Körperschaften des öffentlichen Rechts),
- beschränkt steuerpflichtige natürliche und juristische Personen, wenn die Anteile an der Anrechnungskörperschaft zu einer inländischen Betriebsstätte gehören.

Nicht zur Anrechnung berechtigt waren:

- natürliche Personen mit Wohnsitz im Ausland,
- juristische Personen mit Sitz und Geschäftsleitung im Ausland,
- inländische juristische Personen des öffentlichen Rechts,

Fortsetzung zur Lösung Frage Nr. 15 von Seite 92

* inländische juristische Personen des privaten Rechts, die steuerbefreit sind, z.B. gemeinnützige Körperschaften.

Bei dem genannten Personenkreis war die Einkommensteuer durch den Steuerabzug vom Kapitalertrag abgegolten (§ 50 KStG, § 50 Abs. 5 EStG). Dies hatte nach § 51 KStG die Nichtanrechnung der Körperschaftsteuer zur Folge.

Lösung zur Frage Nr. 16 von Seite 92

Die KStR 1995 bieten zu den gefragten Begriffen der verdeckten Gewinnausschüttung und der verdeckten Einlage aus der BFH-Rechtsprechung hervorgegangene Definitionen an, die von sämtlichen Ebenen des Steuerrechts akzeptiert worden sind. Zu den Definitionen zur

* verdeckten Gewinnausschüttung siehe A 31 Abs. 3 S. 1 KStR 1995,
* verdeckten Einlage siehe A 36 a Abs. 1 S. 1 KStR 1995.

Lösung zur Frage Nr. 17 von Seite 92

Das Anrechnungsverfahren erfasste – wie im Übrigen das Halbeinkünfteverfahren auch – sämtliche Gewinnausschüttungen (offene und verdeckte), gleichgültig in welcher Form sie bewirkt werden. Die Ursache ist im § 8 Abs. 3 KStG gesetzlich begründet.

Dem Anrechnungsverfahren unterlagen auch sonstige Leistungen, die im Falle der Gewinnausschüttung am Anrechnungsverfahren teilgenommen hätten. Sonstige Leistungen in diesem Zusammenhang sind:

* die Rückzahlung von Nennkapital, das verwendbares Eigenkapital darstellt. Das ist der Fall, wenn das Nennkapital aus Gesellschaftsmitteln erhöht worden ist und hierdurch nach dem Systemwechsel erzielte Gewinne verwendet worden sind,
* die Rückzahlung von Kapital nach Auflösung der Gesellschaft, soweit hierbei verwendbares Eigenkapital im Sinne des § 30 KStG verwendet wird.

Siehe in diesem Zusammenhang § 41 KStG und § 20 Abs. 1 Nr. 2 EStG. Der Umstand, dass auch sonstige Leistungen in das Anrechnungsverfahren einbezogen wurden, beruhte auf der Überlegung, dass Gewinne, die im Grundsatz dem Anrechnungsverfahren unterlagen, dem Anrechnungsverfahren verhaftet bleiben sollten, gleichgültig, in welcher Form und in welcher Weise sie auf den Anteilseigner übertragen wurden.

Der Jahresüberschuss ist als Ergebnis ordnungsgemäßer handelsrechtlicher Buchführung hervorgegangen. Der so ermittelte Gewinn bzw. Verlust ist für die Ertragsbesteuerung nach dem EStG/KStG unbrauchbar, da er gegen zwingende steuerrechtliche Vorschriften verstößt. Die Allgemeinen Vorschriften des Ersten Kapitels des Zweiten Teils des Körperschaftsteuergesetzes bestimmen darum, wie u.a. die Grundlagen der Besteuerung bzw. die Ermittlung des Einkommens aus steuerrechtlicher Betrachtungsweise zu erfolgen haben; siehe hierzu §§ 7 ff. KStG. Für die Anpassung des handelsrechtlichen Jahresüberschusses an das steuerrechtliche Einkommen genügt bereits eine Mehr- und Wenigerrechnung. Die Aufstellung einer separaten Steuerbilanz ist grundsätzlich nicht erforderlich. Durch die Mehr- und Wenigerrechnung kann man von einem negativen Jahresüberschuss (= Jahresfehlbetrag) u.U. zu einem positiven zu versteuernden Einkommen gelangen, etwa weil die nichtabzugsfähigen Betriebsausgaben (§ 10 KStG), die den handelsrechtlichen Gewinn zulässig mindern durften, das Gesamtergebnis insgesamt positiv werden lassen.

Beispiel mit Aufsichtsratvergütungen:

Jahresfehlbetrag lt. Gu.V der HB	100.000,00 €
+ Hinzurechnung der Aufsichtsratvergütungen gemäß § 10 Nr. 4 KStG = 500.000,00 €	
hiervon die Hälfte = 250.000,00 €	250.000,00 €
Einkommen § 8 KStG (positiv)	150.000,00 €

Die Gemeindekasse wird die Gewerbesteuer-Abrechnung nach dem Abschnitt V, Entstehung, Festsetzung und Erhebung der Steuer (§§ 16 bis 21 GewStG) erstellen. Für die Bekanntgabe des Verwaltungsaktes (§§ 118 bis 121 AO) gelten die verfahrensrechtlichen Vorschriften der Abgabenordnung mit seinem § 108 i.V.m. §§ 122, 124 und ggf. 123 AO. Das wirksam bekannt gegebene Leistungsgebot richtet sich gegen den Betreiber (Inhaber) des steuerpflichtigen Gewerbebetriebs. Bei Nichtleistung greifen die Allgemeinen Vorschriften des Ersten Abschnitts des Sechsten Teils der Abgabenordnung (§§ 249 ff. AO) über die Vollstreckung.

Fortsetzung zur Lösung Frage Nr. 19 von Seite 302

Abrechnung der Gemeindekasse über Gewerbesteuer:
Erhebungszeitraum 01:

Jahresbetrag		2.100,00 Euro
hierauf wurden Vorauszahlungen wie folgt entrichtet:		
1. Quartal 01	360,00 Euro	
2. Quartal 01	360,00 Euro	
3. Quartal 01	530,00 Euro	
4. Quartal 01	530,00 Euro	
Summe		1.780,00 Euro
ergibt Nachzahlbetrag		320,00 Euro

Lösung zur Frage Nr. 20 von Seite 302

Die Gewerbesteuer-Abschlusszahlung (Hauptschuld) beträgt 320,00 Euro und ist innerhalb eines Monats nach Bekanntgabe des Steuerbescheids zu entrichten; Siehe § 20 Abs. 2 GewStG. Eine Sofortzahlung, etwa einer offen gebliebenen Vorauszahlung, liegt nicht vor, da sämtliche Beträge im Abrechnungszeitpunkt – wenn auch in Teilen verspätet – bei der Gemeindekasse gutgeschrieben waren.

Lösung zur Frage Nr. 21 von Seite 302

Das Aufkommen der Gewerbesteuer steht gemäß Art. 106 Abs. 6 GG den Gemeinen zu. Die Gemeinden wenden die verfahrensrechtlichen Bestimmungen der Abgabenordnung an. Wird eine Steuer nicht bis zum Ablauf des Fälligkeitstages entrichtet, so ist für jeden *angefangenen* Monat der Säumnis ein Säumniszuschlag von eins vom Hundert des abgerundeten rückständigen Steuerbetrags zu entrichten; abzurunden ist auf den nächsten durch 50,00 Euro teilbaren Betrag (§ 240 Abs. 1 S. 1 AO). Für die vierte Vorauszahlung bedeutet dies, dass für zwei Monate Säumniszuschläge von insgesamt 10,00 Euro gesetzlich verwirkt sind (500,00 Euro x 1 v.H. x 2 Monate). Ein Säumniszuschlag wird – mit Ausnahme einer Scheckzahlung (§ 224 Abs. 2 Nr. 1 AO) – bei einer Säumnis bis zu fünf Tagen nicht erhoben; vgl. § 240 Abs. 3 AO. Diese Regelung wird als Zahlungsschonfrist bezeichnet und soll den Bürger vor einer allzu kleinlichen Bearbeitung durch die Behörden schützen. Nutzt der Bürger die Zahlungsschonfrist ständig aus, so gilt er nicht als pünktlicher Steuerzahler (wichtig bei Stundungen; vgl. § 222 AO).

Erklärter Gewinn aus Gewerbebetrieb	580.000,00 DM
./. Zinsen Gebäude A.-Bebel-Str. 82 (30 v.H.)	8.400,00 DM
Gewinn § 7 GewStG	571.600,00 DM

Hinzurechnungen:

§ 8 Nr. 1 GewStG: 30 v.H. von 28.000,00 DM, davon 50 v.H.	4.200,00 DM
§ 8 Nr. 3 GewStG:	63.511,00 DM
§ 8 Nr. 7 GewStG: niederländischer Verpächter	
7 x 60.000,00 DM = 420.000,00 DM,	
davon 50 v.H. (BVerfG: strittig!)	210.000,00 DM
Gewinn nach Hinzurechnungen	849.311,00 DM

Kürzungen:

§ 9 Nr. 1 GewStG:	Kaiser-Friederich-Alle 101	
	Einheitswert 250.000,00 DM	
	x 140 v.H. 350.000,00 DM	
	x 75 v.H. 262.500,00 DM	
	x 1,2 v.H.	3.150,00 DM
Zwischensumme		846.161,00 DM
abgerundet gem. § 11 Abs. 1 GewStG		846.100,00 DM
./. Freibetrag gem. § 11 Abs. 1 GewStG		48.000,00 DM
Gewerbeertrag		798.100,00 DM

Steuermessbetrag:

Gewerbeertrag:	798.100,00 DM				
./. erste	24.000,00 DM	→ 1 v.H.	=		240,00 DM
./. zweite	24.000,00 DM	→ 2 v.H.	=		480,00 DM
./. dritte	24.000,00 DM	→ 3 v.H.	=		720,00 DM
./. vierte	24.000,00 DM	→ 4 v.H.	=		960,00 DM
verbleiben	702.100,00 DM	→ 5 v.H.	=		35.105,00 DM

Steuermessbetrag	37.505,00 DM

Die Gewerbekapitalsteuer wird bereits seit dem 01. Januar 1998 nicht mehr erhoben.

Artikel 4

Änderung des Körperschaftsteuergesetzes

Das Körperschaftsteuergesetz in der Fassung der Bekanntmachung vom 22. April 1999 (BGBl. I S. 817) , zuletzt geändert durch Artikel 3 des Gesetzes vom 23. Oktober 2000 (BGBl. I S. 1433) , wird wie folgt geändert:

1. In § 9 Abs. 1 Nr. 2 Satz 3 wird die Angabe „50 000 Deutsche Mark" durch die Angabe „25 565 Euro" ersetzt.

2. In § 24 Satz 1 wird die Angabe „7 500 Deutsche Mark" durch die Angabe „3 835 Euro" ersetzt.

3. In § 25 Abs. 1 Satz 1 wird die Angabe „30 000 Deutsche Mark" durch die Angabe „15 339 Euro" ersetzt.

4. § 34 wird wie folgt geändert:

   a) Absatz 1 wird wie folgt gefasst:

   „(1) Das Körperschaftsteuergesetz in der Fassung des Artikels 4 des Gesetzes vom 19. Dezember 2000 (BGBl. I S. 1790) ist, soweit in den folgenden Absätzen sowie in § 35 nichts anderes bestimmt ist, erstmals für den Veranlagungszeitraum 2002 anzuwenden."

   b) Absatz 10a wird wie folgt geändert:

      aa) In Satz 5 wird die Angabe „Sätze 1 bis 3" durch die Angabe „Sätze 2 bis 4" ersetzt.

      bb) In Satz 7 wird die Angabe „Sätzen 1 bis 3" durch die Angabe „Sätzen 2 bis 4" ersetzt.

      cc) in Satz 8 wird die Angabe „Satz 4" durch die Angabe „Satz 5" ersetzt.

5. In § 36 Abs. 2 Satz 3 wird die Angabe „Beträge, die nach § 34 Abs. 10a Satz 2 bis 5" durch die Angabe „Beträge, die nach § 34 Abs. 10a Satz 6 bis 8" ersetzt.

Artikel 5

Änderung der
Körperschaftsteuer-Durchführungsverordnung

Die Körperschaftsteuer-Durchführungsverordnung in der Fassung der Bekanntmachung vom 22. Februar 1996 (BGBl. I S. 365) wird wie folgt geändert:

1. § 2 wird wie folgt gefasst:

    „§ 2

    Kassen mit Rechtsanspruch der Leistungsempfänger

    (1) Bei rechtsfähigen Pensions- oder Sterbekassen, die den Leistungsempfängern einen Rechtsanspruch gewähren, dürfen die jeweils erreichten Rechtsansprüche der Leistungsempfänger vorbehaltlich des Absatzes 2 die folgenden Beträge nicht übersteigen:

als Pension	25.769,00 Euro	jährlich
als Witwengeld	17.179,00 Euro	jährlich
als Waisengeld	5.154,00 Euro	jährlich für jede Halbwaise
	10.308,00 Euro	jährlich für jede Vollwaise
als Sterbegeld	7.669, 00 Euro	als Gesamtleistung

    (2) Die jeweils erreichten Rechtsansprüche, mit Ausnahme des Anspruchs auf Sterbegeld, dürfen in nicht mehr als 12 vom Hundert aller Fälle auf höhere als die in Absatz 1 bezeichneten Beträge gerichtet sein. Dies gilt in nicht mehr als 4 vom Hundert aller Fälle uneingeschränkt. Im Übrigen dürfen die jeweils erreichten Rechtsansprüche die folgenden Beträge nicht übersteigen:

als Pension	38.654,00 Euro	jährlich
als Witwengeld	25.769,00 Euro	jährlich
als Waisengeld	7.731,00 Euro	jährlich für jede Halbwaise
	15.461,00 Euro	jährlich für jede Vollwaise

2. In § 4 werden die Angabe „1 560 000 Deutsche Mark" durch die Angabe „797 615 Euro" und die Angabe „600 000 Deutsche Mark" durch die Angabe „306 775 Euro" ersetzt.

3.   § 6 wird wie folgt gefasst:

„ § 6

Anwendungszeitraum

Die Körperschaftsteuer-Durchführungsverordnung in der Fassung des Artikels 5 des Gesetzes vom 19. Dezember 2000 (BGBl. I S. 1790) ist erstmals für den Veranlagungszeitraum 2002 anzuwenden.“

Artikel 7
Änderung des Gewerbesteuergesetzes

Das Gewerbesteuergesetz in der Fassung der Bekanntmachung vom 19. Mai 1999 (BGBl. I S. 1010, 1491) , zuletzt geändert durch Artikel 6 des Gesetzes vom 23. Oktober 2000 (BGBl. I S. 1433), wird wie folgt geändert:

1. In § 8 Nr. 7 Satz 2 wird die Angabe „250 000 Deutsche Mark“ durch die Angabe „125 000 Euro“ ersetzt.

2. In § 9 Nr. 5 Satz 3 wird die Angabe „50 000 Deutsche Mark“ durch die Angabe „25 565 Euro“ ersetzt.

3. § 11 wird wie folgt geändert:

   a) Absatz 1 Satz 3 wird wie folgt geändert:

      aa) Die Angabe „100 Deutsche Mark“ wird durch die Angabe „50 Euro“ ersetzt.

      bb) In Nummer 1 wird die Angabe „48 000 Deutsche Mark“ durch die Angabe „24 500 Euro“ ersetzt.

      cc) In Nummer 2 wird die Angabe „7 500 Deutsche Mark“ durch die Angabe „3 835 Euro“ ersetzt.

   b) In Absatz 2 Nr. 1 wird die Angabe „24 000 Deutsche Mark“ jeweils durch die Angabe „12 000 Euro“ ersetzt.

   c) In Absatz 3 Satz 2 wird die Angabe „50 000 Deutsche Mark“ durch die Angabe „25 000 Euro“ ersetzt.

4. § 19 Abs. 5 wird wie folgt geändert:

   a) In Satz 1 werden die Wörter „Deutsche Mark" durch das Wort „Euro" ersetzt.

   b) In Satz 2 wird die Angabe „100 Deutsche Mark" durch die Angabe „50 Euro" ersetzt.

5. In § 29 Abs. 3 wird die Angabe „1 000 Deutsche Mark" durch die Angabe „1 000 Euro" ersetzt.

6. § 31 wird wie folgt geändert:

   a) In Absatz 4 Satz 2 wird die Angabe „100 000 Deutsche Mark" durch die Angabe „50 000 Euro" ersetzt.

   b) in Absatz 5 wird die Angabe „50 000 Deutsche Mark" durch die Angabe „25 000 Euro" ersetzt.

7. In § 34 Abs. 1, 2 und 3 wird jeweils in Satz 1 die Angabe „20 Deutsche Mark" durch die Angabe „10 Euro" ersetzt.

8. § 36 wird wie folgt gefasst:

   „§ 36

   Zeitlicher Anwendungsbereich

   Das Gewerbesteuergesetz in der Fassung des Artikels 7 des Gesetzes vom 19. Dezember 2000 (BGBl. I S. 1790) ist erstmals für den Erhebungszeitraum 2002 anzuwenden."

Artikel 8

Änderung der Gewerbesteuer-Durchführungsverordnung

Die Gewerbesteuer-Durchführungsverordnung in der Fassung der Bekanntmachung vom 21. März 1991 (BGBl. I S. 831), zuletzt geändert durch Artikel 7 des Gesetzes vom 22. Dezember 1999 (BGBl. I S. 2601), wird wie folgt geändert:

1. § 25 Abs. 1 wird wie folgt geändert:

a) In Nummer 1 wird die Angabe „48 000 Deutsche Mark" durch die Angabe „24 500 Euro" ersetzt.

b) In Nummer 3 Satz 2 sowie in Nummer 4 und 5 wird die Angabe „7 500 Deutsche Mark" jeweils durch die Angabe „3 835 Euro" ersetzt.

2. § 36 wird wie folgt gefasst:

„§ 36

Zeitlicher Anwendungsbereich

Die Gewerbesteuer-Durchführungsverordnung in der Fassung des Artikels 8 des Gesetzes vom 19. Dezember 2000 (BGBl. I S. 1790) ist erstmals für den Erhebungszeitraum 2002 anzuwenden."

Artikel 38
Inkrafttreten

(1) Dieses Gesetz tritt vorbehaltlich des Absatzes 2 am 01. Januar 2002 in Kraft. Gleichzeitig tritt die Kleinbetragsverordnung vom 10. Dezember 1980 (BGBl. I, S. 2255), zuletzt geändert durch Artikel 22 des Gesetzes vom 20. Dezember 1996 (BGBl. I S. 2049), außer Kraft.

(2) Artikel 1 Nr. 57 Buchstabe f (§ 52 Abs. 34 a) und Artikel 4 Nr. 4 Buchstabe b (§ 34 Abs. 10 a) und Nr. 5 (§ 36) treten am 01. Januar 2001 in Kraft.

Das vorstehende Gesetz wird hiermit ausgefertigt und wird im Bundesgesetzblatt verkündet.

Berlin den 19. Dezember 2000
Der Bundespräsident
Johannes Rau

Der Bundeskanzler
Gerhard Schröder

Der Bundesminister der Finanzen
Hans Eichel

Für den Bundesminister
für Arbeit und Sozialordnung
Die Bundesministerin für Gesundheit
Andrea Fischer